Ausgesondert

rororo studium

Herausgegeben von Ernesto Grassi
Universität München

WISSENSCHAFTLICHER BEIRAT:

Erhard Denninger, Frankfurt/Main / Erwin Grochla, Köln / Franz-Xaver Kaufmann, Bielefeld / Erich Kosiol, Berlin / Karl Kroeschell, Göttingen / Joachim Matthes, Bielefeld / Helmut Schnelle, Berlin / Dieter Wunderlich, Düsseldorf

rororo studium ist eine systematisch konzipierte wissenschaftliche Arbeitsbibliothek, die nach Inhalt und Aufbau die Vermittlung von theoretischer Grundlegung und Handlungsbezug des Wissens im Rahmen interdisziplinärer Koordination anstrebt. Die Reihe orientiert sich an den didaktischen Ansprüchen, der Sachlogik und dem kritischen Selbstverständnis der einzelnen Wissenschaften. Die innere Gliederung der Studienkomplexe in EINFÜHRENDE GRUNDRISSE, SCHWERPUNKTANALYSEN *und* PRAXISBEZOGENE EINZELDARSTELLUNGEN *geht nicht vom überlieferten Fächerkanon aus, sondern zielt auf eine problemorientierte Zusammenfassung der Grundlagen und Ergebnisse derjenigen Wissenschaften, die wegen ihrer gesellschaftlichen Bedeutung didaktischen Vorrang haben. Kooperation und thematische Abstimmung der mitarbeitenden Wissenschaftler gewährleisten die Verknüpfung zwischen den einzelnen Bänden und den verschiedenen Studienkomplexen.*

E. G.

Sozialwissenschaft

Wissenschaftlicher Beirat:

Professor Dr. Franz-Xaver Kaufmann (Universität Bielefeld)
Professor Dr. Joachim Matthes (Universität Bielefeld)

RUDOLF WERNER

Soziale Indikatoren und politische Planung

Einführung in Anwendungen der Makrosoziologie

ROWOHLT

Herausgeberassistent: Eginhard Hora (München)
Redaktion: Bernhard Bauer

Veröffentlicht im Rowohlt Taschenbuch Verlag GmbH,
Reinbek bei Hamburg, September 1975
© Rowohlt Taschenbuch Verlag GmbH, Reinbek bei Hamburg, 1975
Alle Rechte vorbehalten
Umschlagentwurf Werner Rebhuhn
IBM-Composersatz Niko Jessen, Hamburg
Gesamtherstellung Clausen & Bosse, Leck/Schleswig
Printed in Germany
1580-ISBN 3 499 21077 0

Inhaltsverzeichnis

Einleitung ... 11

1 Planung und Information ... 14

1.1 Logik und Struktur des Planungsbegriffs ... 14
    1.1.1 Entwicklung des operationalen Grundelementes ... 15
    1.1.2 Zielproblematik und Ausweitung des Planungsbegriffs ... 18
    1.1.3 Abgrenzung von Prozeß- und Planungssteuerung ... 22
    1.1.4 Zusammenfassung der formalen Typologien ... 27
1.2 Informationen als Reflexions- und Steuerungsmedien ... 27
    1.2.1 Zur Theorie der gesellschaftlichen Information ... 28
    1.2.2 Einschränkende Bedingungen der Informationserhebung und -verwendung ... 32
        1.2.2.1 Informationen als Rückkoppelungen und als Störfaktoren ... 32
        1.2.2.2 Der fraktionale Charakter von Informationen ... 34
        1.2.2.3 Information und Determination ... 36

2 Die Indikatorbewegung: Quellen und Publikationen ... 38

2.1 Die Quellen der Indikatorbewegung in den USA ... 38
    2.1.1 Die Manpower-Erfordernisse der forcierten technologischen Entwicklung ... 38
    2.1.2 Anregungen aus der Wissenschaft ... 40
    2.1.3 Maßnahmen der Exekutive und Legislative ... 42
    2.1.4 Zusammenfassung ... 45
2.2 Publikationen ... 46
    2.2.1 Arbeiten in den USA ... 46
    2.2.2 Arbeiten in anderen Ländern ... 52

3 Die Indikatorbewegung: Positionen und Ansätze ... 55

3.1 Strukturierung des Problemfeldes: Soziale Indikatoren als Prozeß der Informationsgewinnung ... 55
    3.1.1 Der Prozeß der wissenschaftlichen Informationsgewinnung ... 56
    3.1.2 Abgrenzung des Begriffs Indikator ... 61

3.2 Problemaufriß nach den Phasen der Informationsgewinnung 63
  3.2.1 Die Ebene der Konstrukte 63
    3.2.1.1 Der normative Ansatz 64
    3.2.1.2 Der Performanzansatz 70
    3.2.1.3 Der systemwissenschaftliche Ansatz 75
    3.2.1.4 Der subjektive Ansatz 87
    3.2.1.5 Zusammenfassung 91
  3.2.2 Die Ebene der Indikatoren 92
    3.2.2.1 Ermittlung und Einteilung von Indikatoren 92
    3.2.2.2 Eigenschaften von Indikatoren 95
  3.2.3 Die Ebene des Meßvorgangs und der Datenspeicherung 97
    3.2.3.1 Die Struktur der erhebenden Institutionen 97
    3.2.3.2 Datenbanken und Informationssysteme 99
  3.2.4 Die Ebene der statistischen Maßzahlen 100
  3.2.5 Die Ebene der Modellbildung 104

4 Bezugsrahmen für soziale Indikatoren 106

4.1 Theoretische Klassifikation von sozialen Indikatoren 106
  4.1.1 Das sozioökonomische System 108
    4.1.1.1 Struktur/Performanz-Unterscheidung 109
    4.1.1.2 Besondere Charakteristika 111
  4.1.2 Das individuelle System 115
    4.1.2.1 Begründung für die Aufnahme des individuellen Systems 115
    4.1.2.2 Indikatoren über Evaluationen 117
    4.1.2.3 Indikatoren über Bedürfnisse 119
  4.1.3 Der Kontextbereich 122
4.2 Funktionsbestimmung und Definition sozialer Indikatoren 122
  4.2.1 Funktionsbestimmung 122
  4.2.2 Definition 125

5 Politische Einschätzung 128

5.1 Der politische Gehalt sozialer Indikatoren 128
  5.1.1 Präformierung von Indikatoren durch Interessen 128
  5.1.2 Eigennützige Reduktion der statistischen Komplexität 130
  5.1.3 Immanente Bevorzugung positiver Indikatoren 130
  5.1.4 Verdinglichung der gesellschaftlichen Information 132
5.2. Institutionelle Auswirkungen 134
  5.2.1 Regierungsebene: Stärkung der Exekutive 134
  5.2.2 Wissenschaftssystem: Professionalisierung 136

5.3 Die gesellschaftlichen Bedingungen der Indikatorbewegung 138
　　　　5.3.1 Der allgemeine gesellschaftliche Rahmen:
　　　　　　　Lebensqualität als neue politische Programmatik 139
　　　　　　5.3.1.1 Komponenten der Lebensqualität 139
　　　　　　5.3.1.2 Lebensqualität und politisch-ökonomische
　　　　　　　　　　Struktur 142
　　　　5.3.2 Die konkreten Bedingungen 146
　　5.4 Zusammenfassung 149

6 Methodologie sozialwissenschaftlicher Indizes 151

　　6.1 Allgemeine Grundlagen der Indexkonstruktion 152
　　　　6.1.1 Ableitung der allgemeinen Indexformel 152
　　　　6.1.2 Logik der Indexbildung 158
　　　　6.1.3 Standardisierung und Normierung 164
　　　　6.1.4 Partial- und Aggregatformel 168
　　6.2 Normative Indizes 175
　　　　6.2.1 Normative Indizes bei nominalem Meßniveau 175
　　　　6.2.2 Normative Indizes bei metrischem Meßniveau 182
　　　　　　6.2.2.1 Die Wahl des Basisvektors 183
　　　　　　6.2.2.2 Die Ermittlung von Gewichten 186
　　　　　　6.2.2.3 In-Beziehung-Setzen mehrerer Indizes zu einem
　　　　　　　　　　theoretischen Konstrukt 196
　　6.3 Analytische Indizes 198
　　　　6.3.1 Indexbildung durch Faktorenladungen 199
　　　　6.3.2 Indexbildung durch Faktorenwerte: Längsschnitt 201
　　　　6.3.3 Indexbildung durch Faktorenwerte: Querschnitt 210
　　　　6.3.4 Indexbildung durch Faktorenwerte: Verbindung von
　　　　　　　Querschnitten und Längsschnitten 211
　　6.4 Zusammenfassung 215

7 Ausgewählte Indikatoren, Maßzahlen und Modelle 221

　　7.1 Indikatoren 222
　　7.2 Transformationsparameter 227
　　7.3 Indizes 230
　　7.4 Aggregate und Konten (social accounts) 233
　　7.5 Integrationsmodelle 240
　　7.6 Systemwissenschaftliche Modelle 243
　　7.7 Zusammenfassung 249

8 Zusammenfassende Beurteilung	251
9 Anhang	256

9.1 Notationen 256
9.2 Materialien und Berechnungen zur SWIGES-Studie 256
   9.2.1 Verzeichnis der verwendeten Indikatoren 256
   9.2.2 Gewichte, Faktorenladungen, Normen und Zugehörigkeit zu Subindizes der Indikatoren 259
   9.2.3 SWIGES-Index für die BRD: Basis 1967 260
   9.2.4 SWIGES-Index für die BRD: Normendefinition 261
   9.2.5 SWIGES-Index für die BRD: wechselnde Basis 261
   9.2.6 SWIGES-Index für die BRD: Faktorenladungen 262
   9.2.7 SWIGES-Index für die BRD: 5 Faktoren 262
   9.2.8 Daten der SWIGES-Indikatoren 263

Über den Verfasser 265
Literaturverzeichnis 266
Verzeichnis der Abbildungen 284
Verzeichnis der Tabellen 284
Abkürzungen 284
Sachregister 285

Einleitung

Der Terminus „Soziale Indikatoren" gewinnt zunehmende Bedeutung in der sozialwissenschaftlichen und politisch-praktisch orientierten Diskussion. Zahlreiche Projekte, Abhandlungen wie auch programmatische Erklärungen von politischen Instanzen beschäftigen sich mit dem Thema. Soziale Indikatoren sollen die ökonomischen Informationen vertiefen und ergänzen. Sie sollen über die Lebensbedingungen, Einstellungen und Bedürfnisse der Bevölkerung wie auch über die strukturellen Verhältnisse der gesellschaftlichen Organisationen umfassend informieren. Das Konzept ist auch institutionell recht fest verankert. Unter dem Schlüsselbegriff „Soziale Indikatoren" werden zahlreiche Anstrengungen der Informationserhebung und -analyse zusammengefaßt, sei es in Sektoren wie Bildung, Gesundheit, Arbeit, Freizeit, Stadtplanung u. a. oder in allgemeinen Bereichen wie Partizipation und Mobilität. Im wissenschaftlichen Bereich hat der Begriff eine verstärkte Praxisorientierung mit sich gebracht. Unter dem Etikett „Soziale Indikatoren" werden zahlreiche Bestrebungen der gesellschaftlichen Dauerbeobachtung und Analyse zusammengefaßt. Die Anwendung makrosozialer Erkenntnisse findet hier starke Anstöße und ein fruchtbares Feld. Der Umfang dieser Bemühungen wie auch der finanzielle Einsatz, mit dem die Forschungen und empirischen Erhebungen gefördert werden, rechtfertigen es, von einer „Bewegung sozialer Indikatoren" zu sprechen.

Die Entwicklung kommt nicht von ungefähr. Im Hintergrund stehen die *Planungsanstrengungen* des politisch-administrativen Systems. Diese haben in Form der politischen Planung eine neue Qualität erreicht. Eine durch Krisen gekennzeichnete Entwicklung — Umweltbelastungen, Rohstoffverknappung, Inflation, soziale Spannungen u. a. — hat dazu geführt, daß nach neuen Wegen der Systembeeinflussung gesucht wird, gerade auch auf der staatlichen Ebene. Soziale Indikatoren als *quantifizierte gesellschaftliche Informationen* sollen hier eine wichtige Rolle spielen, um die Planungen zu fundieren.

Ein wichtiger Anstoß kommt auch aus der Ökonomie. Was die relativ gut entwickelten und institutionell verankerten ökonomischen Indikatoren dort leisten, soll nun auch auf dem sozialen Gebiet erbracht werden.

Dabei sind die Bemühungen keineswegs nur auf die nationale Ebene beschränkt. Organisationen wie die OECD und die UN haben Gremien eingerichtet, die versuchen, international vergleichbare Standards zu entwickeln. Hier reichen die Wurzeln relativ weit zurück, da vor allem von der UN schon früh versucht wurde, die rein ökonomischen Informationen durch weitergehende, zumindest sozioökonomische zu ergänzen, insbesondere im Hinblick auf die Entwicklungsländer.

Die Ideen und Intentionen der besseren sozialen Information, die Mitte der sechziger Jahre von einigen Wissenschaftlern aufgebracht wurden, hätten aber nicht den weiten Widerhall gefunden, stünden nur Informations- und Planungsbedürfnisse dahinter. Enstscheidend ist auch, daß auf der *allgemeinen programmatischen Ebene* Veränderungen stattgefunden haben. War bisher „gleichgewichtiges Wachstum" Orientierungs- und Legitimationsgrundlage des kapitalistischen Staates, so wird dieses Konzept zunehmend von dem weiter angelegten Begriff „Lebensqualität" abgelöst. Lebensqualität bedeutet vorrangig die Einbeziehung nicht-ökonomischer Faktoren in die allgemeine politische Handlungsausrichtung. Dann aber sind auch weitergehende soziale Informationen erforderlich, um diese Handlungen zu fundieren. Soziale Indikatoren haben so in der Programmatik Lebensqualität ihre unmittelbare Entsprechung.

In dieser Arbeit geht es um die Analyse der Bewegung sozialer Indikatoren sowie um die Bedingungen und Chancen der Indikatorkonstruktion selber. Hintergrund bilden die Planungsanstrengungen des kapitalistischen Staates. Es wird herauszuarbeiten sein, welches die konstituierenden Momente und der eigentliche Inhalt der Bewegung sind. Dabei wird auf die gesellschaftliche Situation eingegangen, die den „Bedarf" erzeugt hat; es werden Strukturprobleme des kapitalistischen Staates diskutiert, die eine bessere informationelle Basis erforderlich machten. Dies wird einmal an Hand der Entstehung der Bewegung in den USA aufgezeigt, zum anderen an Hand des weitergespannten Rahmens der Ersatzprogrammatiken (Lebensqualität), die die Legitimation und Massenloyalität auf neue Grundlagen stellen sollen. Es wird zu zeigen sein, daß soziale Indikatoren in solchen Zusammenhängen ihren Entstehungsgrund haben. Diese Analyse versucht, die Bewegung mit Hilfe von *Kategorien der politischen Ökonomie* zu durchleuchten, eine Vorgehensweise, die in der inzwischen umfangreichen Indikatorliteratur sehr stark vernachlässigt wird.

In diesem Zusammenhang ist das Planungsphänomen relevant. Eine konkrete Verwendung für soziale Indikatoren ergibt sich in Planungsaufgaben auf allen Ebenen. Es wird daher in einem Anfangskapitel versucht, eine Formbestimmung der *politischen Planung* im Hinblick auf ihre informationelle Grundlage vorzunehmen. Daran anschließend werden die Bedingungen und Grenzen der Informationsverarbeitung, besonders hinsichtlich quantifizierter Informationen, wie sie soziale Indikatoren darstellen, aufgezeigt.

Bei der relativen Neuartigkeit des Phänomens kann nicht davon ausgegangen werden, daß die Positionen und Ansätze der Bewegung umfassend bekannt und dikussionsfähig sind, zumal die Literatur einen außerordentlich großen Umfang angenommen hat. Es wird deshalb auf Zusammenfassung und Kritik Wert gelegt. Soziale Indikatoren werden als Prozeß der Informationsgewinnung dargestellt, der spezifische Schwerpunkte in der Datenproduktion setzt. Es wird versucht, eine möglichst repräsentative Darstellung der verschiedenen Positionen zu geben.

Für die konkreten Möglichkeiten der Bewegung sind auch *methodische Aspekte* relevant. Nicht zuletzt von der Methodik wird es abhängen, ob und inwieweit das Indikatorprogramm mit einem kritischen Potential versehen ist. In dieser Arbeit wird ein Beitrag zur Indexbildung vorgestellt; auch werden die Möglichkeiten und Grenzen der Aggregierung und Modellbildung an Hand ausgewählter Beispiele untersucht. Dieser Teil soll vor allem zu einer Systematik der Maßzahlen beitragen, die für soziale Indikatoren überhaupt relevant sind. Dadurch wird die Einschätzung empirischer Arbeiten erleichtert. Gleichzeitig wird auch ein Überblick zu dem erreichten Forschungsstand gegeben.

Die Arbeit umfaßt auf Grund der Ausgangslage eine sehr weitläufige Thematik. Es wird versucht, mit Hilfe eines dreiteiligen Schemas eine gewisse Ordnung in die Abfolge zu bringen. Positionen und Ansätze der Indikatorbewegung werden in Kapitel 3 diskutiert. Hier geht es vor allem um die Strukturierung des Problemfeldes, die Rezeption und Kritik der vorhandenen Bemühungen. Daraus abgeleitet wird ein Bezugsrahmen vorgestellt, der auch eine Funktionsbestimmung und Definition sozialer Indikatoren enthält (Kapitel 4). Nach diesen Grundlegungen wird auf die wichtigen politischen Implikationen eingegangen. Dabei spielt auch der wissenschaftspolitische Stellenwert der Bewegung – Stimulus zur Anwendung makrosoziologischer Erkenntnisse – eine Rolle (Kapitel 5).

Die allgemeinen Verwendungszusammenhänge für soziale Indikatoren bilden, wie erwähnt, die Planungsanstrengungen des kapitalistischen Staates. Es wird deshalb in einem einleitenden Kapitel auf die Grundlagen von Planung und Information eingegangen (Kapitel 1). Vorbereitend für die eigentliche Untersuchung schließen sich Ausführungen über Hauptquellen und -publikationen an (Kapitel 2). Stärker methodische Aspekte sind schließlich in den Kapiteln 6, 7 und 9 zu finden.

Die Arbeit ist auf Grund des Charakters des behandelten Phänomens notwendig sehr vielschichtig und weit gespannt. Sie kann nicht nur auf der theoretischen Ebene liegen; dies würde eine Verkürzung der praktischen Folgen bedeuten. Es werden daher auch zahlreiche empirische Arbeiten zur Indikatorkonstruktion und deren Verwendung in Planungen vorgestellt und z. T. auch eigene Berechnungen durchgeführt.

Die Arbeit hat so eine Mittelstellung zwischen einer rein theoretischen und einer rein empirischen Abhandlung. Sie beschäftigt sich mit der Organisierung und Ausrichtung empirischer sozialwissenschaftlicher Forschung von den Verwendungsansprüchen des Systems her, versucht aber auch, ein theoretisch fundiertes Programm zu entwickeln, das den Zwängen der Praxis widerstehen kann.

1 Planung und Information

Der Planungsbegriff ist zu einer weitverbreiteten Vokabel der wissenschaftlichen und politischen Diskussion geworden. Seine Stimulusfunktion bezieht er weniger aus der Klarheit und Präzision seines Inhalts als vielmehr aus der gesellschaftlich-ökonomischen Situation, in der das Handlungsmuster Planung geeignet erscheint, aktuelle Probleme zu lösen. Der fortgeschrittene Produktionsstand sprengt überkommene Dispositionsmechanismen; Planung wird als das Handlungsmuster angesehen, mit dessen Hilfe eine neue Rationalitätsstufe erreicht werden kann.

Gleichzeitig entstehen aber zahlreiche Folgeprobleme. Die sozioökonomische Struktur des kapitalistischen Staates beruht auf anonymer Prozeßsteuerung und Strategien des Aushandelns (bargaining); die Planungsressourcen sind den Konjunkturzyklen untergeordnet. So wirft die Implementierung effizienter Planungen permanente Strukturfragen auf. Vor allem aber geht es auch um eine *bessere Informationsgrundlage*, insbesondere in quantifizierter Form durch Indikatoren.

Im folgenden werden zunächst die Grundlagen des *Handlungsmusters* Planung dargestellt. Es wird sich zeigen, daß Planung auf ein allgemeines anthropologisches Muster hinweist. Erst bei einer bestimmten Differenzierung des gesellschaftlichen Prozesses tritt Planung in Abhängigkeitsverhältnissen auf und erreicht in Form der politischen Planung eine neue Qualität. Auf dieser Stufe wird dann auch das *Informationsproblem* außerordentlich relevant. Wenn nicht mehr nach begrenzten individuellen Kriterien entschieden werden soll, müssen die Verhältnisse umfassend präsent gemacht werden. Durch die nachfolgend ausgeführte Abgrenzung der herkömmlichen Prozeßsteuerung (Märkte, Aushandeln) von Planungssteuerung wird die Informationsnotwendigkeit besonders klar.

In Planungsprozessen spielen quantifizierte Informationen – Indikatoren – eine besondere Rolle. Vorbereitend auf die Problematik sozialer Indikatoren wird deshalb im letzten Teil auf deren Bedingungen und Chancen eingegangen, wobei auch allgemeine Probleme der gesellschaftlichen Information zu diskutieren sind.

1.1 Logik und Struktur des Planungsbegriffs

Unter den Terminus Planungstheorie lassen sich zwei Ansätze subsumieren. Einmal untersuchen planungstheoretische Arbeiten die Logik und innere Struktur des Planungsbegriffs. Sie versuchen, den Grundvorgang des Planungshandelns und das Verhältnis der verschiedenen Planungselemente (Planungssubjekt, -objekt, -träger) formal zu bestimmen. Auch die Abgrenzung der Steuerung durch Planung von anderen Möglichkeiten (Prozeßsteuerung durch Märkte, Normen und Institutionen) ist Gegenstand solcher Bemühungen.[1] Diese Arbeiten haben den Stellenwert einer Metatheorie, da sie über die Planung selber Aussagen machen.

Zum anderen untersuchen planungstheoretische Arbeiten die gesellschaftlichen Funktionen des Phänomens. Die konkrete Ausformung in Abhängigkeit von der jeweiligen Formation wird bestimmt; Möglichkeiten der Rationalisierung des sozialen und politischen Prozesses, Folgen der Planung für Herrschaft durch Vernunft als Ordnungsprinzip, Möglichkeiten der Systemveränderung durch Planung, Erhöhung des Demokratiepotentials der Institutionen, Restriktionen der Planung in kapitalistischen Staaten gehören zu diesem Problembereich.[2]

Im nachfolgenden Kapitel steht die „Syntax" des Planungsbegriffs im Vordergrund. Es wird versucht, ein operationales Grundelement herauszuarbeiten und von da ausgehend politische Planung als Planung in Abhängigkeitsverhältnissen zu bestimmen.[3] Wenn auch dabei gesellschaftliche Funktionen nicht explizit auftauchen, so wird sich dennoch zeigen, daß auch in die formale Grundlegung bereits inhaltliche Prämissen mit einfließen.[4]

1.1.1 Entwicklung des operationalen Grundelementes

Der Begriff Planung ist eine sehr allgemeine Kategorie und bezieht sich auf zahlreiche Bereiche menschlichen Handelns. Dies rührt daher, daß Planung letztlich ein anthropologisches Grundmuster wiedergibt, das konstituierend für menschliche Tätigkeit überhaupt ist. Diese individuelle Ebene ist genetisch die älteste; Planung als gesellschaftliches Phänomen

---

1 An neueren Arbeiten sind für diese Richtung zu nennen Rieger (1967), Dror (1967), Stachowiak (1970), Fehl/Fester/Kuhnert (1972); bezüglich systemtheoretischer Aspekte Jensen (1970).

2 An neueren Arbeiten sind für diese Richtung zu nennen Ronge/Schmieg (1971), Lompe (1971), Klages (1971), Esser/Naschold/Väth (1972), Tenbruck (1972), Naschold/Väth (1973), Ronge/Schmieg (1973), Scharpf (1973).

3 Diese Bestimmung wird auch helfen, semantische Widersprüche des Wortes Planung zu klären. Ein Studienplan etwa bezieht sich auf ein ganz anderes Phänomen als ein Volkswirtschaftsplan.

4 Rieger versucht, Planungslogik als „wertfreie (und damit auch politisch neutrale) Formaltechnologie" (Rieger 1967: 30) einzuführen. Daß dies aber nicht gelingt, wird daran deutlich, daß bei ihm Planungsobjekte, die etwa in Abhängigkeit stehende Individuen sein können, nur ein Rollenspiel als Planausführer erhalten. Auf diese Weise taucht die Zielproblematik in seinem Entwurf nicht auf. Der Entwurf ist, obwohl nur mit formalen Vokabeln operiert wird, herrschaftsorientiert, also nicht nur Formaltechnologie.

tritt erst auf einer späteren Stufe der Differenzierung des sozioökonomischen Prozesses auf.

Das menschliche Handeln kann unter einer Reihe von Bezugspunkten wie Produktion, Disposition, Sozialisation und Kommunikation[5] analysiert werden. Das Planungsphänomen erschließt sich, wenn man den Bezugspunkt Disposition anlegt. Disposition ist dadurch erforderlich, daß menschliches Handeln artspezifisch nicht gebunden ist und Entscheidungen über Möglichkeiten verlangt. Sie bedeutet im allgemeinsten Sinne Orientierung und Entscheidung über Handlungsweisen in einer Situation, wobei der Handelnde ein Individuum oder ein Kollektiv sein kann.[6] Planung soll nun so definiert werden, daß sie eine besondere Art der Orientierung des Handelnden darstellt, wenn nämlich die Situation besonders eingehend in die Orientierung einbezogen wird[7] und darauf aufbauend alternative Möglichkeiten der Zielerfüllung untersucht werden. Dabei sind Restriktionen des Raumes, der Zeit, der Ressourcen und der sozialen Normen zu beachten. Auch mögliche Reaktionen der Umwelt auf die Handlungsschritte des Individuums/Kollektivs müssen einbezogen werden (strategisches Handeln).

Planendes Handeln zielt also auf eine möglichst *umfassende Repräsentation*[8] und *Antizipation* der Situation ab und bestimmt danach den Weg der Zielerreichung. Es unterscheidet sich damit von rein reaktivem Verhalten, dessen Orientierung, wenn überhaupt, auf die kurzfristige Erfüllung unmittelbar relevanter Bedürfnisse gerichtet ist. Aspekte wie Verschwendung von Ressourcen, Sanktionen bei Verletzung von Normen und Folgen des Handelns für die weitere Zukunft bleiben dann unbeachtet.[9]

Durch diese Überlegungen wird klar, daß Planung kein prinzipiell neues Phänomen darstellt,[10] sondern auf einem Grundvorgang menschlicher Tätigkeit, nämlich dem operationalen Denken[11] überhaupt, beruht.

---

5 Auf die Problematik gesellschaftlicher Taxonomien soll hier nicht eingegangen werden. Vgl. im Zusammenhang mit der Funktionalismusdiskussion Ausführungen bei Schmid (1974: 17–18).

6 Es wird hier auf das formale Schema der Handlungstheorie mit den Elementen Handelnder, Situation, Orientierung abgezielt; vgl. Parsons/Shils (1951: bes. 4–8).

7 So formuliert auch Stachowiak: „*Planung* ist die gedankliche Vorwegnahme künftigen Handelns" (Stachowiak 1970: 1).

8 Die Repräsentationsfunktion der Planung, d. h. ihre Symbolorientiertheit, wird immer wieder angeführt: Planung als „adäquate Repräsentation" (Stachowiak 1970: 4), Planung als „Vergegenwärtigung" (Klages 1971: 56).

9 Zu diesen anthropologischen Grundlagen des Planens vgl. Miller/Galanter/Pribram (1960).

10 Darauf wird immer wieder hingewiesen, ohne allerdings genauer zu begründen; vgl. Ellwein (1971: 26), Tenbruck (1971: 112).

Im planenden Handeln wird die Situation durch Symbole präsent gemacht, und diese werden nach verschiedenen Konstellationen hin überprüft. Das operationale Denken besteht aber gerade in der Bildung und Manipulation von Symbolen.[12] Durch diese Form des Denkens gelingt es dem Handelnden, die Zeit und die Folgen des Handelns, die sonst irreversibel sind, zu beliebig manipulierbaren Aktionsparametern zu machen, um auf diese Weise eine optimale Handlungsweise zu bestimmen. Es ist dies die Fähigkeit des Menschen, seine Umwelt differenziert aufzunehmen und nach Kriterien zu ordnen. Wenn dies zielgerichtet und im Hinblick auf Handlung erfolgt, ist das Planungscharakteristikum unmittelbar erfüllt. Planung kann also gleichbedeutend als *zielorientiertes Denken für Handlungen* definiert werden.

Diese Definition entspricht der allgemein in der Literatur verwendeten, sofern anthropologischen Überlegungen Beachtung geschenkt wird. Stachowiak führt den Terminus der „generell zielorientierten Kontrolle" ein, der das Planungscharakteristikum wiedergibt mit den Elementen „Entwürfe möglicher künftiger realer Welten" und „Instrumentarien zur Ordnung und systematischen Verfügbarmachung methodisch erarbeiteten allgemeinen Wissens" (Stachowiak 1969: 80). Auch die ältere Planungsdiskussion führt die Elemente Ziele und umfassende Symbolmanipulation als Charakteristikum an: „Wir sprechen dann von ‚Planung' und von ‚Planen', wenn Mensch und Gesellschaft vom zielbewußten Erfinden eines Einzeldings oder einer Einzelinstitution zur zielbewußten Regelung und einsichtigen Beherrschung der zwischen diesen einzelnen Teilen bestehenden Zusammenhänge fortschreiten" (Mannheim 1967: 180–181).

Auch Schelsky geht vom operationalen Grundelement aus und bezeichnet diese Form als „technische Planung", die auf frühe anthropologische Muster hinweist (Schelsky 1967: 116).

Im Sinne der anthropologischen Definition kann man daher behaupten, daß schon immer geplant wurde, jedenfalls solange operationales Denken existiert. Der Planungsbegriff reduziert sich auf eine allgemeine Kategorie menschlicher Tätigkeit.

Es ist jedoch wenig sinnvoll, den Planungsbegriff von seinen anthropologischen Grundlagen her so weit zu fassen. Für die heutige Situation kennzeichnend ist nicht die operationale Denkweise überhaupt, sondern die *Ausweitung* der operationalen Prozesse von der individuellen auf die *gesellschaftliche Ebene*. Im Zuge der gesellschaftlichen Differenzierung

---

11 Dieser Begriff mit den Elementen Handlungskontrolle und Bewertung des Handelns wird von Stachowiak (1969: 78–80) expliziert.

12 Vgl. die allgemeine Definition des Denkens, „daß das Denken im Medium der Repräsentationen von Dingen und Sachverhalten erfolge" (Hofstätter 1957: 89), auch Freuds Formulierung vom Denken als Probehandeln deutet in diese Richtung.

wird es immer mehr erforderlich, die Institutionen auf Planungsfähigkeit hin auszurichten und eigenen Sachverstand für ihre Aufgaben zu organisieren. Es ist nicht mehr nur der umfassende Rationalisierungsprozeß, wie ihn Max Weber beschrieben hat, sondern Planung stellt ein zweckrationales Handeln zweiter Stufe dar: „Die Planung schließlich kann als ein zweckrationales Handeln zweiter Stufe aufgefaßt werden: sie zielt auf die Einrichtung, Verbesserung oder Erweiterung der Systeme zweckrationalen Handelns selber" (Habermas 1968: 48).

Die zweite Stufe ist eine Form der Reflexion, indem das operationale Handeln als System aufgefaßt und von diesen Gesichtspunkten aus organisiert wird. Planung ordnet sich ein in die zunehmende Etablierung reflexiver Mechanismen (Luhmann 1971: 67 ff). Auf dieser Stufe stellt die Planung eine *Investition* dar;[13] Planung wird personell und institutionell als Prinzip verankert, und es wird externer Sachverstand herangezogen. Das operationale Grundelement bleibt erhalten; es wird jedoch in reflexiver Weise in seiner Wirksamkeit erhöht.

1.1.2 Zielproblematik und Ausweitung des Planungsbegriffs

In der vorstehenden Definition wurde der ersten Klärung halber eine Problematik übergangen, die die Ausweitung des operationalen Planungsbegriffs notwendig macht, nämlich die Setzung der handlungsrelevanten Ziele. Planung wurde ja definiert als zielorientiertes Denken für Handlungszwecke, so daß die Ziele integrierter Bestandteil jeder planerischen Tätigkeit sind. Die Zielproblematik ist jedoch nur in besonderen Situationen vernachlässigbar, nämlich überall dort, wo das planende Subjekt gleichzeitig auch der Betroffene der Plandurchführung ist, wo das Subjekt also für sich selber plant. In diesem Falle beschäftigt sich Planung mit der Optimierung und Durchführung selbstgewählter Ziele; eine Fremdbestimmung ist ausgeschlossen.

Sobald das planende Subjekt jedoch nicht mit dem Planungsobjekt identisch ist, wird die Zielproblematik unmittelbar relevant. Es ist dann die politische Dimension erreicht;[14] Planung realisiert sich dann in Abhängigkeitsverhältnissen, da das planende Subjekt in der Planausführung per Disposition über das Objekt verfügt.[15] Diese Art von Planung nimmt, wie ausgeführt, auf Grund der Differenzierung des gesellschaftlichen Prozesses immer mehr zu. Sie bedeutet für die Betroffenen zunächst eine

---

13 Den Investitionscharakter der Planung führen auch Lompe (1971: 206) und Tenbruck (1971: 112) aus.

14 Schelsky stellt diesen Übergang als Ausweitung der Sachplanung zur Sozialplanung dar. Bei der Sachplanung sind die Ziele nicht relevant, bei der Sozialplanung wird die Herrschaftsfrage akut (Schelsky 1967: 119).

fremde Bestimmung. Wie diese zu beurteilen ist, hängt entscheidend von der Art und Weise der Zielfindung ab, weist also auf die gesellschaftliche Willensbildung hin.

Es soll zunächst eine *formale Typologie* entwickelt werden, die die Verhältnisse von Subjekt und Objekt der Planung übersichtlich darstellt. Stachowiak hat ein Definitionengerüst entwickelt, das hier benutzt werden soll (Stachowiak 1970: 1—7). Er unterscheidet auf der planerischen Seite analytisch zwischen einem *Aktionssubjekt (AS)*, das der eigentliche Initiator der Planung ist, und einem *Planungssubjekt (PS)*, das die Planung konkret durchführt, den Sachverstand bereitstellt und eventuell Hilfsmittel heranzieht. Die Einheit, die von der Planung betroffen wird bzw. für die geplant wird, bezeichnet er als *Planungsobjekt (PO)*.[16]

Die im Hinblick auf die Zielfindung wichtige Unterscheidung zwischen Planungsträger und Planungsgegenstand, die eben angeführt wurde, findet sich hier also wieder. Zusätzlich wird noch zwischen Aktionssubjekt und Planungssubjekt unterschieden, was auf eine analytische Isolierung des operationalen Elements hinausläuft, da das Planungssubjekt Träger des Sachverstandes ist.

In der Abb. 1 sind die drei Elemente in ihren verschiedenen Verhältnissen dargestellt. Beim *Typ 1* ist vollständige Identität von Planungssubjekt, Aktionssubjekt und Planungsobjekt vorhanden. Ein Beispiel ist etwa ein individueller Studienplan, ein Konsumplan oder ein Urlaubsplan. Ein Subjekt plant für sich selber. Es zieht keine besonderen Berater zur Planaufstellung heran.

Beim *zweiten Typ* wird externer Sachverstand herangezogen. Das Aktionssubjekt handelt jedoch für sich selber. Ein Beispiel ist etwa der private Hausbau. Der Bauherr ist Aktionssubjekt im Sinne der Terminologie, das ein Planungssubjekt, den Architekten, mit der konkreten Durchführung beauftragt.

Der *dritte Typ* ist durch ein Abhängigkeitsverhältnis geprägt; zwar ist das Aktionssubjekt mit dem Planungssubjekt identisch, es wird jedoch für andere geplant. In Produktionsbetrieben dürfte dies häufig der Fall sein. Die Betriebsleitung bestimmt die Produktionsziele und entwirft gleichzeitig den Plan, der für die Durchführenden, die Arbeiter, verbindlich ist.

---

15 Durch die Definition der politischen Planung als Planung in Abhängigkeitsverhältnissen ist es möglich, den politischen Charakter der Planung in der Produktionssphäre aufzuzeigen, was sonst oft vernachlässigt wird. — Daß das Subjekt/Objekt-Verhältnis jedoch nur idealtypisch so konzipiert werden kann und in Wirklichkeit auch im Planungsprozeß komplexer ist, hat Schmid (1974: 20) aufgewiesen.

16 Stachowiak führt noch ein Aktionsobjekt ein, das jedoch in jedem Falle mit dem Planungsobjekt identisch ist (Stachowiak 1970: 2) und daher keine Rolle spielt.

Es wird kein fremder Sachverstand herangezogen, jedoch ist das Aktionssubjekt von dem Planungsobjekt verschieden, so daß für andere geplant wird.

Der *vierte Typ* zeigt die weitestgehende Differenzierung. Das Aktionssubjekt und das Planungsobjekt sind nicht mehr identisch. Hinzu kommt, daß externer Sachverstand herangezogen wird, so daß alle drei Elemente

Abbildung 1: Typen der Planung

Abkürzungen: PS: Planungssubjekt
AS: Aktionssubjekt
PO: Planungsobjekt

Typ I: Identität von PS, AS, PO
Beispiel: Studienplan

| PS = Student | AS = Student | PO = Student |

Typ II: Eigenständigkeit von Planungssubjekt, Identität von Aktionssubjekt und Planungsobjekt
Beispiel: privater Hausbau

| PS = Architekt | AS = Bauherr | PO = Bauherr |

Typ III: Identität von Planungssubjekt und Aktionssubjekt, Eigenständigkeit von Planungsobjekt
Beispiel: Produktionsplanung

| PS = Betriebsleitung | AS = Betriebsleitung | PO = Arbeiter |

Typ IV: Eigenständigkeit von Planungssubjekt, Aktionssubjekt und Planungsobjekt
Beispiel: Sozialplanung auf Regierungsebene

| PS = wissenschaftliche Inst. | AS = Regierung | PO = Bevölkerung |

eigenständig sind. Als Beispiel ist Sozialplanung auf Regierungsebene angegeben. Das Aktionssubjekt ist die Exekutive, die ein Planungssubjekt, zum Beispiel eine wissenschaftliche Institution, mit den Planungen beauftragt. Die Regierung selber ist nicht das Planungsobjekt, sondern plant für andere, für die Bevölkerung oder bestimmte Gruppen.

Die Abbildung kann überdies auch unter genetischen Aspekten interpretiert werden. Sie stellt eine zunehmende Differenzierung dar. Der erste Typ ist sicher die älteste Form einer rationalen Umweltbewältigung. Aber auch die Hinzuziehung von externen Beratern dürfte weit zurückzuführen sein.

Planung in Abhängigkeitsverhältnissen dürfte dagegen neueren Datums sein. Die Disposition fürstlicher oder feudaler Maßnahmen beruhte eher auf überlieferten, in langen Erfahrungsprozessen gebildeten Konventionen, Standesregeln, Sittenkodizes und ähnlichem. Erst mit der zunehmenden Differenzierung wird das operationale Element in die Herrschaftsausübung aufgenommen. Bei dieser Art von Planung wird die Festlegung der Ziele zum entscheidenden Kriterium. Sie beruht auf der Trennung von bestimmenden und ausführenden Elementen; sie hat daher autoritativen Charakter. Sie ist nicht mehr nur rationales Mittel zur Erreichung von selbstgewählten Zielen, sondern kann zum Durchsetzungsmittel in einem Herrschaftsverhältnis werden.

Rieger (1967) hat eine ähnliche Typologie entwickelt. Er unterscheidet zwischen Planträger, Planausführer und Planentwerfer (Rieger 1967: 31–32) und definiert 22 Typen, die sich ebenfalls auf Grund verschiedener Verbindungen der Planungselemente, zusätzlich noch durch die Eigenschaften plural – singular ergeben (Rieger 1967: 36). Durch die Reduktion des Planungsobjektes auf einen Planausführer wird das Abhängigkeitsverhältnis jedoch nicht aufgenommen. Die einzelnen Handlungskonstellationen unterscheiden sich nur durch verschiedene Rollenverteilung. Auf diese Weise kommt die zentrale Zielproblematik nicht zur Sprache, die aber, wie hier ausgeführt wurde, auch den formalen Typologien implizit ist.

Eine solche Neutralisierungstendenz von Planung ist sehr häufig anzutreffen. Planung wird dann auf einen "social administrative process" (Dror 1967: 93) reduziert. Ein genetisch frühes Planungsmodell wird auf die *gesellschaftliche Ebene* übertragen, ohne die neue Qualität aufzunehmen. Diese wird der ideologischen Sphäre zugerechnet, und Planungsforschung hat sich von solchen Elementen freizumachen; Voraussetzung für Planung ist nur "a belief in the ability of *homo sapiens* to engage to some extent in the shaping of his future" (Dror 1967: 93). Gerade aber auf formalem Wege kann nachgewiesen werden, daß das Planungsphänomen qualitative Unterschiede impliziert.

Von typologischen Überlegungen her kann die konkrete Erscheinung der politischen Planung nicht bestimmt werden; dies ist Aufgabe gesellschaftlicher Analysen. Es können nur zwei prinzipielle Forderungen abgeleitet werden, wie Planung in Abhängigkeitsverhältnissen gestaltet werden muß.

Einmal kann die *Zielbestimmung* nicht der bloßen Dezision von Entscheidungsträgern überlassen werden. Dies würde bedeuten, die analytische Trennung der Funktionen auch institutionell zu verankern, und stellt einen Prozeß der „Verdinglichung"[17] dar. Der Wissenschaft ist hier im Planungsprozeß eine wichtige Rolle zuzuschreiben. Dabei kommt es aber nicht nur auf ein Überprüfen von Zielkonsistenzen an, sondern auch auf die *inhaltliche* Diskussion der Möglichkeitsräume, mit denen Planung zu tun hat. Planung darf sich nicht auf einen „positivistisch halbierten Rationalismus" (Habermas 1969a: 235 ff.) der bloßen Mittelwahl beschränken.

Zum anderen erwächst aus dem Abhängigkeitsverhältnis die *Partizipationsforderung*. Planung bedeutet einerseits Zentralisierung von Kompetenzen, führt also zu einer Ablösung von Entscheidungen auf individueller Ebene. Andererseits schafft Planung die notwendige Transparenz und Diskutierbarkeit von Entscheidungen, so daß der Ablösung der individuellen Entscheidung eine zunehmende Partizipation an der gesellschaftlichen Willensbildung entgegenstehen kann. Partizipation ist notwendiges Element, wenn Planung sich nicht in autoritativen Weisungen erschöpfen soll. Dies ergibt sich auch von kybernetischen Feedback-Forderungen her.

Von diesen Überlegungen her stellt sich Planung dann als ein Prozeß mit den analytisch isolierbaren Elementen *Zielbestimmung, Umformung in Pläne* (operationales Element) und *Partizipation* der Betroffenen dar.[18] Dies alles erfolgt in einem ausgebauten informationellen Medium. Nur wenn die Elemente integriert und auf breiter Basis organisiert werden, kann Planung einen emanzipatorischen Anspruch wahrnehmen.

1.1.3 Abgrenzung von Prozeß- und Planungssteuerung

Überkommene Steuerungsmedien wie Gewohnheiten, Rituale, institutionelle Regelungen oder Weisungen traditionell legitimierter Autoritäten reichen auf einer bestimmten Stufe der Arbeitsteilung nicht mehr aus, um die Verteilung von Gütern, Dienstleistungen, Arbeitskraft und Finanzierungsmitteln zu gewährleisten. Es entwickeln sich neue disponierende

---

17 Verdinglichung wird hier nach Berger/Luckmann aufgefaßt: „Verdinglichung bedeutet, menschliche Phänomene aufzufassen, als ob sie Dinge wären, das heißt als außer- oder gar übermenschlich" (Berger/Luckmann 1970: 94—95).
18 Diese drei Phasen definiert auch Lompe (1971: 34—35).

Medien, um die für das Zusammenwirken unerläßlichen Verhaltensabstimmungen zu erreichen. Grundsätzlich lassen sich zwei fortgeschrittene Steuerungsmedien unterscheiden, Prozeßsteuerung und Planungssteuerung.[19] Auch hier soll zunächst eine formale Typologie entwickelt werden, um dann auf die gesellschaftlichen Implikationen einzugehen.

Um den Unterschied zu definieren, ist auf die gesellschaftliche Allokationsfunktion einzugehen. Allokation ist dabei im weitesten Sinne zu verstehen; sie betrifft sowohl Güter, finanzielle Ressourcen wie auch Vorschriften und Handlungsanweisungen. Diese Erscheinungen werden im folgenden als Gegenstand der Allokation bezeichnet.

Innerhalb des Allokationsprozesses können drei Elemente mit bestimmten Eigenschaften definiert werden:

Elemente	Eigenschaften
Subjekte	— zielorientiert
Gegenstände	— strittig
Entscheidungen	— informationsbedürftig

Es wird von Subjekten ausgegangen, die Ziele haben. Allokation beschäftigt sich also mit der Erfüllung von Zielen. Die Allokation selber geht um Gegenstände, die strittig sind: Wirtschaftliche Güter etwa sind knapp, Ordnungsvorschriften können nach verschiedenen Kriterien aufgestellt werden, Handlungsanweisungen repräsentieren verschiedene Werte. Über diese strittigen Gegenstände muß, um überhaupt existieren und handeln zu können, entschieden werden. Dies geschieht mit Hilfe von Informationen, sowohl über die Subjekte mit ihren Zielen wie auch über die Gegenstände mit ihren strittigen Punkten.

Der Allokationsprozeß läßt sich nun mit Hilfe dieser sechs Kategorien wie folgt definieren: *Allokation ist Entscheidung mit Hilfe von Informationen über strittige Gegenstände nach den Zielen von Subjekten.*[20]

Es soll nun gezeigt werden, daß diese Allokationsaufgabe idealtypisch nach zwei Arten verlaufen kann, nämlich als Prozeßsteuerung und Planungssteuerung.

Allokation durch Prozeßsteuerung

Prozeßsteuerung ist dadurch gekennzeichnet, daß die Subjekte sich Informationen über die zu verteilenden Gegenstände, aber auch über die Ziele und Bedürfnisse der anderen Subjekte verschaffen. Die Allokation findet

---

19 Dahrendorf (1966) thematisiert diese Unterscheidung als Marktrationalität und als Planrationalität.

20 Von einem ähnlich allgemeinen Allokationsbegriff geht Hensel aus, ohne allerdings die einzelnen Elemente genauer zu spezifizieren: „Allokationssysteme sind Beziehungssysteme zwischen allen ökonomisch relevanten Größen" (Hensel 1970: 54).

dabei prozeßhaft (nach Versuch und Irrtum) nach den Kriterien des Grenznutzens statt. Es wird so lange getauscht, bis der Grenznutzen für alle gleich ist. Bei Normen ist das Kriterium der Konsens, der auch durch formale Verfahren wie Abstimmungen ersetzt werden kann.

Abbildung 2: Prozeßsteuerung

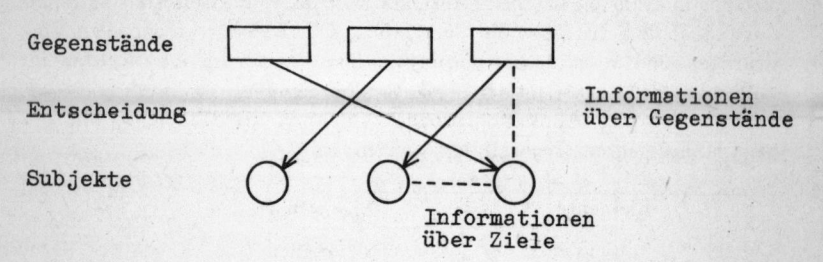

Das Verfahren läßt sich graphisch wie in Abb. 2 darstellen. Es finden sich die drei Elemente wieder, die den Allokationsprozeß ausmachen: Gegenstände, Subjekte, Entscheidungen (durch die durchgezogenen Linien dargestellt, die willkürlich gezogen sind). Die gestrichelten Linien (die zwischen allen Elementen gezogen werden müßten) weisen auf den Vorbereitungsprozeß hin, nämlich den Austausch von Informationen über die zu verteilenden Gegenstände und die Ziele der anderen Subjekte.

Prozeßsteuerung zeichnet sich durch die *Autonomie der Subjekte* aus, die nach einer relativ willkürlichen Informationsgewinnung ihre Entscheidungen treffen. Die Verständigung über die Etablierung von Normen wird dabei in gleicher Weise im Austauschverfahren betrieben.

Die Subjekte treffen die Entscheidung von ihrem individuellen Horizont aus. Es ist durchaus möglich, daß eine Verteilung nicht optimal ist, da die Individuen nur über begrenzte Informationen verfügen können. Auf diese Weise getroffene Entscheidungen werden immer kurzfristig sein und auf die Erfüllung unmittelbar relevanter Bedürfnisse abzielen. Hinzu kommt, daß die Beschaffung von Informationen mit Kosten verbunden ist, so daß immer eine Tendenz zur suboptimalen Informationsversorgung vorhanden sein wird.[21]

Daran wird deutlich, daß Prozeßsteuerung einem bestimmten Stand der ökonomisch-technischen Entwicklung entspricht, wenn nämlich die Informationsverarbeitungskapazität gering ist. Dann sind die Individuen die „besten" Informationsträger, und sie werden zum Entscheidungsträger gemacht. Diese Steuerungsweise wird aber in Frage gestellt, wenn

---

[21] Downs bestimmt formal, wie groß das Ausmaß der Informationsbeschaffung des Individuums sein wird (Downs 1968: 202–273).

durch technische Hilfsmittel Informationen gewonnen und verarbeitet werden können.

An Hand der Abb. 2 kann klargemacht werden, daß auch innerhalb der Prozeßsteuerung sehr wohl geplant werden kann, nämlich auf individueller Ebene. Das Individuum kann als Prozeßelement für sich durchaus Planungsansätze verwirklichen. Dieser Vorgang wurde in der oben entwickelten Terminologie als operationale Planung bezeichnet. Auf Grund der vorgenommenen Spezifizierung des Planungsbegriffs wird also klar, daß zwischen Prozeßsteuerung und Planung kein Ausschließlichkeitsverhältnis besteht, sondern daß operationale *individuelle* Planung möglich ist. Es ist jedoch nicht möglich, in die Prozeßsteuerung einen gesellschaftlichen Bezug aufzunehmen. Die Autonomie des Individuums läßt eine übergreifende Koordination nicht zu.

Von diesen Überlegungen her ergibt sich für die Typologie Markt — Plan eine interessante Perspektive. Sie kann nicht als ein Gegensatzpaar mit verschiedenen Rationalitäten gesehen werden, sondern der Marktmechanismus weist im Gegenteil sogar darauf hin, unter differenzierten Bedingungen eine bestimmte Art von Planung, nämlich die individuenorientierte, operationale, zu retten. Beide Formen unterscheiden sich dem Grad des Planungsanspruchs nach; die Unterscheidung kann nicht von verschiedenen Rationalitäten her gesehen werden. Welcher Planungsanspruch realisiert werden kann, ist vom Ausmaß der Ungewißheit her zu bestimmen. Marktmechanismen sind bei hohen Ungewißheiten gerechtfertigt; sie werden obsolet, wenn durch Wissenschaft und Technik die Ungewißheiten reduziert werden.

Abbildung 3: Steuerung durch Planung

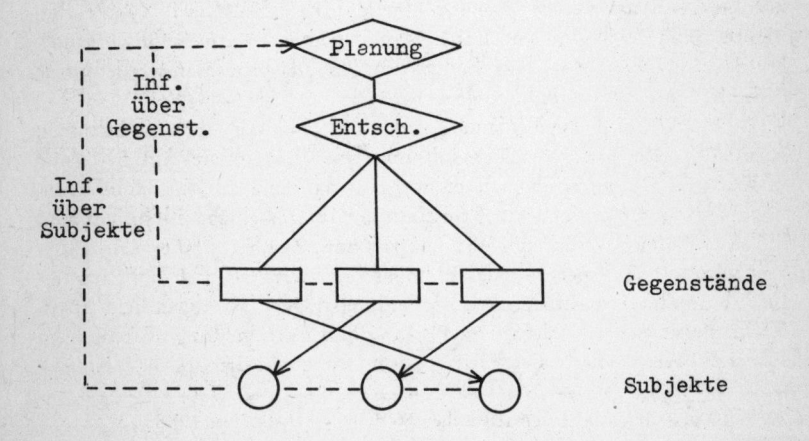

Allokation durch Planung
Bei der Planung sind die Grundelemente des Allokationsprozesses die gleichen. Entscheidend ist jedoch, daß neue Instanzen eingeführt werden, daß die Koordination also mit Koordinatoren erfolgt.

In der Abb. 3 geben die gestrichelten Linien den Informationsfluß wieder. Auch hier werden Informationen über die Ziele von Subjekten und die Gegenstände mit ihren Eigenschaften gesammelt. Dies geschieht jedoch nicht regellos vom Horizont der Individuen aus, sondern systematisch durch Planungsinstanzen. Die Informationsgewinnung kann so auf *wissenschaftlichem Wege,* auch mit Einsatz von Hilfsmitteln, erfolgen. Sie löst sich von der begrenzten Reichweite des Individuums und kann gesellschaftliche Bezüge aufnehmen, so daß die Entscheidungen von vornherein in einem anderen Rahmen erfolgen. Die Subjekte mit ihren Zielen spielen nach wie vor eine entscheidende Rolle. Die Entscheidung ist jedoch eine vermittelte, von einem kollektiven Prozeß getragene.

Die Planungsaufgabe besteht darin, die Situation der Subjekte wie auch der Gegenstände darzustellen und zu analysieren; dies folgt auch unmittelbar aus der oben angegebenen Definition von Planung, nämlich die Entscheidungssituation in allen ihren Dimensionen präsent zu machen. Die Ablösung der Steuerungsfunktion von den im unmittelbaren Wirkungszusammenhang Stehenden bedingt, daß Planung in hohem Maße von Informationen abhängt. Die verschiedenen Möglichkeiten der Informationsgewinnung — empirische Erhebungen, Indikatorbildung, elektronische Speicherung und elektronischer Abruf, statistische Analyseverfahren — gewinnen für die Planung zentrale Bedeutung.

Es lassen sich aus der Abb. 3 noch einige Spezifikationen angeben. Planung wird sich einmal mit dem *Zustand* beschäftigen müssen, und zwar bezüglich der Gegenstände wie auch der Ziele der Subjekte. Hinzu kommt die Analyse der *Entwicklungsrichtung*, ebenfalls für beide Elemente. Schließlich sind auf diesen Grundlagen *Alternativen* für Zustandsveränderungen anzugeben. In komplexen Planungsprozessen werden diese drei Elemente iterativ behandelt werden.

In der Abb. 3 sind Planung und Entscheidung in verschiedenen Kästchen untergebracht. Dies soll nur eine funktionale Aufgliederung bedeuten. Es kann nachgewiesen werden, daß eine institutionelle Trennung dieser Funktionen einer bestimmten Interessenlage entspricht und die Instrumentalisierung der Wissenschaft zum Ziel hat. Planerische Tätigkeit wird auf ein operationales Element reduziert, wenn sie auf Zuarbeit für „besonders qualifizierte Entscheidungsträger" herabgedrückt wird. Vielmehr ist das Verhältnis von Planung und Entscheidung als pragmatisches zu bestimmen.[22] Die Partizipation ermöglicht diskursive Verständi-

---

22 Zur Darstellung des pragmatistischen Modells vgl. Habermas (1968: 129 ff.).

Die einzige Ausnahme wäre der Ober-Welt-
Planer, der keinen bargaining-partner hat.
Alle gesellschaftlichen Gruppen können ihre
Interessen aushandeln - unter bestmöglicher
Information und anderen Begleiterschei-
nungen = Partizipation, Rechtsprinzipien etc.

(25)

gung, so daß Entscheidungen auf wechselseitigen Beeinflussungen beruhen.

1.1.4 Zusammenfassung der formalen Typologien

Es hat sich gezeigt, daß Planung nach verschiedenen Kategorien hin charakterisiert werden muß. Auf individueller Ebene ist das operationale Element entscheidend, das ein Grundmuster menschlicher Tätigkeit wiedergibt. Es ermöglicht die Abstimmung in einer komplexen Umwelt. Sobald auf gesellschaftlicher Ebene die Dispositionsfrage relevant wird, können zwei Formen unterschieden werden, Prozeß- und Planungssteuerung. Prozeßsteuerung ist eine Fortsetzung der individuellen Planung unter differenzierten Bedingungen. Innerhalb der Austauschprozesse plant das Individuum, jedoch nur für sich selber. Diese Form ist bei hohen Ungewißheiten gerechtfertigt. Politische Planung als Form der Steuerung weist dagegen eine Tendenz zur Vergesellschaftung auf, da eine kollektive Instanz in den Verteilungsprozeß eingeschaltet wird. Sie hängt in hohem Maße von einer guten informationellen Basis ab. Für diese Form der Steuerung, die in Abhängigkeitsverhältnissen stattfindet, sind zwei Forderungen unabdingbar, nämlich rationale Zieldiskussion und Partizipation der Betroffenen.

1.2 Informationen als Reflexions- und Steuerungsmedien

In obigem Kapitel wurde versucht, den Planungsbegriff zu entwickeln und insbesondere die informationelle Grundstruktur herauszuarbeiten. Um einen konzeptionellen wie auch politischen Rahmen zu schaffen, in dem soziale Indikatoren ihren Platz haben, ist noch auf den allgemeinen Charakter von Informationen einzugehen. Dabei soll ebenfalls versucht werden, den Rahmen formaler und kybernetischer Begründungen zu erweitern.

Die Bedeutung von Informationen wurde bereits häufig angesprochen. Sie stellen das verbindende Element zwischen dem realen Prozeß und der Steuerungsaufgabe der Planungsinstanzen (vgl. Abb. 3) dar. Aber auch die Partizipationsforderung weist unmittelbar auf informationelle Aspekte hin. Nur informierte Individuen sind in der Lage, in sinnvoller Weise mitzubestimmen.

Schließlich ist auch in der wissenschaftlichen Komponente dieser Aspekt enthalten. Wissenschaftliche Analyse zielt auf möglichst umfassende Repräsentation realer Verhältnisse ab, was die Erstellung neuer und valider Informationen impliziert.

Der Zusammenhang von Planung und Information kann jedoch auch auf einer allgemeineren Ebene hergestellt werden. Unter kybernetischen Gesichtspunkten ermöglichen Informationen die Rückkopplungen, die zur Regelung des Systems notwendig sind. Sie ermöglichen den Vergleich zwischen dem angestrebten und dem erreichten Zustand und sind daher wichtige Mechanismen innerhalb von Regelungsprozessen. Dann aber ist der Bezug zur Planung offensichtlich, da diese unter formalen Aspekten als Regelung begriffen werden kann;[23] auch Planung hat ja in dem Vergleich von Ist- und Soll-Zustand und daraus abzuleitenden Maßnahmen ein konstituierendes Element. Informationen sind daher das allgemeine Medium, mit dessen Hilfe solche Regelungsprozesse stattfinden.

Es ist nicht sinnvoll, den Informationsbegriff von seinen logischen Grundlagen her genauso zu entwickeln, wie dies beim Planungsbegriff versucht wurde. Dies würde ein wiederholtes Aufarbeiten informationstheoretischer, kybernetischer und kommunikationswissenschaftlicher Ansätze bedeuten.[24] Es sollen deshalb im folgenden unmittelbar die gesellschaftlichen Aspekte angesprochen werden, die im Hinblick auf soziale Indikatoren als Rahmenbedingungen relevant sind.

1.2.1 Zur Theorie der gesellschaftlichen Information

Die Rolle von Informationen im gesellschaftlichen Prozeß wird in jüngster Zeit zunehmend thematisiert. Es wird darauf hingewiesen, daß nach der relativen Beherrschung von Materie und Energie nun Informationen das große Aufgabenfeld darstellen, auf das die Produktivkräfte angewandt werden sollten.[25]

So verschieden die Konzepte auch sind („informierte Gesellschaft", Steinbuch 1966, „Computer-Demokratie", Krauch 1972, "symbolization of society", Etzioni 1968, "future as information", Henry 1973), so liegt ihnen doch eine gemeinsame Intention zugrunde, nämlich Informationen zu einem wichtigen ökonomischen und sozialen Faktor zu machen, der die gesellschaftlichen und individuellen Verhältnisse auf neue Grundlagen stellt.

---

23 Vgl. dazu speziell Kohlmey (1968).
24 Vgl. dazu grundlegend Maiminas (1972); gute Aufbereitungen bringen Wille (1970), Wersig (1971); spezielle Aspekte sind zu finden bei Fehl/Fester/Kuhnert (1972). Für formale Grundlagen vgl. insbesondere Zemanek (1959), Meyer-Eppler (1959).
25 Vgl. Henry (1973: 392): „Bound on the notion that a society can be simplified to the sum of information communicable among its members, the development of information is then one of the most decisive, formative factors for the future."

Die Gründe für das Aufkommen der Diskussion sind vielfältiger Art. Die „Informationsexplosion" im wirtschaftlichen, wissenschaftlichen, öffentlichen und kulturellen Bereich ist für jeden sichtbar. Die Überflutung mit Informationen durch die Massenmedien ist eine alltägliche Erfahrung.[26] Der entscheidende Anstoß dürfte jedoch von der Computertechnologie gekommen sein, die die maschinenmäßige Verarbeitung von Informationen, gegründet auf die mathematische Informationstheorie, in ungeahnter Schnelle entwickelte. Die Gewinnung, Verarbeitung und Verteilung von Informationen (Informationstechnologie) wurde zu einem eigenen Produktionszweig ausgebaut, der auch in der Öffentlichkeit immer stärkere Aufmerksamkeit findet.

Das Thema ist im Grunde genommen sehr alt. In der Wissenssoziologie,[27] noch früher in den Bewußtseinsdebatten, geht es letztlich auch um Informationen, wenn auch die qualitativen Aspekte im Vordergrund stehen. In der neueren Diskussion ist der Ausgangspunkt der Informationsbegriff selber, und man kommt von daher zu gesellschaftstheoretischen Fragestellungen. Dieser Richtung soll hier gefolgt werden.

Auf Grund der Mehrdeutigkeit des Informationsbegriffs sind eine ganze Reihe von Ansätzen zu unterscheiden. Wersig (1973: 34–44) führt sechs Varianten auf, die sich danach unterscheiden, ob der Schwerpunkt auf die materiellen Vorgänge, auf den Sender, die Nachricht, die Bedeutung, die Wirkung oder auf den Prozeß selber gelegt wird. Von gesellschaftlichen Fragestellungen her sind die Ansätze, die auf die *Bedeutungen* und die *Wirkungen* abstellen, am relevantesten.

Zunächst ist festzuhalten, daß nicht alle Informationen solche Funktionen ausüben. Unter dem Wirkungsaspekt sind nur solche relevant, die einen Neuigkeitswert haben, die von anderen als Empfänger verarbeitet werden, die im Hinblick auf die pragmatische Dimension[28] Relevanz besitzen. Damit wird ein großer Teil von Informationen ausgeschieden, die zwar existieren, aber nicht „benutzt" werden. Unter dem Wirkungsaspekt sind nur Informationen relevant, die in irgendeiner Weise eine Wissensfunktion ausüben.[29]

Von dieser Spezifikation her ergibt sich ein weites Untersuchungsfeld. Es dreht sich dann allgemein um den Zusammenhang zwischen *Wissen und Bewußtsein*. Informationen werden als Mechanismen betrachtet, mit

---

26 Vgl. Darstellungen in futurologischen Arbeiten etwa bei Schneider (1971).

27 Vgl. Mannheim (1964), Horowitz (1961), neuerdings Elias (1971).

28 Als pragmatisch wird innerhalb der Semiotik der Zweig bezeichnet, der Zwecke, Ziele und Folgen von Zeichen untersucht, in Ergänzung zur Syntax und Semantik; vgl. z. B. Klaus (1964).

29 Beispielsweise ist ein großer Datenfile in diesem Sinne keine Information, da er nur zur Auszählung von Häufigkeiten, zur Berechnung von Korrelationen usw. dient. Erst diese Ebene hat dann bestimmte Wirkungen.

deren Hilfe der individuelle Horizont ausgeweitet werden kann. Sie bilden in gewisser Weise den Schnittpunkt zwischen Individuum und Gesellschaft. Einerseits sind sie auf Individuen zugeschnitten und werden von diesen verarbeitet; andererseits bilden sie gesellschaftliche Verhältnisse selber ab. Mit Hilfe von Informationen ist das Individuum in der Lage, sich zu orientieren und Entscheidungen zu treffen.

In der Wissenssoziologie, auch in der neueren Sprachphilosophie, wird diese Thematik aufgenommen. Die „soziale Konstruktion der Wirklichkeit" (Berger/Luckmann 1971) und ihre Veränderung hat in der Informationsaufnahme und -verarbeitung eine wichtige Determinante. Auch die Habermassche Theorie der kommunikativen Kompetenz[30] beruht in Form der diskursiven Prozesse auf Informationsaustausch.

Die Erhöhung der Informationsverarbeitung wird zu einem wichtigen Ziel der gesellschaftlichen Reform. Man verspricht sich davon eine Rationalisierung der Politik. Fundierte und von Konsens getragene Entscheidungen sind immer auch informierte Entscheidungen. Ähnlich wie im 18. Jahrhundert die Verbreitung von Zeitungen die Politik beeinflußte,[31] sollen nun durch die Verbreitung von Informationen auf elektronischer Basis neue Grundlagen, insbesondere im Hinblick auf Partizipation, geschaffen werden.

Insgesamt ergibt sich das Bild einer lernenden Gesellschaft,[32] deren informierte Mitglieder in vielen Handlungsfeldern kompetent mitentscheiden und Innovationen durchsetzen.

In den Theorien der nachindustriellen Gesellschaft wird Informationen ein hoher Wert zugesprochen. Krieger (1971) stellt eine Typologie auf, in der „Wissen" in der Nachfolge von „Kapital" ein Charakteristikum der gesellschaftlichen Entwicklung ist. Dem „Kapital" ordnet er auf der Bedürfnisseite „(materielle) Sicherheit" zu, während „Wissen" auf „Exploration" hinausläuft (Abb. 4).

Abbildung 4: Historische Phasen und ihre Schwerpunkte nach Krieger (1971:9)

Historical Period	Crucial Resource	Needs of Man
Traditional	Rituals, Divine Right	Physiological
Pre-Industrial	Agriculture, Nurture, Land	Survival
Industrial	Capital	Security
Post-Industrial	Knowledge	Exploration

---

30 Vgl. Habermas (1971 c).
31 Vgl. Habermas (1962: 93 ff.).
32 Vgl. Schon (1973).

Krieger nimmt dann noch eine nachfolgende Beyond-Post-Industrial Society an, für die „Affekte" die zentrale Rolle spielen. Diese Affekte entsprechen der pragmatischen Dimension von Informationen, zielen also auf deren Wirkungen ab, während die nachindustrielle Gesellschaft noch mit der Beherrschung von Informationen als Nachrichten „beschäftigt" ist, was durch „Exploration" zum Ausdruck kommt. Erst in der Beyond-Post-Industrial Society wird nach Krieger die pragmatische Dimension von Informationen zum Strukturprinzip.

Diese Typologie ist mit dem Mangel jeder Stadienlehre behaftet, nämlich unbegründbar zu sein und letztlich eine ahistorische Abfolge darzustellen. Sie soll hier nur erhellen, daß die pragmatische Dimension von Informationen gesehen und der Versuch gemacht wird, sie in Gesellschaftstheorien einzubauen.

Etzioni (1968) hat solche Ansätze im Hinblick auf die gesellschaftliche Struktur am weitesten entwickelt. Sein Konzept der aktiven Gesellschaft beruht in hohem Maße auf „symbolization of societal processes" (Etzioni 1968: 8), d. h. der informationellen Durchdringung und damit Verfügbarmachung von Lebensbereichen.

Nur die wissende Gesellschaft ist in der Lage, sich selbst zu verändern und zu steuern. Die gesellschaftlichen Verhältnisse sind im Gegensatz zu naturwissenschaftlichen Bedingungen vom Menschen gemacht und daher prinzipiell gestaltbar. Wenn die aktive Orientierung realisiert wird, spielen auch materielle Bedürfnisse nicht mehr die Hauptrolle; sie treten zugunsten größerer Betonung symbolischer und sinnhafter Werte zurück. Diese aber stehen jenseits jeder Knappheitsrelation, da Symbole nicht verbraucht werden und praktisch beliebig vermehrt werden können (Etzioni 1968: 8). Die symbolorientierte Gesellschaft ist also die eigentliche „Überflußgesellschaft".

Der informationstheoretische Ansatz stößt sehr schnell an Grenzen, sobald er den Anspruch erhebt, auch Gesellschaftstheorie zu sein. Etzioni sieht dies sehr klar und führt daher auch aus, daß normative Setzungen nicht zu seinen Intentionen gehören.[33] Damit relativiert sich der Ansatz erheblich. Zur Gesellschaftstheorie gehörten auch Angaben über die ökonomischen und politischen Bedingungen, die die aktive Orientierung derzeit verhindern. Es müßte untersucht werden, wie die Strukturen der Öffentlichkeit beschaffen sind, die trotz der technologischen Möglichkeiten den Aufbau der „Objektorientierung" nicht in Gang setzen. Schließlich brauchte man auch für die bloße Informationsauswahl Kriterien und

---

33 Vgl. Etzioni (1968: 13): „Our main concern here is consequently for the societal and political conditions under which history will be made more responsive to man, and not to search for new normative criteria to which history may brought to respond."

Konzepte, die einer materialen Bestimmung bedürfen und nicht wiederum kybernetisch abgeleitet werden können.

Erst wenn es gelänge, die aktive Gesellschaft mit einem normativen Bezugsrahmen und einer Strategie zu versehen, würde sie auch die Brisanz erhalten, die ihr eine Durchsetzungschance gibt. Die „Prozeßargumentation" müßte mit einer „Programmargumentation" verbunden werden, damit „über die aktive Beteiligung hinaus die inhaltliche Bindung des Entscheidungsprozesses an – legitime – Ziele" geleistet wird (Narr/Naschold 1971: 72).

Damit soll der prinzipielle Stellenwert von informationstheoretisch ausgerichteten Analysen nicht geschmälert werden. Dieser Ansatz kann sehr wohl Bewußtseinseffekte auslösen und so Voraussetzungen für eine weitere Strategie schaffen. Sein begrenzter Stellenwert muß jedoch von vornherein berücksichtigt werden.

1.2.2 Einschränkende Bedingungen der Informationserhebung und -verwendung

Speziell im Hinblick auf Planungszwecke – und damit im weiteren Sinne auch für soziale Indikatoren – sind einige einschränkende Ausführungen zu machen.

1.2.2.1 Informationen als Rückkoppelungen und als Störfaktoren

Informationen werden im Sinne der selbststeuernden Gesellschaft von Planungsinstanzen verarbeitet, zu einem großen Teil wohl auch erhoben werden. Sie sollen die ständigen Rückkoppelungen für den Planungsvollzug leisten, so daß Planung als kybernetischer Prozeß angelegt ist. Von daher nehmen Informationen positive Funktionen wahr.

Dies kann auf allgemeinster Ebene aufgezeigt werden. Die Bereitschaft, ständig Informationen aufzunehmen, bedeutet nämlich nichts anderes als das prinzipielle Eingeständnis von *Fehlern*. Würde man davon ausgehen, daß im Plan wie auch im Planungsvollzug keine Fehler auftreten, brauchte man keine Informationen zu sammeln. Gerade die autoritative Planung wird nicht-kybernetisch, ohne ständige Rückkoppelungen angelegt sein. Bauer (1969: 64) hat den prinzipiellen Zusammenhang klar ausgeführt: „Probably the most profound contribution of cybernetics to our thinking is the establishment of error as a systematic inevitable feature of all action."

Dies ist jedoch nur der eine Aspekt. Es kann gezeigt werden, daß von Steuerungsintentionen her auch eine Tendenz bestehen wird, Informationen zurückzuhalten, um einen reibungslosen Planungsvollzug zu gewährleisten. Die Weitergabe von Informationen kann unter Umständen als Störquelle auftreten und wird daher tendenziell vermieden werden.

An einem Beispiel kann der Zusammenhang erläutert werden. Wenn etwa im Zusammenhang mit Stadtplanung die Trassenführung einer Stadtautobahn festgelegt wird, kann eine Befragung durch Planungsinstanzen erbringen, daß nur 20 % der Anwohner gegen die Trassenführung sind, während die restlichen Befragten im Prinzip nichts gegen den Autobahnbau haben. Vom bloßen Planungsstandpunkt aus kann dies so interpretiert werden, daß von Anwohnern im wesentlichen kein Einspruch zu erwarten ist.

Wenn diese Information, daß 20 % gegen den Autobahnbau sind, nun publiziert wird, kann dies den Effekt haben, daß die Anwohner über mögliche Gründe der Ablehnung nachdenken und ihre Ansichten revidieren. Die Bekanntmachung der ablehnenden 20 % kann der Anstoß sein, sich über deren Gründe zu informieren und diese sich zu eigen zu machen. Die bisher Zustimmenden denken über ihre Bedürfnisse nach und entwickeln vielleicht selber Pläne. Dann könnte sich der Prozentsatz der Ablehnenden sehr schnell erhöhen; es wäre ein gewisser Mobilisierungseffekt eingetreten.

Vom Standpunkt des bloßen Planungsvollzugs würde diese Meinungsänderung nun aber als Störgröße auftauchen, da sie die Planungsprämissen in Frage stellt. Eine erneute Umfrage könnte etwa erbringen, daß der überwiegende Teil der Anwohner gegen die Trassenführung ist.

An diesem Beispiel kann zweierlei klargemacht werden. Einmal wird vom Planungsvollzug her die Tendenz bestehen, Informationen zurückzuhalten, da sie Störungen verursachen können. Zum anderen kann die Informationsverbreitung in partizipatorisch angelegten Planungsprozessen *Bewußtseinseffekte* auslösen, die zu einer breiten Mobilisierung führen.[34]

Dieser doppelte Effekt ergibt sich unmittelbar aus dem prinzipiellen Charakter von Informationen. Sie sind kein factum brutum, keine bloßen Symbole, sondern stehen in einem Verhältnis zu dem Gegenstand, über den sie erhoben werden; sie sind ihrem Gegenstand nicht äußerlich. Werden sie in reflexiver Weise auf denselben angewendet, lösen sie Effekte aus, die die ursprünglichen Informationen hinfällig machen können.

Diese Bewußtseinseffekte bedingen eine gewisse *Ambivalenz* der Informationen in Planungsprozessen. Einerseits sind sie das „essential" jeder Partizipation, andererseits lösen sie schwer kontrollierbare Effekte aus, die Planungen komplexer machen.

---

34 Das beste Beispiel für Bewußtseinseffekte von Informationen sind empirische Wahlprognosen, die als solche die Wahl, die sie zum Gegenstand haben, beeinflussen.

1.2.2.2 Der fraktionale Charakter von Informationen

Auf einen weiteren Effekt ist einzugehen, der besonders quantifizierte Informationen betrifft. Es ist der fraktionale Charakter von Messungen, der aber auch für qualitative Informationen in gewissem Umfang gilt.[35]

Auf Grund von theoretischen Postulaten ist es nicht möglich, einen Gegenstand in seiner Ganzheit zu erfassen.[36] Es müssen Bezugspunkte angelegt werden, auf die sich die Informationen beziehen. Damit haben diese aber immer einen aspekthaften Charakter. Dies gilt auch für die rein deskriptive Ebene. Auch ein relativ einfacher Gegenstand wie etwa eine Uhr kann nur von bestimmten Aspekten her — seien es technische, ästhetische, praktische, historische — beschrieben werden. Die Summe dieser Aspekte gibt aber keine Ganzheit wieder, sondern nur eine mehr oder weniger gelungene Annäherung an das „Phänomen Uhr".

Bei quantifizierten Messungen wird das Problem als Operationalisierung thematisiert.[37] Theoretische Konstrukte werden durch Indikatoren erfaßt, wobei ebenfalls postuliert wird, daß diese Indikatoren nur eine Stichprobe aus dem Universum aller möglichen Indikatoren darstellen. Beispielsweise kann Intelligenz durch Indikatoren wie Rechengeschwindigkeit, Kombinationsfähigkeit, Kreativität usw. gemessen werden. Dann ist aber immer noch zu fragen, welcher Teil des Konstruktes Intelligenz dadurch operationalisiert wird.

Dieser fraktionale Charakter von Messungen ist nun besonders bei Planungsaufgaben zu beachten. Er tritt hervor, wenn Informationen *autoritativen Charakter* erhalten. In solchen Fällen ist es möglich, daß nur der Bruchteil des Ganzen, der in der Information steckt, relevant wird.

Beispielsweise kann das Gewicht durchaus ein Indikator für die Zugkraft eines Traktors sein. Gewicht ist sozusagen eine gute Operationalisierung des Faktors Zugkraft, der sich jedoch real gesehen aus zahlreichen anderen Komponenten zusammensetzt.

Der fraktionale Charakter dieses Indikators kommt nun jedoch zutage, wenn er in einem normativen Sinne verwendet wird, wenn etwa die Pro-

---

35 Der fraktionale Charakter wird besonders von Etzioni/Lehmann (1969: 47 ff.) ausgeführt.

36 Dies wird in der Erkenntnistheorie angeführt. Erkenntnis ist auf Grenzbildung (Systeme) angewiesen; der Gegenstand konstituiert sich nur von der relativen Grenzbildung her. So führt auch Schmid (1974: 137) in der Rezeption und Kritik funktionalistischer Theoriebildung aus, „daß der globale Systembestand selbst grundsätzlich nicht auf den Begriff zu bringen ist (nicht-reflexive Identitätsontologie), geschweige denn operationalisierbar ist". Zum Grundsätzlichen vgl. Cassirer (1911), Bunge (1967).

37 Vgl. zur Operationalisierung statt vieler Kerlinger (1964), Lazarsfeld/Rosenberg (1955).

duktionsleistung einer Traktorenfabrik nach diesem Indikator festgelegt wird. Die Fabrik käme dann vermutlich darauf, möglichst schwere Traktoren zu produzieren.

Die Meßeigenschaft des Indikators Gewicht für das Konstrukt Zugkraft ist nach wie vor unverändert. Jedoch kommt in autoritativen Zusammenhängen sein fraktionaler Charakter zum Vorschein. Wenn sich die betrieblichen Instanzen nach dem vorgeschriebenen Indikator richten, werden sie eben schwere, untaugliche Traktoren produzieren. Gewicht kann nur so lange als Indikator genommen werden, wie die *Verwendung der Messung* für den Gegenstand selber *belanglos* ist.

Dieses Beispiel ist sicher übertrieben. Jedoch ist der fraktionale Charakter von Messungen immer relevant. Man denke etwa daran, welche Probleme sich stellen, den Gebrauchswert einer Ware zu erfassen. Bei Marktpreisen wird das Problem umgangen, indem nicht der Wert einer Ware selber, sondern ihre Beziehung zu anderen Waren in Form von Knappheitsverhältnissen wiedergegeben wird. Das Ergebnis ist dann aber kein Wertindikator, sondern eben der Tauschwert.

Gebrauchswerte könnte man sicher operationalisieren, wenn eine differenzierte Methodologie entwickelt wäre. Dies wäre jedoch nur der erste Schritt; wenn solche Indikatoren für die Produktionssteuerung dienen sollen, müßten sie sich auch in autoritativen Zusammenhängen bewähren. Damit kommt wieder der fraktionale Charakter ins Spiel. *Wertindikatoren*, die für Steuerungszwecke verwendet werden, müßten also nicht nur gut operationalisieren, sie müßten auch umfassend sein, damit nicht das produziert wird, was die Indikatoren operationalisieren, sondern eben der erstrebte Gebrauchswert.

Diese Restriktionen kann man auch von daher verstehen, daß Informationen in einem Verhältnis zu ihrem Gegenstand stehen. Sobald sie für den Gegenstand selber relevant werden, treten Verschiebungen auf, die von den Interessen der Betroffenen herrühren und durch den fraktionalen Charakter möglich werden. Informationen sind sozusagen Verdinglichungen, die nur auf bestimmte, tangible Charakteristika des Gegenstandes eingehen können.

Daraus könnte theoretisch gefolgert werden, daß es unmöglich ist, Prozesse, etwa Produktionsprozesse, zentral und autoritativ zu lenken. Diese Lenkung müßte über perfekte Kennzahlen verfügen, die aber notwendig unzureichend sind. Es würden in der Praxis Partialisierungseffekte eintreten, auch wenn die Ausführenden gutwillig sind, also nicht auf Unvollständigkeiten spekulieren. Vor allem bei komplexen Gegenständen hätte die Zentrale das Problem, sich vollständig zu artikulieren.

Diese Argumente sind im Prinzip richtig. Ihnen ist jedoch entgegenzuhalten, daß technische Prozesse relativ gut erfaßt werden können und von daher für diesen Bereich zumindest eine Steuerung möglich ist. Zum anderen wenden sich die Argumente nur gegen autoritative zentrale Planung. Im oben dargestellten Konzept von Planung sind jedoch Rückkoppelungsprozesse, etwa in Form von Partizipation, als unabdingbar postuliert worden; insofern ist immer dezentrale Planung impliziert worden. Bei dieser Form entfernen sich die Entscheidungsinstanzen nicht zu weit von ihrem Gegenstand, so daß pragmatische Aspekte – also Aspekte der *unmittelbaren Anschauung* – relevant sind. Die Handlungsträger sind nicht nur auf fremde Informationen angewiesen; der Steuerungsbereich vermittelt sich ihnen auch auf pragmatische Weise. Dadurch können Fraktionierungen aufgedeckt und ausgeglichen werden.

1.2.2.3 Information und Determination

Bei diesen Ausführungen tauchte immer wieder die Ambivalenz von Informationen auf. Sie sind einerseits Schnittpunkt zwischen Individuum und Gesellschaft, erweitern den individuellen Horizont und ermöglichen kompetente Mitentscheidung. Andererseits sind Informationen aber auch eine Art Verdinglichung. Sie haben fraktionalen Charakter, erfassen nur äußere tangible Aspekte.

Diese Ambivalenz kann noch in einer anderen, mehr formalen Richtung aufgewiesen werden, und zwar im Verhältnis von Information und Determiniertheit von Systemen.[38]

Ist ein System *in keiner Weise* determiniert, sind Informationen nicht sinnvoll. Sie würden auf der Einmaligkeit des Ereignisses beruhen und wären daher genausowenig einzuordnen wie das Ereignis selber. Niemand könnte aus solchen Informationen einen Schluß ziehen, da sich das Ereignis ja wahrscheinlich nicht wiederholen würde.

Würde *vollständige* Determiniertheit des Systems vorliegen, so wären Informationen zwar möglich, sie wären aber nicht erforderlich. Sie würden sowieso eintreffende Ereignisse beschreiben, die keinen Handlungsspielraum lassen. Informationen wären in jeder Hinsicht redundant.

Daraus ist zu schließen, daß Informationen überhaupt nur in Systemen mit reduzierter Kontingenz sinnvoll und notwendig sind. Sie beschreiben dann wahrscheinliche Ereignisse, die Handlungsmöglichkeiten offenlassen und daher Entscheidungsfelder darstellen. Informationen sind also in bestimmter Weise auf Handlungen angelegt.

Dieser doppelte Aspekt schlägt sich auch in zwei verschiedenen Komponenten des gesellschaftlichen Aufbaus nieder.

Einmal ist *Partizipation* als Strukturkomponente anzuführen. Diese beruht auf der Vermittlungsfunktion von Informationen. In Form breiter

---

38 Die nachfolgenden Ausführungen stützen sich auf Wille (1970: 162–167).

Mitbestimmung erhöht sie die Komplexität des Systems, bringt also *mehr* Kontingenz.[39]

Die andere Komponente ist *Steuerung*. Informationen sollen die Verhältnisse möglichst exakt wiedergeben, da die Entscheidungsinstanzen relativ weit von der Basis entfernt sind. Steuerung würde eine möglichst hohe Determiniertheit des Systems anstreben, damit Informationen auch relevant sind; es würde die technische Dimension überwiegen. Steuerung würde auf möglichst *wenig* Kontingenz abstellen.

Es ist zu fragen, welches Modell demokratischen Ansprüchen genügt. Die Entscheidung würde sicher für Partizipation ausfallen. Jedoch sind Steuerungselemente in der modernen Industriegesellschaft unabdingbar. Es ist daher eine eminente Aufgabe der wissenschaftlichen Forschung, nicht-autoritative Steuerungsweisen zu entwickeln, gerade auch von informationstheoretischen Gesichtspunkten aus. Das in der Ökonomie angewandte Hebelprinzip (ökonomische Hebel) wäre hier eine Möglichkeit. Es beruht auf der indirekten Steuerung, die auch bei ungenügenden Informationsgrundlagen angewendet werden kann.[40] Vor allem aber kann die kybernetische Regelungstheorie (im Gegensatz zur Steuerungstheorie) hier einen wichtigen Beitrag leisten.

Es ist denkbar, daß eine Theorie von den sozialen Hebeln entwickelt wird (in Ergänzung zu den ökonomischen Hebeln).[41] Partizipation und nicht-autoritative Steuerung (Regelung) wären dann wichtige Komponenten eines Gesellschaftsmodells, das Informationsverarbeitung zu einem zentralen Gegenstand hat, aber dem ambivalenten Charakter von Informationen gerecht wird.

Nach diesen Vorklärungen ist es möglich, eine zentrale Komponente der Informationsausweitung — die Bewegung sozialer Indikatoren — anzugehen. Der allgemeine Stellenwert dieses Phänomens wird durch die Grundlagen dieses Kapitels bestimmt.

---

39 Zum Verhältnis von Demokratie und Komplexität vgl. Naschold (1969, 1970), Luhmann (1971 a).

40 Zur Theorie der ökonomischen Hebel in sozialistischen Wirtschaften vgl. Apel/Mittag (1964), Fox (1973), Matho (1973). — Die Theorie der sozialen Steuerung wird auch allgemein von Herder-Dorneich (1965) ausgeführt.

41 Im Grunde werden soziale Hebel in der Praxis bereits angewendet. Man denke an die planmäßig durchgeführte Auflösung des dreigliedrigen Schulwesens in der BRD, was als ein Hebel zur Auflösung von Schichtstrukturen konzipiert ist. In den USA wird das „busing" (Bustransport von Schulkindern, um ethnisch gemischte Klassen zu erreichen) durchgeführt. Dies soll ein Hebel zur Desegregation sein. Das Prinzip dieser Beeinflussung müßte noch genauer untersucht werden.

2 Die Indikatorbewegung: Quellen und Publikationen

Die Einbeziehung sozialer Aspekte in die gesellschaftliche Informationsgewinnung hat Anfang der sechziger Jahre in den USA durch die sogenannte Indikatorbewegung einen starken Auftrieb erhalten. Unter diesem Sammelbegriff werden die Bestrebungen der Sozialberichterstattung, des „social accounting" und der Indikatorbildung im engeren Sinn zusammengefaßt. Die Bewegung führte zu einer Wiederbelebung der Makrosoziologie; Theorien des sozialen Wandels, Methodenprobleme der Aggregatanalyse und die Frage nach der Anwendung der sozialwissenschaftlichen Kenntnisse auf gesamtgesellschaftlicher Ebene wurden mit großer Intensität angegangen.

Die Indikatordiskussion wurde inzwischen von anderen Ländern rezipiert. In europäischen Staaten und auch in Japan wurden verschiedene Forschungsarbeiten eingeleitet.[1] Die wichtigsten Impulse gehen aber nach wie vor von den USA aus.

Im folgenden soll versucht werden, die Quellen der Indikatorbewegung chronologisch darzustellen.[2] Durch Aufzeigen der beteiligten Institutionen, Kräfte und Interessen wie auch deren zeitlicher Einordnung läßt sich ein erster Rahmen gewinnen, um die Bewegung einzuordnen. Auch die inhaltlichen Schwerpunkte sind interessant. Z. B. fehlte zu Anfang der sechziger Jahre noch ganz eine konzeptionelle Entsprechung, etwa in Form der Programmatik Lebensqualität. Diese kam erst später hinzu, so daß soziale Indikatoren in der ersten Phase sehr technisch-instrumentell konzipiert waren. Nach einem Überblick über die Hauptpublikationen ist es dann möglich, das Feld der sozialen Indikatoren konkret anzugehen.

2.1 Die Quellen der Indikatorbewegung in den USA

2.1.1 Die Manpower-Erfordernisse der forcierten technologischen Entwicklung

Eine wichtige Wurzel der Indikatorbewegung ist in den Manpower-Erfordernissen der technologischen Entwicklung zu sehen, wie sie in den USA in den beiden letzten Jahrzehnten im Zusammenhang mit Verteidigungs-

---

[1] Einen Überblick über den Stand in den verschiedenen Ländern geben Zapf (1971 a: 12 ff.), Leipert (1973: 235—238).

[2] Für einen allgemeinen historischen Abriß der Indikatorbewegung vgl. Gross (1966 a); spezieller Brooks (1972: 16—42).

und Raumfahrtprogrammen forciert betrieben wurde. Die unmittelbare Folge war ein enorm gestiegener Bedarf an qualifizierten Wissenschaftlern und Ingenieuren, insbesondere von der staatlichen Nachfrage her. Etzioni schätzt, daß mehr als die Hälfte der 400 000 Wissenschaftler und Ingenieure, die 1961 in den USA im Forschungs- und Entwicklungsbereich tätig waren, in Regierungsdiensten standen (Etzioni 1964: 28).

Diese gesteigerte Nachfrage nach „creative manpower" (Etzioni) mußte früher oder später zur Untersuchung der ökonomischen und sozialen Voraussetzungen sowie zur Diskussion über das dazu notwendige sozialwissenschaftliche Instrumentarium führen. So wurde 1962 im Rahmen der *American Academy of Arts and Sciences* (AAAS) ein *Council on Space Efforts and Society* eingerichtet, das von der NASA finanziert wurde.[3] Bereits im Titel der Kommission — Raumfahrt und Gesellschaft — wird die Konstellation deutlich. In ihrem Vorbericht[4] tauchen erstmals Begriffe wie „(information-)system" und „feedback indicators" auf. Es sollte ein „total system of feedback to NASA" (Bauer 1966 a: 10) entwickelt werden, das den Mobilisierungsinteressen der NASA die Grundlage lieferte.

Die Idee eines Indikatorsystems wurde von der *National Commission on Technology, Automation and Economic Progress* (NCTAEP) aufgegriffen. In ihren Arbeiten untersucht sie den Zusammenhang zwischen technischem Fortschritt und sozioökonomischer Entwicklung. Sie schlägt in ihrem Abschlußbericht ein „system of social accounts" (US NCTAEP 1966: 96) vor. Die Kommission definiert vier Hauptbereiche:

- Messung sozialer Kosten und Gewinne von ökonomischen Innovationen,
- Messung sozialer Mißstände (Verbrechen, Familienzerrüttung),
- Bildung von „Performanz-Budgets" in bestimmten Bereichen sozialer Bedürfnisse (z. B. Wohnung, Erziehung),
- Indikatoren der ökonomischen und sozialen Chancengleichheit.

Bei dem Vorschlag der Kommission ist festzuhalten, daß sie von einem *integrierten sozioökonomischen Ansatz* ausgeht. Dies ist sicherlich auf die technische Fragestellung und Ausrichtung zurückzuführen. Bei späte-

---

[3] In diese Zeit (1962) fällt auch das Manpower Development and Training Act, das den jährlichen Manpower-Bericht des Präsidenten einrichtete.

[4] Die zweite Phase wurde 1963 vom Committee on Space der AAAS übernommen. In Zusammenarbeit mit dem MIT wurde die Reihe Technology, Space, and Society herausgegeben, in der 1966 die Arbeit von Bauer über soziale Indikatoren erschien (Bauer 1966).

ren Arbeiten geht die Integrationsforderung aus verschiedenen Gründen verloren.

An dieser Konstellation wird ein *typischer Zusammenhang* der Indikatorbewegung deutlich. Sie geht von den Folgen der technischen und ökonomischen Entwicklung aus,[5] ohne daß diese in die Beurteilung mit einbezogen werden. Die Gesellschaft sieht sich mit einer von nicht-kontrollierten Kräften getragenen, technologischen Entwicklung konfrontiert, will aber eben diese Kräfte nicht in Frage stellen. Das Problem wird zweigleisig gelöst. Die Verwertungsinteressen werden nicht angetastet,[6] es wird jedoch viel Energie auf die Erforschung und Kontrolle der langfristigen Veränderungen aufgewendet. Das eigentliche Interesse kommt aber immer wieder zum Vorschein, wenn etwa Bauer vorschlägt, zwischen einem allgemeinen Informationssystem, das den öffentlichen Belangen Rechnung trägt, und einem speziellen, das auf die Interessen der NASA ausgerichtet ist, zu unterscheiden (Bauer 1966 a: 13).[7]

In der Folgezeit hat sich die Indikatordiskussion von ihren Ursprüngen in den Mobilisierungserfordernissen der technischen Entwicklung gelöst und verwendete hinfort wenig Reflexion über ihre eigenen Entstehungszusammenhänge. Jedoch ist für die politische Einschätzung das Verwertungsinteresse, sei es speziell wie in den Arbeiten der AAAS oder mehr gesamtwirtschaftlich wie in den Vorschlägen der NCTAEP, von außerordentlicher Wichtigkeit.

2.1.2 Anregungen aus der Wissenschaft

Eine weitere wichtige Quelle der Indikatorbewegung ist auf wissenschaftlicher Seite zu suchen. Hier waren das Unbehagen an der ökonomisch ausgerichteten Statistik und die Sorge um eine bewußte Zukunftsgestaltung der Anstoß.

Mitte der sechziger Jahre prangerte B. M. Gross in einer Reihe von Artikeln (Gross 1965, 1965 a, 1966 b) den „new Philistinism" in den statistischen Publikationen an, was er definiert als „the approach to life based on the principles of using monetary units as the common denomi-

---

[5] Dazu Bauer: „... anxiousness for these secondary consequences to be as beneficial as possible. This was the motive, in fact, for awarding a grant to the American Academy of Arts and Sciences" (Bauer 1966a: 10).

[6] Ein kritischer Ansatz findet sich jedoch bei Etzioni: „But any multibillion-dollar expenditure would presumably have a similar effect, and hence there is no economic justification for choosing to put it in orbit" (Etzioni 1964: 111).

[7] Diese Unterscheidung liegt auch anderen Publikationen der Kommission zugrunde; vgl. Seely et al. 1962 und Bauer et al: Space Efforts and Society, abgedruckt in Bauer (1969 a: 193—231).

nator of all that is important in human life" (Gross 1965: 15). Das „statistische Establishment" sei mehr und mehr der Magie der Zahlen verfallen, obwohl gerade auch auf ökonomischer Seite dem sozialen Faktor (human capital) immer mehr Bedeutung zugewiesen wird.[8]

Gross schlägt einen jährlichen Social Report vor, der von der Exekutive zu erstellen ist. Der Bericht müsse ein realistisches Bild über den Stand und die Entwicklung der amerikanischen Gesellschaft abgeben, und zwar auf Gebieten wie Kunst und Wissenschaft, Recht und Ordnung, Familie und Wohnung, Armut und Ungleichheit. Die Indikatoren müßten aufs engste mit der ökonomischen Statistik verbunden sein. Um die Entscheidungen über soziale Tatbestände besser zu fundieren, dürfte die Wirtschaftsstatistik nicht vernachlässigt werden, sondern müßte durch qualitative Daten ergänzt werden.

Die vielfach verstreuten Informationen würden unverbunden keinerlei Wirksamkeit erreichen. Nur wenn Regierung und Bevölkerung in übersichtlicher Weise mit den sozialen Tatsachen konfrontiert werden, könnten sich Initiativen entwickeln und planmäßige Veränderungen durchgesetzt werden. Dies sei auch beim Economic Report so gewesen. Erst durch ihn sei das Land „economics-conscious" (Gross 1965: 17) geworden.

Das Problem einer bewußten Zukunftsgestaltung findet um diese Zeit auch in die wissenschaftlichen Institutionen Eingang. Im Oktober 1965 gründet die *American Academy of Arts and Sciences* (AAAS) eine *Commission on the Year 2000*, „in an effort to stimulate thinking about long range social questions" (AAAS 1971: 37).

Die Kommission gibt im Sommer 1967 einen ersten Sammelband[9] heraus mit wichtigen Arbeiten über Methoden, Szenarios, Entwicklung gesellschaftlicher Bereiche und Institutionen. Ihm ist ein großer Erfolg in der amerikanischen Öffentlichkeit beschieden. Es werden mehr als 100 000 Exemplare verkauft (AAAS 1971: 38).

Für die Aufgaben der langfristigen sozialen Prognose wurden in der Folgezeit Arbeitsgruppen mit den Schwerpunkten Regierungstätigkeit,[10] Werte und Rechte, wissenschaftliche Institutionen, Lebenszyklus und sozialer Einfluß des Computers gebildet. Ihre Arbeiten sind mehr auf die

---

[8] Entscheidende Anregungen für eine Berücksichtigung des sozialen Faktors gingen von Schultz (1961) aus, der zum Beispiel nachwies, daß viele Schwierigkeiten der Wachstumstheorie auf der Vernachlässigung des „human capital" beruhen (Schultz 1961: 5).

[9] DAEDALUS, Journal of the AAAS: Toward the Year 2000: Work in Progress, Vol. 96, Nr. 3, Summer 1967. Die Arbeit erschien auch in Buchform: Bell (1967).

[10] Ihr Bericht liegt vor: Perloff (1971).

Grundlagen hin orientiert, jedoch ist die empirische Stützung durch Indikatorsysteme mit intendiert.

Indikatoren sind unmittelbarer Gegenstand der Arbeiten der *American Academy of Political and Social Science* (AAPSS). In ihren beiden Publikationen des Jahres 1967[11] werden Themen behandelt wie Armut und Ungleichheit, Bildung und Wissenschaft, Wahlen und Bürgerrechte und ähnliches. Die Akademie setzt im Jahre 1970 ihre Arbeiten unter dem Thema „Political Intelligence for America's Future"[12] fort. Eine Reihe von ausgewählten Bereichen (Kultur, Verbindung zur Außenwelt, Armut und Rassenbeziehungen) werden auf ihre Erfassung durch Indikatorsysteme geprüft.

Während in dem ökonomisch-technischen Bereich soziale Indikatoren auf eine konkrete Fragestellung hin konzipiert werden, geht es bei den wissenschaftlichen Institutionen mehr um allgemeine Bewußtseinsbildung. Ähnlich wie durch die ökonomischen Indikatoren Wissen und Diskussionsstoff für diesen Bereich zur Verfügung gestellt werden, soll dies nun auch auf dem sozialen Gebiet geschehen. Die Zwecke und Ziele sind dabei relativ diffus. Erst später wird sich zeigen, daß Faktoren wie soziale Unruhe und ungewisse Zukunftsentwicklungen angegeben werden.

2.1.3 Maßnahmen der Exekutive und Legislative

Die Idee der Sozialberichterstattung wurde von der Exekutive sehr bald konkret angegangen. Präsident Johnson beauftragte 1966 das *Department of Health, Education and Welfare* (DHEW), Sozialstatistiken und Indikatoren zu entwickeln, die die Statistiken des *Department of Labor* (DoL) ergänzen sollten.[13] Zur Vorbereitung eines Sozialberichtes wurde ein *Social Indicators Panel* gebildet.[13] Diese Publikationen waren vor allem als Rechenschaftsberichte für das Programm der „Great Society" gedacht.

Aber auch aus der internen Regierungsarbeit ergab sich eine verstärkte *Informationsnotwendigkeit*. Im Jahre 1965 wurde die Einführung des *Planning-Programming-Budgeting-Systems* (PPBS) in Angriff genommen.[14] Die Ablösung der überkommenen Bewilligungsstruktur durch

---

11 The Annals of the AAPSS, Social Goals and Indicators for American Society, Vol. I (= Vol. 371, May 1967), Vol. II (= Vol. 373, Sept. 1967). Die Arbeiten erschienen später auch in Buchform (Gross 1969).

12 The Annals of the AAPSS, Political Intelligence for America's Future (= Vol. 388, March 1970).

13 Die Gruppe legte 1969 einen vorläufigen Sozialbericht vor, der viel Aufmerksamkeit erhielt: Toward a Social Report (1970). Zur Zusammensetzung und zur Arbeitsweise des Panels vgl. Böhret (1970: 172).

14 Zur Einführung des PPBS in die US-Administration vgl. Böhret (1970: 227–244).

eine systemorientierte Aufgabenstruktur setzt eine fundierte Datenbasis voraus;[15] die Interdependenzen des Aufgabenbereichs und seine Entwicklungsrichtungen müssen quantitativ erfaßt und analysiert werden. Die Regierung benötigt einen „institutionalisierten Informationsfluß" (Böhret 1970: 156) als Entscheidungsgrundlage. So wurde auch sehr bald im US-Budgetbüro mit der Entwicklung eines Management-Informationssystems begonnen, das den Gremien der Exekutive die Entscheidungsinformationen liefern soll.[16]

Auf der *legislativen* Ebene fand die Indikatorbewegung in einer Gesetzesvorlage von Senator Mondale einen konkreten Niederschlag. Er brachte am 6. Februar 1967 eine Vorlage zu einem *Full Opportunity and Social Accounting Act* in den Senat ein. Wenn auch die Vorlage bis heute nicht zum Gesetz erhoben wurde, so lassen sich doch an ihrem Aufbau und an den in der Diskussion vorgebrachten Argumenten die verschiedenen Interessen und Entstehungsgründe der Indikatorbewegung aufzeigen.

Das Gesetz nimmt im ersten Abschnitt eine allgemeine Zielbestimmung der Politik vor.[17] Es weist der Regierung die Aufgabe zu, „to promote and encourage such conditions as will give every American the opportunity to live in decency and dignity" (US Senate Bill S. 843 1967: 974). Um beurteilen zu können, ob das amerikanische Volk in diesem Sinne Fortschritte oder Rückschritte gemacht habe, soll die Regierung detaillierte Berichte über die Lebensbedingungen erstellen, insbesondere auf den Gebieten Gesundheit, Bildung, Wohnung, Rehabilitierung, Armut und Kriminalität. Das Gesetz will dazu den Rahmen abgeben.[18]

Das Gesetz wurde nach dem *Full Employment Act* von 1946 strukturiert; war damals die Vollbeschäftigung das Ziel, so sollte nun als Pendant auf dem sozialen Gebiet die Chancengleichheit gesichert werden.

Die Vorlage sieht einen *Annual Social Report* des Präsidenten vor, parallel zum *Economic Report*. Der Präsident soll die Erfolge der Regierungsprogramme nachweisen, zukünftige Maßnahmen begründen und die Entwicklung der Bedürfnisse und Wünsche der Bevölkerung darstellen. Zu seiner Unterstützung wird ein *Council of Social Advisers* gebildet (ähnlich dem *Council of Economic Advisers*). Dieses Gremium soll laufend Daten

---

15 Solche Aspekte werden von Sawhill (1969) ausgeführt.
16 Dazu Böhret (1970: 170 und 263).
17 Der Gesetzestext findet sich im American Psychologist (US Senate Bill S. 843, 1967).
18 Für die Ausführung des Gesetzes sollen die Sozialwissenschaften einen Beitrag leisten. Sie werden gefördert durch ein Gesetz zur Gründung einer *National Foundation for the Social Sciences*. Die Vorlage wird von Senator Harris zum gleichen Zeitpunkt eingebracht. Vgl. US Senate Bill S. 836 (1967).

über die soziale Situation erheben und sie mit dem erstrebten Zustand vergleichen; es soll die Regierungsmaßnahmen beurteilen und den Präsidenten bei der Abfassung des *Social Report* durch einen eigenen Bericht unterstützen. Schließlich wird ebenso wie im *Full Employment Act* ein *Joint Committee* für den Kongreß gebildet, das den Bericht des Präsidenten kommentieren und die Verbindung zum Kongreß herstellen soll.[19]

In seiner Begründung (Mondale 1967) geht Senator Mondale von dem Erfolg der ökonomischen Berichterstattung aus. Durch eine umfassende Erhebung und Analyse der ökonomischen Daten und Entwicklungen sei es gelungen, Krisen zu vermeiden und das Wirtschaftssystem auf Dauer zu stabilisieren. Ähnliches sei auch auf sozialem Gebiet möglich. Hier seien die Entwicklung von Bedürfnissen und Zielen und die Auswirkungen der Regierungsaktivitäten der Gegenstand der Untersuchung. Es sei ein detailliertes Bild der gesellschaftlichen Fortschritte und Möglichkeiten zu entwerfen. Mit Hilfe einer umfassenden Sozialberichterstattung könnten die Prioritäten sinnvoller gesetzt, und es könnte über alternative Programme begründeter entschieden werden.

Die Effektivität der Regierungsmaßnahmen spielt offensichtlich eine große Rolle;[20] die Informationsnotwendigkeit der *Planning-Programming-Budgeting-Systems* (PPBS) steht im Hintergrund der Überlegungen. Es ist sehr häufig von Programmformulierung und Entscheidung über Alternativen die Rede. Die Autoren des Gesetzes standen wohl auch unter dem Eindruck einiger spektakulärer Mißerfolge.[21] Bei den ständig zunehmenden Staatsausgaben war es ein Gebot der Stunde, die Wirksamkeit der „sozialen Hebel" zu überprüfen.

Das Gesetz weist den neu zu schaffenden Gremien im wesentlichen drei Funktionen zu: Berichten, Bewerten und Beraten. Sicherlich ist die bewußte Inangriffnahme des sozialen Bereichs ein Faktor in der Rationalisierung der Politik; es ist jedoch fraglich, ob die vorgesehenen regierungsabhängigen Gremien[22], insbesondere das *Council of Social Advisers,* zu genuinen Aussagen fähig sind.

Die Vorlage ist auch von einem größeren Rahmen her zu kritisieren. Sie geht von einem autonom konzipierten sozialen Bereich aus, für den ein *eigener Ursachenzusammenhang* postuliert wird und der daher un-

---

19 Für weitere Aspekte des Gesetzes vgl. Böhret (1970: 172—173).

20 So kritisiert auch Samuelson: „The spirit of the cost-benefit analysis pervades Mondale's plan" (Samuelson 1967: 50).

21 So hatte das *Public Housing Program* die Segregation eher gefördert als gemindert, wie das *National Committee against Discrimination in Housing* Anfang 1967 feststellte.

22 Diese sind an Aufträge gebunden und praktisch Teilhaber der Macht, im Gegensatz etwa zum Sachverständigenrat der BRD, der an Aufträge nicht gebunden und weder Teil der Exekutive noch Legislative ist.

abhängig von anderen Komponenten verändert werden soll; im Gesetz wird nirgendwo auf ökonomische Tatsachen Bezug genommen. An dieser Trennung bzw. Parallelsetzung von ökonomischem und sozialem System wird deutlich, daß das Gesetz einen Stellenwert in einer gesamtgesellschaftlichen Strategie hat. Es wird die Illusion erzeugt, soziale Tatbestände könnten eigenständig verändert werden. Auf den Zusammenhang zwischen Ursachen und Wirkungen der gesellschaftlichen Mängel wird nicht eingegangen. Vielmehr wird an vielen Stellen deutlich, daß der konzipierte soziale Bereich doch nur *Zuarbeit- und Auffangfunktion* für den ökonomischen Bereich hat, wenn etwa die Betroffenen als „deprived" und „abandoned" (US Senate Billl S. 843 1967: 974) bezeichnet werden oder wenn Ausbildung und Wohnung zu den sozialen Tatbeständen gerechnet werden. Die Berichterstattung, wenn sie auf diese Weise organisiert wird, könnte viele wichtige Zusammenhänge nicht aufdecken. So würden etwa die Situation von Kindern in Slums ermittelt und Maßnahmen zur Schulbildung dargestellt werden, ohne daß darauf eingegangen wird, daß die Kinder von Arbeitslosen untersucht werden bzw. daß diese Kinder nach der Ausbildung überhaupt keine Chancen haben, beschäftigt zu werden. Nur in einem integrierten Berichtsystem wäre es möglich, dem ganzen Zusammenhang gerecht zu werden.[23]

2.1.4 Zusammenfassung

Im Aufbau der Indikatordiskussion war ein sehr breites Spektrum an Institutionen und politischen Couleurs beteiligt. Die Spanne reicht von persönlich engagierten, liberalen Ökonomen bis zu einflußreichen Politikern. Im Hintergrund stehen die Bedürfnisse großer ökonomisch-wissenschaftlicher Organisationen, die die Bedingungen und Folgen der industriellen Entwicklung eruieren wollen.

Bereits in der Entstehungsphase zeichnen sich die kontroversen Punkte und Fragestellungen ab. Sollen ökonomische und soziale Informationen verbunden werden? Wie können soziale Indikatoren sinnvoll im Regierungssystem verankert werden? Sind überhaupt perfekte Informationssysteme möglich? Was bedeutet eine forcierte Anwendung der Sozialwissenschaft? Diese Fragen bestimmen die Diskussion auch weiterhin und werden auch hier noch eingehend behandelt.

Die bereitwillige Aufnahme von vielen Stellen zeigt, daß das Bedürfnis nach Indikatoren in einer allgemeinen gesellschaftlichen Situation be-

---

23 Auch in der Exekutive wurde in diesem Sinne argumentiert und eine Ausweitung des *Council of Economic Advisers* vorgeschlagen (nach Böhret 1970: 173—174).

dingt ist. Es ist in der Anfangsphase das Problem einer forcierten technischen Entwicklung, das eine hohe Mobilisierung der menschlichen Ressourcen erfordert und so Planungsaufgaben bei staatlichen und halbstaatlichen Stellen mit sich bringt. Eine gute informationelle Infrastruktur soll hier eine wichtige Rolle spielen. Am Anfang der Bewegung stehen also eindeutig administrative Interessen, die im größeren Zusammenhang auch Verwertungsinteressen sind. Es ist nicht ein Stimulus von wissenschaftlicher Seite, der die Bewegung in Gang gebracht hat, obwohl die Fragestellung dort auf fruchtbaren Boden fiel und auch in der Folgezeit vorangetrieben wurde.

In der späteren Phase kommt ein sozialer Faktor stärker ins Spiel. Der Grund dafür sind Rassen- und Studentenunruhen Mitte der sechziger Jahre in den USA, sicher auch die zunehmenden Formen sozialer Desorganisation (Drogenmißbrauch, Kriminalität). Auf wissenschaftlicher Seite wird nun die Frage des sozialen Wandels in die Diskussion eingebracht. Soziale Indikatoren und Indikatorsysteme sollen der Dokumentation und Kontrolle des sozialen Wandels dienen. Diese beiden Quellen, Planung für technisch-ökonomische Entwicklung und Steuerung des sozialen Wandels, haben der Bewegung auch in der Folgezeit das Gepräge gegeben.

2.2 Publikationen

2.2.1 Arbeiten in den USA

Für die konkrete Erfassung der Indikatorbewegung sind auch die Publikationen wichtig. Die erste umfassende Publikation wurde von Bauer (1966) unter dem Titel *Social Indicators* herausgegeben.[24] Der Sammelband enthält eine ausführliche Begründung für soziale Indikatoren nach den Gesichtspunkten der Systemsteuerung (Bauer 1966 a), der Zielsetzung (Biderman 1966 a) und der Dokumentation der Systementwicklung (Biderman 1966 b). Bauer gibt einleitend eine Definition von sozialen Indikatoren, die für die nachfolgende Diskussion den Rahmen abgegeben hat:

„Social indicators ... enable us to assess where we stand and are going with respect to our values and goals, and to evaluate specific programs and determine their impact" (Bauer 1966 a: 1).

An speziellen Funktionen für soziale Indikatoren lassen sich im Band von Bauer verschiedene Punkte finden:

---

[24] Eine kritische Rezension des Buches gibt Rice (1967). — Zur Einordnung dieses Bandes wie auch der nachfolgend besprochenen vgl. Tab. 1.

Tabelle 1: Typen und Hauptwerke der Indikatorliteratur (größeren Umfangs)

Theoretisch-methodische Aufarbeitungen	Allgemeine konzeptionelle Klärung von Bereichen für Indikatoren
BAUER (1966): Social Indicators DUNCAN (1969): Toward social Reporting: Next Steps GALNOOR (1971): Social Information for Developing Countries LYONS (1971): Social Science and the Federal Government BROOKS (1972): Social Indicators for Community Development LAND/SPILERMAN (1974): Social Indicator Models ZAPF (1974a,b): Soziale Indikatoren. Konzepte und Forschungsansätze I und II	BELL (1967): Toward the Year 2000 IG-Metall (1973): Aufgabe Zukunft. Qualität des Lebens FRANK/ROLOFF (1972): Sozialberichterstattung ...
Deskription und Analyse von Bereichen unter Verwendung von Indikatoren	Tabellensammlungen
USA: GENDELL/ZETTERBERG (1961): A Sociological Almanach for the U.S. SHELDON/MOORE (1969): Indicators of Social Change GROSS (1969): Social Intelligence for America's Future GROSS/SPRINGER (1970): Political Intelligence for America's Future Toward a Social Report (1970) Toward Balanced Growth (1970) FERRIS (1969, 1970, 1971, 1972): Indicators of Trends in American Education, of Change in the American Family, of Trends in the Status of American Women, of Change in Health Status CAMPBELL/CONVERSE (1972): The Human Meaning of Social Change GB: HALSEY (1972): Trends in British Society since 1900 SHONFIELD/SHAW (1972): Social Indicators and Social Policy Frankreich: DELORS (1971): Les Indicateurs Sociaux BRD: BOLTE (1967, 1970): Deutsche Gesellschaft im Wandel I, II MÜNKE (1967): Die mobile Gesellschaft FÜRSTENBERG (1972): Die Sozialstruktur der BRD CLAESSENS/KLÖNNE/TSCHOEPE (1973): Sozialkunde der Bundesrepublik OSTERLAND et al. (1973): Materialien zur Lebens- und Arbeitssituation der Industriearbeiter in der BRD DÄHNE/JUNG et al. (1973): Sozialstatistische Analyse Schweiz: IBLHER/JANSEN (1972): Städtische Entwicklungsalternativen ...	USA: US Dep. of HEW (1960ff): Health, Education and Welfare Indicators GB: Social Trends (1970 ff) Frankreich: Données Sociales (1973) BRD: GLEITZE (1960): Wirtschafts- und sozialstatistisches Handbuch Deutschland 1971 Bevölkerung und Wirtschaft 1872–1972 (1972) Soziologischer Almanach (1973) Gesellschaftliche Daten (1973)

25 Die Tabelle erhebt nicht den Anspruch, vollständig zu sein. Für genauere Angaben über die verzeichneten Werke vgl. das Literaturverzeichnis. Allgemein wird auf die Bibliographie der Indikatorliteratur von Wilcox et al. (1972) verwiesen.

- die Erfassung der Systementwicklung, speziell auf dem sozialen Sektor,
- die Output-Messung der Regierungstätigkeit,
- die Setzung von Zielen,
- die Betonung der individuellen Ebene im Gegensatz zur bisherigen Betonung von objektiven Daten,
- die Aggregierung von einfachen statistischen Maßzahlen zu komplexen Aussagen,
- die Heraushebung besonders wichtiger Systemaspekte,
- die Erstellung von langen Zeitvergleichen und breiten internationalen Vergleichen,
- die Entwicklung von umfassenden Informationssystemen.

Die Kriterien werden unten weiter diskutiert und systematisch zusammengestellt werden.[26] Sie sollen jedoch bereits jetzt den Rahmen abgeben, in dem die Indikatorliteratur darzustellen ist.

Die bedeutendste Arbeit im Band von Bauer ist der Entwurf von Gross (1966 c) über das „social systems accounting". Gross versucht, die Grundlagen der ökonomischen Gesamtrechnung auszuweiten und ein Struktur/Performanz-Modell zu entwickeln, das eine umfassende Dokumentation der sozioökonomischen Variablen in einem einzigen System ermöglichen soll, unabhängig von monetären Größen. Es kommen Variable wie Kommunikationswesen, Werte, Führungsmuster, administrative Effizienz u. ä. vor. Gross sieht in der Entwicklung eines solchen Systems die Hauptaufgabe der anwendungsorientierten Sozialwissenschaften.[27]

Biderman (1966 a) bringt in dem Band die *wissenssoziologische* Dimension in die Diskussion ein. Indikatoren sind als gesellschaftliche Produkte aufzufassen und ergeben in Aufbau und Zusammenstellung wichtige Aufschlüsse über die Interessenkonstellationen und politischen Zielsetzungen. Diese wissenssoziologische Dimension, die bei der steigenden Datenproduktion sehr wichtig wäre, ist in der Folgezeit jedoch vernachlässigt worden.

Der Band von Bauer hat den theoretischen Rahmen abgesteckt, dem die nachfolgende Diskussion gefolgt ist. Insbesondere wurden die Definitionen und überhaupt der aufgeworfene Problemrahmen übernommen, jedoch mehr von einer pragmatischen Seite her. Die hochgespannten systemwissenschaftlichen Ansprüche wurden zwar diskutiert und kritisiert, haben jedoch keine konkrete Ausfüllung erfahren.

Die erste größere Arbeit, die dem programmatischen Band von Bauer folgte, wurde von Gross im Jahre 1967 unter dem Titel *Social Indicators*

---

26 Vgl. Kap. 3 dieser Arbeit und besonders die Definition in Kap. 4.2.2.
27 Zur Darstellung des Systems von Gross vgl. auch Kap. 7.6 und Kap. 3.2.1.3 dieser Arbeit.

and Goals herausgegeben.[28] Sie beschäftigte sich vor allem mit konzeptionellen Problemen der Indikatorkonstruktion. Zahlreiche Bereiche — Politik, Kultur, Ausbildung, Wissenschaft, Künste —, aber auch Problemstellungen wie Ungleichheit und Macht werden analysiert.

Stärker empirisch ausgerichtet ist der von Sheldon/Moore (1968) herausgegebene Sammelband *Indicators of Social Change*. Der Band wurde von der *Russell Sage Foundation* gefördert, die in der Folgezeit noch weitere Arbeiten vorlegte.

Sheldon/Moore versuchen, von der Fragestellung des sozialen Wandels ausgehend ein sozioökonomisches Profil der amerikanischen Gesellschaft zusammenzustellen. Bevölkerung, Familie, Bildung, Gesundheit, Religion, Freizeit, Mobilität und ökonomische Lage geben die Themenbereiche ab, die auch in späteren Arbeiten noch bestimmend sein werden. Man findet Fragestellungen behandelt wie: Folgt die amerikanische Gesellschaft Nivellierungstendenzen in ökonomischer und sozialer Hinsicht? Wie entsteht das Wissen der Gesellschaft, wie ist es verteilt? Wie sieht das Zeitbudget der amerikanischen Bevölkerung aus (Verteilung der Aktivitäten auf Arbeit, Freizeit, Erholung usw.)? Wonach werden Konsum und Investition bestimmt?

Die Arbeit zeichnet sich durch reichhaltiges und interessantes Zahlenmaterial aus. Insbesondere wird die historische Dimension durch zum Teil sehr lange Zeitreihen herausgearbeitet. Insofern entspricht die Arbeit der Forderung, die Entwicklung des Systems darzustellen.

Den anderen Kriterien wird jedoch nur sehr wenig Rechnung getragen. Wie Klages (1973) ausführt, kann die Arbeit in keiner Weise einem Systemanspruch gerecht werden. Es wird zwar versucht, die behandelten Bereiche nach demographischen, strukturellen, distributiven und aggregativen Aspekten zu gliedern; die Einteilungen sind jedoch willkürlich und ohne jede theoretische Begründung. Die Autoren unternehmen keinen Versuch, ihre Artikel im Rahmen einer Systemperspektive zusammenzufassen, obwohl dies bei manchen Zeitreihen, die sich auf denselben Gegenstand beziehen, nahegelegen hätte. Allerdings wäre dazu auch eine theoretische Fundierung erforderlich gewesen, die bis heute nicht geleistet wurde.

In der Arbeit kommen auch kaum komplexe statistische Maßzahlen vor. Es wird meist nur mit Verhältniszahlen gearbeitet. Ganz fehlen Angaben für die Einschätzung von Regierungsaktivitäten.

---

28 Die Arbeit erschien in zwei Heften (Mai, September) der Zeitschrift *The Annals of the American Academy of Political and Social Science*. Im Jahre 1969 erschienen die Hefte in Buchform unter dem Titel *Social Intelligence for America's Future*; vgl. Gross (1969). Dort auch ein zusammenfassender Artikel von Gross/ Springer. Die Serie der Akademie wurde später fortgesetzt; vgl. Gross/Springer (1970), Lyons (1971), Galnoor (1971).

Insofern ist der Band dann doch eher der üblichen Sozialbeschreibung zuzuordnen. Er erfüllt die Forderungen der Indikatordiskussion jedoch in einer Richtung sehr gut, nämlich bezüglich der weit zurückreichenden Längsschnitterfassung des Systems.[29]

Die *Russell Sage Foundation* setzte 1972 diese Bemühungen mit dem von Campbell/Converse herausgegebenen Sammelband *The Human Meaning of Social Change* fort. Während sich der erste Band ausschließlich auf objektive Tatbestände des sozialen Wandels beschränkte, sollte nun die subjektive Dimension erhellt werden, wie dies bereits in dem Bauer-Band gefordert wurde. Hauptgegenstände sind Arbeitszufriedenheit, Entfremdung, Kriminalität, sozialpsychologische Situationen von Familien und Zeiteinteilungen. Diese subjektiven Dimensionen bilden auch in der Folgezeit einen Schwerpunkt der Forschungen[30].

In der von der *Russell Sage Foundation* herausgegebenen Serie über soziale Indikatoren sind die Arbeiten von Ferris (1969, 1970, 1971, 1972) zu erwähnen. Ferris stellt zu den vier wichtigen Bereichen *Bildung, Familie, Frauenemanzipation* und *Gesundheit* ein umfangreiches Indikatormaterial zusammen. Diese Arbeiten füllen den von der Indikatordiskussion aufgesteckten Rahmen eigentlich am besten aus. Während die Bände von Sheldon/Moore und Campbell/Converse heterogen sind und sich auf das übliche Instrumentarium der Sozialdeskription und theoretischen Aufarbeitung beschränken, bringt Ferris

- eine einheitliche Systematik für die wichtigsten Bereiche (Bildung, Familie, Gesundheit, Frauenemanzipation),
- werden umfangreiche Zeitvergleiche vorgenommen,
- werden auch komplexe Maßzahlen wie Indizes und Korrelationen verwendet,
- werden Output-Aspekte der Regierungstätigkeit gebracht,
- werden Grade der Zielerfüllung diskutiert.

Insgesamt geben diese Bände interessante Einblicke in wichtige Bereiche der amerikanischen Gesellschaft. Der besondere Schwerpunkt liegt auf der Präsentation des Zahlenmaterials, das in übersichtlicher Weise zusammengestellt wird, allerdings ohne auf systemwissenschaftliche Grundlagen zu rekurrieren.

Die erste Publikation von Regierungsseite erschien 1969 unter dem Titel *Toward a Social Report* (1970).[31] Dieser Sozialbericht ist das Er-

---

29 Insofern ist auch die Kritik von Klages (1973: 261) zu weitgehend, „that the present book provides neither a perspective for further scientific development, nor an aid in making decisions for political-administrative practice, nor a medium of orientation for the public".

30 In einer Konferenz über „Subjective Measure of the Quality of Life", die im November 1972 in Ann Arbor, Michigan, abgehalten wurde, wurde über 13 laufende Projekte berichtet.

gebnis des bereits erwähnten *Social Indicators Panel*, das 1966 von Präsident Johnson ins Leben gerufen worden war. Der Bericht wird allgemein als Prototyp angesehen und hat viel Aufmerksamkeit erregt.

In sieben Bereichen (Gesundheit, Mobilität, Umwelt, Einkommen, Sicherheit, Bildung, Partizipation/Entfremdung) wird wichtiges Datenmaterial präsentiert und interpretiert. Die Autoren gehen in den einzelnen Kapiteln zunächst von der Ist-Situation aus: How much opportunity is there? What is the impact of crime on our life? Es wird dann versucht, an Hand ausgewählter Statistiken die Hauptkomponenten darzustellen. Dabei werden auch zeitliche und regionale Vergleiche vorgenommen.

Es wird versucht, eine — für eine regierungsamtliche Verlautbarung — *relativ kritische Einschätzung* der Situation zu geben.[32] Bezüglich der sozialen Schichtung wird etwa festgestellt: „Economic and social status in our society still depend in a striking way on the color of man's skin" (Toward a Social Report 1970: 26). Im Zusammenhang mit Partizipation wird kritisch ausgeführt: „Thus most Americans are without any organizational affiliations that would give them an organized voice in the governmental process" (Toward a Social Report 1970: 86). Solche Urteile sollen die Funktion haben, aufklärerisch zu wirken und Schwerpunkte der Regierungstätigkeit zu setzen.

Es kommen auch kritische Einschätzungen von laufenden Regierungsprogrammen vor. So wird etwa von den Wohlfahrtsprogrammen, die Mitte der sechziger Jahre einen großen Umfang angenommen hatten, gesagt, sie hätten die Abhängigkeiten noch weiter gefördert, anstatt zum eigenständigen Lebensunterhalt beizutragen (Toward a Social Report 1970: 50 ff.).

Wenn man den Bericht mit dem von der Indikatordiskussion gesteckten Rahmen vergleicht, so erfüllt er in bescheidenem Rahmen doch recht viele Kriterien.[33] Es wird versucht

— wichtige Bereiche quantifiziert darzustellen,
— den Zustand mit Normen zu vergleichen,

---

31 Für eine Rezension des Berichtes vgl. Taeuber (1970). Die allgemeine Konzeption wird von einem seiner Hauptautoren, Daniel Bell, erläutert (Bell 1969), auch Olson (1969 b) geht darauf ein. — Als einen Vorläufer, was die Datenbasis betrifft, könnte man die Serie „Health, Education and Welfare Trends" bezeichnen, die von 1960—1967 vom HEW-Ministerium herausgegeben wurde. Sie beschränkt sich allerdings auf die Präsentation des üblichen Zahlenmaterials der Sozialstatistik.

32 Wie informierte Kreise berichten, war der Sozialbericht in dieser Form auch nur in der damaligen besonderen Situation möglich, nämlich zwischen dem Ausscheiden der Johnson-Administration und dem Antritt der Nixon-Administration.

33 Der Bericht umfaßt nur 101 Seiten; von daher ist auch der Vergleich mit den *Recent Social Trends* von 1933 (US President 1933) verfehlt. Dieser umfangreiche Bericht wurde von einer von Präsident Hoover eingesetzten Kommission erstellt und gilt als eine Art erster Sozialbericht überhaupt. Er ist stark von der Chicagoer Schule (Ogburn) beeinflußt.

- Einschätzungen von Regierungsprogrammen zu geben,
- subjektive Indikatoren heranzuziehen (Partizipation),
- Zeitvergleiche vorzunehmen,
- komplexe Maßzahlen zu entwickeln.

Im Hinblick auf Auswahl, Darstellung und kritisches Potential stellt der Bericht ein bemerkenswertes Regierungsdokument dar. Was jedoch dabei herausgestellt werden muß, ist die Tatsache, daß dieser Bericht nur auf der rein deskriptiven Ebene angesiedelt werden kann. In der Einleitung und auch in manchen allgemeinen Darstellungen wird jedoch der Eindruck erweckt, als würden die Analysen auch die Lösungen implizieren. Dies ist jedoch in keiner Weise der Fall. Dann hätte der Bericht auch die ausgesparten Bereiche der Macht, der Interessengruppen, kurzum vielmehr politische Phänomene bringen müssen. Es ist zu fragen, ob ein Sozialbericht nicht prinzipiell solche Phänomene aufnehmen müßte. Sonst könnte der Eindruck entstehen, als wären die Lösungen der angeschnittenen Probleme nur eine Frage des größeren Einsatzes. Zumindest aber müßte der Bericht sich explizit als bloß informationelle Grundlage des politischen Handelns begreifen und nicht in der Funktion „to suggest courses of action" (Toward a Social Report 1970: XII). Diesen Anspruch erfüllt der Bericht in keiner Weise.[34]

2.2.2 Arbeiten in anderen Ländern

Die Indikatordiskussion wurde in anderen Ländern, vor allem in OECD-Staaten, aufgenommen.[35]

Seit 1970 werden in Großbritannien die „Social Trends" veröffentlicht, die wichtige Zeitreihen und graphische Darstellungen enthalten. Die Arbeiten zeichnen sich vor allem durch ein breites Spektrum aus. Ökonomische und soziale Fakten werden ebenso präsentiert wie Daten der staatlichen Finanzen. Die Einteilung ist sektoral (Bevölkerung, Beschäftigung, Freizeit, Umwelt usw.), jedoch in einer sehr problemnahen Weise aufbereitet. In Anfangskapiteln werden Fragen wie Einwanderung, Ver-

---

34 Für weitere empirische Arbeiten über die USA vgl. Tab. 1. Für den englischen Sprachraum liegen auch hervorragende Bibliographien vor; vgl. insbesondere die von Wilcox et al. (1972), die die Indikatorliteratur nach 9 Sachgebieten kommentiert und z. B. auch ein Adressenverzeichnis der Autoren enthält; der alphabetische Teil enthält ca. 1000 Titel. Ansonsten vgl. an Bibliographien Wilcox et al. (1972 a), Agocs (1970).

35 In vier Mitgliedsländern liegen Datensammlungen vor oder sind in Vorbereitung; vgl. für Großbritannien „Social Trends" (1970 ff.). Für Frankreich „Données Sociales" (1973), für die BRD „Gesellschaftliche Daten" (1973). Für die USA ist eine Arbeit von Tunstall angekündigt; vgl. sein Konzept: Tunstall (1970). Allgemein wird auf Tabelle 1 verwiesen.

brechen, Bildungsplanung u. ä. intensiv angegangen und mit komplexen statistischen Maßzahlen untersucht. Mehr konzeptionell orientiert ist ein Sammelband von Shonfield/Shaw (1972); einige Probleme der englischen Gesellschaft werden auch an Hand von Datenmaterial untersucht.[36]

In Frankreich wurde 1973 ein Band zu „Données Sociales" herausgegeben. Er enthält ausgewählte Tabellen zu konventionellen Bereichen der Sozialstatistik, aber auch zu bisher vernachlässigten Aspekten. Neben Zeitreihen werden für viele Variable auch wichtige Disaggregierungen durchgeführt. Hervorzuheben sind vor allem Tabellen über das Zeitbudget breiter Bevölkerungskreise nach Arbeit, Freizeit, kulturelle Aktivitäten. Der Band zeichnet sich überhaupt durch eine besondere Betonung der subjektiven Perspektive aus (Tabellen über Herkunft, Verbrauchsgewohnheiten, Bildungschancen).[37]

In der Bundesrepublik Deutschland wurde das Thema durch einen Kongreß der IG-Metall im April 1972 über Lebensqualität aktuell. Lebensqualität wird als eine Neuorientierung der Politik betrachtet und braucht eine gute informationelle Grundlage, nämlich soziale Indikatoren. Die Arbeiten des Kongresses zu den Bereichen Bildung, Verkehr, Umwelt, Gesundheit, Regionalentwicklung, qualitatives Wachstum, Demokratisierung, Zukunft der Gewerkschaften liegen vor (vgl. IG-Metall 1973). Sie stellen konzeptionelle Klärungen dar und stecken das Feld für soziale Indikatoren ab. Allerdings wird relativ wenig Zahlenmaterial präsentiert.

Theoretisch-methodologische Arbeiten werden in der BRD von der *Sektion Soziale Indikatoren* der Deutschen Gesellschaft für Soziologie vorgelegt. Die Berichtsbände über die Konferenzen (vgl. Zapf 1974 a, b) enthalten Arbeiten über systemwissenschaftliche, organisatorische und konzeptionelle Fragen der Indikatorkonstruktion und -erhebung.[38]

Datensammlungen liegen für die BRD in drei Richtungen vor oder werden vorbereitet. Das Bundesministerium für Arbeit und Sozialordnung erstellte einen Band „Gesellschaftliche Daten" (1973). Für 12 Bereiche werden Indikatoren präsentiert, die von Ministerien aufbereitet wurden und daher relativ problemorientiert sind. Allerdings entspricht das Gesamtspektrum dem Rahmen der amtlichen Statistik, wenn auch die geordnete Zusammenstellung als solche bereits einen hohen Wert besitzt. In einem Kapitel über Arbeitszufriedenheit werden auch subjektive Indikatoren gebracht.

---

36 Ausgehend von der Indikatordiskussion stellt auch Halsey (1972) lange Zeitreihen für Großbritannien zusammen.

37 Für Analysen und konzeptionelle Aufbereitungen für die französische Situation vgl. Delors (1971).

38 Für konzeptionelle Klärungen im Rahmen der BRD vgl. auch Frank/Roloff (1972).

Ballerstedt/Glatzer legten 1973 einen ersten Entwurf zu einem „Soziologischen Almanach" der BRD vor. Es wird umfangreiches, zum Teil schwer zugängliches Material zusammengestellt und nach Sachgebieten aufbereitet. Dabei ist das Bemühen zu erkennen, auch vernachlässigte Bereiche wie Einstellungen, institutionelle Verhältnisse, Machtausübung mit einzubeziehen.[39]

Schließlich bereitet das Statistische Bundesamt eine Sammlung „Sozialstatistische Trends" vor. Der Band soll gezielt die Anwendung der amtlichen Daten fördern, besonders im Hinblick auf soziale Fragestellungen. Es ist eine periodische Erscheinungsfolge vorgesehen.[40]

Insgesamt kann festgehalten werden, daß die Bewegung sozialer Indikatoren bereits sehr viele „literarische Produkte" hervorgebracht hat. Das Spektrum ist auch durchaus international breit gestreut. Zu beachten ist, daß auch ältere Arbeiten berücksichtigt werden sollten, auch wenn sie nicht unter dem Stichwort „Soziale Indikatoren" firmieren.

---

39 Der „Soziologische Almanach" wird auch in Kap. 7.1 behandelt.
40 Für weitere Arbeiten in der BRD vgl. Tab. 1; diese Arbeiten sind von der Fragestellung sozialer Indikatoren her verwendbar, benutzen aber nicht explizit den Ausdruck sozialer Indikator.

3 Die Indikatorbewegung: Positionen und Ansätze

Die Indikatorbewegung weist ein außerordentlich vielschichtiges und breites Spektrum an Gegenstandsbereichen, Bezugspunkten, inhaltlichen Postulaten und methodischen Ansätzen auf.[1] Gesamtgesellschaftliche Theoriebildung wird ebenso diskutiert wie die Möglichkeiten für Operationalisierungen; der Aufbau von Datenbanken gehört ebenso zum Themenbereich wie die Konstruktion von Indizes. Schließlich sind auch politische Fragen relevant.

Es ist deshalb zunächst erforderlich, nach Kriterien zu suchen, die eine Ordnung des komplexen Feldes erlauben. In dieser Arbeit wird dabei von einem dreiteiligen Schema ausgegangen. In diesem Kapitel werden soziale Indikatoren von ihren Konstruktionsprinzipien und von ihren Meßeigenschaften her untersucht. Dies wird von einer allgemeinen Ebene her zu strukturieren sein. Nachfolgend geht es dann um die Verwendungszusammenhänge, Funktionen und auch um die Definition von sozialen Indikatoren; dazu wird ein Bezugsrahmen entwickelt (Kap. 4). Abschließend wird dann auf politische Implikationen eingegangen (Kap. 5).

Zunächst aber sollen die konzeptionell-methodischen Aspekte im Vordergrund stehen.

3.1 Strukturierung des Problemfeldes: Soziale Indikatoren als Prozeß der Informationsgewinnung

Der Begriff sozialer Indikator wird in der Diskussion in sehr allgemeiner Weise gebraucht.[2] Es ist nicht an eine bestimmte, eng umgrenzte Maßzahl gedacht, sondern es wird vielmehr auf den Vorgang abgestellt, daß durch Indikatoren Verhältnisse in irgendeiner Weise manifest und transparent gemacht werden sollen. Es soll etwas aus dem gesellschaftlichen Bereich „angezeigt" werden. Von daher wäre auch der Begriff der *Indikation* angebracht, da dieser das Prozeßhafte zum Ausdruck bringt.[3] Der Ausdruck

---

1 Für Zusammenfassungen vgl. Sheldon/Freeman (1970), Henriot (1970, 1972), Kamrany/Christakis (1970), Land (1971), Plessas/Fein (1972); in der BRD werden soziale Indikatoren erstmals von Böhret (1970: 141–174), Strümpel (1971) diskutiert. Für die neuere Entwicklung vgl. Zapf (1972 a), Leipert (1973).

2 Vgl. Definitionen von sozialen Indikatoren; statt vieler Rice (1967: 173): „*Social Indicators*, the tools, are needed to find pathways through the maze of society's interconnections."

3 Im Angelsächsischen wird dafür oft der Ausdruck „monitoring" gebraucht.

der „sozialen Indikation" dürfte jedoch kaum Durchsetzungschancen haben.

Damit wird klar, daß es sich um einen Prozeß der Informationsgewinnung handelt, der auf der gesellschaftlichen Ebene organisiert werden soll. Wenn von sozialen Indikatoren die Rede ist, wird intendiert, daß ein solcher Prozeß in Gang gebracht wird. Indikatoren sind eigentlich nur eine *bestimmte Phase* in diesem Gesamtprozeß; sie stehen stellvertretend für ihn und haben ihm den Namen gegeben.

Es soll versucht werden, das Phänomen „soziale Indikatoren" von dieser allgemeinsten Ebene der Informationsgewinnung her zu strukturieren. Dadurch wird es dann möglich sein, die konzeptionell-methodischen Probleme übersichtlich einzuordnen und zu diskutieren.

Das Phänomen „soziale Indikatoren" stellt sich dann dar als ein Feld mit einer Reihe spezifischer, klar unterschiedener Phasen. Die Spanne reicht von der Formulierung theoretischer *Konstrukte* über die *Operationalisierung,* den *Meßvorgang,* die *Datenspeicherung* und *-aufbereitung* bis zur *Modellbildung.* Soziale Indikatoren gehören dieser Sphäre der Wissensermittlung an. Sie stellen darin eine spezifische Akzentuierung dar.

Die einzelnen Phasen der Informationsgewinnung werden in der Sozialwissenschaft unter anderen Aspekten bereits ausgiebig diskutiert. Es ist deshalb möglich, auf den erreichten Diskussionsstand zurückzugreifen und jeweils spezifisch zu prüfen, welche besondere Akzentuierung die einzelnen Phasen von der Fragestellung sozialer Indikatoren her erfahren. Dann wird es auch möglich sein, den Begriff Indikator und speziell den Begriff sozialer Indikator genauer zu definieren.

Im folgenden wird zunächst darauf eingegangen, wie quantifizierte, wissenschaftliche Informationen gewonnen werden können, um die verwendeten Kategorien abzuklären. Die einzelnen Phasen werden dann im Hinblick auf soziale Indikatoren — unter besonderer Berücksichtigung der in der Literatur vertretenen Positionen — untersucht.

3.1.1 Der Prozeß der wissenschaftlichen Informationsgewinnung

Der Prozeß der Informationsgewinnung, vielfach auch unter dem Stichwort „Meßvorgang" subsumiert, wird in der Literatur ausführlich beschrieben.[4] Die Bestimmung der einzelnen erforderlichen Schritte ist relativ einheitlich, wenn auch die gegenseitigen Beziehungen zwischen den Phasen wie auch deren inhaltliche Ausfüllung sehr kontrovers sind. Dann

---

4 Vgl. einführend Lehrbücher der empirischen Sozialforschung: Mayntz/Holm/Hübner (1969: 33—67), Schrader (1971: 58—75), Cicourel (1970: 18—62); weiterführend Zetterberg (1967), Lazarsfeld (1959).

geht es um die tiefere Frage, nämlich, wie das Theorie/Empirie-Verhältnis bestimmt werden kann, sei es als materialistisches (vgl. u. a. Hahn 1968), als dialektisches (vgl. u. a. Habermas 1969 b), als kritisches (vgl. u. a. Horkheimer 1968) oder als positivistisches (vgl. u. a. Popper 1971, Albert 1968). Auf diese Kontroversen kann hier nicht eingegangen werden; hier kann nur der Ausgangspunkt für die Strukturierung der Indikatorbewegung geschaffen werden.

Im allgemeinen werden im Prozeß der wissenschaftlichen Informationsgewinnung sechs Komponenten unterschieden. Sie sind in der Abb. 5 zusammengefaßt.

Abbildung 5: Phasen der wissenschaftlichen Informationsgewinnung

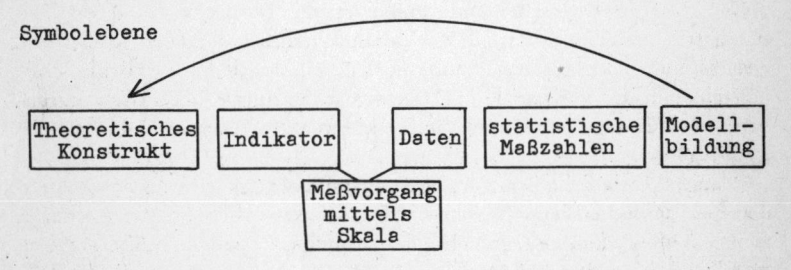

Symbolebene

```
┌──────────────┐  ┌──────────┐  ┌──────┐  ┌──────────────┐  ┌──────────┐
│ Theoretisches│  │ Indikator│  │ Daten│  │ statistische │  │ Modell-  │
│  Konstrukt   │  │          │  │      │  │   Maßzahlen  │  │ bildung  │
└──────────────┘  └──────────┘  └──────┘  └──────────────┘  └──────────┘
                        ┌───────────┐
                        │ Meßvorgang│
                        │  mittels  │
                        │   Skala   │
                        └───────────┘
```

Realitätsebene

Ausgangspunkt ist ein *theoretisches Konstrukt,* das der Theorie des Forschers entstammt. Dieses hat jedoch keine unmittelbaren empirischen Korrelate, sondern muß durch *Indikatoren* operationalisiert werden. Diese Indikatoren werden auf konkrete Phänomene durch den *Meßvorgang* angewendet; dabei werden die Phänomene auf einer *Skala* abgebildet.[5] In der Regel besitzt diese Skala Zahlen als Ausprägungen, es können jedoch auch einfache nominale Benennungen sein. Im Meßvorgang ergibt sich also die Brücke zwischen der abstrakten Symbolebene der Konstrukte und Indikatoren und der konkreten Ebene der Beobachtungseinheiten.

Die für die Beobachtungseinheiten ermittelten Werte werden *Daten* genannt. Ein Datum ist ein Symbol, das einer Skala entstammt und eine

---

[5] Der Meßvorgang ist also grundlegend als Abbildungsvorgang zu verstehen (Zuordnung von Objekten zu Symbolen). Als solcher hat er eine umfangreiche Theorie nach sich gezogen, vgl. Pfanzagl (1968), Suppes/Zinnes (1963), Churchman/Ratoosh (1959), speziell sozialwissenschaftlich Abell (1968, 1969). Die Skala selber wird auf die Gegenstände, die zu messen sind, mit Hilfe eines „Meßfühlers" angewendet, der die Eigenschaft hat, daß er auf die Varianz der Gegenstände mit einer proportionalen Varianz reagiert; Skala und „Meßfühler" ergeben also den Meßvorgang.

Beobachtungseinheit charakterisiert. Wird z. B. die Entscheidungsfähigkeit von Regierungen auf einer Skala von 0—10 gemessen und erhält eine Regierung den Wert 4, so ist diese Zahl ein Datum.

Die Menge aller ermittelten Werte sind die Daten des betreffenden Indikators. Um diese überblicken und analysieren zu können, werden *statistische Maßzahlen* gebildet.

Die Verbindung zur theoretischen Ebene wird durch die *Modellbildung* hergestellt. In dieser Phase wird versucht, Zusammenhänge zu ermitteln und Hypothesen zu testen.

In dieser oder in modifizierter Form wird der Prozeß der wissenschaftlichen Informationsgewinnung dargestellt. Mayntz et al. (1969) legen besonderen Wert auf den theoretischen Aspekt, der den gesamten Vorgang durchzieht: „Der entscheidende Punkt ist, daß Datengewinnung und Datenanalyse auf allen Stufen, die sie durchlaufen, von der Theorie über den Gegenstand, also von der Theorie über gesellschaftliche Wirklichkeit abhängen, und daß vor allem die Daten selbst nur durch theoretisch begründete Schlußfolgerungen zustande kommen" (Mayntz/Holm/Hübner 1969: 34).

Menges/Skala stellen den Prozeß als umfassendes Informationssystem dar, das durch die Elemente Theorie, Phänomen, Erhebung und Aufbereitung (Menges/Skala 1973: 34) gekennzeichnet ist. Diese Abfolge entspricht dem vorliegenden Modell.

Lazarsfeld (1959: 48) stellt die Überlegung an den Anfang, daß Variation und Differenzen in der Empirie existieren und diese umfassend erklärt werden sollen. Es müssen dann theoretische Konstrukte definiert werden, für die er eine ähnliche Abfolge wie in Abb. 5 angibt. Hier wird also als Ausgangspunkt die Praxis genommen; dies ist durchaus realistisch. Ein interessanter Indikator kann vielleicht einen größeren Stimuluswert besitzen als ein theoretisches Konstrukt. Jedoch kommt auch er zu derselben inhaltlichen Abfolge wie in Abb. 5.

Es sei noch darauf hingewiesen, daß die Übersetzung von der theoretischen Ebene zur Indikatorebene auch für einfachste Konstrukte gilt, nicht nur für anspruchsvolle wissenschaftliche Begriffe. Beispielsweise muß ein relativ einfaches Konstrukt wie „Wohnbevölkerung einer Stadt" durchaus erst operational gemacht werden, bevor es erhoben werden kann. Es sind etwa Indikatoren anzugeben wie „Eintragung in das amtliche Melderegister", „ständiger Aufenthalt aus Studien-, Ausbildungsgründen" oder „stationiert in festen Unterkünften (Polizei, Militär)". Diese Indikatoren haben zwar nur zwei Ausprägungen — „trifft zu" und „trifft nicht zu" —, erfüllen aber trotzdem die obenstehenden Kriterien eines Indikators.

Der Stellenwert von Indikatoren als *Operationalisierungen theoretischer Konstrukte* ergibt sich in klarer Weise aus dem Prozeß der wissenschaftlichen Informationsgewinnung. Es sollen noch einige Präzisierungen bezüglich der Indikatoren selber angeführt werden.

Opp definiert Operationalisierungen als „genaue Angabe der Designata eines Wortes" (Opp 1970: 132). Mit Designata wird auf sprachanalytische Theorie Bezug genommen. Designata bezeichnen Symbole, deren Bedeutung als bekannt vorausgesetzt wird. Es wird damit die Fähigkeit angesprochen, Symbole mit Erscheinungen der Realität eindeutig zu verbinden. Die Annahme solcher Kenntnisse und Fähigkeiten ist sinnvoll und auch notwendig, um nicht in einen unendlichen Rekurs bei der Bezugnahme auf die Realität zu kommen. Indikatoren sind dann „in einer operationalen Definition enthaltene Designata, die als Bestandteile der operationalen Definition in dieser aufgezählt werden" (Opp 1970: 133).

Zetterberg (1967) geht besonders auf die Ableitung von Indikatoren aus den Konstrukten ein. Er bezeichnet diesen Vorgang als *dimensionale Analyse*. Sie hat die Aufgabe, den Umfang und den Gehalt eines Begriffs zu eruieren, um den empirischen Bezug herstellen zu können: „Es ist wichtig, daß die Dimensionen als Eigenschaften der Wirklichkeit aufgefaßt werden wird, während der Begriff Teil einer Sprache ist, mit deren Hilfe diese Wirklichkeit besprochen wird" (Zetterberg 1967: 66).

In der eben entwickelten Terminologie wären also Konstrukte Teil einer Sprache, während die Indikatoren Eigenschaften der Wirklichkeit wiedergeben. Die Verbindung von Daten zu Begriffen wird dann durch die Modellkonstruktion hergestellt, die erklärenden Anspruch hat, während die dimensionale Analyse deskriptiven, wenn auch theoretischen Charakters ist.

Auch Esenwein-Rothe legt besonderen Wert auf die Ableitung von konkreten Dimensionen aus den Konstrukten und führt dafür den Begriff *Syllepsis* ein. Dieser bezieht sich auf eine „aus dem Begrifflichen (und nicht nur aus dem formalen Denkansatz von Funktionen und Vektoren) hergeleitete Erkenntnis" (Esenwein-Rothe 1969: 513). Damit wird besonders auf die Verhältnisse in der Wirtschaftstheorie Bezug genommen.

Das Verhältnis von theoretischen Konstrukten und Indikatoren wird von manchen Autoren relativ problemlos als bloßer Konkretisierungsvorgang gesehen.[6] Jedoch wird auch von positivistischer Seite bereits ein Spannungsverhältnis darin gesehen, daß Konstrukte durch eine sehr große Anzahl von Indikatoren operationalisiert werden können und von daher eine Auswahl getroffen werden muß. Guttman führte den Begriff des „Universums der Items"[7] ein, die zu einem Konstrukt gehören. Das Pro-

---

[6] Vgl. Ritsert/Becker (1971: 58): „Dimensionen der geschilderten Art sind aber noch zu abstrakt, als daß sie meßtechnischen Entscheidungsverfahren unmittelbar zur Grundlage dienen könnten. Die Dimensionen sind selbst weiter aufzugliedern, unter den einzelnen Dimensionen sind Indikatoren zu suchen."

[7] Vgl. Stouffer et al. (1950: 51); Item ist hier identisch mit Indikator.

blem besteht dann darin, aus diesem hypothetischen Universum eine möglichst repräsentative Stichprobe zu ziehen. Dann würden die Indikatoren eine gute Annäherung an den Begriffsumfang[8] erreichen.

Bei solchen Ansätzen ist immer die Gefahr gegeben, den umgekehrten Weg zu gehen und die Theorie nach den empirisch vorfindlichen Indikatoren zu definieren.[9] Das Konstrukt–Indikator-Verhältnis kann nicht als einfaches Auswahlproblem aufgefaßt werden. Es bestimmt sich nach dem *kritischen Verhältnis* von Theorie und Empirie überhaupt wie auch umgekehrt als dialektische Einwirkung der Empirie auf die theoretischen Verhältnisse, wobei Empirie nicht die bloße Realitätsebene angeben soll, sondern als determinierendes Faktum aufzufassen ist. Die Ableitung relevanter Indikatoren ist so unmittelbar mit kritischem Bewußtsein verbunden. Begriffe können nicht bruchlos in empirische Korrelate übersetzt werden. Begriffe bedürfen zwar der Empirienähe, müssen aber andererseits auch eine transzendierende Funktion besitzen, wodurch sie dem konkreten sich rechtfertigenden Sinnzusammenhang entzogen werden. In diesem Spannungsverhältnis ist die Konstrukt–Indikator-Übersetzung zu sehen. Andernfalls wären die ermittelten Daten bloße „Verdoppelung" (Adorno).

Es wurde versucht, die verschiedenen Phasen der Informationsgewinnung kritisch darzustellen. An einem Beispiel kann der Vorgang noch erläutert werden. Cohen (1969) entwickelt einen Indikator für den Umfang des *Ausbildungssektors* im Verhältnis zum *Produktionssektor*. Er geht von den theoretischen Vorstellungen aus, daß im Zuge der technologischen Entwicklung der Zwang zur beruflichen Anpassung, zur geistigen Mobilität und zur Bewältigung ständig neuer Situationen in Produktion, Konsum und Freizeit immer größer wird. Die entwickelte Produktion braucht den flexiblen, selbständig reagierenden Menschen. Die Produktionsverhältnisse profitieren so von zunehmender Ausbildung, müssen aber auch andererseits die zeitweilig „unproduktiv" Tätigen mittragen. Das Verhältnis der produktiv Tätigen zu den in Ausbildung Stehenden wird also ein wichtiger Parameter für das Systemverhalten sein. – Soweit die theoretischen Überlegungen.

Cohen *operationalisiert* dieses Konstrukt „Verhältnis der produktiv Tätigen zu unproduktiv Tätigen" durch *zwei Indikatoren*: die „labor force" und die „learning force". In der „labor force" werden alle gezählt, die ein Beschäftigungsverhältnis aufweisen, wie es in den amtlichen Statistiken definiert ist. In der „learning force" werden diejenigen gezählt, die in einem formalen schulischen oder nicht-schulischen Ausbildungs-

---

8 Dieser Ausdruck wird von Mayntz/Holm/Hübner (1969: 41) expliziert.

9 Vgl. Etzioni/Lehmann (1969: 54): „An abiding temptation in seeking a solution for the problem of fractional measurement is the positivistic tactic of defining the social concept as only that which is measured by the operational definition."

verhältnis stehen oder an Veranstaltungen der Erwachsenenbildung teilnehmen. Ausgeschlossen sind folglich elementare Formen des Lernens wie häusliche Bildung, Fernsehen, Selbststudien (Cohen 1969: 189 bis 193). Cohen ist sich über die Unzulänglichkeit dieser Indikatoren im klaren, da Länge und Intensität der Ausbildung und auch die wichtigen Arten des elementaren Lernens nicht erfaßt werden; vermutlich kommen auch Doppelzählungen vor. Trotzdem betrachtet er die Indikatoren als eine grobe, brauchbare Annäherung an das Konstrukt.

Er ermittelt dann die *Daten* für die USA für die verschiedenen Jahre und bildet die *statistische Maßzahl* durch Division der Anzahl der „learning force" durch die Anzahl der „labor force". Seit den sechziger Jahren ist die „learning force" größer als die „labor force". Für 1965 bereits beträgt die Maßzahl 127.0 % (Cohen 1969: 193).

Die Phase der *Modellbildung* führt Cohen nicht explizit aus. Es werden nur verbale Erklärungsversuche unternommen, um die Maßzahlen in einen größeren Zusammenhang einzubringen. Jedoch könnten Modelle konstruiert werden, wenn weitere Indikatoren zur Erklärung der Proportionen herangezogen werden. An diesem Beispiel wird der Umfang und die Problematik der Informationsgewinnung deutlich. Es müssen eine Reihe von inhaltlichen Entscheidungen getroffen werden, bis eine Maßzahl erreicht ist. Es muß geprüft werden, welche Reduktionen die ursprünglichen theoretischen Vorstellungen erfahren. Erst vor diesem Hintergrund kann dann die Maßzahl interpretiert werden.

3.1.2 Abgrenzung des Begriffs Indikator

Es ist noch auf eine terminologische Schwierigkeit einzugehen. Der Begriff Indikator ist im Prozeß der Informationsgewinnung genau festgelegt. Er bezeichnet die Operationalisierung eines Konstruktes. Innerhalb der Indikatorbewegung wird der Begriff jedoch, wie ausgeführt, viel weiter gebraucht. Im Grunde bezeichnet er nur die allgemeine Intention, mehr soziale Tatbestände zu messen als bisher, und zielt damit auf den gesamten Prozeß der Informationsgewinnung ab. Der Begriff meint dann nicht eine bestimmte Phase, sondern kennzeichnet eher eine wissenschaftliche und auch politische Bewegung und übernimmt Stimulusfunktionen für diese Bewegung.

Andererseits wird der Begriff aber auch für die einzelnen Phasen gesondert verwendet. Sehr oft dürfte er eher auf die *Konstrukte* selber abgestellt sein als auf deren Operationalisierung,[10] wobei dann allerdings

---

10 Vgl. etwa eine Definition von Amara (1972: 66): „Social indicators are indicators of the state of the society." Bei der Allgemeinheit der Bestimmung kann eigentlich nur die Konstruktebene gemeint sein. Auch die „Social Concerns" der OECD (1972) dürften noch der Konstruktebene zuzurechnen sein.

der wichtige Zusammenhang der Operationalisierung und der damit verbundenen Beschränkungen verlorengeht. Mitunter wird der Begriff *Daten* mit Indikatoren gleichgestellt.[11] Sehr häufig kommt es auch vor, daß die *Statistiken* selber den Indikatorstellenwert erhalten, so in der bekannten Definition des amerikanischen Social Report: „A social indicator, ..., may be defined to be a statistic of direct normative interest" (Toward a Social Report 1970: 97).[12]

Schließlich findet man auch die Intention, die *Parameter* von Modellen als „soziale Indikatoren" zu bezeichnen.[13]

Die vielfache Verwendung des Begriffs führt so lange nicht zu Schwierigkeiten, wie der eigentliche Stellenwert des Gemeinten klar ist. Es treten jedoch häufig Mißverständnisse auf. Man findet beispielsweise die Überlegung, daß nicht alle Indikatoren direkt messen könnten, so daß man auch „indirekte" Indikatoren brauchte, nämlich Surrogate, um Indikatoren darzustellen.[14] Hier liegt eine Verkennung des prinzipiell indirekten Charakters von Indikatoren vor, die ein Konstrukt über den „Umweg" des Beobachtbaren operationalisieren. Man könnte zwar Indikatoren danach unterscheiden, ob sie im gesellschaftlichen Prozeß sowieso erhoben werden, wie etwa die Zählung von Arbeitslosen, oder ob eine eigene wissenschaftliche Erhebung durchgeführt wird. Dies hat jedoch mit direkt/indirekt nichts zu tun. Es ist eine Frage der Messung und nicht eine Frage des Charakters von Indikatoren.

Weiter findet man die Vorstellung, daß Indikatoren „für sich selbst sprechen" könnten.[15] Hier wird der prinzipielle Zusammenhang verkannt, daß ein Indikator erst durch In-Beziehung-Setzen zu seinem Kon-

---

11 Vgl. etwa Biderman (1966 a: 69): „My interest is in quantitative data that serve as indexes to socially important conditions of societies: ‚social indicators'."

12 Im gleichen Sinne auch Amara (1972: 66): „Social indicators are time series". Eine prinzipielle Verwechslung liegt wohl auch vor, wenn im Sammelband des Bundesministeriums für Arbeit und Sozialordnung geschrieben wird: „Bei den knappen Texten steht die fachliche Erläuterung und Beschreibung im Mittelpunkt. Es wurde deshalb bewußt darauf verzichtet, die hier abgedruckten Statistiken ‚Indikatoren' zu nennen" (Gesellschaftliche Daten 1973: 3).

13 So Land (1971: 323), wenn er den Informationswert eines Indikators bestimmt nach seinem „empirically verified nexus in a conceptualization of a social process". Ähnlich auch Merriam (1968: 725), wo für einen Indikator ausgeführt wird: „It does mean an interrelated set of measures, not just a congeries of statistical data."

14 Vgl. Henriot (1970: 248): „The second point is that significant attempts are being made to develop ‚surrogates', or indirect indicators which serve as quantitative substitutes for, or representatives of, the social phenomena we wish to measure."

15 Vgl. Ausführungen im Social Report der USA; ein Indikator soll die Richtung angeben: „ ... if it changes in the ‚right' direction, while other things remain equal, things have gotten better, or people are ‚better off'" (Toward a Social Report 1970: 97).

strukt die Interpretationsebene erreicht. Erst dort können Aussagen abgeleitet werden.[16]

Durch die Phaseneinteilung der Informationsgewinnung wird ein letzter wichtiger Punkt klar. Sehr viele Phänomene, die in der Literatur als Indikatoren bezeichnet werden, haben gar nicht den Stellenwert von Indikatoren, sondern sind der Ebene der Konstrukte zuzuordnen. Sie harren noch der (schwierigen) Operationalisierung oder sind auch gar nicht operationalisierbar. Auf diese Weise können dann sehr leicht Illusionen erzeugt werden, und die eigentliche Problematik wird verdeckt. Es soll jedoch nicht postuliert werden, daß der obige Sprachgebrauch in aller Strenge anzuwenden wäre. Es ist durchaus gerechtfertigt, die Aussage „In der BRD hatten im September 1965 70 % der Haushalte eine oder mehrere Tageszeitungen abonniert"[17] als einen Indikator zu bezeichnen, obwohl ja eigentlich eine Maßzahl im Vordergrund steht. Dadurch können keine Verwechslungen entstehen.

Im folgenden wird der Begriff Indikator in seinem oben beschriebenen Stellenwert in der Informationsgewinnung gebraucht, nämlich als Operationalisierung eines Konstruktes. Wenn von der übergreifenden Bedeutung die Rede ist und eine Verwechslungsgefahr besteht, wird der Ausdruck „soziale Indikatoren" besonders gekennzeichnet. Es ist dann „soziale Indikation" gemeint, also der gesamte Prozeß der Informationsgewinnung.

3.2 Problemaufriß nach den Phasen der Informationsgewinnung

Es soll nun versucht werden, das Feld „sozialer Indikatoren" nach diesen Phasen der Informationsgewinnung darzustellen und zu analysieren. Dabei wird einmal auf die Rezeption der relevanten Literatur Wert gelegt; das umfangreiche Material läßt sich so übersichtlich ordnen. Zum anderen werden auch eigene Vorschläge gebracht.

3.2.1 Die Ebene der Konstrukte

Im Prozeß der Informationsgewinnung ist zunächst die Frage relevant, was gemessen werden soll und von welchen Grundlagen abgeleitet werden soll. In der Indikatordiskussion nimmt diese Fragestellung den größten

---

16 Sheldon/Moore (1968: 9) warnen vor der falschen Vorgehensweise: „No item of information, nor measure or series of measures, is self-explanatory."
17 Vgl. Noelle/Neumann (1967: 105).

Raum ein.[18] Es geht darum, welche Kategorien verwendet werden sollen, welche Selektionskriterien anzuwenden sind, welche Einflüsse von ihrem Verwendungszweck her zugelassen werden sollen.

Im folgenden werden vier Ansätze unterschieden, die als konzeptionelle Basis für Indikatoren dienen:[19]
- der normative,
- der Performanzansatz,
- der systemwissenschaftliche,
- der subjektive.

Es ist klar, daß diese Ansätze durchaus Gemeinsamkeiten aufweisen und sich nicht ausschließen. Trotzdem ist es sinnvoll, diese Schwerpunktbildung durchzuführen. Bei den einzelnen Konzepten wird auch auf Hintergründe und kritische Punkte einzugehen sein.

3.2.1.1 Der normative Ansatz

Der beherrschende Ansatz für soziale Indikatoren, der der Bewegung zumindest in der Anfangsphase das Gepräge gegeben hat, ist der normative. Konzeptioneller Ausgangspunkt sind Normen und Interessen, die in der Regel auf der Regierungsebene deklariert werden. Indikatoren sollen wertgebundene Zustandsanalysen liefern und im Prozeß der politischen Willensbildung und Zielfindung eine entscheidende Rolle übernehmen.

Kriterium für Auswahl, Definition und Erhebung von Indikatoren ist in jedem Falle, wenn auch bei verschiedenen Autoren mit unterschiedlicher Intensität, ein regierungsamtliches oder ihr nahestehendes Interesse.

Der normative Ansatz hat seine Quelle unmittelbar in der US-Administration. Bei der im Jahre 1966 erfolgten Einsetzung des *Panels on Social Indicators* deklarierte Präsident Johnson das *Regierungsinteresse* unmittelbar als Richtlinie für soziale Indikatoren. Sie sollen Marksteine für Zielforschung und Programmdurchführung sein: „With these yardsticks, we can better measure the distance we have come and plan for the way ahead" (US President, zitiert nach Gross 1966 a: XIV). Damit waren die

---

18 Hier könnte man als gewisses Paradox vermerken, daß es in der Indikatordiskussion meist gar nicht um Indikatoren geht, sondern um Grundlagen, Systeme und Zwecke von Indikatoren, also um — wenn auch wichtige — Vorstufen. Man vergleiche auch die Aufteilung in der großen Bibliographie von Wilcox et al. (1972), in der „application" nur eines von sieben theoretisch-methodischen Kapiteln ist.
19 Ähnliche Einteilungen werden öfters vorgenommen. Galnoor (1971 a: 13—14) kennt die Ebenen „monitoring social change", „predicting", „assessing impact of government activities", „system mapping"; allerdings fehlt der subjektive Ansatz; ähnlich auch Sheldon/Freeman (1970), die „setting of goals and priorities", „evaluation of progress", „development of a balance sheet" unterscheiden.

Richtlinien für die Indikatorentwicklung in der Administration von höchster Stelle festgelegt.

Der normative Ansatz ist daher vor allem in Publikationen der Administration oder ihr nahestehenden Autoren zu finden. So wird drei Jahre später im Social Report folgerichtig definiert:

„A Social Indicator, as the term is used here, may be defined to be a statistic of direct normative interest which facilitates concise, comprehensive and balanced judgements about the condition of major aspects of a society" (Toward a Social Report 1970: 97).

Die Formulierung ‚direct' deutet darauf hin, daß wohl an die dringlichsten Probleme gedacht ist. Indikatoren sollen in diesem Sinne den Problemdruck der Regierung abbauen helfen.

Ein weiterer Vertreter des normativen Ansatzes ist Cohen (1968), wenn auch mit einer stärkeren Akzentuierung auf allgemeine Probleme. Er artikuliert das Bedürfnis nach besseren statistischen Informationen, die in prägnanter Weise den Entscheidungsträger über die Problemlagen informieren sollen: „First there is a need for statistics which indicate clearly and precisely present conditions in our society, including for example, the magnitude of existing problems and their rate of change" (Cohen 1968: 14). Die Informationen sollen in ähnlicher Weise wie die bisherigen statistischen Zahlen erhoben werden. Die Indikatoren sollen geeignet sein, auch den im Umgang mit Zahlenmaterial Ungeübten schnell und präzise zu informieren.

Festzuhalten ist, daß bei Cohen, der um diese Zeit *Secretary of Health, Education and Welfare* war und die Einleitung zu einer späteren Ausgabe des Social Report schrieb, das normative Interesse bereits etwas abgeschwächt wird. Es wird auf allgemeine Probleme abgestellt, die einen Zusammenhang mit Regierungsaufgaben aufweisen.

In ähnlicher Weise argumentiert auch Moss (1969), der um diese Zeit im *Bureau of the Budget* tätig war, wobei es ihm vor allem auf die Ausweitung der ökonomischen Statistik auf Bereiche wie Armut, Unterbeschäftigung, Wohnungsmisere, Marginalität u. ä. ankommt. Für diese Bereiche sollen neue anschauliche Indikatoren formuliert werden: „First is the matter of the visibility which they provide – they spotlight areas of social concern – on where inflation is occurring, on people without jobs, on people with the lowest incomes, on areas with bad air" (Moss 1969: 27). Dabei kommt die Zielorientierung, der Indikatoren untergeordnet werden sollen, klar zum Ausdruck: „To sum up on *indicators*, the main new direction to emphasize is the need to make clear their specification of particular goals" (Moss 1968: 27).

Etwas differenzierter als die Ansätze der bisher erwähnten Autoren, die unmittelbar der Administration verpflichtet waren, ist die Position von Olson (1969 a, 1969 b, 1970). Zunächst weist er auf die normativen

Aspekte hin: „Social indicators are, in other word, measures of development in which we have a normative or moral interest, evident from the purposes of public policies ..." (Olson 1969 b: 90). Das Regierungsinteresse wird klar artikuliert: „The selection of a social indicator means that an explicit decision about a purpose of social policy has been made" (Olson 1969 b: 95). Dann schreibt er sozialen Indikatoren auch eine aufklärerische Funktion zu.[20] Viele Probleme kommen nicht zur Sprache, weil sie nicht genügend artikuliert werden; soziale Indikatoren haben die Aufgabe, Probleme sichtbar zu machen. Durch die zahlenmäßige Erfassung sollen sie eine unübersehbare Dringlichkeit bekommen. Allerdings ist auch hier ein Regierungsinteresse manifest. Im Sinne der Frühwarnung sollen Indikatoren auf entstehende Probleme hinweisen. Diese Konzeption ist auch in den Social Report eingeflossen, in dem die „visibility" eine große Rolle spielt (vgl. Toward a Social Report 1970: XXXII).

Als letzter Vertreter dieser Richtung soll Moynihan (1969) angeführt werden, der auf qualitative Verbindung abstellt: „When you mix quantitative measurements of objective kinds with qualitative judgements you produce what you might call a social indicator" (Moynihan 1969: 987). Der Ausdruck „qualitative judgement" faßt noch einmal den Hauptpunkt dieser Richtung zusammen. Die konzeptionelle Basis für Indikatoren bilden Normen und Urteile, die vom Regierungshorizont her bestimmt werden.

Der normative Ansatz ist für Regierungspublikationen auch außerhalb der USA typisch. Die Arbeiten der *Organisation for Economic Cooperation and Development* (OECD) sind prinzipiell diesem Ansatz zuzuordnen. Die „social concerns", die das Feld für soziale Indikatoren abgeben, werden nach Regierungsinteressen ausgerichtet: „The first criterion for selection of a social concern, in the OECD program, must be its interest for *governments* either *presently* or potentially" (OECD 1972). Allerdings werden noch weitere Selektionskriterien angeführt wie individuelle Aspirationen und wissenschaftliche Fragestellungen.

Einschätzung und Kritik

Willkürlichkeit der Interpretation

Der strikt normative Ansatz ist bereits früh kritisiert worden. Biderman (1966 a) weist darauf hin, daß man bei einer Einordnung von Indikatoren in die „Gut—schlecht"-Dimension zwischen „vindicators" (die rechtferti-

---

20 Auf die aufklärerische Funktion von sozialen Indikatoren weist auch Biderman (1969 a: 95, 97) hin: „There is a high degree of interaction between judgements of the importance of a phenomenon and the existence of measurements of it."

gen) und „indictors" (die anklagen) unterscheiden müßte (Biderman 1966 a: 78—79). Damit aber wird das vordergründige Interesse dieses Ansatzes klar; die Regierung könnte festlegen, was ein „vindicator" und was ein „indictor" ist. Jeder problematisierenden Interpretation wäre damit der Boden entzogen.

Biderman kritisiert den normativen Ansatz in einem weiteren Punkt. Der Ansatz geht davon aus, daß Normen vorhanden sind, die einen hohen Konsens besitzen und für alle Gruppen gleichermaßen gültig sind. Gerade dies aber trifft nicht zu. Auch relativ einleuchtende Normen weisen bei genauerer Untersuchung meist einen bestimmten *Interessenstandpunkt* auf und rufen Widerstände bei den Benachteiligten hervor.

Wenn etwa der Indikator „Arbeitsunfähigkeit durch Krankheit" als normativer Indikator in dem Sinne deklariert wird, daß die Arbeitsunfähigkeit gesenkt werden soll, um die Produktion nicht zu gefährden, so kommt darin ein klares Gruppeninteresse zum Ausdruck. Man könnte auch genau gegenteilig argumentieren, daß der Indikator eigentlich steigen sollte, um eine bessere gesundheitliche Fürsorge bei der hohen Arbeitsbelastung zu erreichen. Ein normativ deklarierter Indikator ist also in den meisten Fällen von einem bestimmten Interesse geprägt, das durch das Anlegen der Norm zum alleinigen wird.

Der mangelnde Zielkonsens kann auch durch empirische Untersuchungen nicht behoben werden. Hier kann aus der neueren Zeit das Beispiel des *National Goals Research Staff* angeführt werden, der am 13. 7. 1969 von Präsident Nixon eingesetzt wurde, um für die 200-Jahrfeier der USA 1976 die gesellschaftliche Entwicklung zu untersuchen und neue Ziele zu formulieren.[21]

Die Kommission legte 1970 einen Bericht[22] vor, dem jedoch keine weiteren folgten. Auch enthielt der vorgelegte Bericht nur globale Deklarationen über ausgeglichenes Wachstum, keine eigentlichen Zielsetzungen. Offensichtlich konnte das Beispiel der Eisenhower-Kommission[23] nicht wiederholt werden. Die Zielsetzungen, die damals auf einer breiten Basis möglich waren, sind aus der besonderen historischen Konstellation zu erklären.

So ist Biderman (1966 a: 89) nur zuzustimmen, wenn er das Abrücken von offiziell festgelegten Zielprogrammen für Indikatoren fordert: „Such statements, even if they reflect the national consensus most thoroughly and validly, obviously should not be the sole basis for the selection of indicators or the emphasis placed on them".

---

21 Vgl. US President (1969)
22 Vgl. Toward Balanced Growth (1970)
23 Vgl. US President (1960); die Kommission des Präsidenten hatte relative konkrete Ziele in innen- und außenpolitischen Bereichen formuliert.

Als rigorose Kritiker des normativen Ansatzes sind auch Sheldon/Freeman (1970) anzusehen: „Perhaps most restrictive and confusing is the position that indicators must be ‚normative'" (Sheldon/Moore 1970: 98). Sie weisen vor allem auf die Oberflächlichkeit von normativen Festlegungen hin, die häufig wechseln, auch durch *Regierungswechsel*. Auf diese Weise kommt nie ein kontinuierlicher Datenset zusammen.

Ein weiterer Kritikpunkt ergibt sich daraus, daß der Gegenstand von Indikatoren prinzipiell *mehrdimensional* aufzufassen ist. Ein einzelner Indikator gibt nur einen Teilaspekt wieder, der in isolierter Betrachtungsweise zu falschen Aussagen führen kann. Wenn aber Indikatoren mit normativem Gehalt versehen sind, wird gerade die Tendenz gefördert, einzelne Aspekte überzubetonen. Es wird die Illusion erzeugt, als würde ein einzelner Indikator bereits sehr viel von dem angestrebten Zustand enthalten. Das prinzipielle Postulat, daß Indikatoren nur in Gruppen betrachtet werden sollten, wird dabei mißachtet, was durch die normativen Implikationen noch schwerer wiegt.

Technokratische Tendenzen

Der normative Ansatz kann einige technokratische Tendenzen nicht verleugnen. Der Orientierungslosigkeit des politischen Handelns, die oft genug geäußert wird, soll durch systematisch erhobene Indikatoren und gut aufbereitetes Datenmaterial abgeholfen werden. Die Normen, über die keine Klarheit herrscht oder über die kein Konsens zu erzielen ist, sollen offensichtlich durch Daten festgelegt werden. So wird im Social Report für einen Indikator gefordert, daß er sozusagen per se eine Richtung nach besser oder schlechter hat: „It is in all cases a direct measure of welfare and is subject to the interpretation that, if it changes in the ‚right' direction, while other things remain equal, things have gone better, or people are ‚better off'" (Toward a Social Report 1970: 97).

Das eigentliche Problem, die Präzisierung des politischen Wollens und die Lösung von normativen Konflikten, wird dabei auf die Datenebene verlagert. Fast drängt sich die Vorstellung eines *Automatismus* auf, nämlich daß die Entwicklung der Indikatorausprägung bereits das normative Urteil präsentiert; sobald die Indikatorausprägung erhoben ist, ist die Evaluation des Systems geleistet. Auf diese Weise wird versucht, politische Entscheidungen durch ein methodisches Instrumentarium zu ersetzen.[24]

---

24 Die „goal-setting function" von Indikatoren wird auch von Sheldon/Freeman kritisiert, ohne allerdings auf technokratische Tendenzen Bezug zu nehmen: „But it is naive to hold that social indicators in themselves permit decisions on which programs to implement, especially that they allow the setting of priorities" (Sheldon/Freeman 1970: 99).

Indikatoren und Wertfreiheit
Die Kritik an normativen Implikationen von Indikatoren soll nicht bedeuten, daß von der Vorstellung ausgegangen wird, Indikatoren seien „wertfreie" Instrumente, die keine inhaltlichen Prämissen hätten. Es wurde gerade bei der Definition des Begriffs Indikator aufgewiesen, daß dieser von einem theoretischen Konstrukt abhängt und somit auch einem bestimmten Zusammenhang entspringt; dieser Zusammenhang ist auch historisch anzugehen.

Aber dieser Stellenwert ist zu unterscheiden von den unmittelbaren politischen Postulaten der Praxis, die beim normativen Ansatz an Indikatoren herangetragen werden. Diese Postulate sind dem Konstrukt selber äußerlich; sie werden von aktionsorientierten Politikern aufgestellt und können eher verhindern, daß die inhaltlichen Prämissen aufgedeckt werden. Ein Indikator kann sehr wohl von momentanen normativen Postulaten der Praxis frei sein, entspringt aber nichtsdestoweniger einem bestimmten theoretischen Zusammenhang.

Die Kritik des normativen Ansatzes soll auch nicht bedeuten, daß auf der Regierungsebene keine Normen aufgestellt oder nicht in quantifizierter Form aufgestellt werden sollten. Im Gegenteil, eine Präzisierung des politischen Wollens ist nur zu begrüßen. Jedoch sollten Normenaufstellungen als solche gekennzeichnet und nicht mit empirisch erhobenen Indikatoren gleichgesetzt werden.

Explizit normative Postulate sollten in *Sozialberichten* dargestellt werden, die auf Indikatoren aufbauen. Die Gründe für ein angestrebtes Ziel könnten dann ausführlich erläutert und einer kritischen Würdigung unterzogen werden. In diesem Zusammenhang wären normative Postulate transparent und könnten wichtige Funktionen übernehmen. Indikatoren würden Bewertungen fundieren und nicht präjudizieren.

So sieht Bell (1969) in normativen Aussagen die Hauptfunktion von Sozialberichten. Dort sollen auch Bewertungen von Regierungsprogrammen vorgenommen werden. Indikatoren sollen nach Bell viel breiter angelegt sein: „The idea of a Social Report is oriented to public policy, and necessarily, thereby, to the evaluation of *government* programs; the effort to construct social indicators is a broader effort to measure *societal* changes as a whole" (Bell 1969: 82). Für die Konstruktion von sozialen Indikatoren sind daher auch nicht-gouvernementale Organisationen heranzuziehen, um die Unabhängigkeit zu gewährleisten.

Die Tatsache, daß Sozialberichte für die Verbreitung von Indikatoren vorgesehen sind und daß in diesen Bewertungen ausführlich vorgenommen werden sollen, ist ein weiterer Kritikpunkt am normativen Ansatz.

Die vorstehende Kritik soll in folgenden Punkten zusammengefaßt werden:
- die eigentliche Aufgabe der Interpretation wird bei normativen Indikatoren präjudiziert;
- Normen sind interessengebunden und gruppenspezifisch; normative Indikatoren sind solchen Zusammenhängen unterworfen, ohne diese kenntlich zu machen;
- durch Unterstellung von normativen Gehalten wird die eindimensionale Betrachtungsweise gefördert;
- das Postulat, normative Indikatoren sollen Ziele setzen, ist technokratisch;
- Sozialberichte, auf Indikatoren gestützt, sind das Medium für Normenbildung, Bewertungen und für die explizite Formulierung von Zielindikatoren.

Der normative Ansatz wird in jüngster Zeit weniger vertreten. Offensichtlich ist die Gefahr, daß solche Indikatoren zu bloßen Instrumenten der Regierungspolitik werden, erkannt worden, und man legt das Gewicht nun mehr auf andere Ansätze.

3.2.1.2 Der Performanzansatz

Relativ speziell ist ein zweiter Ansatz der Indikatordiskussion, der auf Perzeption und Evaluation von Regierungsprogrammen abzielt. Es dreht sich dann nicht um die allgemeine Einschätzung der gesellschaftlichen Entwicklung bezüglich Schichtung, ökonomische Ungleichheit, Deprivation, Loyalität und ähnliches, sondern es wird geprüft, wie der Erfolg von budgetmäßig verankerten Maßnahmen, die eine genau definierte Zielgruppe haben, zu beurteilen ist.

Maßnahmen können allgemein als ein Vorgang der Leistungserstellung, der Performanz, bezeichnet werden. Input/Output-Kategorien sind anwendbar. Man könnte auch so formulieren, daß die Performanz der regierungsamtlichen Maßnahmen ermittelt werden soll. Wie sieht der Input einer bestimmten Maßnahme aus? Wie ist der daraus folgende Output zu beurteilen? Welche Nebenfolgen haben sich ergeben?

Bezeichnend für diese Richtung ist nun, daß diese Evaluationen nicht mit Hilfe von Marktpreisen durchgeführt werden können und sollen; es sollen eigene *Wertindikatoren* geschaffen werden, die über die kollektiven staatlichen Leistungen informieren.

Von daher ist nun auch eine Ausweitung erforderlich. Dasselbe Problem der umfassenden Bewertung tritt nicht nur auf der staatlichen Ebene auf, sondern auch auf der betrieblichen. In Form der sozialen Kosten wird hier ebenfalls die Forderung erhoben, unabhängig von

Marktpreisen die Leistungserstellung zu bewerten. Es dreht sich dann vor allem darum, schwer quantifizierbare Nebenfolgen der Produktion in die Rechnung einzubeziehen.

Vom logischen Standpunkt aus sind diese beiden Ansätze gleich. Es dreht sich sowohl auf der Regierungsebene wie auf der betrieblichen Ebene darum, Wertindikatoren zu finden, die nicht bloße Knappheitsrelationen wiedergeben, wie dies durch Preise geschieht, sondern eine umfassende Gebrauchsangabe machen. Auch das methodische Instrumentarium wird daher gleich sein. Beide Ansätze sollen daher unter dem Performanzaspekt subsumiert werden, da es sich jeweils um die umfassende Einschätzung der Performanz, sei es der betrieblichen oder staatlichen, handelt.

Die staatliche Ebene

In der Literatur wird allgemein darauf hingewiesen, daß die Regierung über keinerlei Informationen über die Effizienz ihrer Tätigkeit verfügt.[25] Olson (1969 b: 92) vergleicht sie diesbezüglich mit einem Kaufmann, der zwar Milliardenbeträge einsetzt, aber ohne Informationen über mögliche Erträge wirtschaftet. Der einzige bestehende Korrekturfaktor ist die Bereitwilligkeit der Öffentlichkeit, die Zuteilungen im großen und ganzen zu akzeptieren, worauf Biderman (1966 a: 140) hinweist. Bei der Unübersichtlichkeit der öffentlichen Haushalte ist dieser Einfluß jedoch als sehr begrenzt anzusetzen.

So wird im Social Report für Indikatoren gefordert, „(to) make possible a better evaluation of what public programs are accomplishing" (Toward a Social Report 1970: XXXIII). Als Vorbild dient das ökonomische Rechnungswesen; allerdings soll die Bindung an monetäre Größen nicht übernommen werden. Es sollen „policy accounts"[26] gebildet werden, die andere generalisierende Medien besitzen – Einkommensäquivalente, Grade der Integration, Wohlfahrt –, um auf diese Weise dann zu einer Kontendarstellung zu kommen. Diese „policy accounts" sollen in Verbindung mit allgemeinen sozialen Indikatoren interpretiert werden.

Es wird eine Umkehrung in der Denkweise des öffentlichen Mitteleinsatzes gefordert. Nicht mehr die Bewertung des Budgetumfangs (Input) soll adäquat gelten, sondern die tatsächliche Effizienz der Maßnahmen (Output) soll das Kriterium abgeben.

Das Problem der Effizienz von Regierungsmaßnahmen wurde von der Planungsseite her angegangen. Böhret (1970: 170 ff) stellt dar, wie die

---

25 In den USA wurde dieser Aspekt durch das spektakuläre Scheitern einiger Wohnungsbauprogramme Mitte der sechziger Jahre aktuell; vgl. die Ausführungen bei Moynihan (1969 a).

26 Vgl. im Social Report: Toward a Social Report (1970: 101).

Unzulänglichkeiten der inkrementalen Politik zunächst zum Konzept der „systems analysis"[27] führten; dieses Instrumentarium wurde dann für Regierungsaufgaben in Form von Planungssystemen (*Planning-Programming-Budgeting-Systems*, PPBS) aufbereitet. Als eine besondere Phase eines solchen Systems sind „analytische Spezialstudien" definiert (vgl. Böhret 1970: 189–197), die die Aufgabe haben, die informationellen Grundlagen, insbesondere auch über die Effektivität, zu liefern.

Zwischen sozialen Indikatoren und Planungssystemen besteht also ein unmittelbarer Zusammenhang. Sie dürfen nicht als unterschiedliche Bewegungen dargestellt werden: „Social indicators and social reporting are instead a logical extension of PPBS and other forms of operations and systems analysis" (Olson 1969 b: 93).

In der BRD wird ein erster Schritt dadurch unternommen, daß versucht wird, die Ausgaben nach *funktionalen Gesichtspunkten* zu gliedern. So wird jährlich ein Sozialbudget zusammengestellt, das die Zusammenfassung staatlicher Leistungen im Bereich der sozialen Sicherung darstellt. Dabei wurden 1972 die Funktionen

> Familie und Wohnung,
> Gesundheit,
> Beschäftigung,
> Alter,
> Hinterbliebene,
> Folgen politischer Ereignisse,
> Sparförderung

unterschieden.[28] Für diese wird dann der jeweilige Leistungsumfang unabhängig von Institutionen und Arten der Zuteilung berechnet. Diese Rechnung ist zwar immer noch auf der Input-Seite anzusiedeln, stellt jedoch einen ersten Schritt dar, um zu ermitteln, „wie sich die zur Verteilung kommenden Milliardenbeträge auf Existenz und Leben des einzelnen auswirken" (Bundesminister f. Arbeit und Sozialordnung, Walter Arendt, in IG-Metall 1973: Band 1, 22).

Einschätzung

Die Messung der Effektivität von Regierungsprogrammen wird meist relativ problemlos dargestellt, vor allem wenn mit direkten Analogien zu ökonomischen Verfahren gearbeitet wird. Allerdings gibt es auch kritische Stimmen, die vor Illusionen warnen.

---

27 Diese könnte man als eine systemwissenschaftliche Bereichsanalyse definieren, die besonders als Entscheidungshilfe dient; vgl. Böhret (1970: 72–82).

28 Vgl. den Sozialbericht der Bundesregierung von 1972 (Sozialbericht 1972 a: 194–195), zusammengefaßt auch in Sozialbericht (1972 b: 68–72).

Zwar lassen sich Zielgruppen angeben, für die die Zuteilung gedacht ist. Jedoch ist die Zuordnung einzelner Effekte zu einem bestimmten Regierungsprogramm außerordentlich schwierig. In der Ökonometrie ist dieses Problem als *Spezifikationsproblem* bekannt.[29] Eine Erhöhung von niedrigen Renten wird sich z. B. beim einzelnen im Budget niederschlagen; jedoch wird die eigentliche Auswirkung auf die Lebensumstände von zahlreichen anderen Faktoren begleitet. Eine Verschlechterung der allgemeinen wirtschaftlichen Situation kann etwa bewirken, daß die Erhöhung nur ein Gleichbleiben des Lebensstandards bewirkt. Es könnte aber auch sein, daß sich die Verschlechterung der allgemeinen Lage gar nicht auf die Rentner auswirkt und das Gleichbleiben auf einen Null-Effekt der Rentenerhöhung zurückzuführen ist. Auch durch Strukturverschiebungen der rentenbeziehenden Bevölkerung können solche Effekte eintreten, wenn etwa ärmere Personen ins Rentenalter kommen.

Leipert (1973) stellt dar, wie schwierig die Output-Messung auf dem Ausbildungssektor ist. Es müßten die Voraussetzungen erfüllt sein:

1. genaue Definition des zu messenden Produkts,
2. Kenntnis des Wirkungszusammenhangs,
3. Konsens über die Bewertung der Leistungen.

Es bestehen jedoch Unklarheiten über die eigentlichen Leistungen des Ausbildungssektors (Wissen, Fähigkeiten, Bewußtsein?). Der Bereich ist in keiner Weise autonom. Faktoren wie Schichtung, Lehrerhaltungen, ökonomische Investitionen beeinflussen ihn, unabhängig von staatlichen Input-Größen. Schließlich besteht kein Konsens über die Bewertungsmaßstäbe, so daß man zu völlig verschiedenen „Produkt"-Einschätzungen kommen kann (Leipert 1973: 226—228)

Diese konzeptionellen Probleme müßten erst gelöst werden, bevor mit der eigentlichen Messung begonnen werden kann. Darüber hinaus sind auch die formal-analytischen Schwierigkeiten noch keineswegs überwunden.[30]

Sheldon/Freeman (1970) kommen von diesen Überlegungen her zu dem Schluß, daß die Beurteilungsforschung (evaluation research)[31] eine falsche Richtung einschlägt, wenn sie sich auf quantifizierte Informationen (Indikatoren) stützt. Vielmehr könnten die Spezifikationsprobleme nur durch Experimente gelöst werden: „There is no substitute for experimental research that differentiates between the effects of treatments and

---

29 Vgl. u. a. Johnston (1972: 168—169).

30 In Frage kommt das analytische Instrumentarium, wie es Blalock (1961, 1969, 1971) in Anlehnung an ökonometrische Techniken entwickelt hat; es sind jedoch noch zahlreiche Probleme ungelöst; vgl. jedoch neuerdings einen Sammelband von Goldberger/Duncan (1973).

31 Einen Sammelband dazu gibt Caro (1971) heraus.

programs on the one hand and of extraneous contamination factors on the other" (Sheldon/Freeman 1970 : 100).

Diese Feststellung ist sicher zu weitgehend. In langjährigen Beobachtungen, durchgeführt an großen Stichproben, müßte es möglich sein, gewisse Effekte zu erkennen. Der experimentelle Ansatz kann dazu wichtige Ergänzungen bringen, ist jedoch auf sozioökonomischem Gebiet nur selten realisierbar. Allerdings bestehen sicher Illusionen über den Gegenstand, der durch solche Messungen erfaßt werden kann. Komplexe Vorgänge wie Bildung, Partizipation, kulturelle Aktivitäten können hier nicht angeführt werden; für einfachere Bereiche wie soziale Sicherung, Gesundheit, Verkehr, Kriminalität und ähnliches sind jedoch Ansätze denkbar.[32]

Die betriebliche Ebene:
Die Schwierigkeiten der Bewertung von Regierungsaktivitäten liegen primär auf konzeptionell-methodischem Gebiet. Soll die Performanz von Betrieben umfassend gemessen werden, kommen die Schranken der *privatwirtschaftlichen Produktion* noch hinzu. Zwar konnte eine Publizitätspflicht für Großunternehmen durchgesetzt werden; sie umfaßt jedoch nur grobe finanzielle Daten, keineswegs Informationen, die die eigentlichen ökonomischen Entscheidungen des Betriebes transparent machen würden. So haben die Überlegungen, die für diese Ebene angestellt werden, reichlich modellhaften Charakter.

Sie konzentrieren sich primär auf die Makroebene, wo das Konzept des *quantitativen Wachstums* problematisiert wird. Nicht mehr die Investitionshöhe und der Sachkapitalbestand sollen ausschlaggebend für die Einschätzung des Fortschritts sein, sondern komplexe Umstände wie Erhaltung des ökologischen Gleichgewichts, intensive Produktion durch Ausnutzung von Automatisierungen, optimale Nutzungsmöglichkeiten durch lange Lebensdauer und ähnliches sollen als Kriterien benutzt werden, um den wahren Wert der Produktion einzuschätzen.[33]

Empirische Arbeiten zur Einschätzung der sozialen Kosten liegen nur spärlich vor.[34] Zwar gibt es Versuche, das Bruttosozialprodukt (BSP) auf Grund von Schätzungen zu revidieren.[35] Es werden dann Vorleistungen, die zur Aufrechterhaltung des hohen Organisationsgrades erforderlich sind, Kosten für Infrastruktur und einige manifeste Umweltbelastungen

---

32 Empirische Arbeiten werden vor allem in Zeitschriften wie *The Journal of Human Resources* und *Socio-economic Planning Sciences* publiziert.

33 Solche Aufstellungen macht Bombach (1973).

34 Die theoretische Auseinandersetzung ist jedoch ziemlich umfangreich; vgl. statt vieler Mishan (1967), Musgrave (1969).

35 Vgl. Sametz (1968), Nordhaus/Tobin (1972); auf deren Arbeiten wird in Kapitel 7.4 eingegangen.

wie Luftverschmutzung vom BSP abgezogen, um zu einem Wohlfahrtsprodukt zu kommen. Diese Rechnungen können jedoch nur die Faktoren verdeutlichen und tragen nicht dazu bei, die Produktionsziele nach optimaler Gütererstellung und -nutzung auszurichten.

Auf der betrieblichen Ebene wird ebenfalls eine Revolutionierung des Denkens gefordert. Die Verhältnisse des Unternehmens zu seiner Umwelt, den Beschäftigten und zur Verwendung seiner Produkte sollen durch ein *gesellschaftsbezogenes betriebliches Rechnungswesen*[36] erfaßt werden. Es sollen Kategorien aufgenommen werden, wie Beeinflussung der Umwelt, schädliche Auswirkungen der Produktion, Schadensverursachung durch Unfälle, Belastung der Infrastruktur u. ä. Wenn von Betrieben Bilanzen mit diesen Kategorien vorgelegt werden, soll durch Besteuerung, Lenkung der Investitionsmittel und andere gesetzliche Maßnahmen das Ziel der „Sozialpflichtigkeit der Investitionen" erreicht werden (vgl. Bartholomäi 1973: 283).

Bei diesen Überlegungen treten außerordentliche Bewertungsprobleme auf, ganz zu schweigen von den Grenzen des privatwirtschaftlichen Systems. Trotzdem sollten die Bemühungen um Konzepte, die gerade auf der unteren Ebene dem Gegenstandsbereich adäquat sind, verstärkt werden. Einschätzungen auf der globalen Ebene können dadurch an Profil gewinnen.

Der Performanzansatz zeichnet sich durch eine relative Klarheit aus. Der zugrunde gelegte konzeptionelle Rahmen ist die Bewertung von Leistungen, sei es auf staatlicher oder betrieblicher Ebene. Es dreht sich nicht um vage Normen wie beim normativen Ansatz, sondern um programmäßig definierbare Erfolgskontrollen. Die Ausweitung auf bisher wenig beachtete Bereiche und Nebenfolgen stellt ein wichtiges Gebiet dar. Allerdings sind auch noch für diesen sehr stark auf tangible Phänomene abzielenden Ansatz Definitions- und Meßschwierigkeiten festzustellen.

3.2.1.3 Der systemwissenschaftliche Ansatz

In der Indikatordiskussion wird immer wieder darauf hingewiesen, wie wichtig die Zusammenfassung von Indikatoren zu Systemen ist. Sie entstammen demselben Gegenstandsbereich und hängen daher zusammen. Wenn sie nur in Tabellen aufgenommen und dann isoliert betrachtet werden, besteht die Gefahr der Überbetonung von Aspekten und der Verkennung von Zusammenhängen. Der Wirkungsbereich muß prinzipiell als

---

36 Bartholomäi (1973); inzwischen liegt ein Sammelband zu diesem Thema vor: Dierkes/Bauer (1973); vgl. zum gleichen Thema auch Dierkes (1973).

mehrdimensional aufgefaßt werden, was nur durch ein System von Indikatoren adäquat wiedergegeben werden kann. Auch läßt sich die geforderte Verbindung von ökonomischen und sozialen Tatbeständen nur in einem System realisieren. So nimmt der systemwissenschaftliche Ansatz zur Ableitung sozialer Indikatoren einen breiten Raum ein.

Typen von Indikatorsystemen

Zunächst ist eine Klärung der verwendeten Begriffe erforderlich. Bei der Konstruktion von Indikatorsystemen ist von der *zweidimensionalen Datenmatrix* auszugehen. Sie umfaßt in der einen Dimension *Beobachtungspunkte*, die verschiedene Einheiten, aber auch verschiedene Zeitpunkte, sein können; der Einfachheit halber wird hier nur von verschiedenen Beobachtungseinheiten ausgegangen. In der anderen Dimension sind die *Variablen* eingetragen.

Es können nun zunächst zwei Arten von Indikatorsystemen unterschieden werden. Einmal geht es darum, *Beobachtungseinheiten* untereinander vergleichbar zu machen (vertikal in Abb. 6); zum anderen geht es darum, die *Variablen* in einen Zusammenhang zu bringen (horizontal in Abb. 6).

Indikatorsysteme mit *geordneten Beobachtungseinheiten* sind relativ einfach zu konstruieren. Wenn zwei Datenfiles I und II existieren (die zwei Spaltenvektoren aus der Datenmatrix nach Abb. 6 entsprechen), so können deren drei Beobachtungseinheiten (Abb. 7) zunächst unverbunden betrachtet werden. Wenn es jedoch möglich ist, die Verbindung zwischen den beiden Datenfiles bezüglich der Beobachtungseinheiten herzustellen, so entsteht dadurch ein elementares Indikatorsystem. Es ist dann bekannt, daß die Information, die an erster Stelle des Files I steht, über die gleiche Person geht, die im File II an dritter Stelle steht, nämlich ebenfalls über die Person A (Abb. 7) usw. Das heißt, daß die Beobachtungseinheiten dann *mehrdimensional* charakterisiert werden können.[37] Dies ist nicht möglich, wenn die Files unverbunden sind, obwohl ja die Informationen prinzipiell vorhanden wären.

Solche Systeme sind in der Ökonomie weit verbreitet. Es werden etwa Berufe, Einkommensgruppen, Arbeitsstätten usw. als Beobachtungseinheiten vergleichbar gemacht, so daß Querverbindungen hergestellt werden können. Bei diesen Systemen besteht die theoretische Aufgabe darin, die Klassifikationen zu begründen; sie sollen für möglichst viele Fragestellun-

---

37 In einem einfachen Fall kann dann etwa die Aussage gemacht werden, daß diejenigen, die wenig verdienen, auch diejenigen sind, die in Obdachlosenheimen wohnen. Wenn die Beobachtungseinheiten der Variablen „Einkommen" und „Wohnung" jedoch unverbunden sind, kann diese Aussage nicht gemacht werden.

Abbildung 6: Zweidimensionale Datenmatrix

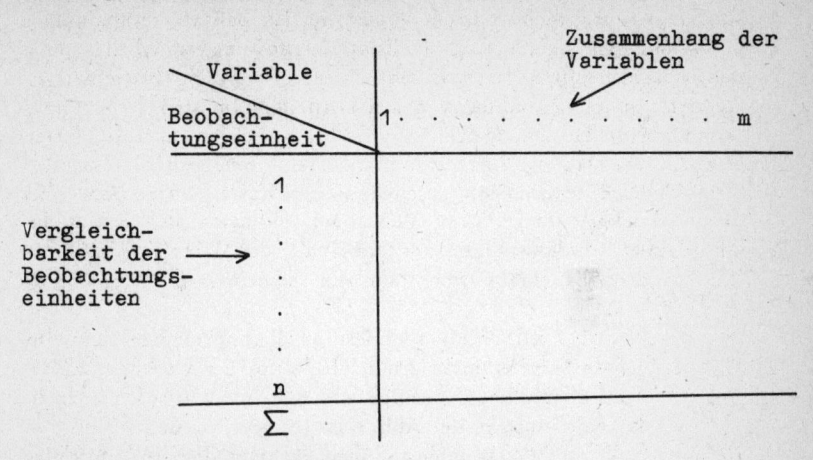

```
                              |          Zusammenhang der
              Variable        |              Variablen
          Beobach-            |1  . . . . . . . . . m
          tungseinheit        |
     ─────────────────────────┼──────────────────────────
                              |1
                              |.
  Vergleich-                  |.
  barkeit der       ────→     |.
  Beobachtungs-               |.
  einheiten                   |.
                              |.
                              |n
     ─────────────────────────┼──────────────────────────
                              |Σ
```

Abbildung 7: Ordnung zweier Datenfiles zu einem Indikatorsystem
   nach Beobachtungseinheiten

File I   File II

Beobachtungs-   A ○   □ B   Beobachtungseinheit   B ○╲ ╱□ C   einheit
                    C ○╱ ╲□ A

Verbindung

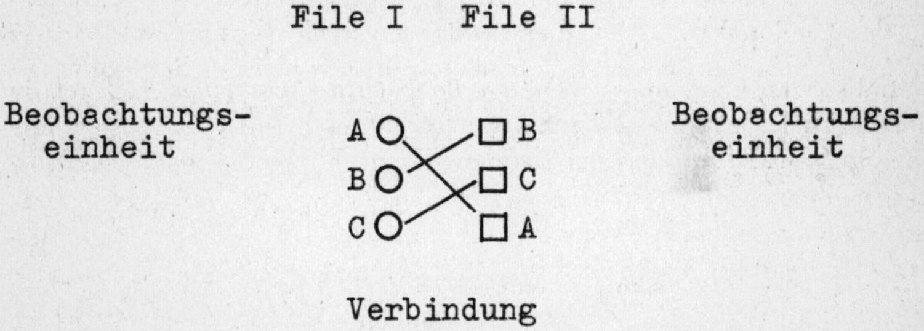

gen offen und universell verwendbar sein. Dies wirft besonders in der Sozialwissenschaft erhebliche Probleme auf. Solche Systeme sollen hier als *Integrationssysteme* bezeichnet werden.

In Kap. 7.5 wird der Ansatz von Stone (1970, 1973) besprochen, der darauf abzielt, die ökonomische Statistik mit der sozialwissenschaftlichen zu verbinden, und zwar auf der Basis der Beobachtungseinheiten.

Anspruchsvoller ist der Versuch, die *Variablen* selber *in einen Zusammenhang* zu bringen. Hierzu ist eine Theorie erforderlich, da die Verbindungen nicht mehr durch bloße Identitäten wie bei den Beobachtungseinheiten hergestellt werden können. Wenn im Zusammenhang mit sozialen Indikatoren der Anspruch aufgestellt wird, nach Systemkriterien abzuleiten, ist meist ein System dieser Art (variablenorientiert) intendiert.

Auch hier können eine Reihe von Typen unterschieden werden. Der „einfachste" Fall besteht darin, die Variablen in einen *Definitionszusammenhang* zu bringen. Die volkswirtschaftliche Gesamtrechnung etwa beruht auf Definitionsgleichungen, die aus einer Theorie abgeleitet werden. Voraussetzung für solche Gleichungssysteme ist, daß eine gemeinsame Einheit (Geld etwa) existiert, die die Zusammenfassung ermöglicht.

Der weitergehende Ansatz besteht darin, unabhängig von einer gemeinsamen Einheit Zusammenhänge herzustellen. Im striktesten Sinne müßten dann die Beziehungen in empirisch abgesicherter quantifizierter Form vorliegen. Da die gemeinsame Einheit fehlt, müßte dies in einer abstrakten standardisierten Form geschehen, etwa durch Korrelations- und Regressionskoeffizienten. Solche Maßzahlen, die etwa auch Extrapolationen erlauben würden, müßten für jede Spalte der Matrix in Abb. 6 berechnet werden. Es ergäbe sich dann ein *quantifiziertes Beziehungssystem*.

Die Forschung hat jedoch noch keineswegs diesen Stand erreicht. Im allgemeinen geht es erst einmal darum, überhaupt die Variablen zu bestimmen, die ein Phänomen determinieren, d. h. die Variablen anzugeben, die in der Horizontalen der Abb. 6 eingetragen werden sollen. Die Begründungen für diese Zusammenstellungen nehmen den größten Raum ein. Es wird etwa taxonomisch vorgegangen oder nach funktionalen, systemtheoretischen Gesichtspunkten gegliedert. Systeme, die auf dieser Stufe stehenbleiben, sollen hier *Ordnungssysteme* genannt werden. Bei diesen werden die Beobachtungseinheiten oft gar nicht mehr genannt. Es dreht sich dann um hochaggregierte Größen, die in der Matrix der Abb. 6 in der unteren Zeile, die mit dem Summenzeichen gekennzeichnet ist, ihren Stellenwert haben.

Nach dem Obenstehenden ergeben sich also vier Arten von Indikatorsystemen:

— Integrationssysteme   (bezüglich Beobachtungseinheiten)
— Definitionssysteme,
— quantifizierte Beziehungssysteme,
— Ordnungssysteme.

In der Indikatordiskussion werden die Typen oft nicht klar unterschieden.[38] Es ist sehr oft von „accounts" (Kontensysteme auf der Basis von Definitionsgleichungen) die Rede, ohne daß auf deren Voraussetzung — fundierte Theorie und vor allem gemeinsame Recheneinheit — eingegangen wird. Manchmal wird diese Voraussetzung fallengelassen, so daß das Ergebnis dann doch kein Kontenschema ist, sondern nur ein Ordnungssystem erstellt wird. Trotzdem wird die Bezeichnung „accounts"

---

38 So weist Stone (1973: 663) darauf hin, daß das von ihm im Rahmen der OECD entwickelte *System of Social and Demographic Statistics* (SSDS) kein Kontensystem ist: „Nor do we advocate the characterization of SSDS as a social accounting system, since the scope of this concept embraces a broader range of subject-matter than does SSDS."

beibehalten. In der Regel kann man davon ausgehen, daß die meisten vorgeschlagenen Indikatorsysteme dem Ordnungstyp zuzurechnen sind.

Es sei noch darauf hingewiesen, daß ein Indikatorsystem nun zu einem wichtigen Baustein eines soziopolitischen Informationssystems werden kann. Böhret (1970: 158—167) entwirft ein Konzept für ein solches System. Es sind dann vor allem noch qualitative Informationen über die strukturellen Verhältnisse, Gesetzesvorschriften, Ressourcenvorräte usw. hinzuzufügen.

Systemmodelle in der Indikatordiskussion

Die zwiespältige Vorgehensweise bei den Systemansätzen rührt daher, daß meist unversehens das ökonomische Rechnungswesen übernommen wird, sei es in direkter Analogie, sei es in der Übernahme der allgemeinen Bilanzierungstechnik.

Ökonomische Analogien

Bereits die erste Publikation, die sich mit Indikatoren ausgiebig beschäftigte, prägte den Ausdruck *system of social accounts* (US National Commission on Technology, Automation and Economic Progress 1966: 95 ff). Die *economic accounts* waren das erklärte Vorbild, obwohl keine Angaben über Übertragungsmöglichkeiten gemacht wurden.

Diese Konzeption wirkte sich in der Folgezeit sehr stark aus. So konzipiert Olson soziale Indikatoren in unmittelbarer Nähe zur Einkommens- und Produktionsstatistik. Er spricht von einem „paradigm of the national income and product accounts" (Olson 1969: 87). Soziale Indikatoren sollen die Bereiche ergänzen, die von dem ökonomischen Rechnungswesen ausgelassen werden: „Ideally, what the national income statistics leave out, social indicators ought to measure" (Olson 1969 b: 86).

Auch bei Bauer (1966 b) herrschen ökonomische Kategorien vor. Er glaubt, durch Einführung des ökonomischen Investitions- und Kostenbegriffs öffentliche Güter untersuchen zu können. Ähnlich wie im privaten Sektor diese Unterscheidung mit Erfolg angewendet wird, wird es auch auf dem sozialen Sektor sinnvoll sein, „to make similar reasonably sensible distinctions between 'investments' and 'costs' in the public area" (Bauer 1966 b: 346). Er führt als Beispiel Bildung an. Die laufenden Maßnahmen für Besoldung, Lehrmittel, Gebäude sind die Kosten, die mit einem bestimmten Ertrag abgerechnet werden. Was an Fähigkeiten mit einer bestimmten gesellschaftlichen Verwendungsmöglichkeit herauskommt, sind dann gelungene Investitionen. Nach einer beliebigen Periode kann dann abgerechnet werden.

Bilanzierung durch Struktur/Performanzmodelle (Gross)
Die eben angeführten Ansätze zeichnen sich durch eine relative Oberflächlichkeit aus. Es sind mehr oder weniger nur Ideen, die übernommen wurden und in die Indikatordiskussion eingebracht wurden. Das Struktur/Performanz-Modell von Gross (1966 c) weist jedoch einen relativ hohen Differenzierungsgrad auf. Es soll hier stellvertretend für andere Struktur/Performanzmodelle, die auf Bilanzierung hinauslaufen, etwas genauer untersucht werden.[39]

Gross versucht, von der allgemeinen Systemtheorie ausgehend, einen inhaltlichen Rahmen zu entwickeln, der in empirischer Arbeit mit Indikatoren angefüllt werden soll. Sein Modell wird in Einzelheiten in Kap. 7.6 dargestellt; hier soll auf den systemwissenschaftlichen und auf den Bilanzierungsaspekt besonders eingegangen werden.

Gross' explizites Vorbild ist das ökonomische Rechnungswesen. Er geht von der Struktur/Performanz-Unterscheidung aus und definiert dann Elemente, die Beständigkeit wiedergeben (Struktur), und solche, die auf Input/Output-Kategorien abzielen und somit das Systemverhalten in einer bestimmten Periode wiedergeben (Performanz).

Der Systemzusammenhang stellt sich nach diesem dualen Prinzip dar. Die Nähe zur strukturell-funktionalen Theorie ist unverkennbar. Gross vermeidet jedoch den schillernden Ausdruck Funktion: „The term 'structure- performance' expresses the same idea, but with less embarrassment from the many confusing meanings that have been attached to the word 'function'" (Gross 1966 c: 181). Zwischen Struktur und Performanz besteht ein wechselseitiger Zusammenhang. Einmal beeinflußt die Struktur die Performanz; sie ist das determinierende Element für die ablaufenden Prozesse. Zum anderen wird der Saldo der Performanz (Differenz zwischen Output und Input) der Struktur zugeschlagen. Im Grunde kann man überhaupt die Struktur als akkumulierte Performanz-Ergebnisse betrachten: „In fact, many aspects of structure, such as accumulated assets in any important sector, can most conveniently be estimated by aggregating data on current investment performance over a period of time" (Gross 1966 c: 213). Es ist dann möglich, die Elemente der Struktur durch eine Bilanz zu erfassen: „Any comprehensive analysis of these elements (no matter how ordered) might be regarded as a 'balance sheet' that represents system's human and institutional assets as well as its physical and financial assets" (Gross 1966 c: 183). Damit sind die Grundlagen für das Rechnungswesen gelegt; das Modell wird rechenbar. Für die Performanz ist der Saldo entscheidend; die Struktur wird durch die Bilanz erfaßt.

---

39 Juster (1970) geht ebenfalls von der Struktur/Performanz-Unterscheidung aus, bleibt jedoch auf einer elementaren Ebene stehen.

Gross gibt dann für Struktur und Performanz jeweils sieben Variable an, die mit Indikatoren operationalisiert werden sollen. Diese Variablen stellen allerdings nur einen begründeten Ausschnitt dar. Vollständigkeit kann und soll nicht erstrebt werden: „A complete system state analysis, however, is never needed, and would in most cases probably be impossible" (Gross 1966 c: 185).

Der Systemansatz von Gross besteht also darin, daß er auf der Grundlage der ökonomischen Theorie versucht, einen erweiterten Gegenstandsbereich zu erfassen. Soziale Tatbestände wie Werte, Führungsmuster, Bedürfnisbefriedigung, soziale Beziehungen usw. werden in das Bilanzierungsschema mit eingeschlossen.

Das Prinzip der Integration ist durchaus zu begrüßen; jedoch wird sich zeigen, daß die zugrunde gelegte ökonomische Theorie unhaltbare Konsequenzen mit sich bringt.

Kritik der Übertragung der Bilanzierungstechnik

Der Versuch, ökonomische Kategorien und vor allem die Bilanzierungstechnik auf soziale Tatbestände auszudehnen, muß fundamental kritisiert werden. Die ökonomischen Kategorien bauen auf einer bestimmten Logik der Akkumulation auf. Man geht davon aus, daß im System Performanzprozesse ablaufen, die nach zwei Aspekten, Input (Aufwendungen) und Output (Erträge), charakterisiert werden. Jedem Output muß ein gewisser Input gegenüberstehen. („Aus nichts wird nichts.") Der Input wird im Zuge der Leistungserstellung konsumiert.

Bei einer guten Organisation dieses Prozesses ist es nun möglich, Erträge zu erwirtschaften, die höher sind als die Aufwendungen, so daß ein Gewinn entsteht.[40] Die Performanz kann also abstrakt durch drei Elemente charakterisiert werden: durch *Aufwendungen, Erträge* und *Gewinne*.

Diesem prozeßhaften Charakter der Performanz stehen die Strukturelemente gegenüber, die von relativer Dauer sind. Es sind dies bei materiellen Vorgängen nichts anderes als die akkumulierten Anlageinvestitionen (Vermögen), die in einer Periode eingesetzt werden, ohne jedoch vollständig verbraucht zu werden.

In der Ökonomie werden die Performanzvorgänge durch die *Gewinn- und Verlust-Rechnung* erfaßt. In ihr erscheinen nach dem Prinzip der doppelten Buchführung Aufwendungen und Erträge und als Saldo der Gewinn. Die Strukturelemente werden durch die *Bilanz* (Vermögensrechnung) erfaßt, in der neben den bereits akkumulierten Beständen der in

---

40 Wenn der ganze Mehrwert unproduktiv konsumiert wird, liegt nach dem Marxschen Schema einfache Reproduktion vor. Erst wenn der Mehrwert akkumuliert wird, findet erweiterte Reproduktion statt, die für die obigen Überlegungen maßgebend ist; Marx, Das Kapital, Bd. 2, S. 396, S. 485 ff., Berlin 1972.

einer Periode erzielte Gewinn aufgenommen wird, der also neuer Bestandteil dieser Akkumulation wird.

Die Verbindung zwischen Performanz und Struktur ist also eindeutig. Die Struktur wird von den jeweiligen Salden (Gewinnen) der Performanzperioden geprägt. Andererseits wirkt die Struktur natürlich in ihrer Zusammensetzung und Größe auf die Performanz ein.[41]

Diese Grundlagen stellen nichts anderes dar als den Vorgang der Akkumulation überhaupt. Jede erweiterte Produktion beruht darauf. Es ist jedoch klar, daß dieses Schema bei jeder Anwendung sofort ideologisch relevant wird. Welches der Elemente soll bestimmend sein? Das Konstruktionsprinzip der kapitalistischen Gesellschaft beruht auf dem Akkumulationsvorgang als solchem (Heckung von Mehrwert). Die Differenz zwischen Output und Input (Profit) ist das entscheidende Kriterium, nicht etwa der Output als solcher, der etwa nach Bedürfnissen bestimmt werden müßte. Außerdem wird der Input als konsumierbare Ware deklariert, wozu dann auch die Arbeitskraft gezählt wird.

Dementsprechend ist auch das Rechnungswesen angelegt. Gewinn- und Verlustrechnungen spielen die Hauptrolle; in Bilanzen wird der Erfolg der Akkumulation niedergelegt. Der Nutzen der produzierten Güter oder auch der optimale Einsatz der Produktionsmittel spielen in diesem Rechnungswesen nur eine untergeordnete Rolle.

Der ideologische Charakter dieses Rechnungswesens liegt auf der Hand. Hinzu kommt noch bei Gross, daß diese Bilanzierungstechnik auf weitere – soziale – Gebiete ausgedehnt werden soll. Das Ergebnis wäre nicht nur eine *völlige Ökonomisierung* der gesellschaftlichen Datenerfassung, sondern auch eine allgemeine Unterwerfung unter das *herrschende Akkumulationsprinzip*. Dieses würde nicht nur bei materiellen Prozessen dominieren, sondern nun auch auf soziale Gebiete übertragen werden. Die Gesellschaft wäre dann, übertrieben formuliert, nichts anderes als ein Großbetrieb, über den Bilanzen erstellt werden.

Abgesehen von diesen inhaltlich-ideologischen Vorbehalten sind auch erhebliche Meßschwierigkeiten für das Modell anzuführen. Jede Bilanzierung beruht auf einem Definitionssystem, das, wie oben ausgeführt, eine gemeinsame Recheneinheit voraussetzt. Gross verwendet wenig Mühe darauf, diese gemeinsame Recheneinheit zu definieren. Es wäre zwar denkbar, daß einige abstrakte Kategorien der funktionalen Theorie herangezogen werden. Bei Olson (1968 a) findet sich z. B. die Überlegung, ob nicht *Integration* ein solches generalisierendes Medium abgeben könnte. Es würde dann alles in Graden der Integration gemessen werden. Es wäre auch denkbar, daß andere Komponenten des AGIL-Schemas von Parsons

---

41 Solche Überlegungen sind zu einer „Philosophy of Accounting" ausgebaut worden; vgl. Sprague (1922), Moornitz/Littleton (1965).

(1966: 1—29, „adaptation", „goal attainment", „integration", „latent pattern maintenance") dafür verwendet werden. Deren Operationalisierung ist jedoch noch in keiner Weise in Angriff genommen worden, wobei Gross dies jedoch offensichtlich voraussetzt.

Bezüglich der Meßprobleme ist zu erwähnen, daß auch in der Ökonomie die Einschätzung der Strukturbestandteile (Anlagen, Vermögen) auf erhebliche Schwierigkeiten stößt. Auf betrieblicher Ebene mögen noch valide Daten zu ermitteln sein, auf nationaler Ebene fehlen jedoch globale Einschätzungen, obwohl es an Versuchen nicht mangelt.[42]

Für ein Indikatorsystem scheint die Bilanzierungstechnik in keiner Weise verwendbar zu sein. Sie kann in der praktizierten Form ideologischer Hintergründe nicht entraten. Falls die Meßschwierigkeiten überwunden werden sollten und sie trotzdem angewendet wird, dürfte sie zur weiteren Ökonomisierung und Verdinglichung des gesellschaftlichen Prozesses beitragen.

So wenden sich auch Sheldon/Freeman (1970: 102) scharf gegen die Übertragung ökonomischer Techniken: „Evoking the economic analogy and proposing the development of social indicators that parallel economic indicators is confusing and in part fallacious."

Gerade in jüngster Zeit, in der durch Konzepte wie soziale Kosten, qualitatives Wachstum, Lebensqualität u. ä. das ökonomische Rechnungswesen problematisiert wurde, ist es paradox, dieses System auf soziale Tatbestände übertragen zu wollen.

Ablösung des Bilanzierungskonzeptes
Diese Kritik soll nicht bedeuten, daß die Struktur/Performanz-Unterscheidung für Indikatorsysteme untauglich ist; sie beruht auf allgemeinen systemtheoretischen Grundlagen und ist nicht so leicht ersetzbar.

Wohl aber soll zum Ausdruck kommen, daß der Zusammenhang zwischen Struktur und Performanz nicht durch eine Bilanzierung hergestellt werden kann. Diese Bilanzierung bedeutet ja auch nichts anderes, als daß von Gleichgewichtsprozessen ausgegangen wird, was eine problematische Unterstellung ist.

Es ist jedoch denkbar, daß für einige soziale Bereiche Input/Output-Prozesse angenommen werden können, beispielsweise im Gesundheitswesen; dort kann es sinnvoll sein, nach Inputkriterien (Ärzte, Krankenhäuser, Geräte usw.) und nach Outputkriterien (Gesundheit, Arbeitsfähigkeit) vorzugehen. Viele soziale Prozesse sind jedoch nicht mit Konsumtion verbunden und sperren sich dann gegen eine solche Erfassung. Beispielsweise wird Wissen in der Regel nicht konsumiert. Im Lehrer—

---

42 Vgl. für die USA Goldsmith/Lipsey/Mendelson (1963); für die BRD Hofmann (1965), Krengel (1958).

Schüler-Verhältnis ist die „Produktion" von Wissen beim Schüler zwar entscheidend; sie ist jedoch nicht mit einer entsprechenden „Konsumtion" des Wissens beim Lehrer verbunden. Überhaupt ist der gesamte Gebrauch von Symbolen nicht mit Konsumtionsprozessen verbunden. (Ein gelesenes Buch ist nach wie vor verwendbar.) Dies gilt vor allem auch für Kommunikationsprozesse. Solche Verhältnisse wären aber wichtig für ein *system of social accounting*.

Es ist also festzuhalten, daß auf der Performanzebene das ökonomische Input/Output-Schema (mit entsprechender Konsumtion des Inputs) nur beschränkt angewendet werden kann. Der Performanzprozeß besteht sehr oft in bloßen Vermittlungen, Symbolaustausch, auch Normenanwendungen.[43]

Ähnlich ist es nun auch nicht möglich, den Zusammenhang zwischen Struktur und Performanz durch eine *Saldoübertragung* herzustellen. Die Einwirkungen sind viel komplexer; Akkumulationsvorgänge dürften nur einen kleinen Teil davon ausmachen.

Der Zusammenhang zwischen Struktur und Performanz könnte im Sinne der *strukturell-funktionalen Theorie* hergestellt werden. In einer umfassend angelegten Aufarbeitung dieser Theorie stellt Schmid (1974) die verschiedenen Funktionsbegriffe dar. Funktion bezeichnete zunächst nur ein Amt oder eine Verfügungsgewalt, zielt also auf eine gewisse Invarianz des Rollenverhaltens ab. In der späteren Theoriebildung wird eine Generalisierung durchgeführt. Die Erfüllung von Funktionen ist dann notwendige Bedingung für die Erhaltung des Systems Gesellschaft.[44] Schließlich ist eine Neutralisierung des Funktionsbegriffs festzustellen: „Funktion wird nicht mehr als bestandserhaltende Leistung betrachtet, sondern als abstrakter Gesichtspunkt oder als Problem, unter dem sich heterogen erscheinende strukturelle Merkmale als 'funktional äquivalent' einordnen lassen" (Schmid 1974: 84).

Für die vorliegende Problemstellung wäre der inhaltliche Ansatz am brauchbarsten. Die Erfordernisse zur Bestandserhaltung müßten konsistent abgeleitet werden. Die verschiedenen Funktionen könnten dann den vielfältigen Performanzergebnissen zugeordnet werden. Der Zusammenhang zwischen Struktur und Performanz ergibt sich auf komplexe Weise: Die Performanz entspricht den Bedingungen der Struktur; insofern „wirkt" die Struktur auf die Performanz „ein". Die Performanz erfüllt aber auch die Bestandsprobleme des Systems.

---

43 Diese nicht mit Kosten verbundenen Austauschprozesse dürften der Grund dafür sein, daß Null-Summenspiele in der Sozialwissenschaft sehr schwierig anzuwenden sind. Auch dieser Ansatz impliziert ja eine Bilanzierung.

44 Kataloge der funktionalen Erfordernisse werden von Parsons, Levy u. a. aufgestellt; vgl. Darstellungen und Kritik bei Schmid (1974: 64 ff.).

Innerhalb dieses Zusammenhangs ist Akkumulation eines der möglichen Bezugsprobleme, nicht das ausschließliche wie bei ökonomischen Kategorien. Hondrich (1973 a: 112—127) hat für diese *sozialwissenschaftliche Form der Akkumulation* einige Überlegungen angestellt. Er unterscheidet zwischen originären und derivaten Leistungen. Originäre Leistungen sind Ergebnisse einer an Zeit und Ort gebundenen Performanz. Außerhalb der jeweiligen Zeit und des jeweiligen Ortes sind originäre Leistungen ohne Folgen. Dies ist anders bei derivaten Leistungen. Sie werden akkumuliert und wirken so strukturbildend. Die gesellschaftliche Entwicklung betrifft originäre und derivate Leistungen: „So wie Vergesellschaftung einerseits begleitet ist von der Differenzierung originärer Leistungen, ist sie andererseits nicht denkbar ohne die *Akkumulation* derivater Leistungen" (Hondrich 1973 a: 112). Hondrich führt dann einige Beispiele für diese Akkumulation derivater Leistungen an:

„Es akkumulieren auch Autorität und deren verstärkte Form: Legitimität ... Politische Leistungen werden in einer Weise gehäuft, daß zunächst unmittelbar ein physischer Zwangsapparat in Form von Heer und Polizei aufgebaut wird, der sich dann zunehmend in eine Reihe von Institutionen mit indirekter Zwangsgewalt bzw. Zwangsdrohung differenziert" (Hondrich 1973 a: 114—115).

Nach diesem Konzept kann für verschiedene Bereiche jeweils der Stand der Akkumulation erhoben und in ein Informationssystem eingebracht werden. Input/Output-Kategorien werden dabei nicht verwendet. Die derivaten Leistungen entstehen auf komplexe Weise.

Es müßte auch geprüft werden, inwieweit die Theorien, die *„soziales Verhalten als Austausch"* (Homans 1967) betrachten,[45] zu einer Formulierung von Performanzergebnissen herangezogen werden können. Diese Theorien wenden ein Schema an, das zunächst sehr rechenbar erscheint, nämlich den Tausch. Jede Person, die einen Input leistet, erwartet eine entsprechende Belohnung, einen Output. Dies spielt sich oft auf der Symbolebene ab. Der lernende Schüler erwartet z. B. von seinem Lehrer eine entsprechende Belohnung.

Diese Theorieansätze beziehen sich auf Interaktionen zwischen Personen. Es ist fraglich, ob sie auf *Aggregatebene* übertragen werden können; es ginge dann darum, das Verhalten von Systemen oder Subsystemen als Tauschvorgang zu beschreiben. Dies wäre aber erforderlich, da es undenkbar ist, alle individuellen Interaktionen in ein Indikatorsystem auf gesellschaftlicher Ebene einzubringen. Es müßte auf eine höhere Ebene abstrahiert werden.

---

45 Vgl. zu Austauschtheorien weiter Gouldner (1967); auch Parsons (1959: 16 ff.) geht auf Austauschprozesse in Form von Input/Output-Verhältnissen ein.

Prinzipiell haben die Tauschtheorien jedoch den Vorteil, daß sie ein rechenbares Schema abgeben und auch nicht postulieren, daß der Input konsumiert wird.[46]

Zusammenfassung
Nach dem Obenstehenden kann die Kritik am *social system accounting* zusammengefaßt werden:

1. Die direkte Übertragung der ökonomischen Kategorien ist nicht möglich. In erweiterten Zusammenhängen ist sowohl das Input/Output-Konzept zu eng, wie auch der Struktur/Performanz-Zusammenhang nicht durch bloße Saldo-Übermittlung hergestellt werden kann. Außerdem existiert kein generelles Medium, das für ein Definitionssystem erforderlich wäre.

2. Die Struktur/Performanz-Unterscheidung als solche ist sinnvoll. Sie beruht auf allgemeinen systemtheoretischen Überlegungen. Jedoch sind die Definitionen so vorzunehmen, daß

a) die Performanz nicht nur nach Input/Output-Kategorien abläuft; vor allem findet im sozialen Bereich oft keine Konsumtion des Inputs statt; Performanz ist nur allgemein Ausführung von Funktionen, wobei Input/Output-Transformationen ein Sonderfall sind;

b) sich der Zusammenhang zwischen Struktur und Performanz im Sinne der funktionalen Theorie ergibt: Erfüllung von Bestandsproblemen; Akkumulation ist ein Sonderfall dieser Beziehungen; sie führt zu derivaten Leistungen, die strukturbildend wirken;

c) kein generelles Medium erforderlich ist, so daß auch andere Systeme als Definitionsgleichungen angewendet werden können.

Ein nach diesen Forderungen ausgerichtetes System kann nicht im strengen Sinne als Kontensystem bezeichnet werden. Die Bilanzierungstechnik ist, wenn überhaupt, nur für einen Teilbereich anwendbar. Es wäre ein System, das eine Mischung aus zahlreichen Komponenten darstellt und auch nicht den Anspruch erhebt, alle Erscheinungen in einem generellen Medium zu präsentieren.

Das Konzept von Gross ist hier primär vom Bilanzierungsaspekt her kritisiert worden. Offensichtlich ist Gross selber aber einigermaßen ambivalent in seiner Haltung. Das zeigt sich etwa daran, daß er nicht konsequent ein generelles Medium für seine Variablen fordert, so daß sein Modell doch wohl kein reines *accounting system* sein soll. An manchen Stellen rekurriert er auch sehr stark auf eine bloße *Ordnungsfunktion*

---

46 Homans insistiert auf den Vorteilen der Tauschtheorien sehr stark: „Von all unseren vielen Perspektiven auf soziales Verhalten ist diejenige, die in diesem Verhalten ein Wirtschaften sieht, am gründlichsten übersehen worden. Und doch verwenden wir diese Perspektive in jedem Augenblick unseres Lebens – außer wenn wir Soziologie betreiben" (Homans 1967: 185).

seines Modells: „The great value of social systems accounting and of comprehensive information on varying aspects of structure and performance is that they provide *a conceptual and informational basis for economically scanning the array of all possible kinds of relevant data and scanning those that are most relevant under specific circumstances*" (Gross 1966 c: 262).

So weist auch Böhret (1970: 158) darauf hin, daß die Hauptfunktion des Modells darin besteht, dem „Entscheidungsträger Überblicksinformation (liefern zu können), auf deren Basis er weitere Details zu verlangen mag." Nach diesen Ausführungen wäre das Grosssche Modell strikt genommen dem Ordnungstyp zuzurechnen.

Dann wären viele Punkte der obenstehenden Kritik nicht gerechtfertigt. Das Modell würde aber auch seinem *Anspruch* und seiner *Ableitung* nicht gerecht werden, die zu Anfang umfassend herausgestellt werden.

Die Diskussion der Systemmodelle zeigte, daß hier die Konzepte noch am unklarsten sind. Vorbild ist durchweg die ökonomische Gesamtrechnung, die teils unbesehen übernommen wird, teils eine Ausweitung erfährt. Wie die Diskussion des Modells von Gross zeigt, sind jedoch dann so viele inhaltliche Implikationen vorhanden, daß ein solches Modell sogar ideologischen Charakter annehmen kann.

Es wurde versucht, daraus einige Postulate abzuleiten, die für Indikatorsysteme gelten sollen. Sie werden in Kap. 4 bei der Aufstellung des Bezugsrahmens berücksichtigt. Allerdings können auch sie nur Forderungen darstellen und bilden noch lange nicht die Grundlage für ein Indikatorsystem (variablenorientiert). Da in der Literatur auch keine Lösungen angeboten werden, muß festgestellt werden, daß der systemwissenschaftliche Ansatz im eigentlichen Sinne noch keine Ausfüllung erfahren hat; man bewegt sich erst auf der Ebene von Ordnungsmodellen bzw. Integrationssystemen.

3.2.1.4 Der subjektive Ansatz

In der Indikatordiskussion ist eine starke Richtung vorhanden, vor allem in den USA, die auf subjektive Indikatoren abstellt.[47] Das Individuum mit seinen Verhaltensweisen, Einstellungen, aber auch tieferliegenden Satisfaktionen ist Gegenstand der Untersuchung. Erhebungsfelder dieser

---

[47] Hauptvertreter sind in den USA das *Institute for Social Research* in Ann Arbor, Michigan, und das *National Opinion Research Center* (NORC) in Chicago. Aber auch viele andere Institutionen sind daran beteiligt. Auf einer Konferenz im Nov. 1972 in Ann Arbor wurden dreizehn zum Teil großangelegte Projekte vorgestellt.

Richtung sind individuelle Ziele, Wünsche, Hoffnungen, Urteile, Zufriedenheiten u. ä.[48]

Auch in die Sozialberichte haben subjektive Indikatoren bereits Eingang gefunden.[49] Sie werden meist im Zusammenhang mit objektiven Indikatoren berichtet und sollen ergänzende Funktionen haben. In der neueren Zeit zeichnet sich jedoch eine Richtung ab, die subjektiven Indikatoren einen eigenen Stellenwert zuweist und sie in einen eigenen theoretischen Zusammenhang stellt.

Innerhalb des subjektiven Ansatzes können zwei Richtungen unterschieden werden. Einmal wird das Individuum als *aktiv bewertende Instanz* angesprochen (Evaluation), zum anderen geht es um relativ *diffuse Gefühle und Empfindungen* auf individueller Ebene (Satisfaktion). Beide Richtungen sollen hier getrennt untersucht werden.

Urteilsforschung

Die erstere Richtung ist in der Sozialwissenschaft als Meinungsforschung längst etabliert. Sie wird vor allem von kommerziellen, aber auch von universitären Einrichtungen getragen. Staatliche Stellen bedienen sich dieses Instrumentariums, um ein Barometer für Meinungswandel, aber auch für konkrete Einschätzungen zu haben.

Die Indikatorbewegung wird von dort entwickelten Techniken und akkumuliertem Wissen ausgehen. Es zeichnen sich jedoch Tendenzen ab, die neue Akzentuierungen bringen. Einmal wird der Anspruch erhoben, auch Meinungsfragen über *längere Zeiträume* vergleichbar zu erheben.[50] Auf diese Weise soll die Entwicklung des individuellen Systems besser erfaßt werden. Zum anderen werden *konkrete Lebensumstände* stärker in die Befragung einbezogen. Dieser letzte Anspruch wird vor allem von Planungsinstanzen erhoben. Probleme der Zielsetzung wie auch der Effektivitätsmessung von Planungsprozessen führen zu dieser individuellen Ebene. Durch Befragung soll den „Betroffenen" die Möglichkeit gegeben werden, unmittelbare konkrete Einschätzungen zu geben, um auf diese Weise einen Kanal, unter anderen, für Partizipation zu schaffen.

Prinzipiell ist dieser Argumentation zuzustimmen, obwohl die institutionellen Fragen der Macht und des Interesses determinierend sind, bevor

---

48 An Publikationen mit diesen Gegenständen vgl. Campbell/Converse (1972), Stagner (1970), Richard (1969).

49 Vgl. in Toward a Social Report (1970) das Kapitel über Entfremdung. Im „privaten" Sozialbericht von Gross (1969) kommen Variablen vor wie Werte, Partizipation, empfundene Diskriminierung u. ä. Auch die OECD sieht subjektive Dimensionen vor: Global Index of Work Satisfaction (OECD 1972).

50 Vgl. Campell/Converse (1972: 3): „What is important for us in the image is the notion of repeated measurement to check on progress, as well as a clear cognizance of some ultimate goal."

„Partizipation als Produktivkraft" (Naschold) eingesetzt werden kann. Sicher sind auch technokratische Interessen im Spiel, die die Wertproblematik durch eine methodisch erreichte Legitimation „von unten" bewältigen wollen. Trotzdem ist die Urteilsforschung ein wichtiger Zweig, der Artikulation und Partizipation weiter Bevölkerungskreise verbessern kann, wenn die Ergebnisse richtig eingesetzt werden.

Satisfaktionsforschung

Dem Anspruch nach weitergehend ist ein Zweig, der hier als Satisfaktionsforschung bezeichnet werden soll. Das Individuum wird nicht mehr als bewertende Instanz angesprochen, sondern es stehen sozialpsychologische Konzepte des Wohlbefindens und der Zufriedenheit im Vordergrund.[51] In den Fragebögen werden Reaktionen über außerordentlich *diffuse Syndrome* gefordert.[52]

Die theoretische Begründung besteht darin, daß jeder sozioökonomische Zustand seinen Endzweck in einer individuellen Satisfaktion habe: „Ultimately, the quality of life must be in the eye of the beholder, and it is there that we seek ways to evaluate it" (Campbell 1972: 442). Die Qualität der Systemperformanz soll in einer Summe von Satisfaktionen zum Ausdruck kommen.

In diesen Ausführungen schlägt sich eine individualistische Konzeption des gesellschaftlichen Zusammenhangs nieder. Gesellschaft wird auf die individuelle Perspektive reduziert. Auf diese Weise wird jeder emanzipatorische Anspruch aufgegeben. Das Individuum wird als eine konsumierende Einheit angesehen, die dann gewisse Resultate der Konsumtion in Form von Satisfaktion/Dissatisfaktion berichtet. Letztlich ist dies die Konzeption einer perfekten Konsumwelt, in der das Individuum nur als Rückkoppelungsstelle eine Bedeutung hat.[53]

Abgesehen von den inhaltlichen Bedenken ist auch auf erhebliche meßtechnische Schwierigkeiten hinzuweisen. Eine direkte Befragung des Individuums über diese diffusen Konzepte erzielt keine Wiedergabe der eigentlichen Lebenssituation, sondern ist ein *Produkt des psychischen Apparates* mit seinen Verdrängungen und Abwehrmechanismen. Das In-

---

51 Für eine Darstellung dieser Konzepte vgl. McKennall (1970).

52 In amerikanischen Fragebögen sind etwa Fragen, die auf einer Likert-Skala von 1—7 zu beantworten sind, wie: How do you feel about your family, about the people who live in this community? Allerdings ist dafür auch der spezifisch amerikanische Hintergrund der „pursuit of happiness" zu beachten.

53 Man vgl. folgenden, in seiner Klarheit nicht zu übertreffenden Satz: „For the purposes of this volume, then, we are willing to imagine that the ultimate unit of meaning for all social structure, economic organization, technological development, and policy is the individual as the consumer in the largest sense of the word" (Campbell/Converse 1972: 10).

dividuum artikuliert die Verhaltensweisen, die sich bei ihm in langen Anpassungsprozessen gebildet haben.

Insofern ist auch die Voraussetzung dieses Ansatzes nicht erfüllt, „that satisfaction and dissatisfaction are experiences that most people can report with reasonable validity" (Campbell 1972: 444). Zufriedenheit/Unzufriedenheit sind keine realen Erfahrungen, sondern werden durch einen psychologischen Prozeß hindurch vermittelt, so daß sie vielmehr selber zu einem Faktor werden können, der Erfahrungen prägt.

In den Forschungen über Arbeitszufriedenheit sind diese Zusammenhänge wohlbekannt. Die Studien berichten regelmäßig hohe Grade der Zufriedenheit.[54] Die Artikulation von Unzufriedenheit setzt ein kritisches Potential voraus, das offensichtlich nicht vorhanden ist. Wäre es vorhanden, würde es nach Lösungen, etwa in den Bedingungen des Arbeitsplatzes, suchen, die nun ihrerseits wiederum eine gewisse Zufriedenheit mit sich bringen. Wird aber das kritische Potential auf Dauer unterdrückt, übernehmen Abwehrmechanismen die Funktion der Anpassung und Verdrängung, so daß das Individuum letztlich doch Zufriedenheit äußert.

Von der verbalen Äußerung von Zufriedenheit kann auch in keiner Weise auf die tatsächliche Lebenssituation geschlossen werden. Dies ist durch empirische Forschungen belegt, die über Arbeitszufriedenheit hinausgehen und allgemeine Zufriedenheit erfragen. In einer Umfrage von Bradburn/Caplowitz (1965) deklarierten sich 90 % als „happy" oder „pretty happy". Gleichzeitig gaben aber in einer früheren Studie von Gurin et. al. (1960) 80 % der Befragten an, daß sie Lebensprobleme hätten (Gurin et al. 1960: XIV).[55] Die beiden Komponenten reale Situation und Selbstdarstellung fallen also stark auseinander.

Abgrenzung

Es ist klar, daß diese beiden subjektiven Ansätze — Evaluation und Satisfaktion — erhebliche inhaltliche und politische Konsequenzen mit sich bringen. In dem Bezugsrahmen für soziale Indikatoren, der im Kap. 4 entwickelt wird, wird davon ausgegangen, daß für soziale Indikatoren nur der Zweig der *Urteilsforschung* in Frage kommt. Dies wird vor allem von der Überlegung her konzipiert, daß soziale Indikatoren für Zwecke der Systemsteuerung relevant sein sollen und daß Informationen über Unzufriedenheiten und andere diffuse Stimmungen nur Herrschaftswissen darstellen können.

---

54 Vgl. Kern/Schumann (1970, Teil I: 185), wo bis zu 92 % Zufriedenheit festgestellt wurde. Auch in englischen Untersuchungen wurden ähnliche Werte festgestellt (nach Zapf 1972 d: 26).

55 Diese Studie umfaßte 2460 Befragte und wurde im Rahmen des *Mental Health Study Act* von 1953 durchgeführt.

Dagegen wird postuliert, daß die Erhebung von *Evaluationen* (Urteilsforschung) partizipatorische Funktionen haben kann. Wenn in einer großen Stichprobe übereinstimmende Urteile festgestellt werden, so kann dies einen bestimmten *Imperativ* darstellen. Wenn jedoch nur diffuse Einstellungen erhoben werden, so bleiben alle Veränderungsmöglichkeiten offen. Beispielsweise könnten große Bevölkerungskreise befragt werden, ob sie mit ihrer Wohnung zufrieden sind. Wenn dabei herauskommt, daß 40 % unzufrieden sind, kann von der Regierungsseite überlegt werden, wie die Folgen der Unzufriedenheit politisch einzuschätzen sind und wie dieselbe vermindert werden kann (etwa durch eine Kampagne über die Großzügigkeit des bisherigen Wohnungsbaus). Wenn jedoch die Individuen zu einem konkreten Urteil über ihre Situation aufgefordert werden, könnte etwa festgestellt werden, daß 40 % ihre Wohnungen für zu klein halten. Damit wäre eine klare *Forderung* erhoben, nämlich größere Wohnungen zu bauen, die von den Befragten selber aufgestellt ist und die die Richtung der Veränderung bestimmt. Es wäre ein Imperativ für größere Wohnungen gegeben und kein bloßer Indikator über Unzufriedenheitspotentiale.

Für diese Ausführungen sind jedoch noch zwei Bemerkungen zu machen. Bei der Urteilsforschung ist zu prüfen, wie ihr Verhältnis zur unmittelbaren Partizipation zu bestimmen ist. Auch das Eintragen eines Urteils in einen Fragebogen ist ja eine bestimmte Form der Weitergabe; es muß geprüft werden, unter welchen Umständen dies gerechtfertigt ist. Dies wird im Zusammenhang mit der Aufstellung des Bezugsrahmens anzugehen sein. Zweitens soll nicht abgestritten werden, daß von psychologischen Fragestellungen her die Untersuchung von diffusen Äußerungen sinnvoll ist. Es ist aber ein Unterschied, ob Probleme der Funktion des psychischen Apparates im Vordergrund stehen oder ob soziale Indikatoren erhoben werden, die auch Zwecken der Systemsteuerung dienen sollen.

3.2.1.5 Zusammenfassung

Auf der Ebene der Konstrukte zeichnet sich die Indikatordiskussion durch eine große Vielfalt aus. Je nach dem Interessenschwerpunkt werden normative, erfolgskontrollierende, systemwissenschaftliche oder individualpsychologische Kriterien vorgeschlagen. Wie bereits zu Anfang ausgeführt, schließen sich die verschiedenen Ansätze nicht unbedingt aus; sie gehören ja auch verschiedenen Ebenen an. Das Problem besteht darin, ein konsistentes Muster abzuleiten, das einer eingehenden Kritik standhält.

Die falschen Prämissen des *normativen Ansatzes* wurden aufgezeigt. Es könnte jedoch übernommen werden, daß soziale Indikatoren auf eine bestimmte Weise problemorientiert sein sollten. Die Definitionen von Problemen dürfen keineswegs nur regierungsamtlich sein; sie müßten einem allgemeinen gesellschaftlichen Bewußtsein entsprechen und für neue Fragestellungen fortlaufend offen sein. Problemorientierung könnte ein Kriterium sein, um aus der Fülle der möglichen Erhebungsgegenstände zu selektieren. Allerdings ist dieses Kriterium sehr vorsichtig zu handhaben, da es leicht zu Oberflächlichkeiten führt.

Die *Erfolgskontrolle* staatlicher Leistungen (Performanzansatz) ist relativ unproblematisch. Es ist jedoch der Gefahr vorzubeugen, daß die Kriterien von vornherein nach den Bedingungen des Systems ausgerichtet werden, insbesondere wenn es um die betriebliche Ebene geht.

Das größte Defizit ist für die *systemwissenschaftliche Zusammenfassung* festzustellen. Hier fehlt eindeutig eine sozialwissenschaftliche Theorie, wie auch immer wieder festgestellt wird. Der Ausweg besteht sicher nicht darin, Analogien zur Ökonomie aufzustellen, was versucht wird und dann notwendig zu Widersprüchen führt. Vielmehr muß man sich mit bescheideneren Ansätzen begnügen. Ein erster Schritt würde darin bestehen, Integrationssysteme aufzustellen sowie zu versuchen, Ordnungssysteme begründet zusammenzustellen und empirisch zu validieren. Erst nachfolgend könnten komplexere Systeme angegangen werden.

Für die *individuelle Ebene* wurde bereits klargestellt, daß Evaluationen relevant sind. Diese Ebene wirft die meisten politischen Fragen auf und ist vor allem im Hinblick auf Partizipation zu untersuchen.

Die eben angestellten Überlegungen werden beim Aufstellen des Bezugsrahmens (Kap. 4) eine Rolle spielen. Dort wird versucht, die einzelnen Elemente aufeinander zu beziehen und auch mit den allgemeinen Funktionen von sozialen Indikatoren zu verbinden.

3.2.2 Die Ebene der Indikatoren

Für jedes Konstrukt ist die Operationalisierung durch Indikatoren relevant. Diese Operationalisierungen haben einen Stellenwert im Prozeß der Informationsgewinnung. Hier wird es darum gehen, allgemeine Regeln für die Ebene der Indikatoren zu entwickeln und auch zu prüfen, wie die Standpunkte in der Literatur dazu sind; dies geschieht also unabhängig davon, ob problemorientierte, systemwissenschaftliche, subjektive oder andere Konstrukte die Ableitung für soziale Indikatoren bilden.

3.2.2.1 Ermittlung und Einteilung von Indikatoren

Für die Operationalisierung von Konstrukten gibt es keine Regeln. Es ist primär eine Aufgabe der theoretisch-empirischen Arbeit, gültige Indikatoren zu finden. Darüber hinaus sind auch der empirische Fundus und die Bandbreite des Forschers, auch sein Ideenreichtum angesprochen. Der Gegenstand sozialer Indikatoren muß nach manifesten, in irgendeiner Weise greifbaren, aber auch theorierelevanten Aspekten untersucht werden. Dabei sind Fragen der Zuverlässigkeit und Gültigkeit zu beachten.

Vorhandene Indikatoren müssen sich im Forschungsprozeß bewähren. Es kommt hier vor allem auf die Organisation und Verbreitung des Indikatormaterials an,[56] um Erfahrungen über Zuverlässigkeit und Gültigkeit von Indikatoren auszutauschen. Eine Einteilung von Indikatoren nach bestimmten inhaltlichen Kriterien, seien es Erklärungskraft, Eindringtiefe, gesellschaftliche Relevanz, ist nicht sinnvoll, obwohl dies immer wieder versucht wird. Soziale Indikatoren sollen besonders anspruchsvolle Gebilde sein, im Gegensatz zu den Indikatoren der bisherigen Sozialstatistik. Das Anspruchsniveau liegt jedoch auf der Konstruktebene bzw. bei der nachfolgenden Interpretation. Es ist keine eigentliche Indikatoreigenschaft.

Beispielsweise kann der Indikator Geburtenhäufigkeit, der ein relativ einfaches Gebilde darstellt, zu einer außerordentlich relevanten Interpretation geführt werden, da die Maßzahlen für die BRD etwa seit einigen Jahren sinken. Gleiches gilt für Indikatoren wie Familiengröße, Schulbesuch u. ä. Daran aber wird deutlich, daß Operationalisierungsebene und Relevanz nicht unmittelbar zusammenhängen. Auch einfach zu operationalisierende Phänomene können hohe Relevanz auf der interpretativen Ebene haben. Vor diesem Hintergrund ist auch der Versuch zu beurteilen, *master social indicators* zu bestimmen:

„A master, or global indicator is one that reflects conditions in a major area of human concern, as distinct from a subarea. Thus a measure of the ‚quality of life‘ in urban centers would be a master indicator reflecting the net effect of numerous subindicators" (Stanford Research Institute 1969: 1).

Wenn ein solcher „Indikator" aus der Zusammenfassung mehrerer Komponenten besteht, läuft diese Vorgehensweise auf das Indexproblem hinaus. Dann ist vor zu weitgehenden Zusammenfassungen zu warnen.[57]

Wenn mit „master indicators" aber die „großen Abstraktionen" ge-

---

56 Diese Zusammenfassung und Verbreitung wird zum Teil schon versucht; vgl. für den politikwissenschaftlichen Bereich Robinson/Rusk/Head (1971), für den sozialpsychologischen Bereich Robinson/Shaver (1971), für den soziologischen Bonjean et al. (1967).
57 So führt auch Gastil (1970: 596) aus: „On the highest level, a ‚quality of life‘ index seems hardly to be useful." Auch im Social Report wird gewarnt: „Thus the goal of a grand and cosmic measure of all forms or aspects of welfare must be dismissed as impractical, for the present at least" (Toward a Social Report 1970: 99).

meint sind, die die Menschen bewegen wie Bildung, Gesundheit, Sicherheit, Sinnhaftigkeit usw., so ist die Konstruktebene thematisiert und nicht die der Indikatoren. Es müßten also erst „meisterhafte" Operationalisierungen durchgeführt werden, bevor relevante Aussagen erzielt werden. In diesem Zusammenhang müßte der erhöhte Anspruch gesucht werden, nicht bei den Indikatoren selber.

Eine Klassifizierung von Indikatoren scheint nur in *formaler Hinsicht* sinnvoll zu sein. Man kann Indikatoren etwa danach unterscheiden, ob ihre konkreten Ausprägungen bereits im realen Prozeß entstanden sind oder erst durch Anwendung eines spezifischen Meßverfahrens gewonnen werden.

Wenn z. B. Noten als Indikatoren für schulische Leistungen benutzt werden, so entstehen diese Indikatoren im realen Prozeß und brauchen nur gesammelt zu werden. Wenn jedoch psychologische Leistungstests durchgeführt werden, so entstehen diese erst durch eine gesonderte Maßnahme. In ähnlicher Weise könnte man auch sagen, daß Preise Indikatoren für den relativen Wert einer Ware sind, die im Marktprozeß entstehen und dann auch spezifisch zu interpretieren sind. Eine eigene Untersuchung über den Wert oder den Nutzen von Gütern würde Zahlenmaterial liefern, das zu einem wissenschaftlich definierten Indikator gehört. Weiterhin können Indikatoren danach unterschieden werden, ob ihre Daten eine hohe *Varianz* aufweisen oder eine geringe. Wenn etwa die Teilnahme an Sportveranstaltungen im Zeitverlauf praktisch gleichbleibt, so könnte dieser Indikator als ein wenig variierender bezeichnet werden. Wenn jedoch der Kinobesuch ständig sinkt, so weist dieser Indikator viel Varianz auf. Aber auch dies ist ein rein formales Unterscheidungskriterium; auch ein gleichbleibender Indikator kann theoretisch interessant sein. Allerdings wird für einen Indikator mit variierenden Maßzahlen wohl immer zu postulieren sein, daß er für Untersuchungen tauglich ist. Er weist ja auf Fragestellungen des sozialen Wandels hin. So wäre es also gerechtfertigt, vorliegendes Datenmaterial erst einmal danach zu ordnen, wieviel Varianz einzelne Indikatoren aufweisen. Erst in einem zweiten Arbeitsgang müßten dann die weniger variierenden Indikatoren betrachtet werden.

Bezüglich des Verhältnisses von *Konstrukt und Indikator* ist eine weitere Klassifikation möglich. Nowak (1964) unterscheidet
— definitorische Indikatoren,
— korrelative Indikatoren,
— schlußfolgernde Indikatoren.[58]

Bei definitorischen Indikatoren liegt der Schwerpunkt auf der Theorie. Durch eine Dezision wird festgelegt, daß ein Designatum ein Indi-

---

58 Zitiert nach der Übersetzung von Mayntz/Holm/Hübner (1969: 40).

kator für ein Konstrukt ist. Diese Vorgehensweise dürfte für den Anfang eines Forschungsprozesses typisch sein.

Bei korrelativen Indikatoren sind empirische Zusammenhänge nachgewiesen, etwa dergestalt, daß ein Indikator mit anderen Indikatoren des Konstruktes, deren Zugehörigkeit erwiesen ist, korreliert. Zu beachten ist jedoch, daß ein rein zahlenmäßiger Zusammenhang diesen Schluß noch nicht erlaubt.

Bei schlußfolgernden Indikatoren geht man davon aus, daß auch der Indikator selber das Konstrukt nur zu einem geringen Teil erfaßt, daß aber auf Grund weiterer theoretischer Überlegungen Inferenzen möglich sind.[59]

Bei sozialen Indikatoren dürfte das Schwergewicht auf der definitorischen Art liegen. Erst in späteren Phasen können Indikatoren auf empirischer Basis abgeleitet werden.

3.2.2.2 Eigenschaften von Indikatoren

Der Schwerpunkt der Operationalisierung liegt bei den inhaltlichen Aspekten. Auch bezüglich der Eigenschaften können nur einige formale Postulate aufgestellt werden. Operationalisierungen von sozialen Indikatoren sollten die Eigenschaften aufweisen:

- mehrdimensional zu sein,
- disaggregierbar zu sein,
- in Zeitreihen vergleichbar zu sein (vertikal vergleichbar),
- regional vergleichbar zu sein (horizontal vergleichbar).[60]

Die Forderung nach mehreren Dimensionen entspricht dem allgemeinen Postulat, daß Konstrukte in der Regel nach mehreren Aspekten hin zu operationalisieren sind (vgl. Etzioni/Lehmann 1969). Es wird also immer ein ganzer Satz von Indikatoren einem Konstrukt zugeordnet werden müssen. Es muß darüber hinaus geprüft werden, ob mehrere Indikatoren zu einer übergreifenden Aussage zusammengefaßt werden können.[61]

Für die Interpretation, besonders auch auf der politischen Ebene, kann die Forderung abgeleitet werden, daß Indikatoren nie einzeln herangezogen werden sollten, sondern immer in *Indikatorgruppen*. Auf diese Weise soll verhindert werden, daß ein Indikator aus seinem Zusammenhang gelöst wird und eigennützig interpretiert wird.

---

59 Bei Nowak (1964) sind auch Angaben zu finden, wie man diese Indikatorverhältnisse statistisch erfassen kann.
60 Zu einer ähnlichen Aufstellung kommen Sheldon/Freeman (1970: 97), Henriot (1971: 2).
61 Auf der Ebene der statistischen Maßzahlen führt diese Fragestellung zu den Indizes; vgl. Kap. 6.

Beispielsweise ist bei der Untersuchung der Höhe des Rentenbezuges wichtig, anzugeben, ob dies die einzige Bezugsquelle ist. Der Indikator „Rentenbezug" allein kann ein sehr unzutreffendes Bild entwerfen. Wenn er mit anderen Indikatoren wie „Besitzeinkommen", „Nebeneinkommen", „familiäre Versorgung" zu einer Indikatorgruppe zusammengestellt wird, die etwa auf das Konstrukt „ökonomische Versorgung von Nicht-Erwerbstätigen" abzielt, wird dies ein viel zutreffenderes Bild abgeben.

Auch die Forderung nach *Disaggregation* ist sehr wichtig. Sie bezieht sich auf die Beobachtungseinheiten und bedeutet, daß die Indikatorinformation auch für Untermengen angegeben wird. Eventuell könnte hier die Darstellungsform einer Indikatormatrix gewählt werden.[62]

Abbildung 8: Indikatormatrix für den Indikator „Berufliche Mobilität"

Disagg. nach Berufsgrp. / regionale Disaggregation	Arbeiter	Angestellte	Beamte	Selbst.
Stadt				
Land				

→ Gesamtindikator

Die deskriptive Ebene erhält durch Vergleiche eine besondere Aussagekraft. Daher ist bei Operationalisierung von Konstrukten auf *zeitliche* wie auch *regionale* Vergleichbarkeit zu achten. Dann sind Trendanalysen und regionale Strukturanalysen möglich, die über die reine Deskription hinaus Aufschlüsse ermöglichen.

Manchmal wird die Forderung erhoben, Indikatoren sollten einen Bezug zu einem *Systemmodell* haben (Henriot 1971: 2). Dieser Aspekt wird hier nicht mitaufgenommen. Die Modellbildung ist eine Stufe, die der Deskription folgen kann. Jedoch hat bereits die bloße Beschreibung einen Stellenwert, so daß dieses Postulat zu restriktiv wäre.

In der Praxis werden bei der Operationalisierung viele Faktoren eine Rolle spielen. Wichtig wird sein, was bisher gemessen wurde und was für die Fragestellung sozialer Indikatoren neu aufbereitet werden muß. Auch die Kosten für Erhebungen, der institutionelle Rahmen und bisherige Konventionen der Datenerhebung müssen beachtet werden. Prinzipiell

---

[62] Auch die Darstellung in Indikatorgruppen ist im Grunde eine Disaggregation, allerdings nicht nach Beobachtungseinheiten, sondern nach Variablen.

darf aber der theoretische Zusammenhang nicht verlorengehen, um der Gefahr zu entgehen, die Indikatoren nach dem vorhandenen Datenmaterial auszurichten.

3.2.3 Die Ebene des Meßvorgangs und der Datenspeicherung

3.2.3.1 Die Struktur der erhebenden Institutionen

Der Meßvorgang wirft im Hinblick auf soziale Indikatoren die Frage nach den erhebenden Institutionen auf. Die ökonomischen Indikatoren sind in der Regel Produkte *bürokratischer Routine*; sie entstehen etwa auf betrieblicher Basis im Zuge der Preisermittlung, der Steuerfestlegung, der Lohnzusammenstellung usw. und werden dann von amtlichen Stellen für ihre Zwecke gesammelt.

Für soziale Indikatoren sind solche „natürlichen" Meßvorgänge selten. Es müssen vorhandene Forschungskapazitäten eigens eingesetzt oder neue geschaffen werden.[63] Prinzipiell ist für diese Institutionen anzustreben, daß sie voneinander unabhängig sind, so daß auch kontroverse Studien erstellt werden; eine Monopolisierung der Informationsgewinnung ist zu vermeiden.

Die Fragestellung sozialer Indikatoren bringt auch eine *Umorientierung* der bisherigen sozialwissenschaftlichen Forschung mit sich. Diese Forschung besteht zu einem großen Teil aus *Querschnittserhebungen*, die über Zusammenhänge zu einem bestimmten Zeitpunkt Aussagen erlauben. Replikationsstudien wird wenig Aufmerksamkeit geschenkt, da theoretische Interessen dominieren, die in Querschnitten relativ gut untergebracht werden können. Wenn soziale Informationen für Zwecke der Systemsteuerung verwendet werden sollen, muß aber nicht nur der Systemzusammenhang bekannt sein, was ja in den Querschnittstudien erstrebt wird, sondern es muß auch dessen *Entwicklung* im Zeitverlauf eruiert werden. Dies aber stößt auf Schwierigkeiten, da

- allgemein Probleme des sozialen Wandels vernachlässigt werden,
- die Wiederholung von Studien einen relativ hohen Organisationsgrad erfordert.

Auf die *Vernachlässigung des sozialen Wandels* wird oft hingewiesen.[64] Dies ist u. a. auf die lange Zeit vorherrschende funktiona-

---

63 In der BRD ist z. B. die amtliche Erhebung von subjektiven Einstellungsindikatoren nicht erlaubt, so daß diese Bereiche ganz von nichtamtlichen Institutionen getragen werden müssen; vgl. das Gesetz über die Bundesstatistik, abgedruckt z. B. in „Statistisches Bundesamt" (1971: 329–332).

64 Die Sammelbände von Dreitzel (1967) und Zapf (1971) sind aus dieser Konstellation heraus entstanden.

listische Theoriebildung zurückzuführen, die kein Verhältnis zur historischen Entwicklung hatte.[65] Auch auf analytischem Gebiet ist eine Vernachlässigung dynamischer Methoden festzustellen, zumal diese einen höheren Schwierigkeitsgrad aufweisen als statische.[66] Auf die gesellschaftlichen Hintergründe solcher wissenschaftlicher Vorgehensweisen ist hier nicht einzugehen. Es kann jedoch konstatiert werden, daß in jüngster Zeit eine Tendenzwende festzustellen ist, von der „soziale Indikatoren" profitieren können.

Umfragen und Erhebungen der empirischen Sozialforschung werden meist von relativ engen, individuellen Interessen getragen und haben nur begrenzte Finanzierungszeiträume. Viele Fragestellungen würden jedoch erheblich an Relevanz gewinnen, wenn sie in regelmäßigen Abständen wiederholt werden würden. Die Durchführung von Replikationsstudien erfordert jedoch ein „Durchhalten" bestimmter Fragestellungen wie auch einen kontinuierlichen Mitteleinsatz.[67] Der *Organisationsgrad* sozialwissenschaftlicher Forschung muß erhöht werden. Dies erfordert allerdings auch die Aufgabe mancher idiosynkratischer Forschungsinteressen. Nur eine langfristig angelegte Sozialforschung kann die Zeitreihen ermitteln, die dynamische Systemzusammenhänge wiedergeben und so der Fragestellung sozialer Indikatoren gerecht werden.

Im Zusammenhang mit dem Organisationsgrad ist auch ein weiteres Postulat zu sehen, daß nämlich empirische Sozialforschung auch schnell auf aktuelle Ereignisse reagieren kann. Biderman (1966 b) entwickelt das Konzept der „stand-by-research-capabilities"; bei aktuellen politischen oder wirtschaftlichen Ereignissen können diese Kapazitäten eingesetzt werden, um die unmittelbare Situation wiederzugeben.[68] Solche Umfragen werden bereits von kommerziellen Instituten durchgeführt.[69] Sie können dazu beitragen, den Politisierungsgrad zu erhöhen und sind für breite Bevölkerungskreise wohl das einzige Instrument, in momentanen Situationen eine Willensäußerung publik zu machen. Langfristig können diese Daten für die Analyse von Masseneinstellungen benutzt werden. Sie bilden so eine wichtige Komponente für „soziale Indikatoren".

---

65 Neuerdings gibt es Versuche, eine genetisch-funktionale Systemtheorie voranzutreiben; vgl. Schmid (1974), von anderen Grundlagen ausgehend auch Münch (1973).

66 Vgl. jedoch Harris (1963), Harder (1973).

67 Ein ausführliches Forschungsprogramm für die USA legt Duncan (1969) vor.

68 Guttman (1971) entwickelt eine Methode (mapping sentence), wie Ereignisse schnell in Fragebogenform übersetzt werden können.

69 Für die Berliner Situation stehen zahlreiche, bis 1948 zurückreichende Umfragen zur Verfügung, die untereinander vergleichbar sind und momentane Einstellungen auf aktuelle Ereignisse zum Gegenstand haben; sie werden z. Z. unter Prof. Hurwitz ausgewertet.

3.2.3.2 Datenbanken und Informationssysteme

Für „soziale Indikatoren" ist das Problem der Datenbanken relevant. Sie enthalten die Individualinformationen der Erhebungen, so daß auch nach längerer Zeit noch Analysen mit neuen Fragestellungen durchgeführt werden können, was nicht möglich ist, wenn nur Aggregatinformationen zugänglich sind. Bei der Komplexität des Gegenstandes von sozialen Indikatoren werden neue Aufbereitungen oft erforderlich sein. Auch mehr formale Probleme, wie Neubestimmung von Verteilungen, wenn andere Klassifikationen angewendet werden, sind nur möglich, wenn das Urmaterial vorhanden ist. Archive werden daher bei der Entwicklung sozialer Indikatoren eine erhebliche Rolle spielen.[70]

Im weiteren sind bei dieser Phase auch Informationssysteme gemeint, die die quantitativen Informationen mit qualitativen verbinden und gezielte Abfragen erlauben. Fehl (1970: 24 ff) gibt für Informationssysteme vier Komponenten an:
- eine Datenbasis,
- eine Modellbasis,
- eine Operationsbasis,
- eine Organisationsbasis.

Das Kernstück ist die *Datenbasis*. Sie enthält in geordneter Form die Einzelinformationen, also etwa eine Indikatormatrix, wie sie in Kap. 3.2.1.3 dargestellt wurde. Die *Modellbasis* gibt die Beziehungen an, die zwischen den Indikatoren bestehen. Dies könnte etwa durch ein quantifiziertes Beziehungssystem geschehen, wie es ebenfalls in diesem Kapitel dargestellt wurde. Es können dann Trendermittlungen und Prognosen durchgeführt werden. Fehl gibt an, daß zur Modellbasis auch die Computerprogramme gehören, die dies leisten.

Durch das *Operationssystem* werden Aufgaben erfüllt wie Erfassung, Kontrolle, Haltung, Erneuerung und Wiederauffindung von Daten. Bei dem großen Umfang, den Datenbasen schnell annehmen, ist für den Umgang mit den Daten diese mehr technische Stufe erforderlich.

Die *Organisationsbasis* schließlich bezieht sich auf Beschaffung und Verarbeitung von Informationen. Sie stellt die Verbindung zwischen der „hard-ware" und den Benutzern, in der Regel den Entscheidungsträgern, her.

Diese vier Komponenten stellen die formalen Eigenschaften eines Informationssystems dar. Es sind jedoch auch qualitative Komponenten einzubringen. Wie Böhret (1970: 141—145) ausführt, sind bloße Datensammlungen in keiner Weise eine Hilfe für den Entscheidungsträger; im

---

70 Spezielle Angaben für den Einsatz von Archiven bei der Konstruktion von sozialen Indikatoren gibt Pappi (1972).

Gegenteil, sie können zur Desorientierung beitragen. Es kommt vielmehr auf „institutionalisierte, systematische Gewinnung, Verarbeitung und problemgerechte Benutzung von Information (als) die Basis aller Entscheidungshilfe" (Böhret 1970: 143) an. Informationen müssen problemorientiert aufbereitet werden;[71] sie müssen zu „politischen Informationen" (Böhret 1970: 144) werden. Definierte Wertsetzungen und Durchsetzungsstrategien müssen zu Kriterien für den Aufbau von Informationssystemen werden. Soziale Indikatoren als quantifizierte Informationen spielen dabei eine wichtige Rolle.

3.2.4 Die Ebene der statistischen Maßzahlen

Im Prozeß der Informationsgewinnung (vgl. Abb. 5 in Kap. 3.1.1) haben statistische Maßzahlen die Aufgabe der Reduktion des Datenmaterials. Die Fülle der Einzelinformationen muß auf ein übersichtliches Grundmuster zurückgeführt werden.

In der Indikatordiskussion wird diese Phase sehr vernachlässsigt. Im allgemeinen wird auf das übliche statistische Instrumentarium abgestellt, ohne weitere Reflexionen über Schwerpunktbildung und Neuentwicklungen anzustellen. In dieser Arbeit wird in einem eigenen Kapitel (6) auf sozialwissenschaftliche Indizes, die für die Fragestellung sozialer Indikatoren besonders relevant sind, eingegangen. Vorher soll jedoch ein allgemeiner Rahmen geschaffen werden, in dem diese Maßzahlen ihren Platz haben. Durch diese Typologie statistischer Maßzahlen wird auch der allgemeine Stellenwert im Prozeß der Informationsgewinnung klarer.

Nach einer Unterscheidung von Flaskämper werden statistische Maßzahlen auf *intensionale* und *extensionale* Größen angewendet. In der Abb. 9 wird dieses Konzept übernommen. Flaskämper definiert diesen Unterschied so: „Extensive statistische Größen geben den Umfang der zu beobachtenden Erscheinungen an ... Dagegen messen intensive statistische Größen immer eine Eigenschaft bzw. den Grad einer Eigenschaft" (Flaskämper 1928: 43). In dieser Definition kommt nichts anderes als ein kognitiver Grundvorgang zum Ausdruck. Die menschliche Wahrnehmung strukturiert im allgemeinen den Gegenstand nach Inhalt und Form, was der Dichotomie intensional/extensional entspricht. Den verschiedenen Wahrnehmungsweisen werden dann verschiedene Charakteristika auf der Ebene der Maßzahlen zugeordnet. In gleicher Weise gehen Suppes/Zinnes (1963) vor, wobei sie intensional in Richtung Qualität, extensional in Richtung Quantität definieren.[72]

---

71 Bei Böhret (1970: 144–145) ist ein Schema für einen solchen problemorientierten Aufbau zu finden; als Beispiel wird Arbeitsmobilität verwendet.

72 Auch Pfanzagl (1965: 16) geht von dieser Grundlage aus und unterscheidet intensive und extensive Merkmale.

Am Beispiel einer Ware kann man den Unterschied aufzeigen. Ihr Preis mißt eine Eigenschaft, nämlich ihre Eignung zum menschlichen Genuß, hat also intensionalen Charakter. Zu berücksichtigen ist jedoch die Menge, in der die Ware vorliegt. Das Gewicht der Ware, gemessen etwa in Kilogramm, wäre also die extensionale Größe. Zu bemerken ist noch, daß diese Unterscheidung bei Anlegen verschiedener Bezugspunkte variieren kann. Die Zahl der Beschäftigten kann von der Betriebsstatistik her intensionalen Charakter haben, jedoch als Charakterisierung der Produktionsleistung extensionalen.

Abbildung 9: Typologie statistischer Maßzahlen (deskriptiv)

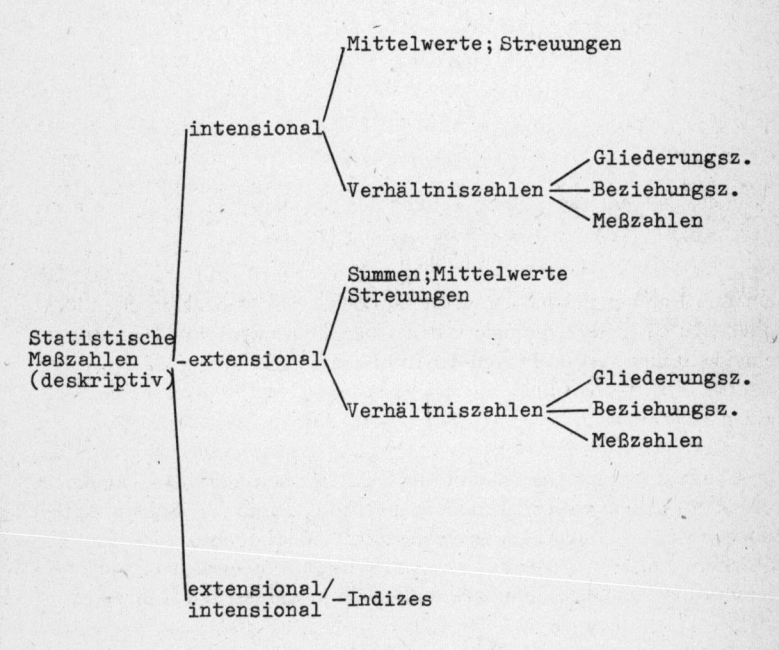

```
                            Mittelwerte; Streuungen
                           /
               intensional<
                           \                      /Gliederungsz.
                            Verhältniszahlen——————Beziehungsz.
                                                  \Meßzahlen

                            Summen; Mittelwerte
                           /Streuungen
Statistische              /
Maßzahlen    —extensional<
(deskriptiv)               \                      /Gliederungsz.
                            Verhältniszahlen——————Beziehungsz.
                                                  \Meßzahlen


               extensional/
               intensional —Indizes
```

Für intensionale wie für extensionale Größen können nun Maßzahlen als *Mittelwerte* und *Streuungen* einerseits und als *Verhältniszahlen* andererseits berechnet werden (Abb. 9). Mittelwerte und Streuungen beruhen auf Aggregierungen, die auf hypothetische durchschnittliche Erscheinungen abzielen. Verhältniszahlen beruhen auf Relationen, die den Vergleich eines Gegenstandes mit einem anderen herstellen. Bei den extensionalen Größen ist noch die bloße Charakterisierung durch *Summenbildung* sinnvoll (Abb. 9). Beispielsweise wird die Einwohnerzahl einer Stadt durch bloße Summenbildung gewonnen. Hingegen ergibt die Summe unterschiedlicher Preise einer Ware keine Aussage, wohl aber der Durchschnitt (dazu Flaskämper 1959: 45).[73] Flaskämper teilt die Verhältniszahlen in Gliederungszahlen, Beziehungszahlen und Meßzahlen ein (Flaskämper 1959: 105—129).

Bei einer *Gliederungszahl* wird der Anteil der j-ten Ausprägung an einer Gesamtheit mit n Einheiten wiedergegeben. Sie hat die Form

$$GL = \frac{x_j}{\sum_{j=1}^{n} x_j}$$

Mit 100 multipliziert geben solche Zahlen Prozentsätze wieder.

Bei *Beziehungszahlen* werden zwei Größen miteinander verglichen und ergeben ein neues Konstrukt. Sie haben prinzipiell die Form

$$BZ = \frac{x}{y}$$

Beispielsweise entsteht durch Teilung der Bevölkerungszahl x durch die bewohnte Fläche y ein neuer Ausdruck der Dichte.

Meßzahlen schließlich vergleichen zwei Ausprägungen derselben Variablen, die zu verschiedenen Beobachtungspunkten gemacht wurden. Sie haben die Form

$$MZ = \frac{x^t}{x^o}$$

Die Größe x^o wird Basis genannt; die Größe x^t zielt auf einen davon zeitlich oder örtlich verschiedenen Beobachtungspunkt ab. Solche Zahlen haben vor allem Bedeutung, wenn sie in Reihen erhoben werden.

Sachs (1972: 24) gibt noch eine interessante mengentheoretische Interpretation von Gliederungszahlen, Beziehungszahlen und Meßzahlen:

Tabelle 2: Mengentheoretische Interpretation von Verhältniszahlen

Verhältniszahl	Art der Zuordnung
Gliederungszahl	Menge und Teilmenge
Beziehungszahl	verschiedenartige Mengen
Meßzahl	gleichartige Mengen

---

73 Die Aufteilung nach Mittelwerte/Streuungen einerseits und Verhältniszahlen andererseits ist auch vom Meßniveau bestimmt. Mittelwerte und Streuungen setzen Intervallskalen voraus, während bei Verhältniszahlen niedrigeres Niveau genügt.

Durch diese Zuordnungen kann der logische Stellenwert jeweils gut ersehen werden.

Die bisher angeführten Verfahren beziehen sich auf intensionale oder extensionale Größen. Wenn beide Komponenten miteinander verbunden werden, wird die dadurch gewonnene Maßzahl *Index* genannt (Abb. 9). Sein Grundelement hat die Form q · p (q: intensionale Komponente, p: extensionale Komponente).

Die intensionale Komponente bezieht sich auf die Eigenschaft von Phänomenen. Die extensionale Größe gehört einer generalisierten Ebene an. Sie gibt an, wie groß der Beitrag einer Eigenschaft zu einem generellen Konstrukt ist. Dadurch können mehrere (m) Indikatoren, die zum Beobachtungspunkt t gemessen wurden, zusammengefaßt werden nach

$$\sum_{i=1}^{m} q_{ti} \cdot p_i$$

Die extensionale Größe ist also nichts anderes als eine *Gewichtung*. Sie beruht darauf, daß der Beitrag mehrerer Phänomene zu einem gemeinsamen Konstrukt gemessen wird. So können etwa die verschiedenen sozioökonomischen Größen im Hinblick auf ihre Bedeutung für den Komplex Lebensstandard „extensional" gemessen werden. Es kann dann durch Summation eine komplexe Größe ermittelt werden.

Für Daten von sozialen Indikatoren kommen alle Maßzahlen in Betracht. Von besonderer Bedeutung sind jedoch Meßzahlen und Indizes. Durch Meßzahlen können bestimmte Erscheinungen sowohl intensionaler Art (etwa Notengebung) wie auch extensionaler Art (etwa Studentenzahlen) mit dem vorhergehenden Zustand verglichen werden, was für soziale Indikatoren, die auf die Entwicklung von Systemen abzielen, wichtig ist. Komplexe Fragestellungen werden durch Indizes angegangen, wodurch einer meist vorhandenen mehrdimensionalen Struktur Rechnung getragen wird. Da Indizes eine Verbindung von mehr theoretischen und empirisch-quantitativen Größen darstellen, werden sie bei der ein hohes Anspruchsniveau implizierenden Indikatorforschung oft zu verwenden sein.

Wenn man die empirisch orientierten Publikationen der Indikatorliteratur[74] durchsieht, wird man feststellen, daß größtenteils mit Verhältniszahlen gearbeitet wird; unter diesen wiederum überwiegen die Gliederungszahlen (Prozentsätze). Meßzahlen werden auch dann selten verwendet, wenn das Material in Zeitreihen vorliegt. Oft begnügt man sich, die Veränderungen durch bloße Darstellung der unterschiedlichen Ausprägungen sichtbar zu machen. Noch seltener sind Indizes anzutreffen, was

---

74 Vgl. Angaben in der Tabelle 1 des Kap. 2.2.

auf die Schwierigkeiten der Gewichtung und Standardisierung zurückzuführen ist.

Von der Fragestellung sozialer Indikatoren her liegt der Schwerpunkt auf *Meßzahlen* und *Indizes*. Meßzahlen geben Veränderungen wieder und können wichtige Aufschlüsse über das Systemverhalten abgeben. Indizes gestatten eine Zusammenfassung mehrerer Dimensionen, was aus theoretischen Gründen oft sehr sinnvoll ist. Auf diese Maßzahlen wird im Kap. 6 gesondert eingegangen.

3.2.5 Die Ebene der Modellbildung

In der Indikatordiskussion beziehen sich die meisten Argumente auf die beschreibende Ebene. Der Zustand des Systems soll dargestellt werden. Auf diese Weise können sicher Beiträge zur öffentlichen Willensbildung geleistet werden; es können Problemfelder eruiert, Frühwarnungen durchgeführt oder die Auswirkungen von Regierungsprogrammen dargestellt werden.

Für die eigentliche Systembeeinflussung müssen jedoch auch die *funktionalen Systemzusammenhänge* selber ermittelt werden. Wenn die Strukturelemente bekannt sind und auch die Performanz eines Zeitraums richtig gemessen wurde, kann durch analytische Arbeit der (formale) funktionale Zusammenhang ermittelt werden.[75] Das Ziel ist dann nicht die Beschreibung des Systems, sondern die Ermittlung von Transformationsparametern seines Verhaltens. Mit Hilfe der Transformationsparameter können dann Modelle ermittelt werden, die die Verhältnisse übersichtlich wiedergeben, Extrapolationen gestatten und die Auswirkungen von Maßnahmen zeigen.

Im Sozialbericht der USA (Toward a Social Report 1970: X) wird ein Beispiel für den Gesundheitssektor angegeben. Der abhängige Indikator ist Säuglingssterblichkeit, differenziert nach Regionen und ethnischer Zugehörigkeit. Als Faktoren werden pränatale Vorsorge, Versicherungssystem, Gesundheitseinrichtungen und medizinisches Personal angegeben. Wenn dafür das Indikatormaterial erstellt ist, können Transformationsparameter der einzelnen Faktoren auf den Indikator Säuglingssterblichkeit ermittelt werden (in diesem Falle Regressionskoeffizienten). Wenn es gelingt, ein solches Modell zu erstellen, das einen hohen Varianzanteil erklärt, können Maßnahmen gezielt eingesetzt werden.

Auf die Notwendigkeit von Transformationsparametern und Modellbildung weist Land (1971: 324) eindringlich hin: „We need to specify

---

75 Welchen Umfang solche mathematisch-statistischen Analysen überhaupt haben können und wie ihr Verhältnis zur politischen Ökonomie ist, legt Schmid (1974: 145–234) an einem empirischen Beispiel dar.

the equation systems governing the transformations of the inputs of social institutions into outputs and to estimate empirically the parameters of such systems." Im Indikatormodell der Stanford Gruppe (Stanford Research Institute 1969: 47) ist ebenfalls die Stufe des „mathematical model building, predictive accounting" aufgenommen. Ebenso stellt das Konzept von Girardeau (1972: 237) darauf ab, „to explain social transformations."[76]

In der Ökonomie wurde für diese empirisch fundierte Modellbildung bereits ein eigener Zweig geschaffen, die Ökonometrie. Die Verfahren können sicher nicht ohne weiteres übernommen werden, zumal die Erfolge dieser Wissenschaft skeptisch zu beurteilen sind. Insbesondere sind die Funktionstypen der Sozialwissenschaft komplexer als in der Ökonomie. Jedoch sind auch in der Sozialwissenschaft quantifizierende Einflußgrößenrechnungen möglich, die auf eine Art *sozialer Produktionsfunktionen* hinauslaufen.[77]

Durch die Notwendigkeit der Modellbildung soll die deskriptive Ebene nicht abgewertet werden. Sie hat ihren eigenen Stellenwert und liefert das Datenmaterial für die weitergehende Analyse. Auch in der Ökonomie hat der Prozeß mit relativ losen Datensammlungen begonnen. Erst später wurden die Struktur/Performanz-Modelle eingerichtet. Schließlich ist die Entwicklung von Produktionsfunktionen der neueren Zeit zuzurechnen. Sicher können auch auf dem Gebiet der sozialen Indikatoren einzelne Phasen nicht übersprungen werden.

Mit der Modellbildung ist der Prozeß der Informationsgewinnung abgeschlossen. Es hat sich gezeigt, daß soziale Indikatoren jeweils eine spezifische Akzentuierung der einzelnen Phasen erbringen, für die in der Literatur allerdings unterschiedliche Positionen vertreten werden. Diese wurden dargestellt und weitergeführt. Es ist nun zu fragen, welchen Gegenstand diese Informationsgewinnung hat.

---

76 Die Forderung nach quantifizierten Modellen in der Sozialwissenschaft wurde schon früh erhoben; vgl. Myrdal (1944: 1069), der im Zusammenhang mit der Rassendiskriminierung ausführt: „Ideally, the scientific solution of the Negro problem should thus be given in the form of an interconnected series of quantitative equations."

77 Naschold (1973: 74) führt solche sozialen Produktionsfunktionen im Hinblick auf Planungszwecke aus und gibt auch eine formale Typologie an.

4 Bezugsrahmen für soziale Indikatoren

Das Phänomen sozialer Indikatoren läßt sich unter dem konzeptionell-methodischen Aspekt als Prozeß der Informationsgewinnung darstellen. Dadurch lassen sich die verschiedenen Ansätze zusammenhängend einordnen und untersuchen.

Es ist jedoch auch zu fragen, welchen Gegenstand diese Informationsgewinnung insgesamt hat und welche Funktionen sie ausüben soll. Es wird dabei auf eine theoretische Klassifikation von Indikatoren, ihre Rolle im gesellschaftlichen Prozeß, in der Politik und in der Forschung abgestellt. Indikatoren erweisen sich dann als Rückkoppelungsmechanismen, die die Verbindung der dispositiven Ebene zu den gesellschaftlichen Sektoren herstellen und auf diese Weise die Selbststeuerungskapazität des Systems erhöhen sollen.

Es soll versucht werden, die Verhältnisse in einem allgemeinen Bezugsrahmen darzustellen. Dabei werden einige Konzepte als Bausteine benutzt, die bereits im vorstehenden Kapitel angegeben wurden (Struktur/Performanz-Unterscheidung, Evaluation). Dieser Bezugsrahmen besteht aus zwei Hauptelementen, einmal einer theoretischen Klassifikation sozialer Indikatoren und zum anderen in der Angabe der Funktionen, die soziale Indikatoren übernehmen sollen. Beides soll in einem integrierten Ansatz versucht werden, der in der Abb. 6 zusammengefaßt ist. In den nachfolgenden Kapiteln werden die einzelnen Elemente auszuführen und zu präzisieren sein.

4.1. Theoretische Klassifikation von sozialen Indikatoren

Zunächst besteht das Problem darin, eine Klassifikation für soziale Indikatoren zu entwickeln. Klassifikationen werden oft vorgestellt. Am verbreitetsten ist die Ordnung nach Sachgebieten (indicator areas) wie Bevölkerung, Gesundheit, Bildung usw.[1] Solche Schemata können eine gewisse Ordnung erbringen, besitzen jedoch keinen theoretischen Anspruch. Vor allem wird die Einordnung auf einen Bezugspunkt hin eingeengt, nämlich den, der für die Klassifikation verwendet wurde. Beispielsweise sind Indikatoren, die nach staatlichen Aufgabenfeldern hin konzipiert wurden, nur schwer nach institutionell unabhängigen Funktionen und Problemen zu analysieren.

---

[1] Die „primary goals areas" der OECD (1972) gehören dazu, auch die üblichen Einteilungen in Sammelbänden: „Gesellschaftliche Daten" (1973), „Soziologischer Almanach" (1973).

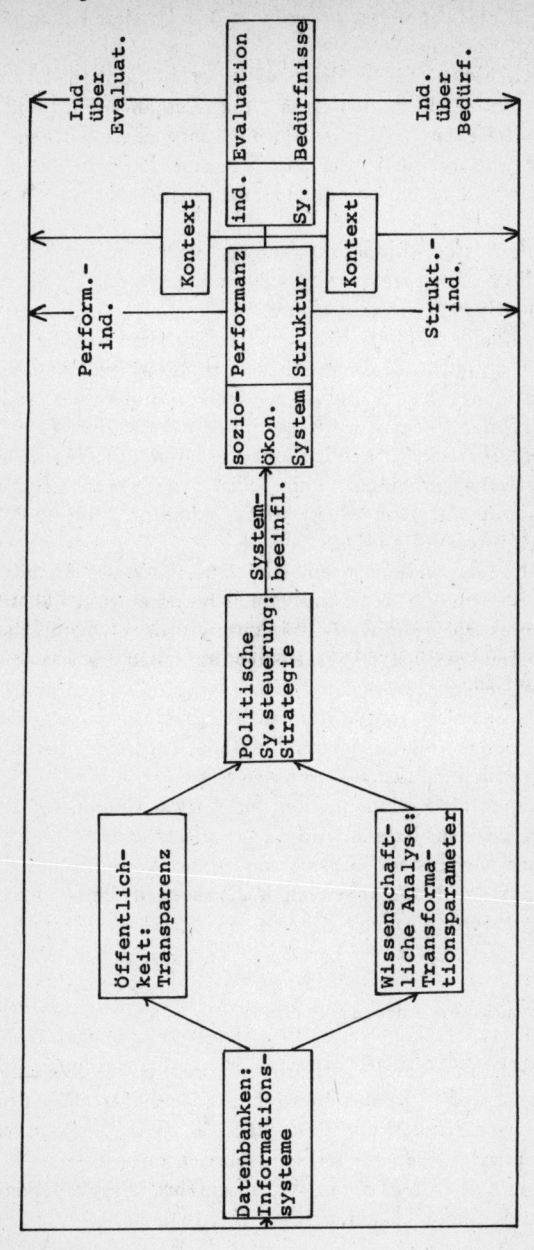

Abbildung 10: Bezugsrahmen für soziale Indikatoren

Die Aufgabe besteht daher darin, ein möglichst weit gefaßtes Schema zu entwickeln, das theoretisch begründet und für viele Bezugspunkte und Fragestellungen offen ist.

Ein theorieorientiertes Modell, das im groben diesen Ansprüchen genügt und für den vorliegenden Ansatz den Ausgangspunkt bilden soll, ist vom *Stanford Research Institute* (1969) entwickelt worden. Die Stanford-Gruppe unterscheidet drei Ebenen, eine individuelle, eine soziale und einen Kontextbereich. Indikatoren beziehen sich auf diese drei Bereiche.

Das *soziale System* umfaßt „overall system parameters". Da auch auf die ökonomische Performanz abgestellt wird, wäre der Ausdruck sozioökonomisches System besser geeignet.

Das *individuelle System* wird von der Stanford-Gruppe so definiert, daß es Daten umfaßt, „dealing with such things as individual motivation, physical and mental health, subjective feelings and values, and degree of personal fulfillment" (Stanford Research Institute 1969: 44).

Der *Kontextbereich* schließlich umfaßt Daten, „dealing with the interrelations between individuals and social groups and structures, e. g., degree of opportunity, mobility, safety, equality, pollution" (Stanford Research Institute 1969: 44).

Die drei Ebenen werden in einer bestimmten Weise einander zugeordnet. Durch die Annahme einer individuellen und einer sozialen Ebene soll ein bestimmtes Spannungsverhältnis zum Ausdruck kommen: „One of the key problems suggested by the foregoing criteria is that of combining in an evaluative context the concerns of the individual and the performance of the social system" (Stanford Research Institute 1969: 43). Die individuelle Ebene soll korrigierend wirken, Informationen über das soziale System sollen die Perspektive erweitern.

Die einzelnen Definitionen sollen für den nachfolgenden Ansatz nicht übernommen werden. Jedoch wird die grundsätzliche Annahme übernommen, von drei Gegenstandsbereichen — sozioökonomisches System, individuelles System, Kontextbereich — auszugehen, für die soziale Indikatoren erhoben werden sollen.

4.1.1 Das sozioökonomische System

Mit der Übernahme des Begriffs sozioökonomisches System ist bereits impliziert, daß von systemtheoretischen Grundlagen ausgegangen wird. Diese Kategorien erfüllen die Forderung, für alle Bezugspunkte offen zu sein, und implizieren keine inhaltliche Ausrichtung.

Es kann nun allerdings nicht, wie ausgeführt, die Vorgehensweise von Gross (1966 c) eingeschlagen werden. Das Bilanzierungskonzept führt zu schwerwiegenden Reduktionen. Grundlegend soll nur die Struktur/Performanz-Unterscheidung angewandt werden, die für die vorliegende Verwendung noch genauer auszuführen ist.

4.1.1.1 Struktur/Performanz-Unterscheidung

Die Struktur/Performanz-Unterscheidung ist systemtheoretisch begründet. Struktur bezieht sich auf relativ stabile Muster; dadurch erzielt das System seine Beständigkeit.[2] Funktion hingegen bezieht sich auf dynamische Aspekte des Systemverhaltens. Um seiner Bestandserhaltung willen muß jedes System bestimmte Bezugsprobleme lösen. Beim Funktionsbegriff wird also auf Prozesse abgestellt.[3]

Diese Unterscheidungen sind als relative aufzufassen. Die Kategorien geben lediglich verschiedene Stabilitätsgrade wieder. Sie dürfen nicht in einen ontologischen Gegensatz von Form und Materie gebracht werden.[4]

Der Strukturbegriff wird relativ einheitlich verwendet. Die Zusammenhangsdefinition kommt praktisch überall vor. Für den Bezugsrahmen soll daher der Begriff *Strukturindikator* eingeführt werden (Abb. 10), der also Informationen betrifft, die den Zusammenhang von Erscheinungen wiedergeben.

Der Funktionsbegriff wird jedoch außerordentlich vieldeutig verwendet. Offensichtlich gibt es zahlreiche Weisen, Systemprozesse begrifflich zu erfassen. Nagel (1961: 522—526) zählt allein sechs grundlegend verschiedene Funktionsbegriffe auf, die in der strukturell-funktionalen Theorie verwendet werden. Vom Luhmannschen Ansatz her kommt noch eine weitere Variante hinzu. Er rekurriert nicht mehr ausschließlich auf den prozeßhaften Aspekt und definiert Funktion als einen „Vergleichsbereich äquivalenter Lösungen" (Luhmann 1970: 14). Damit wird Funktion zu „eine(r) Leerstelle, deren mögliche Einsatzwerte sich nach den jeweiligen Bezugseinheiten (. . .) entscheiden lassen sollen" (Schmid 1974: 110).

Diese Funktionsbegriffe können im Hinblick auf soziale Indikatoren nicht verwendet werden. Sie sind zu sehr auf Erklärung abgestellt und können zumindest nach dem jetzigen Stand nur schwer operationalisiert werden. Der Funktionsaspekt soll vielmehr in der Richtung interpretiert

---

[2] Vgl. Parsons (1954: 230): „A structure is a set of relative stable patterned relationships of units."

[3] Vgl. Parsons (1954: 217): „Its (the function's, R. W.) role is to provide criteria of the importance of dynamic factors and processes within the system."

[4] Solche Zusammenhänge führt Schmid (1974: 110 ff.) aus; eine Ontologisierung findet etwa statt, wenn der Statistik die Aufgabe zugeschrieben wird, zwischen „state and nature" zu unterscheiden; vgl. Schmid (1972: 253).

werden, die Gross vorgezeichnet hat. Er interpretiert Funktionen von ihren *Ergebnissen* her und nennt diese die *Performanz* des Systems. Es kommt also weniger auf die Bezugsprobleme oder auf die Lösungsweise an als vielmehr auf Ziele und Ergebnisse, die diese Prozesse begleiten. Der Funktionszusammenhang wird erfaßt durch seine Ziele und Resultate, die als Performanz resümiert werden.[5]

Durch den so definierten Performanzbegriff ist eine sehr praktikable Vorgehensweise möglich. Er umfaßt zielorientiertes Handeln, das von klaren Manifestationen begleitet ist, die gemessen werden können. Damit erschließt sich ein weites Feld für soziale Indikatoren (*Performanzindikatoren*, Abb. 10).

Die Performanz hat eine zentrale Stellung im Bezugsrahmen für soziale Indikatoren; ein großer Teil der Daten wird wohl Performanzindikatoren zuzuordnen sein. Es soll daher noch eine weitere Präzisierung versucht werden.

Belshaw (1970) entwickelt von anthropologischen Grundlagen her einen detaillierten Performanzbegriff, der der hier vorliegenden Konzeption entspricht. Er löst die Performanz von ihren mehr technischen Assoziationen und weist nach, daß sie von ihrer Genesis her als Kultur zu thematisieren ist, also als Ausdruck von Werthaltungen und tiefliegenden gesellschaftlichen Strukturen, wobei allerdings ein anthropologischer Kulturbegriff angewendet wird.

Unter Performanz versteht er den Output-Aspekt des sozioökonomischen Systems, seien es Güter, Bauten, Werkzeuge, Gebrauchsgegenstände, Dienstleistungen, aber auch Wissen, Konflikte und Herrschaftsausübungen. Er geht nun davon aus, daß diese „Einzelheiten" des sozioökonomischen Systems nicht beliebig sind, sondern sehr wohl wichtige Aufschlüsse auf die zugrundeliegende Struktur erlauben.

Durch die beschreibende Darstellung der Performanz können wichtige Aufschlüsse über die Strukturzusammenhänge erzielt werden. In der Anthropologie wird dieser Zweig sehr gepflegt, während er in anderen Sozialwissenschaften vernachlässigt wird. Der Grund könnte darin liegen, daß der Anthropologe die fremde Kultur nicht kennt und daher auf mehr äußere sichtbare Aspekte abstellt, während der Sozialwissenschaftler in entwickelten Gesellschaften die Performanz zu kennen glaubt und daher gleich zum schwierigeren Strukturaspekt „übergeht". Diese Vorgehensweise ist aber nicht gerechtfertigt. Gerade die Performanz ist in komplexen Gesellschaften sehr unübersichtlich und verdient daher ein eingehendes Studium auch dessen, der in dieser Gesellschaft lebt.

---

5 Performanz könnte man daher auch als Leistungserstellung definieren, wenn dieser Begriff nicht wieder zu stark auf das Prozeßhafte abstellen würde; jedoch ist es möglich, den Begriff Leistungsergebnisse zu assoziieren.

Für den Bezugsrahmen (Abb. 10) wird die Konzeption übernommen, wie sie Belshaw spezifiziert hat, allerdings in anderer Terminologie. Der Begriff Kultur wird nicht eingeführt, da er im deutschen Sprachraum mit zuviel Konnotationen belastet ist. Statt dessen wird es bei dem Begriff Performanz belassen, wobei die wertbezogene Genesis derselben entscheidend ist.

Für den strukturellen Aspekt wird ebenfalls nicht auf den allgemeinen Begriff „soziales System" rekurriert, wie Belshaw dies tut. Vielmehr wird von dem umfassenden Begriff des sozioökonomischen Systems ausgegangen, der auch die Performanz umfaßt — wie das allgemein üblich ist.

Dies soll gleichzeitig das Postulat beinhalten, *mehr Performanz zu messen*, als bisher der Fall ist. Durch Erhebung und Sammlung manifester Lebensumstände können viele Einsichten gewonnen werden, sei es durch Erfassung von Einrichtungsgegenständen, Werkzeugen, Bauformen, von institutionellen und organisatorischen Formen, von Zeiteinteilungen, Erholungsmöglichkeiten, Lebenszyklen u. ä.

Nach dem vorstehenden Konzept sind also Struktur- und Performanzindikatoren des sozioökonomischen Systems zu erheben (Abb. 10). Strukturelle Indikatoren beziehen sich auf *relativ stabile Zusammenhänge*; die Performanzindikatoren sind auf *zielorientierte Prozesse* gerichtet, die an Zeit und Ort gebunden sind. Man könnte auch von einer *Zusammenhangsorientiertheit* der Strukturindikatoren und von einer *Zielorientiertheit* der Performanzindikatoren sprechen.

4.1.1.2 Besondere Charakteristika

Für diese Konzeption sind einige Anmerkungen erforderlich, die die Thematik gegenüber anderen Fragestellungen abrunden.

Keine Trennung ökonomisches — soziales System
Zunächst ist festzuhalten, daß keine Trennung von ökonomischem und sozialem System gemacht wird;[6] es wird ein integrierter Ansatz vorgeschlagen. „Sozial" wird also nicht in irgendeiner Weise residual zur Ökonomie gedacht, sondern bezieht sich auf den umfassenden Aspekt des sozioökonomischen Systems. Im Grunde müßte die Bezeichnung also sozioökonomische Indikatoren heißen,[7] wenn dieser Ausdruck nicht zu umständlich wäre. Andernfalls würde bloß eine traditionelle Fächerein-

---

[6] Auch Belshaw (1970: 12) lehnt für sein Konzept eine solche Trennung ab.
[7] Solche Forderungen werden öfters erhoben; vgl. Galnoor (1971 a: 2): „I prefer the second use without confining it only to the subjects or issues that are dealt with in the discipline of sociology." Auch Brooks (1971: 68) kommt zu einer umfassenden Bedeutungsausweitung des Begriffs sozialer Indikator.

teilung übernommen werden, die allerdings auch ideologische Faktoren implizieren würde.

In der Indikatordiskussion war diese Frage von Anfang an umstritten. In den ersten Arbeiten wurde sehr häufig ein integrierter Ansatz gefordert. Der soziale Aspekt sollte eine Ausweitung und Festigung der vorhandenen ökonomischen Datensysteme bringen, keinen eigenen Zweig bilden.[8] Ausführungen in dieser Richtung bringen Gross (1966 c)[9] und die Arbeiten der *US National Commission on Technology, Automation and Economic Progress* (1966).

In der Folgezeit wurde die Verbindung immer weniger beachtet.[10] Die strikteste Trennung wurde wohl auf der legislativen Ebene von Senator Mondale durchgeführt, der in der bereits erwähnten Gesetzesvorlage (Kap. 2.1.3) die Errichtung eines *Council of Social Advisers* forderte, parallel zum *Council of Economic Advisers*. Bereits in den Hearings wurden jedoch zahlreiche Argumente gegen die Trennung vorgebracht und Beispiele angeführt, welche unsinnigen Konsequenzen sich ergeben können (Gesundheitszustand unabhängig von der Situation der Arbeitswelt; Bildungsfinanzierung unabhängig von der Konjunktur usw.).[11] Jedoch wird auch im Social Report noch gefordert, „that they (the economic and the social system, R. W.) should remain separate, though a strong relationship should exist between the two" (Toward a Social Report 1970: XV).

Eine solche Trennung mutet in einer Zeit, in der der systemwissenschaftliche Ansatz immer stärker betont und gerade die Begrenztheit der ökonomischen Kategorien erkannt wird, paradox an. Sie widerspricht auch jeder *Problemorientierung* und würde der eigenständigen Differenzierung von Fachdisziplinen Vorschub leisten. Eine Durchsicht empirischer Datensammlungen der Indikatorbewegung zeigt auch, daß solche Trennungen nicht vorgenommen werden;[12] in der Praxis scheint diese Unterscheidung gar nicht durchführbar zu sein.

---

8 Vgl. z. B. Bell (1969: 84): „The inclusion of social issues would widen the economic report, whereas the underpinning of economic data would strengthen the social reporting."

9 Allerdings war auch für Gross diese Frage nicht von Anfang an entschieden: „After long wrestling with this question I rejected the idea of social indicators as segregated from economic information" (Gross 1965 a: 33).

10 Auch Bell (1969: 84) geht von einem *Council of Economic and Social Advisers* aus, was er früher ablehnte.

11 Die Hearings sind abgedruckt im American Psychologist; vgl. US Senate Bill S. 843 (1967). Vgl. dort besonders die Ausführungen von Gans und Colm; letzterer schlägt ein integriertes Council vor.

12 Vgl. dazu „Gesellschaftliche Daten" 1973, „Social Trends" 1972, „Données Sociales" 1973, „Soziol. Almanach" 1973, auch den „Social Report" (Toward a Social Report 1970) der USA.

Trotzdem werden auf der theoretischen Ebene weiterhin Argumente vorgebracht. Hier dürften interessenbedingte Konstellationen zum Ausdruck kommen. Ein autonom gedachtes ökonomisches System kann eher vor weitergehenden Fragestellungen geschützt werden. Die Einbeziehung sozialer Tatbestände bedeutet oft, die Folgen der Produktionsweise sichtbar zu machen, was offensichtlich verhindert werden soll.

In dem vorstehenden Bezugsrahmen wird daher ein integriertes sozioökonomisches System als Gegenstand für soziale Indikatoren gefordert.[13] Die Gründe dafür können zusammengefaßt werden nach

— Ermöglichung eines umfassenden problemorientierten Ansatzes,
— keine Reproduktion akademischer Fachgrenzen,
— keine interessenbedingte Trennung durch Annahme eines autonomen ökonomischen Systems.

Der Terminus sozioökonomisches System soll jedoch nicht bedeuten, daß alle ökonomischen Daten unter soziale Indikatoren zu subsumieren seien. Mehr technisch ausgerichtete Indikatoren wie z. B. über Zahlungsverkehr, Gütertransaktionen, Anlagen sollten als ökonomisches Rechnungswesen bestehenbleiben. Alle weitergehenden Informationen, die auf Handlungszusammenhänge zwischen Menschen und ihren Leistungen abstellen, sind jedoch dem sozioökonomischen Informationssystem zuzurechnen (z. B. Bruttosozialprodukt, Beschäftigung, Löhne, Preise als Austauschverhältnisse, Dienstleistungen usw.).

Hinzu kommen Tatbestände, die in den Sozialwissenschaften im engeren Sinne angegangen werden (Rollen, Werte, Institutionen, politische Verhaltensweisen usw.). Durch den Terminus soll also eine fundierte Ausweitung und Erneuerung der ökonomischen Kategorien erreicht werden, wobei jedoch technische Informationen dem ökonomischen Rechnungswesen vorbehalten bleiben.

Bedeutung der Struktur/Performanz-Unterscheidung für die Systembeeinflussung

Wie aus den vorangestellten Definitionen hervorgeht, ist Performanz

---

13 Trotzdem soll nicht geleugnet werden, daß ökonomische Tatbestände eher zu messen sind als „soziale", da die Ökonomie auf höher verdinglichte Aspekte abstellt. Dies kann jedoch kein Grund sein, eine Parallelsetzung der beiden Aspekte durchzuführen. Die Zuordnung wäre, wenn überhaupt, in Form eines Kegels durchzuführen, wobei dann die Ökonomie die höher verdinglichten Aspekte umfaßt:

  sozial   ▷────◁   geringe Verdingl.
  ökonom.   hohe Verdingl.

Der Zusammenhang kommt manchmal in verballhornter Form zum Ausdruck, wenn etwa Galnoor (1971a: 7) schreibt: „What economics as a discipline did, however, was to pick out the currants in the cake as its prime objects for examination."

leichter zu beeinflussen als Struktur: Ein Zusammenhang ist tiefer in der Gesellschaft verwurzelt als die Zielsetzungen; letztere können mitunter durch eine Dezision, eine Reform oder auch durch eine äußerliche Entwicklung verändert werden; das bedeutet dann, daß sich die Performanz anders ausgestaltet. Die Unterscheidung nach Struktur- oder Performanzindikator ist also für die Systembeeinflussung wichtig. Beispielsweise wurden im Zusammenhang mit dem „war against poverty" (vgl. Moynihan 1969 b) der USA zahlreiche Indikatoren erhoben, die als Performanzcharakteristika betrachtet wurden. Es handelte sich aber wohl größtenteils um Strukturcharakteristika, die nicht ohne weiteres durch Planungsmaßnahmen verändert werden können. Die Programme, die diese Indikatoren falsch einschätzten, waren daher zum Scheitern verurteilt. Allerdings muß natürlich hinzugefügt werden, daß die falsche Einschätzung nach Struktur/Performanz nur ein äußeres Zeichen für eine tiefer gehende Fehleinschätzung war.

Die Struktur/Performanz-Unterscheidung ist auch für den Vergleich von Systemen wichtig. Dieselbe Performanz kann durchaus auf verschiedenen Strukturen beruhen (Äquifinalität), wie auch dieselbe Struktur verschiedene Performanzen hervorbringen kann (Multifunktionalität).[14] Außerdem können besonders Performanzergebnisse herangezogen werden, um Fragen der Stabilität und Integration zu prüfen. Zum Beispiel kann für kapitalistische Industriestaaten ein relativ hoher Performanzgrad festgestellt werden, der erklären könnte, warum die Struktur nicht oder nur wenig problematisiert wird. Die Struktur/Performanz-Unterscheidung eröffnet also ein Feld für weitere Forschungen. Wenn Daten danach klassifiziert werden, dürfte dies eine große Hilfe sein.

Performanz als Input/Output-Vorgang
Die Performanz wurde bisher allgemein auf der Ebene des zielgerichteten Handelns angesiedelt. Einen besonderen Fall dieses Handelns stellen Input/Output-Prozesse dar. Dabei ist, wie angeführt, zu unterscheiden, ob der Input konsumiert wird oder ob es sich um symbolische Interaktionen handelt. Die Konsumtion des Inputs wird allgemein bei materiellen Prozessen zu konstatieren sein. Dann kann der Zusammenhang mit der Struktur als Akkumulation gedeutet werden, wie sie bei ökonomischen Prozessen vonstatten geht. Finden *Interaktionen* statt, die als Austausch organisiert sind, wird der Input nicht konsumiert. Es kann dann in der reinen Form kein Saldo festgestellt werden, jedoch erfüllt die Interaktion bestimmte Bezugsprobleme des Systems, ist also auch strukturrelevant. Ob diese Erfüllung des Bezugsproblems ebenfalls als Akkumulation ge-

---

14 Vgl. für solche Begriffe die Aufarbeitung der Funktionsanalyse von Schmid (1974).

deutet werden kann, wie dies etwa Hondrich (1973: 114 ff) tut, soll hier nicht entschieden werden. Es soll nur festgehalten werden, daß das Input/Output-Konzept auch für nicht-materielle Prozesse verwendet werden kann.

Performanz als Input/Output ist besonders für die staatliche Ebene relevant. Dort werden üblicherweise ja nur Inputfaktoren vermerkt. Das Performanzkonzept auf dieser Ebene macht klar, daß auch die Outputergebnisse festgestellt werden müssen.

Nach den vorstehenden Überlegungen können die Merkmale des sozioökonomischen Systems (Abb. 10) zusammengefaßt werden:

— Es wird keine Trennung ökonomisch/sozial durchgeführt.
— Technisch-ökonomische Aspekte werden ausgegliedert.
— Die Struktur/Performanz-Unterscheidung macht Möglichkeiten der Systembeeinflussung klar.
— Als Performanz können Input/Output-Prozesse subsumiert werden, die Salden ergeben und zur Akkumulation beitragen.
— Insbesondere für die staatliche Ebene stellt das Schema klar, daß auch Outputaspekte erfaßt werden müssen.

Wenn Indikatormaterial nach diesem Schema aufgeteilt werden soll, werden theoretische Überlegungen im Vordergrund stehen. Die Unterscheidung ist ja den Indikatoren äußerlich; sie kann auch je nach dem angelegten Bezugspunkt variieren. Das Schema soll jedoch begründete Ordnungsfunktionen wahrnehmen, die nach dem *Gegenstand* von sozialen Indikatoren überhaupt erstellt werden und daher für viele Fragestellungen offen sind.

4.1.2 Das individuelle System

Bei der Untersuchung der verschiedenen Ansätze zur Indikatorkonstruktion wurde bereits der subjektive Ansatz vorgestellt. Es wurde ausgeführt, daß die Erhebung von konkreten Evaluationen ein wichtiger Zweig für soziale Indikatoren ist. Sein Ziel ist es, die individuelle Perspektive als Teil der gesellschaftlichen Information mit einzubeziehen. Diese Konzeption wird hier übernommen. Es wird neben dem sozioökonomischen System ein individuelles System postuliert, für das Indikatoren erhoben werden sollen (subjektive Indikatoren, Abb. 10).

4.1.2.1 Begründung für die Aufnahme des individuellen Systems

Das Feld subjektive Indikatoren wurde bereits in Kap. 3.2.1.4 kontrovers angegangen. Es wurde ausgeführt, daß die Erhebung diffuser Syndrome

(Satisfaktionsforschung) kein Gegenstand für soziale Indikatoren sein kann.

Aber auch die Urteilsforschung hat ihre eigene Problematik. Von einem radikalen Standpunkt aus könnte man fordern, daß auf der individuellen Ebene überhaupt keine Indikatoren erhoben werden müßten; die Individuen sollten vielmehr durch umfassende unmittelbare *Partizipation* ihre Meinung zur Geltung bringen. Die Probleme könnten durch Diskurse gelöst werden, und die Indikatorerhebung wäre durch Einbringen von Informationen durch die unmittelbar Betroffenen unnötig.

Hier kann zunächst festgestellt werden, daß dieser Standpunkt einiges für sich hat. Die Erhebung von subjektiven Indikatoren stellt, radikal gesehen, in der Tat eine Art Entfremdung dar. Anstatt seine Meinung unmittelbar einzubringen, wird ja ein Kreuz in einem Fragebogen gemacht. Der Befragte kann in den meisten Fällen die Verwendung der Ergebnisse nicht kontrollieren. Wenn das Modell zu Ende gedacht wird, wäre das Endstadium die perfekt verwaltete Gesellschaft, deren Partizipation sich im Ausfüllen von Fragebögen erschöpft.[15] Eine entfernte Instanz würde dafür sorgen, daß der Durchschnitt der Meinungen realisiert wird. Die Partizipation wäre dann letztlich auch eine Konsumtion, nämlich die von amtlich vorgelegten Fragen. Von da aus könnte man formulieren, daß es sinnvoller wäre, über Partizipation zu forschen, anstatt deren amtliche Ersetzung durch subjektive Indikatoren zu betreiben.

Andererseits ist der Standpunkt schlechthin utopisch. Die unmittelbare Partizipation kann in der modernen Industriegesellschaft nur bedingt realisiert werden. Damit aber entsteht das Problem, Meinungen und Interessen von anderen Individuen *zu vermitteln*. Solche Aufgaben können subjektive Indikatoren übernehmen. Sie können dazu beitragen, den Horizont einer etablierten Gruppe zu erweitern, mit anderen Meinungen zu konfrontieren, und können so aufklärerisch wirken.

Im weiteren Sinne können subjektive Indikatoren dann auch partizipatorisch wirken. Sie können, auch in relativ kurzer Zeit, die Meinung breiter Bevölkerungskreise zu aktuellen Fragen präsent machen und so einen gewissen Imperativ darstellen. Auf diese Weise können auch sozioökonomische Informationen erhebliche Korrekturen erfahren. Das Individuum, das sozusagen „in täglichem Umgang" mit der Systemleistung steht, ist zu differenzierten Urteilen in der Lage. Es ist bekannt, daß Ver-

---

15 Durch die Einrichtung von häuslichen Terminals in absehbarer Zeit erscheint dies gar nicht so utopisch.

16 Allerdings ist auch die umgekehrte Beziehung denkbar, daß auf der Makroebene (Regierung z. B.) Verhältnisse schlecht eingeschätzt werden, die von Individuen relativ gut beurteilt werden; für die BRD nimmt man solches für den Gesundheitssektor an, der vielen Reformen unterworfen werden soll, während die Bevölkerung ihn relativ günstig einschätzt.

hältnisse, die sich auf der Makroebene relativ gut darstellen, auf der Mikroebene durchaus unterschiedlich beurteilt werden.[16] Die individuelle Perspektive bringt oft ganz andere Faktoren ins Spiel, als auf der Makroebene angenommen werden.[17] Allgemein anerkannte Tatbestände können so durch subjektive Indikatoren kritisiert werden.

Die Begründung für die Aufnahme des individuellen Systems ist so von einer *doppelten Position* aus zu geben. Einmal wird durch subjektive Indikatoren die individuelle Perspektive erweitert, was in der Massengesellschaft sehr wichtig ist. Zum anderen erfährt die sozioökonomische Ebene erhebliche Korrekturmöglichkeiten.

Das Verhältnis von subjektiv und objektiv stellt sich also dar als eines der gegenseitigen Vermittlung, nicht als einseitige Akzentuierung wie bei der Satisfaktionsforschung. Gerade im Sinne eines Mehrebenenansatzes ist die Aufnahme des individuellen Systems gerechtfertigt.

Es ist zu fragen, wie das Feld subjektiver Indikatoren weiter strukturiert werden kann. Auf der sozioökonomischen Ebene wurde die Struktur/Performanz-Unterscheidung angewandt und inhaltlich ausgefüllt. Für die individuelle Ebene soll ähnliches versucht werden, wobei entsprechende Begriffe eingeführt werden sollen, nämlich Evaluation (als Performanz) und Bedürfnisse (als Struktur).

4.1.2.2 Indikatoren über Evaluationen

Performanz wurde im Hinblick auf Zielorientiertheit charakterisiert. Auf der individuellen Ebene wäre als Performanzkomponente Evaluation anzusiedeln (Abb. 10). Sie gibt zielorientiertes Handeln wieder, allerdings auf der Symbolebene. Die Beurteilung von Leistungen stellt ja eine Zielrealisierung dar, wenn auch nur auf sprachlich-intentionaler Ebene. Der Performanzaspekt wird auf der individuellen Ebene also gut durch Evaluationen abgedeckt.

Evaluationen beziehen sich auf *Einschätzungen konkreter Lebensumstände*. Dabei ist sowohl an zeit- und ortsgebundene Ereignisse gedacht wie auch an relativ stabile Komponenten wie ökonomische Versorgung, Behandlung durch Bürokratien, Sicherheit, Gesundheitsvorsorge u. ä. Das Individuum wird dabei als aktiv bewertende Instanz angesprochen.

Hier wird die Frage relevant, ob diese Art von Indikatoren nicht auf eine allgemeinere Ebene ausgeweitet werden kann und dann doch wieder

---

17 Das Auseinanderklaffen von objektiver und subjektiver Ebene wird allerdings auch von Satisfaktionsvertretern so gesehen; vgl. Campbell (1972: 466): „We have argued that the economic and other external conditions of an individual's life may have a very imperfect relationship to his internal evaluation of the quality of his life."

in die Satisfaktionsforschung einmündet. Statt zu formulieren: „Wie beurteilen Sie die ärztliche Versorgung Ihres Bezirks?", könnte gefragt werden: „Sind Sie mit dem Gesundheitswesen zufrieden?". Eine solche Verallgemeinerung wäre tatsächlich eine Art Satisfaktionsforschung oder würde zumindest sehr schnell darauf hinauslaufen und wird hier abgelehnt. Es soll jedoch gezeigt werden, daß auch rein evaluative Fragestellungen weitergehende Rückschlüsse erlauben und Verallgemeinerungen zulassen, die über den zur Befragung stehenden Gegenstand hinausgehen. Die Art und der Umfang der Evaluation läßt sehr wohl einen Rückschluß auf die Lebenssituation, das „Wohlbefinden" der Person zu. Auf diese besondere Interpretation von Evaluationen soll an Hand eines psychologischen Modells eingegangen werden.

Bradburn (1969) entwickelt ein Modell, das Wohlbefinden (wellbeing) von evaluativen Komponenten her bestimmt.[18] Er faßt Wohlbefinden nicht als einen Zustand der Person auf — in Analogie zur physischen Gesundheit —, sondern weist nach, daß das eigentliche Grundmuster das *Problemlösungsverhalten* des Individuums ist.[19] Wohlbefinden ist kein stabiler Zustand, sondern ergibt sich als dynamische Kategorie aus dem Grade, zu dem das Individuum in der Lage ist, seine Probleme zu lösen: „The ability to cope with these problems ... is one of the common criteria used for distinguishing mental health" (Bradburn 1969: 2).

Wohlbefinden erscheint dann als abhängige Variable, wobei neben der persönlichen Struktur auch die Umwelt eine wichtige Rolle spielt.[20] Wenn Wohlbefinden gemessen werden soll, ist entscheidend „the degree to which an individual is involved in the environment around him, social contact and active interest in the world" (Bradburn 1969: 12).

Evaluationen sind zweifellos eine Hauptkomponente für diese *Involviertheit* des Individuums. Wenn Evaluationen erfaßt werden, können wichtige Aufschlüsse über das Problemverhalten des Individuums im Bradburnschen Sinne und damit auf die allgemeinere Situation hin gewonnen werden. Es muß untersucht werden, wie oft das Individuum reagiert, wie differenziert und mit welcher Intensität. Häufig vorkommende Unentschiedenheiten, resignative Beantwortungen oder auch auffallend häufig vorkommende Negationen lassen Rückschlüsse auf die Involviertheit zu.

Evaluationen sind also nicht nur von ihrer unmittelbaren Funktion her

---

18 Für weitere ähnliche Modelle vgl. Beebe-Center (1965), Cantril (1965); eine Zusammenfassung solcher Ansätze bringt McKennell (1970).

19 Das Modell von Bradburn war durch eine Pilot-Study angeregt worden, die den empirischen Befund zur Stützung des Modells beibrachte; vgl. Bradburn/Caplowitz (1965).

20 Die Relevanz des Umweltbezugs für das persönliche Wohlbefinden wird auch von Phillips (1967) empirisch bestätigt.

zu sehen, nämlich daß sie individuelle Urteile wiedergeben. Sie erlauben auch Schlüsse über die allgemeine Situation; sie geben Realisierungschancen wieder, die das Individuum für sich sieht.

4.1.2.3 Indikatoren über Bedürfnisse

Gemäß Abb. 10 ist noch der Strukturaspekt für die individuelle Ebene zu formulieren. Struktur soll einen Zusammenhang wiedergeben, ein relativ stabiles Muster, im Gegensatz zur (temporären) Zielorientiertheit der Performanz. Es wird davon ausgegangen, daß auf der individuellen Ebene Bedürfnisse diesen Aspekt wiedergeben. Es sind also neben den Indikatoren über Evaluationen Indikatoren über Bedürfnisse zu erheben (Abb. 10).

Die Bedürfnisforschung (Chreiologie)[21] wird in neuerer Zeit forciert betrieben. Durch Rekurs auf Bedürfnisse soll die inhaltliche Füllung systemtheoretischer Forschungen einerseits,[22] die Wertorientierung praktischen Handelns, z. B. in Planungsprozessen, andererseits geleistet werden. Die Neuentdeckung von Bedürfnissen, im Grunde ein sehr altes Thema, geschieht vor diesem Hintergrund.

Die Konzepte werden von verschiedenen Grundlagen aus entwickelt. Etzioni (1968: 622–632) geht von vier Grundbedürfnissen aus. Er weist die Annahme zurück, daß die menschlichen Bedürfnisse absolut flexibel und daher nur ein Produkt der jeweiligen gesellschaftlichen Formation seien. Vielmehr gibt es autonome Grundbedürfnisse, die unabhängig von der gesellschaftlichen Struktur existieren und die erforscht werden können. Wenn sie bekannt sind, können dann nicht nur einzelne „Abweichungen" in Gesellschaften definiert werden, sondern es kann auch eine ganze Gesellschaft als abweichend, als entfremdet, gekennzeichnet werden, wenn nämlich die Hauptbedürfnisse nicht erfüllt werden.

Etzioni definiert die vier Grundbedürfnisse im einzelnen als

        affection (Solidarität, Kohäsion, Liebe),
        recognition (Selbstvertrauen, Fähigkeit, Anerkennung),
        context (Zugehörigkeit),
        repeated
        gratification (wiederholte Belohnung).

Er postuliert, daß eine Gesellschaft desto weniger entfremdet angelegt ist, je besser diese Bedürfnisse erfüllt werden. Die empirische Untersuchung der Bedürfnisse soll unter anderem durch Messung von Kosten geschehen,

---

21 Bize (1970) erläutert diesen Begriff. Vgl. grundlegend Maslow (1953); früher Halbwachs (1933), Brentano (1908).

22 Vgl. Hondrich (1972: 13), der den „Rückgriff auf das personale System" vorschlägt, um „differenzierte Sinn-Systeme zu einem Ganzen" verbinden zu können. Das personale System wird durch Bedürfnisse thematisiert.

die repressive Strukturen hervorbringen. Je „natürlicher" die Sozialisation und politische Disposition ist, desto geringer sind die Kosten für deren Kontrolle. Auch die vergleichende Methode kann nach Etzioni fruchtbringend angewandt werden.

Der theoretische Ansatz von Etzioni ist eindrucksvoll, auch im Hinblick darauf, daß die Bedürfnisse im System der aktiven Gesellschaft verankert werden. Jedoch genügt eine solche Deklaration von Bedürfnissen nicht. Wie Narr/Naschold ausführen, ist die Absicht, Manipulationen vorzubeugen, zwar anzuerkennen, die eingeführten Bedürfnisse bedeuten jedoch eine Festschreibung des Vorhandenen, da Etzioni „Grundbedürfnisse einführt, als seien sie rein entsprungen und weder systematisch in ihrem Zusammenhang und ihrer Bedeutung untereinander, noch in ihrem direkt implizierten gesellschaftlichen Gehalt diskutiert" (Narr/Naschold 1971: 56).

Empirisch anspruchsvoller und auch handlungsrelevanter ist der Ansatz von Hondrich (1973 b), auch wenn er wenig Reflexionen auf weitergehende Begründungen verwendet; er versucht, ein analytisches Paradigma der Bedürfnisforschung zu entwickeln. Er vermeidet eine Ontologisierung des Begriffs und weist darauf hin, daß jedes Bedürfnis im Hinblick auf ein Objekt definiert werden muß, mit dessen Hilfe Erfüllung erzielt wird. Es ist deshalb sinnvoller, von *Bedürfnisorientierung* zu sprechen. Bedürfnisse im eigentlichen Sinne sind zwar auch konzipierbar; sie haben jedoch den Stellenwert theoretischer Konstrukte, die durch gedankliche Abstraktionen des Forschers oder überhaupt durch sprachliche Prozesse voneinander geschieden werden.

Mit Hilfe des Begriffs Bedürfnisorientierung kann Hondrich nachweisen, daß es sich nicht um psychische Qualitäten, sondern um Konfliktphänomene handelt. Die Orientierung richtet sich auf knappe Güter, umstrittene Werte oder auch soziale Unvereinbarkeiten. Eine Bedürfnisorientierung wird daher immer Konflikte hervorrufen, sobald die Handlungsebene erreicht ist. Konflikte stellen insofern keinen pathologischen Fall dar, sondern sind vor dem Hintergrund der Bedürfnisbefriedigung „das Elixier sozialer Prozesse" (Hondrich 1973 b: 273). Auf diese Weise gelingt Hondrich eine Dynamisierung der Bedürfniskategorie, die so auch leichter einen empirischen Bezug findet.

Die Konflikte werden bei Hondrich weiter spezifiziert. Sie entstehen durch Widersprüchlichkeiten im Verhältnis von drei Systemen, dem personalen, dem sozialen und dem materiellen System, zwischen denen notwendig Konflikte als Austauschprozesse stattfinden müssen. Durch verschiedene Zuordnung der Systeme können unterschiedliche Konfliktmuster entdeckt werden. Eine intrapersonale Lösung kann etwa erreicht werden, wenn das Individuum auf Bedürfniserfüllung verzichtet (Triebaufschub); eine soziale Lösung kann durch Interaktionen (Verständigung) erreicht werden (Hondrich 1973 b: 273); materielle Lösungen können durch organisierte Arbeit erzielt werden.

Der Ansatz von Hondrich ist mit dem vorliegenden Modell kompatibel, ohne daß behauptet werden soll, daß er das Feld sozialer Indikatoren zureichend absteckt. Dazu ist auch die Bedürfnisforschung überhaupt noch zu unsicher. Es können nur als Elemente festgehalten werden, daß dynamische Kategorien, die Bedürfnisse in Handlungszusammenhänge einordnen, verwendet werden sollten; daß dabei verschiedene Systemebenen konflikthaft zugeordnet werden und daß schließlich die subjektive Artikulation eine entscheidende Rolle spielt.

Das individuelle System wird in Abb. 10 durch Evaluationen und Bedürfnisse abgedeckt. Es wird also einmal ein *konkreter zielorientierter* Aspekt erfaßt, zum anderen ein *allgemeiner, zusammenhangorientierter*. Würden nur Evaluationen erhoben werden, würden tieferliegende Probleme wie Entfremdung und gesellschaftlich falsche Entwicklungen nicht konstatiert werden können. Durch Bedürfnisindikatoren kann der Versuch gemacht werden, unabhängig von momentanen Anpassungen die individuelle Ebene zu erforschen und auch normativ zu verwenden. Andererseits wäre ein bloßes Beharren auf dieser Richtung ebenfalls unzureichend; das Unternehmen würde leicht die Praxisrelevanz verlieren. Durch Einschätzung konkreter Leistungen können fortlaufend „praktische" Korrekturen, auch für den Alltag, erreicht werden.

Die individuelle Ebene kann so wie folgt zusammengesetzt werden:
- Es werden Evaluationen über konkrete Gegenstände erhoben, wobei das Individuum als aktiv bewertende Instanz angesprochen wird.
- Diese Evaluationen geben auch Aufschluß über das Ausmaß der Involviertheit der Person.
- Es werden Indikatoren über Bedürfnisse erhoben, die langfristige Tendenzen erkennen lassen und strukturelle Aspekte wiedergeben.
- Zwischen individueller und soziökonomischer Ebene besteht ein Spannungsverhältnis; Korrektur des soziökonomischen Systems und Ausweitung der individuellen Perspektive sind die Hauptaufgaben subjektiver Indikatoren. Dabei stehen subjektive Indikatoren in Konkurrenz zur unmittelbaren Partizipation.

Wie ausgeführt, weichen Konzeptionen subjektiver Indikatoren oft von diesen Postulaten ab. Wenn aber politisch-partizipatorische Fragen mit einbezogen werden, sind Konzepte und Konsequenzen relevant, wie sie oben entwickelt wurden.

4.1.3 Der Kontextbereich

Das sozioökonomische und das individuelle System decken einen sehr großen Bereich von indikatorfähigen Erscheinungen ab. Dennoch sind Größen vorhanden und sollen gemessen werden, die keinem der beiden Systeme eindeutig zugeordnet werden können. Systemtheoretisch gesprochen handelt es sich um Umweltbezüge, wobei nicht Zusammenhänge gemeint sind, in denen das sozioökonomische dem individuellen System Umwelt ist und umgekehrt. Z. B. könnte von bestimmten Fragestellungen her das internationale System Umwelt für das sozioökonomische System sein. Für das individuelle System könnten demographische Charakteristika unter Umständen dem Kontextbereich zugeordnet werden. Es dreht sich also um Erscheinungen, die einen geringen Beeinflussungsgrad besitzen.

Der Kontextbereich soll einem weiteren Zweck dienen. Es besteht in der Indikatordiskussion die Tendenz, Erscheinungen des sozioökonomischen Systems auf den individuellen Horizont „umzurechnen", z. B. durch Angabe von Lebenszyklen. Es wird dann nicht nur der Wohnungsbestand einer Stadt angegeben, sondern auch, wie sich derselbe im Hinblick auf einen bestimmten Lebenszyklus darstellt. Die Variable „Wohnungsbestand" wird zu einem Kontextzusammenhang von Individuen gemacht. Solche Informationen können dann ebenfalls dem genannten Bereich zugeordnet werden.

Auf diese Weise soll der Bezugsrahmen möglichst offen gehalten werden. Es soll ein Mehrebenenansatz realisiert werden, der die Schichten der Beeinflussung möglichst umfassend zeigt.

4.2 Funktionsbestimmung und Definition sozialer Indikatoren

Von informationstheoretischen Grundlagen her können Indikatoren als Rückkoppelungsmechanismen betrachtet werden. Sie haben die Aufgabe, die Selbststeuerungskapazität des Systems zu erhöhen. Die verschiedenen Indikatoren sind in diesen Zusammenhang einzubringen.

4.2.1 Funktionsbestimmung

In der Abb. 10 wird die Funktionsbestimmung differenziert aufgenommen. Indikatoren werden zunächst in *Datenbanken* gesammelt und ständig abrufbar gehalten. Im weiteren Sinne sind damit auch *Informa*-

tionssysteme gemeint, die die Indikatoren übersichtlich präsentieren und auch mit qualitativen Informationen verbinden.

Die Funktionen von sozialen Indikatoren sind nun in drei Richtungen zu bestimmen:[23]
- für die Öffentlichkeit,
- für die wissenschaftliche Analyse,
- für die politische Systemsteuerung.

Die Funktion für die *Öffentlichkeit* wurde bereits öfter angeschnitten; sie soll die Transparenz erhöhen wie auch einen Stimulus für Partizipation darstellen. Ähnlich wie die Gesellschaft durch ökonomische Informationen „economics conscious" (Gross 1965: 17) geworden ist, soll sie nun ihrer sozialen Aspekte besser gewahr werden. Soziale Indikatoren und Sozialberichte haben die Funktion, „to inform the public, highlight issues and suggest courses of action" (Toward a Social Report 1970: XII).

Dies ist abstrakt leicht bestimmt. Entscheidend aber ist die Frage, wie die *diskutierende Öffentlichkeit* geschaffen werden kann, die aus quantitativen Informationen systematisch Nutzen zieht.

Negt/Kluge (1972) entwickeln ein Konzept von Öffentlichkeit und Erfahrung, das die Grenzen der bürgerlichen Öffentlichkeit aufzeigt und übersteigt; diese ist durch partielle Ausrichtung, durch folgenloses Räsonnieren von Privatleuten gekennzeichnet. Öffentlichkeit hat aber primär die Aufgabe der Erfahrungsvermittlung, woraus unmittelbar Handlungsaufgaben erwachsen. Eine Öffentlichkeit, die alle Lebensbereiche umfaßt, muß Gebrauchswert annehmen und so die Existenz der Teilnehmenden bestimmen. In solchen Zusammenhängen können Indikatoren einen wichtigen Stellenwert bekommen.

Die *wissenschaftliche Analyse* wird wohl den intensivsten Gebrauch von Indikatoren machen. Es können hier eine Reihe von Aufgabenfeldern angeführt werden:

- beschreiben,
- vergleichen,
- analysieren,
- prognostizieren,[24]
- Ziele setzen.

---

23 Diese Funktionen werden implizit öfter angegeben; vgl. Moss (1969: 27–28), der von „visibility", „basic research" und „comprehensive frameworks" spricht; Girardeau (1972: 230–231) führt zwei Hauptfunktionen an, wobei „social policy" ebenfalls Funktionen für die Öffentlichkeit hat.

24 Auf die Funktion der Antizipation legt Bauer (1966 a: 18–19) besonderen Wert, wobei er Prognosen davon abgrenzt; Antizipation nimmt auch qualitative Veränderungen wahr. Inwiefern quantitative Informationen dazu beitragen können, ist ungeklärt.

Für alle Bereiche lassen sich spezifische Forschungszweige wie auch Instrumente angeben: Deskriptionstechnik (Indizes), Komparatistik, Analytik, Prognostik (Futurologie), normative Sozialwissenschaft. Die Bereitstellung von Indikatoren bildet für diese Bereiche die Voraussetzung.

Schließlich übernehmen Indikatoren Funktionen auf der *politischen Ebene* selber. Dabei wird davon ausgegangen, daß sowohl öffentliche Diskussion wie auch wissenschaftliche Analyse vorausgegangen sind (Abb. 10). Dies soll jedoch nur analytisch angenommen werden; die zugrunde gelegte Struktur ist die des pragmatistischen Modells,[25] das eine Integration der Komponenten für die Praxis fordert.

Auf der politischen Ebene kann das Aufgabenfeld der Indikatoren allgemein als Entscheidungsvorbereitung, auch als Verwissenschaftlichung der Politik bezeichnet werden. Speziell wären Artikulation von Interessen, Präzisierung des politischen Wollens und Bewußtseinsbildung anzugeben. Anzustreben ist die Formulierung von *Zielindikatoren,* die eine Quantifizierung der politischen Willensbildung darstellen. Zielindikatoren werden oft gefordert;[26] sie stellen neben den „Gegenstandsindikatoren", die in den vorigen Kapiteln dargestellt wurden, ein weiteres abgeleitetes Feld dar.

Von allen drei Komponenten bedingt ist dann die *Systembeeinflussung* konzipiert (Abb. 10). Damit ist die Rückkoppelung geschlossen.

Ein Vergleich mit anderen Modellen bestätigt, daß die Grundstruktur obigen Modells allgemein akzeptiert ist. Amara (1972) unterscheidet in einem Modell für „national policy making" sechs Elemente:

> values,
> goals,
> attainments,
> strategies,
> societal processes,
> societal indicators.

Der politische Prozeß ist nach Werten strukturiert, die in Ziele und „kurzfristige Zwecke" einmünden. Dieser Aufbau ist in Abb. 10 implizit enthalten. Die anderen Elemente finden sich direkt wieder, allerdings ist der gesellschaftliche Prozeß zur Verfeinerung der Definition von Indikatoren weiter aufgegliedert. Auch in Amaras Modell haben schließlich die Indikatoren Rückkoppelungsfunktion.

---

25 Vgl. Habermas (1968: 127 ff).
26 Im Social Report der USA werden Beispiele für Zielindikatoren angegeben (Toward a Social Report 1970: IX); die Stanford-Gruppe gibt für Zielindikatoren drei „attainment levels" an; die Zielindikatoren werden nach diesem Schema gewichtet und mit dem Zustand verglichen: Stanford Research Institute (1969: 6—10).

In einem Entscheidungsmodell des *Economic Council of Canada* (1971) wird der Schwerpunkt auf die Stufe des Entscheidungsprozesses gelegt (policy objectives, strategies, tactics). In dieser Abfolge spielen Zielindikatoren und ihre zunehmende Konkretisierung eine entscheidende Rolle (Economic Council of Canada 1971: 65). Das Modell sieht für die Verwendung von Indikatoren auch statistische Analysen und mathematische Modellbildung vor. Jedoch ist diese Arbeit den Strategieentscheidungen vorgeordnet, so daß sie nur die Funktion der Zuarbeit für Entscheidungsträger hat (dezisionistisches Modell). In obigem Modell wird von einem simultanen Prozeß von Zielformulierung und Datenanalyse ausgegangen, die sich gegenseitig durchdringen und in einen integrierten Strategieansatz einmünden.

Die allgemeine Rolle von Indikatoren als Feedback-Mechanismen kommt in allen Modellen vor. Je nach Verwendungszweck werden mehr der Entscheidungsprozeß, der Gegenstand von Indikatoren oder die analytische Arbeit mit den Indikatoren spezifiziert. Die Modelle werden jedoch kontrovers, wenn die Prämissen über die Zuordnung von Analyse und Entscheidung und über den Gegenstand von Indikatoren selber aufgedeckt werden. Die erste Kontroverse kann als das Verhältnis von Wissenschaft und Politik thematisiert werden, die zweite Kontroverse läuft auf das Technokratieproblem hinaus.

4.2.2 Definition

Es ist klar, daß eine Definition von sozialen Indikatoren nicht auf einen einfachen Nenner gebracht werden kann. Soziale Indikatoren umfassen einen ganzen Prozeß von Informationsgewinnung mit zahlreichen Schwerpunkten; der Bezugsrahmen selber ist daher die eigentliche Definition. Trotzdem kann versucht werden, eine weitere Zusammenfassung vorzunehmen:

Soziale Indikatoren sind quantifizierte gesellschaftliche Informationen, die in Ausweitung der ökonomischen Kategorien für Zwecke der öffentlichen Diskussion, der wissenschaftlichen Analyse und der politischen Systemsteuerung gewonnen werden.

Sie umfassen die Struktur und Performanz des sozioökonomischen Systems sowie Evaluationen und Bedürfnisse des individuellen Systems. Für diese Bereiche werden auch Kontextzusammenhänge erhoben. Dabei wird besonders auf die Entwicklung im Zeitverlauf eingegangen.

Soziale Indikatoren haben den Charakter von Rückkoppelungsmechanismen innerhalb des gesellschaftlichen Systems.[27]

In dieser Definition kommen die oben ausgeführten Schwerpunkte vor. Es wird der Gegenstand bestimmt, die Funktion sowie die spezifische Akzentuierung in der Datensammlung (quantifiziert, Zeitreihen, Rückkoppelung).

Es ist zu fragen, was so definierte soziale Indikatoren von der bisherigen sozialen und politikwissenschaftlichen Forschung abhebt.

Zunächst einmal ist festzuhalten, daß soziale Informationen für Zwecke der *Systemsteuerung* verwendet werden sollen; dies war bisher nur für ökonomische Indikatoren der Fall. Der Anspruch, der nun eingebracht wird, übersteigt alle Konzepte, die bisher als „wissenschaftliche Beratung der Politik" (Lompe 1966) eingebracht wurden. In diesem Anspruch der Systemsteuerung dürfte eine Hauptquelle für soziale Indikatoren liegen. Allerdings ist dieser Aspekt auch ein Grund für Illusionen der Bewegung. Der Gegenstand ist viel komplexer und entzieht sich in vieler Hinsicht der Quantifizierung, ganz zu schweigen von der Steuerbarkeit.[28]

Der zweite besondere Akzent ist die Betonung von *Zeitreihen*. Soziale Informationen sollen geordnet und vergleichbar erhoben werden. Bei der Fülle existierender Einzelstudien ist das Hinzufügen weiterer offensichtlich nur mit einem geringen Grenznutzen versehen. Es scheint auf dem Gebiet der sozialen Information der Zeitpunkt gekommen zu sein, wo größere Effektivität nur durch einen *höheren Organisationsgrad* erreicht werden kann (Wiederholungsstudien, Informationssysteme, Archive). Dies allerdings setzt voraus, daß ein Satz von relevanten Variablen definiert werden kann, so daß die Indikatorbewegung auch einen Anspruch an *Theoriebildung* mit sich bringt.

Drittens bringt die Indikatorbewegung eine *Ausweitung des Erhebungsgegenstandes* mit sich. Sicher wurden auch bisher schon Performanzaspekte und subjektive Indikatoren erhoben; ihre Heraushebung geschieht aber erst durch die Indikatorbewegung.

Bei genauer Durchsicht dieser Faktoren wird man leicht feststellen, daß sie nichts prinzipiell Neues enthalten. Dies kann auch gar nicht der Fall sein; eine wissenschaftliche Bewegung wird immer in der Zusammenfassung und Intensivierung vorhandener Ansätze bestehen; „neue" Ideen werden nicht in breiten Bewegungen geboren, schon gar nicht, wenn administrative Fragestellungen am Anfang stehen.

---

27 Einzelelemente dieser Definition kommen oft vor, jedoch fehlt meist eine systematische Zusammenfassung; vgl. für die weitestgehende Zusammenfassung Henriot (1971: 1–2): *„Social indicators are quantitative data which serve as measures of socially important conditions of society.* The value of social indicators in relation to their impact upon public policy (. . .) is increased in terms of their sophistication vis-à-vis three characteristics: (1) time series; (2) possibility for disaggregation; (3) relationship to a social system model."

28 Für eine weitere Ausführung dieser Aspekte vgl. das nachfolgende Kapitel, 5.1.

Von daher mag auch ein gewisser Fetischcharakter herrühren, den der scheinbar prägnante Ausdruck sozialer Indikator manchmal annimmt und den er sicher von seinem Gegenstück, dem ökonomischen Indikator, entlehnt.[29] Man vermutet dann tatsächlich etwas Neues und wird enttäuscht sein.[30] Allerdings hat der Ausdruck eine enorme *Stimulusfunktion* für die Bewegung übernommen und ist eher von daher zu untersuchen, also wissenschaftspolitisch, als von seiner eigentlichen Aussage.

Das „Neue" der Indikatorbewegung besteht in der spezifischen *Akzentuierung und Zusammenfassung* bisher verstreuter Ansätze, wie sie auf dem Gebiet der Quantifizierung, der Informationssysteme, der Theorie der politischen Systemsteuerung, der Entscheidungslehre u. a. vorgebracht wurden. Durch die Zusammenfassung unter einem einheitlichen Programm mit einem zugkräftigen Etikett erhalten sie eine erhöhte Durchsetzungschance und gerade auch in der Zusammenfassung eine spezifische Qualität, die die Beschäftigung mit dem Phänomen lohnt.

Damit sind die immanenten Strukturen und Möglichkeiten des Indikatorfeldes aufgewiesen und untersucht. Es wird nun darum gehen, politische Implikationen durch Einordnung des Phänomens in einen größeren Zusammenhang herauszuarbeiten.

---

29 So wird manchmal gleich eine „Theorie sozialer Indikatoren" versucht, was eine Verkennung des Gegenstandes ist; es gibt auch keine Theorie ökonomischer Indikatoren.

30 So stellen Plessas/Fein (1972: 48) fest, daß sie nur zwei neue Konstrukte (first and second cybernetics, inner city impact) gefunden hätten, die mit Indikatoren gar nichts zu tun hätten.

5 Politische Einschätzung

5.1 Der politische Gehalt sozialer Indikatoren

Durch Indikatoren soll die Steuerungskapazität des Systems erhöht werden. Man geht davon aus, daß ein komplexes System nur durch eine komplexe Informationsverarbeitung kontrolliert werden kann.

Dabei werden die Indikatoren als ein neutrales Instrument aufgefaßt.[1] Wie jedoch Henriot (1971) nachweist, besitzt jede Information, die in irgendeiner Form verwendet wird, einen eminent politischen Gehalt.[2] Er führt vier Ebenen aus (Henriot 1971: 8):
— the politics of definition,
— the politics of gathering,
— the politics of reporting,
— the politics of use.

Dieses Schema ist geeignet, den politischen Gehalt von Indikatoren empirisch festzustellen. Die politische Ebene soll hier jedoch unter den mehr abstrakten Gesichtspunkten der *Selektion,* der *Präsentation* und der *Interpretation* untersucht werden, die inhaltlich zu füllen sind:
— die Präformierung von Indikatoren durch Interessen (Selektion).
— die eigennützige Reduktion der statistischen Komplexität von Indikatoren (Präsentation),
— die immanente Bevorzugung positiver Indikatoren (Interpretation).

Daran anschließend ist auf den allgemeinen Stellenwert quantifizierter Informationen einzugehen. Es wird zu fragen sein, inwiefern die Quantifizierung *Verdinglichungsprozesse* fördert, wobei dieser Vorgang ebenfalls als politischer verstanden wird.

5.1.1 Präformierung von Indikatoren durch Interessen

Auf amtlicher Seite wird immer wieder hervorgehoben, daß Indikatoren die Aufgabe haben, Probleme sichtbar zu machen (visibility, Toward a Social Report 1970: XXXII).

---

1 Vgl. Kamrany/Christakis (1970: 210): „The development and uses of social indicators are neutral with respect to the socio-economic and political systems of nations."
2 Weitere Untersuchungen der politischen Fragen sind zu finden bei Sheldon/ Freeman (1970), Henriot (1970); Rose (1972) stellt ein formales Modell dar, das die politischen Komponenten der Informationsgewinnung enthält. Er bestimmt den Einfluß von Variablen wie Sichtbarkeit des Erfolgs, Werthaftigkeit, Nützlichkeit der Information, Kosten der Informationsbeschaffung.

Wenn Probleme in Form von Indikatoren präsent gemacht werden, sollen sie mehr Aufmerksamkeit erreichen und in Angriff genommen werden: „It has often been observed that nations rarely become effectively concerned with problems until they learn to measure them" (Olson 1969 b: 92). Indikatoren sollen so etwas wie die Sprache der Unterdrückten werden.

Es ist zu fragen, ob Indikatoren diese uneigennützige Funktion übernehmen können. Im konkreten politischen Prozeß werden die Erkenntnisse von Interessen „überlagert" werden; Indikatoren liegen im Schnittpunkt zahlreicher Interessen.

Die empirische Erhebung von Indikatoren bedeutet einen in der Regel erheblichen Ressourcenaufwand, der von der herrschenden Konstellation bestimmt wird. Eine Chance, als Problem auf der informationellen Ebene präsent gemacht zu werden, haben nur Bereiche, die von der Regierung dazu ausgewählt werden. Die starke Betonung des normativen Aspektes in der Indikatordiskussion deutet darauf hin. Normativ kann in diesem Zusammenhang nur bedeuten, daß das indikatorfähige Feld von der Regierung abgesteckt wird. Da auch regierungsunabhängige Institutionen zu einem großen Teil von öffentlichen Geldern abhängen – soweit sie nicht gänzlich auf kommerzieller Basis arbeiten –, wird auch deren Arbeit vom bürokratischen Problemhorizont vorgeformt sein.

Indikatoren müssen in dieser Ableitung gesehen werden. Sie dürfen nicht zu einem originären Medium der Unterdrückten stilisiert werden, die auf diese Weise „visibility" erreichen. Das Medium der Unterdrückten dürfte auf ganz anderen Feldern liegen – Protest, unmittelbare Partizipation, Massenmedien u. a. Indikatoren können in solchen Zusammenhängen nur sekundäre, wenn auch wichtige Funktionen übernehmen.

Das Argument der „visibility" muß daher eher in umgekehrter Fragestellung betrachtet werden. Indikatoren werden tendenziell eine *Verstärkung des bestehenden Zusammenhangs* bedeuten, da herrschende Gruppen in der Lage sind, die Indikatorenerhebung über die Ressourcenzuteilung zu steuern. Machtverbände werden in der Lage sein, ihren Problemhorizont „anschaulicher" zu machen.[3] Allein die Erhebung eines Phänomens bedeutet ja schon, daß es gewichtiger wird. Indikatoren sind der Gefahr ausgesetzt, eine Funktion als Herrschaftswissen zu übernehmen. Sie werden so zu einem bloßen Instrument von Regierungspolitik und besonders von Interessenvertretungen.

---

[3] Darauf weisen Sheldon/Freeman (1970: 99) in klaren Worten hin: „A robust social indicator movement permits well-intentioned politicians and program advocates access to statistics that can be presented with unusual persuasiveness."

5.1.2 Eigennützige Reduktion der statistischen Komplexität

Indikatoren stellen als statistische Aussagen relativ komplexe Gebilde dar. Von der Definition des Konstruktes bis zur Auswahl der Maßzahlen werden Entscheidungen getroffen, die den Gehalt des Indikators bestimmen.

Für eine fundierte Beurteilung und Interpretation müssen eine Reihe von Regeln beachtet werden. Es muß angegeben werden,
- welches Konstrukt dem Indikator unterliegt,
- wie die Gültigkeit der Operationalisierung einzuschätzen ist,
- wie hoch die Zuverlässigkeit des Meßvorgangs ist, etwa durch Angabe von Konfidenzintervallen,
- warum eine bestimmte Maßzahl zur Präsentation gewählt wurde.

Vor allem aber wäre es notwendig, die *Interpretation als solche* zu kennzeichnen. Es darf nicht der Eindruck erweckt werden, als könnten Indikatoren in irgendeiner Weise für sich selbst sprechen, um auf diese Weise eine höchst eigenwillige Interpretation abzudecken. Biderman (1966 a: 86) weist darauf hin, daß es Interpretationsmuster gibt, die zugrunde gelegt werden, sei es bewußt oder unbewußt. Eine Erscheinung kann von ihrer Effektivität oder vom Partizipationspotential her interpretiert werden; sie kann unter dem Aspekt der kollektiven Gleichheit oder der individuellen Selbsterfüllung angegangen werden u. ä. Es wäre wichtig, neben der konkreten Interpretation auch solche allgemeinen Richtlinien anzugeben.

Diese Regeln müßten als Gewohnheiten (*statistical culture*) verfestigt werden, um den Umgang mit statistischem Material auf breiter Massenbasis zu fundieren.

Es besteht die Gefahr, daß im politischen Prozeß, der auf prägnante und möglichst eindeutige Aussagen drängt, der Indikator aus seinem Ableitungszusammenhang gelöst und dann eigennützig interpretiert wird. Es wird die Tendenz bestehen, Indikatoren von unliebsamen Relativierungen freizumachen, um eigene Aussagen zu stützen. Unkenntnis der statistischen Komplexität und Unzulänglichkeit der Darstellung tragen dazu bei. So muß der Gebrauch des Zahlenmaterials selber mit Lernprozessen verbunden werden.

5.1.3 Immanente Bevorzugung positiver Indikatoren

In parlamentarischen Systemen steht die Regierung in einem Zwang zur positiven Selbstdarstellung. Sie muß regelmäßig Erfolge nachweisen, um parlamentarische Auseinandersetzungen, Kritik in Massenmedien und schließlich auch Wahlen zu überstehen. Von daher besteht eine immanente Tendenz, Erfolgsindikatoren zu bevorzugen und andere Informationen nicht zu präsentieren. Die Regierung wird unabhängig vom Informationsgehalt das Kriterium anlegen, wie die Indikatoraussage sich zu den Regierungsinteressen verhält. Sie wird fragen, ob es sich bei der Information um einen „vindicator" (der rechtfertigt) oder um einen „indictor" (der anklagt) handelt.[4]

Biderman (1966 a) weist solche Zusammenhänge in einer interessanten Untersuchung nach, die er im Rahmen seiner „sociology of societal knowledge" durchführt. Er untersucht die jährlichen „Union Messages" der USA und besonders die Indikatoren, die jeweils darin enthalten sind. Von 1954 bis 1964 sind doppelt so viele positive wie negative Indikatoren vorhanden (Biderman 1966 a: 96). Besonders die verwendeten ökonomischen Indikatoren weisen eine Tendenz zur Glorifizierung auf. Dies gilt auch für Zeiten wie etwa die große Depression in den dreißiger Jahren (Biderman 1966 a: 95). Dieser Zusammenhang würde sich bei Ausweitung auf soziale Bereiche sicher verstärken, da auch die Problemtiefe zunimmt.

Der Zwang zur positiven Selbstdarstellung in parlamentarischen Systemen wirkt sich besonders stark auf *Zielindikatoren* aus. Eine Präzisierung des Regierungshandelns bedeutet ja nicht nur eine bessere Zielabstimmung und Planungshilfe, sondern auch eine bessere Angreifbarkeit des Regierungslagers bei Versagen oder Scheitern. Z. B. ist der Preisindex der Lebenshaltung in inflationären Zeiten ein hervorragendes Angriffsmittel für parlamentarische Oppositionen. Eine Regierung wird nicht umhinkönnen, eine niedrige Inflationsrate als Ziel zu proklamieren. Durch nachgewiesene hohe Raten wird daher der Opposition sozusagen von selbst ein hervorragendes Instrument der Kritik in die Hand gegeben.

Solche Vorgänge sind prinzipiell zu begrüßen. Sie implizieren jedoch gleichzeitig, daß in parlamentarischen Systemen die Tendenz bestehen wird, Regierungsprogramme möglichst diffus zu halten, um sich Ausweichmöglichkeiten zu sichern. Die Quantifizierung regierungsamtlicher Ziele wird daher großen Widerständen begegnen, da diese auch immer eine *quantifizierte Kritik* impliziert.

Von daher ergeben sich Fragen an das parlamentarische System überhaupt. Regierungsamtliches Handeln müßte eine solche Spannbreite enthalten, daß es quantifizierte Kritik nicht nur ermöglicht, sondern sogar fördert. Die Regierung müßte in der Lage sein, ihre eigene Kritik zu organisieren und zu präzisieren. Damit aber ist der Status von Oppositionen unverträglich, die aus Gründen der Interessenmaximierung solche Ansätze

---

4 Diese Unterscheidung wird von Biderman (1966a: 78) eingeführt.

sofort „ausschlachten" würden. Auf Grund der Machterhaltungsmaxime[5] besteht die Tendenz, quantifizierte Zielsetzungen einzuschränken.

5.1.4 Verdinglichung der gesellschaftlichen Information

Indikatoren sollen einen Stellenwert im Reflexionsprozeß der Gesellschaft einnehmen. Man verspricht sich von ihnen eine Aufhellung neuer Bereiche und eine Fundierung der Kritik. Es ist dabei zu fragen, welche Folgen quantifizierte Informationen haben, besonders wenn sie in großem Umfang erhoben werden. Dies soll allgemein als Verdinglichung thematisiert werden, die entsteht durch

— Vernachlässigung der Konstruktebene,
— bloße Betonung von Performanzaspekten,
— „Ökonomisierung" der gesellschaftlichen Information.

Quantifizierte Informationen hängen, wie ausgeführt, von einem Konstrukt ab; die unmittelbare Einheit, auf die sie sich beziehen, hat operationalen Charakter. Dies bedeutet, daß Reflexion und Kritik auf der kategorialen Ebene anfangen müssen. Gesellschaftliche Analysen hängen zunächst viel mehr von der Kraft der Kategorien ab, die verwendet werden, als von deren Quantifizierung. Es müssen zunächst Kategorien gefunden werden, die in der Lage sind, gesellschaftliche Zusammenhänge aufzulösen und in ihre Wesensbestandteile zu zerlegen. Die Quantifizierung erscheint von daher sekundär, wenn sie auch einen wichtigen Stellenwert hat.

Dieser Zusammenhang wird oft mißachtet. Allein die Tatsache, daß fast immer nur von Indikatoren die Rede ist und selten die Konstruktproblematik aufgerollt wird, deutet darauf hin. Indikatoren werden sozusagen *verselbständigt*. Hier kommen vordergründige Interessen ins Spiel, die auf möglichst schnelle Verfügbarkeit von Informationen drängen und daher die Indikatorebene als einzig relevante Ebene betrachten.

Der gleiche Zusammenhang kommt zum Ausdruck, wenn versucht wird, quantitative Informationen durch qualitative zu „ergänzen".[6] Es wird dann so etwas wie eine Parallelsetzung von Quantität und Qualität betrieben, die die inneren Abhängigkeiten verleugnet. Quantitative Infor-

---

5 Böhret (1970: 40—64) entwickelt ein politologisches Modell rationaler Entscheidung, das in Machterhaltung und Gestaltung die politischen Maximen hat. Der Entscheidungsträger verhält sich rational, wenn er zwischen beiden situationsspezifisch abwägt. Dieses Modell impliziert jedoch auch den traditionellen parlamentarischen Hintergrund.

6 Dies klingt etwa bei Gross (1966 c: 154) an, wenn er schreibt: „Moreover, qualitative information may be fully as important as quantitative information."

mationen werden dann in einer bestimmten Weise doch in ihrer Selbständigkeit belassen.

Aber auch innerhalb des Feldes quantifizierter Informationen selber sind bestimmte Akzentuierungen zu beobachten. Quantifizierungen werden sich zum großen Teil auf *Performanzaspekte* beziehen; diese sind leicht zu beobachten, da sie von Zielen, Ergebnissen und Leistungen begleitet sind. Strukturzusammenhänge sind schwieriger zu quantifizieren.

Von daher aber ergibt sich die Gefahr, daß auf Grund der Fülle und der Klarheit der Performanzinformationen die Strukturaspekte vernachlässigt werden. Nach dem „economic philistinism" (Gross) könnte sich nun ein „social philistinism" entwickeln, der in borniester Weise auf soziale Performanz abstellt. Man beschäftigt sich vielmehr mit der *konkreten Indikatorausprägung*, mit der Frage, ob sie gestiegen oder gefallen ist, als mit dem Zusammenhang, den sie zum Ausdruck bringt. In der Ökonomie scheint ein solcher Vorgang vonstatten zu gehen.[7] Strukturaspekte der Produktionsweise, der Einkommens- und Machtverhältnisse werden durch die bloße Präsentation der anderen *Datenfülle* in den Hintergrund gedrängt, obwohl hier natürlich auch noch andere Interessen eine Rolle spielen.

Auf sozialem Gebiet ist diese Gefahr in der derzeitigen Phase noch nicht so hoch zu veranschlagen, da das Problem zunächst in der Datenerfassung überhaupt liegt. Jedoch sind ähnliche Tendenzen zu erwarten, wenn der Datenumfang größer wird.

Dieser Zusammenhang kann auch unter anderen Vorzeichen thematisiert werden. Quantifizierte Phänomene beziehen sich auf greifbare, in irgendeiner Weise verdinglichte Phänomene. So ist die Gefahr der „Ökonomisierung" der gesellschaftlichen Information gegeben. Es wird auf hoch verdinglichte Aspekte abgestellt; komplexere Phänomene werden vernachlässigt.

Die Ökonomie scheint sich ihr Zahlenmaterial großenteils durch solche *Reduktionsvorgänge* erkauft zu haben. Sie beschäftigt sich nicht mit Werten, sondern mit Preisen. Zugrundeliegendes Bezugsmuster für jedes Maß ist der Tausch. Davon abgeleitet lassen sich weitere Reduktionen feststellen: an Stelle von Bedürfnissen wird die Nachfrage in den Mittelpunkt gestellt, an Stelle von Fortschritt Produktivität.

Es besteht die Gefahr, daß ähnliche Reduktionen auch auf sozialem Gebiet durchgeführt werden. Statt sich mit Entwicklung und Konflikt zu beschäftigen, wird Integration zu einem Paradigma gemacht. Integration kann leicht festgestellt werden, besonders durch Abweichungen vom

---

7 Solche Zusammenhänge könnte man z. B. beim Preisindex für die Lebenshaltung nachweisen, dessen „magische" Bewegungen umfangreich diskutiert werden, ohne auf die zugrundeliegenden Verhältnisse einzugehen.

„normalen" Zustand. Dadurch ergibt sich dann ein leicht meßbarer Gegenstand. Ähnlich wie in der Ökonomie der Preis zum Bezugspunkt genommen wird, kann dies auf mehr sozialem Gebiet durch „Abweichungen" (Abb. 11) geschehen.

Abbildung 11: Reduktionen infolge Überbetonung des Meßvorgangs

	eigentlicher Gegenstand	Reduktion	Maßeinheit
Ökonomie	Werte/Bedürfnisse	Tausch	Preis
Sozialwissenschaft	Entwicklung/Konflikte	Integration	Abweichung

Es soll jedoch nicht behauptet werden, daß solche Reduktionen jedem Meßvorgang immanent sind. Vielmehr dreht es sich um Entwicklungen, die erkannt werden müssen. An einem solchen Paradigma kann klargemacht werden, daß der Meßvorgang kein neutrales Faktum ist, sondern selber eine bestimmte Tendenz mit sich bringt. Verdinglichte Aspekte erhalten eine stärkere Betonung.[8]

Diese Zusammenhänge müssen prinzipiell festgehalten werden. Von der *Praxis* her sind die Schwerpunkte jedoch anders zu setzen. Hier besteht allgemein ein Mangel, Kategorien mit Daten zu füllen und so empirisch zu validieren. In den meisten sozialwissenschaftlichen Abhandlungen werden nur sehr wenig Zahlen benutzt. In der Praxis ist es daher gerade erforderlich, manifeste Verhältnisse zu erfassen, um die theoretischen Ansätze damit zu konfrontieren. Jedoch ist trotz dieses praxisbedingten Schwerpunktes der prinzipielle Stellenwert quantifizierter Informationen zu beachten.

5.2 Institutionelle Auswirkungen

Die Indikatorerhebung und -verwendung hat Auswirkungen auf die Institutionen, die darin engagiert sind; es sind dies vor allem die Regierung und das Wissenschaftssystem.

5.2.1 Regierungsebene: Stärkung der Exekutive

Auf der Regierungsebene bringt die Ausweitung der Informationsverarbeitung eine Stärkung der Exekutive mit sich. In Ministerien und zuge-

---

8 Von solchen Aspekten her müßte man auch das Postulat prüfen, daß man den Reifegrad einer Wissenschaft an dem Umfang ihrer Quantifizierungskapazität ersehen kann. Für Naturwissenschaften mag dies gelten; für Sozialwissenschaften ergeben sich aber vom Gegenstand selber her Restriktionen der Quantifizierung.

ordneten Ämtern (statistische Ämter) werden Datenbanken organisiert – sei es in eigener Regie oder als Dienstleistung unabhängiger Institutionen. Dort ist auch der unmittelbare Zugriff auf die Daten in Form von Informationssystemen möglich. Erst in zweiter Linie kommen parlamentarische Gruppierungen in Frage.

Im Zusammenhang mit der Verwissenschaftlichung der Politik wird allgemein ein Machtzuwachs der Exekutive konstatiert. Böhret (1970: 224 ff) wies bei der Einführung des *Planning-Programming-Budgeting-Systems* (PPBS) in die amerikanische Regierung nach, daß der Kongreß tendenziell nur noch über übergeordnete Budgetfragen entscheiden kann. Die Regierung ist in der Lage, ihre Programme als sachnotwendig auszuweisen und so mit einem *hohen Annahmedruck* zu versehen. Außerdem ist es schwierig, Einzelpunkte aus einer nach PPBS erstellten Vorlage zu lösen. Falls globale Änderungen beschlossen werden, muß die Ausfüllung oft wichtiger Einzelheiten der Regierung überlassen werden (Böhret 1970: 247). Dies wird auch auf der subjektiven Ebene von den Abgeordneten so gesehen.[9]

Der Machtzuwachs auf Grund von PPB-Systemen beruht auf organisatorischen Veränderungen (Programmstruktur statt Bewilligungsstruktur). Noch viel weitergehende Verschiebungen sind zu erwarten, wenn auch die Informationsbasis auf der Seite der Exekutive ausgebaut wird. Dann kann ein Programm als analytisch fundiertes, mit allen Detailinformationen versehenes eingebracht werden. Die Regierung ist dann in der Lage, einen hohen Argumentationsdruck auszuüben.

Es werden Möglichkeiten diskutiert, den Machtzuwachs auszugleichen. Konkrete Alternativen zu den Regierungsprogrammen zu entwickeln würde den gleichen analytischen Apparat erfordern wie auf Regierungsseite. Dies wäre sicher zu aufwendige Doppelarbeit. Wie Böhret (1970: 254–266) darstellt, könnte eine Möglichkeit darin bestehen, die allgemeine Prioritätenbestimmung des Parlaments genauer zu fassen, verbunden mit stichprobenartigen Kontrollen bestimmter Programmeinzelheiten.

Aber auch dann wären die Optionen, die den Prozeß der eigentlichen Informationsgewinnung begleiten, immer noch in der Hand der Regierung, was eine entscheidende Vorstrukturierung des Feldes bedeutet. Darüber hinaus ist zu fragen, welche Funktionen gleiche Prioritätenbestimmungen haben. In vielen Fällen ist die konkrete Bestimmung eines Programms nach Zielgruppen, zeitlicher Planung und Plandurchführung wichtiger als der grobe Rahmen, der durch langfristige Vorentscheidungen vielleicht sowieso schon festgelegt ist.

---

9 In einer von Böhret durchgeführten Umfrage glaubte nur ein Kongreßmitglied (von 84), daß seine Entscheidungen nicht von PPBS-Resultaten beeinflußt seien; vgl. Böhret (1970: 248, 316–317).

Die Erhöhung der Informationsbeschaffung und -verarbeitung bringt daher prinzipielle Fragen der Gewaltenteilung und der Regierungskontrolle mit sich. Traditionelle Vorstellungen sind unter dem Gesichtspunkt der Argumentationsbasis und Sachrationalität, die Informationssysteme mit sich bringen, zu diskutieren.

5.2.2 Wissenschaftssystem: Professionalisierung

Wie jede Bewegung hat auch die sozialer Indikatoren Bedingungen und Auswirkungen bei den Stellen, die sie betreiben. Diese wissenschaftspolitische Fragestellung soll in drei Punkten angegangen werden:
— soziale Indikatoren als Anwendungsfeld,
— Professionalisierungsinteressen und kritische Wissenschaft,
— Erneuerung der makrosoziologischen Betrachtungsweise unter Steuerungsaspekten des Systems.

Die Anwendung der Sozialwissenschaften wird immer wieder gefordert,[10] und man glaubt, den Reifegrad einer Wissenschaft an ihrer erfolgreichen Anwendung ablesen zu können. Das Feld sozialer Indikatoren ist auf Grund seiner Breite in der Lage, eine Reihe von Wissenschaftszweigen der Praxisrelevanz zuzuführen. Steuerungsprobleme und institutionelle Fragen werden ebenso angesprochen wie meßtechnische Probleme und Fragen optimaler Informationsverarbeitung. Innerhalb der Politikwissenschaft ist die Anwendung in einem eigenen Zweig, der „policy science", zusammengefaßt. Wie zu erwarten, nehmen in diesem Rahmen soziale Indikatoren einen großen Raum ein.[11]

Aber auch für systemwissenschaftliche Ansätze, Kybernetik und Futurologie erschließen sich Aufgaben. Durch Systemmodelle können Informationen aufeinander bezogen und analysiert werden; es können dann Steuerungsoptionen ermittelt werden. Schließlich ist auch die Extrapolation für futurologische Fragen möglich.[12] Die Erstellung von Szenarien ist unmittelbar auf Datenmaterial angewiesen.

Für diese Ansätze hat die Bewegung sozialer Indikatoren eine aufbauende und integrierende Funktion. Auf Grund des administrativen Interesses erschließen sich einmal erhebliche Ressourcen,[13] zum anderen bedeutet die Zusammenfassung unter einem Programm gegenseitige Motivation und Abstimmung. Es sind Tendenzen erkennbar, daß sich die

---

10 Vgl. den umfangreichen Band von Lazarsfeld/Sewell/Wilensky (1967), von Regierungsseite in den USA vor allem den Bericht Knowledge into Action (1969).
11 Vgl. die Artikel in der Zeitschrift Policy Sciences: Sheldon/Freeman (1970), Sheldon/Land (1972), Klages (1973).
12 Für Indikatoren in der Futurologie vgl. Markley (1970).
13 Nach einem Bericht der *National Science Foundation* hat allein diese Stiftung 5,5 Mio. Dollar in einem Drei-Jahres-Programm bereitgestellt.

Praxisorientierung der Sozialwissenschaft unter dem Stichwort „soziale Indikatoren" verstärkt organisiert.

Es sind jedoch auch *Professionalisierungsinteressen* der Sozialwissenschaft selbst, die eine erhebliche Rolle spielen.[14] Die Gründe dafür sind zahlreich, nicht zuletzt spielen auch die immer größer werdenden Absolventenzahlen der Universitäten in diesen Fächern eine Rolle. Erhebung, Institutionalisierung und Verwendung von sozialen Indikatoren scheint ein Einstiegspunkt in diesem Sinne zu sein. Springer (1970: 3) spricht von einem neuen Typ der Sozialwissenschaftler, „who have careers and interests in both academic and governmental life". Hier kommt auch eine typische Konstellation der Indikatorbewegung zum Ausdruck, nämlich einerseits wissenschaftlich, andererseits auch administrativ orientiert zu sein.

Das Anwendungsproblem der Sozialwissenschaft wird häufig diskutiert. Es dreht sich vor allem um die Frage, wie eine *kritische Sozialwissenschaft* beschaffen sein muß, die nicht nur auf der Bewußtseinsebene verändernd wirken, sondern auch in den konkreten materiellen Bedingungen der Gesellschaft Veränderungen herbeiführen will. Auf die Auseinandersetzungen im einzelnen braucht hier nicht eingegangen zu werden. Es sei nur auf Sozialtechnokratie hingewiesen, einen Zweig, der Sozialwissenschaft nur danach bemißt, inwieweit sie soziale Prozesse verfügbar macht, und der alle anderen Fragen ausklammert.

Es ist zu fragen, wo der Standpunkt der Sozialwissenschaftler einzuordnen ist, die sich um soziale Indikatoren bemühen. Ihr Selbstverständnis wird allgemein als reformerisches, liberal-demokratisches charakterisiert.[15] Dies entspricht wohl dem typischen Hintergrund vor allem der amerikanischen Sozialwissenschaft. Es ist jedoch zweifelhaft, ob von diesem Selbstverständnis her den Zwängen der Praxis Widerstand geleistet werden kann. In der Praxis dürfte das Pendel eher zur konservativen, auch sozialtechnokratischen Seite ausschlagen. Das wird z. B. deutlich, wenn Springer (1970: 13) von einer Sozialwissenschaft ausgeht, „that has been developed to serve the needs of the poor, despised, and unorganized, as well as the rich and powerful". Die Reichen und Mächtigen werden also gleichermaßen mit dem technokratischen Instrumentarium bedient.

---

14 Für eine Aufarbeitung der Professionalisierung als eines allgemeinen Phänomens vgl. Janowitz (1972).

15 So bezeichnet Zapf (1971 a: 9) die „gesellschaftspolitische Perspektive des ‚social indicator movement' (als) die kritischer Liberaler". Henriot (1971: 5) führt zur Charakterisierung der Sozialwissenschaftler im ähnlichen Sinne an, daß sie positive Annahmen haben über: 1. die prinzipielle Funktionsfähigkeit des politischen Systems, 2. die Rationalisierungsfähigkeit des politischen Systems, 3. die Förderungswürdigkeit der öffentlichen Wohlfahrt.

Eine weitere skeptische Position ergibt sich von der besonderen Konstellation her, in der nun die makrosoziologische Betrachtungsweise aktuell wird, und zwar auf der konkreten Ebene. Dieser Zweig wurde vor allem unter dem Einfluß funktionalistischer Theoriebildung stark vernachlässigt, bis sich die Forschung in der Untersuchung individuellen Wahlverhaltens oder von Kleingruppenaktivitäten erschöpfte.

Die gesamtgesellschaftliche Betrachtungsweise wird nun wieder aktuell, allerdings unter dem expliziten Vorzeichen der *Steuerungsbedürfnisse des politischen Systems*. Die Theorien, die jetzt entwickelt werden, gehen von diesem klaren Verwendungszusammenhang aus. Es ist nicht ein ursprüngliches Erkenntnisinteresse, das sich nach wissenschaftlichen Prioritäten bestimmt, sondern es spielen administrative Bedürfnisse eine Hauptrolle.

Andererseits mußte aber offensichtlich erst dieser administrative Impetus kommen, damit die Wissenschaft sich diesem Feld zuwandte. Im Grunde hätte die Bewegung schon viel früher entstehen können, z. B. im Zusammenhang mit dem New Deal in den USA in den dreißiger Jahren. Auch dort wurden ja Planungsanstrengungen unternommen, die valider Informationen bedurften. Trotzdem kam es nicht zur Herausbildung eines anwendungsorientierten Zweiges, wenn auch die damalige Chicagoer Schule der Soziologie (Ogburn) sehr konkret arbeitete.[16] Offensichtlich bewirken erst die administrativen wie auch die sozialen Probleme der sechziger Jahre eine Praxisorientierung. Bell (1969: 76) spricht so von einem „belated movement" und führt als Hauptgrund die abstrakte funktionalistische Theoriebildung an.

Der wissenschaftspolitische Stellenwert der Bewegung scheint so ein genaues Abbild der gesellschaftlichen Verhältnisse zu sein. Die Anstrengungen werden auf Grund der „Nachfrage" unternommen, die wiederum einer gesellschaftlichen Problem- und Krisensituation entspricht. Dabei werden herrschende funktionalistische Ansätze, die bisher „funktional" waren, in den Hintergrund gedrängt.

5.3 Die gesellschaftlichen Bedingungen der Indikatorbewegung

In den obigen Kapiteln wurde versucht, den politischen Gehalt von Indikatoren aufzuweisen sowie die institutionellen Auswirkungen zu untersuchen. Damit aber ist das Phänomen noch nicht erschöpft. Diese Ausführungen beziehen sich auf die Indikatoren und ihre Träger selber. Aber auch auf der allgemeinen gesellschaftlichen Ebene hat das Phänomen

---

16 Auch der fundierte Band „Recent Social Trends" (US President 1933), den man als ersten Sozialbericht bezeichnen könnte, entspringt dieser Schule.

einen Stellenwert. Wie bereits die Bezeichnung Bewegung[17] andeutet, müssen bestimmte gesellschaftliche Bedingungen vorhanden sein, die die Fragestellung haben relevant werden lassen. Es dreht sich dann weniger um die Einschätzung von Indikatoren und der betroffenen Institutionen als um die Darstellung und Kritik der Kräfte und Interessen, die den Ausgangspunkt bilden.

Diese Ebene wird in der Diskussion selten angeschnitten. Sie ist jedoch außerordentlich wichtig, um zu einer Gesamteinschätzung zu kommen.

5.3.1 Der allgemeine gesellschaftliche Rahmen: Lebensqualität als neue politische Programmatik

Jede Systemsteuerung geht von bestimmten Grundmustern und Programmatiken aus. Das bisher vorherrschende Konzept war gleichgewichtiges ökonomisches Wachstum; es bildete die oberste Richtschnur des politischen Handelns auf innenpolitischem Gebiet.

Dieser Begriff wird in jüngster Zeit zunehmend abgelöst durch einen viel weiter gefaßten Terminus, nämlich Lebensqualität. Die rein ökonomische Orientierung der politischen Systemsteuerung wird ersetzt durch eine breitangelegte Sozialorientierung. Es bildet sich eine neue politische Programmatik heraus. Dieser Zusammenhang ist für soziale Indikatoren von entscheidender Bedeutung. Es wird sich zeigen, daß soziale Indikatoren Operationalisierungen dieser Lebensqualität sein sollen. Es soll deshalb auf Inhalte und Haupttendenzen der Lebensqualität eingegangen werden, besonders wie sie im Rahmen der BRD angegangen wurden.

5.3.1.1 Komponenten der Lebensqualität

Der Terminus Lebensqualität ist seit dem Kongreß der IG-Metall vom April 1972[18] zu einem weitverbreiteten Schlagwort der politischen Diskussion geworden.[19] Innerhalb kürzester Zeit hat er im Arsenal der politischen Globalkonzepte eine ähnliche Stellung wie Freiheit oder Friede erobert. Von der obersten Regierungsebene bis zu wissenschaftlichen Kreisen fehlt er in keiner innenpolitisch ausgerichteten Diskussion. Der Begriff soll allgemein in Distanz zur bisherigen gesellschaftlichen Ent-

---

17 Der Begriff Bewegung als Innovationsstrategie wird von Schon (1969) erläutert.

18 IG-Metall, 4. Internationale Arbeitstagung, 11. bis 14. April 1972 in Oberhausen.

19 Die Protokolle liegen mittlerweile vor; vgl. IG-Metall (1973).

20 Vgl. neuerdings den zweiten Bericht an den Club of Rome: Mesarović/Pestel (1974).

wicklung eine Neuorientierung auf qualitative Aspekte der sozioökonomischen Situation sowie auf die Bedürfnisse des Individuums zum Ausdruck bringen — im Gegensatz zur bisher vorherrschenden Konzentration auf bloße Wachstumserscheinungen und auf die Erfolge ökonomischer Aggregate. Ähnlich wie auf außenpolitischem Gebiet die Friedensforschung scheint sich nun auf innenpolitischem Gebiet eine Forschung über die Qualität des Lebens zu etablieren.

Einige wissenschaftliche Publikationen über die Weltlage haben zur Aktualisierung des Begriffs beigetragen. Meadows et al. (1972) demonstrieren in ihren Modellen eindringlich die Begrenztheit der materiellen Ressourcen wie auch die Notwendigkeit, neue qualitative Standards zu schaffen. Diese z. T. popularwissenschaftlichen Darstellungen haben auch zu einer Mobilisierung der breiten Öffentlichkeit geführt.[20]

Der Terminus besagt jedoch keineswegs, daß bereits eine Formel für die Zukunft der kapitalistischen Industriegesellschaft gefunden wurde. So einig sich auch die Autoren über die Beurteilung des „Wildwuchses der Industrieproduktion" (Vetter) sind, so unklar und schwer erfaßbar sind die Zielvorstellungen, die daraus abgeleitet werden. Sie sind großenteils auf eine Ausweitung der ökonomischen Prinzipien gerichtet; wirtschaftliches Wachstum allein soll nicht mehr Maßstab für den Fortschritt sein. Es werden jedoch auch soziale und politische Faktoren miteinbezogen. Im Komplex Lebensqualität sollen hier drei Forderungen unterschieden werden:

- qualitatives Wachstum,
- Verbesserung der sozialen und politischen Struktur,
- Schaffung neuer Wertsysteme.

Qualitatives Wachstum

Für das Konzept qualitatives Wachstum lassen sich eine Reihe von Komponenten finden.[21] Es werden die Forderungen erhoben:

- Die Produktion soll in Einklang mit Umweltanforderungen gebracht werden.
- Die Lebensdauer der Gebrauchsgüter soll erhöht werden, um das Abfallproblem zu begrenzen (einschließlich recycling).
- Das Verhältnis von privatem Konsum und kollektiven Gütern soll neu gestaltet werden (Bombach 1973).

---

21 Sofern exakte Definitionen versucht werden, halten sie sich in einem allgemeinen, wenig aussagekräftigen Rahmen. Vgl. Loderer: „Qualitatives Wachstum bedeutet dagegen die Berücksichtigung gesellschaftspolitischer Prioritäten in der Wirtschaftspolitik" (in IG-Metall 1973: Band 1, 245).

– Der Akzent der wissenschaftlichen Forschung und Technik soll von der Produktion auf die Nutzung verlegt werden (Naville 1973: 200–203).[22]

Die Komponenten des qualitativen Wachstums sind in der vorliegenden Form nicht neu. Sie werden jedoch unter dem Terminus Lebensqualität zu einem einheitlichen Phänomen verschmolzen und erhalten von daher mehr Durchschlagskraft und Begründbarkeit.

Oft werden diese Komponenten unter dem Terminus „postindustrielle Gesellschaft"[23] zusammengefaßt. Naville (1973: 201) gibt für diese Gesellschaft als Charakterisierung die Akzentuierung der Qualität vor der Quantität an, was ja gerade im Terminus Lebensqualität und qualitatives Wachstum zum Ausdruck gebracht wird. Der Ausdruck postindustrielle Gesellschaft kann jedoch von seiner formalen Bestimmung her wenig Relevanz bekommen. Die Zusammenfassung unter dem Terminus Lebensqualität ist anschaulicher und politisch relevanter.

Verbesserung der sozialen und politischen Struktur
Die nur relative Bedeutung der materiellen Lebensumstände wird von der weltweiten Protestbewegung eindringlich demonstriert. Im Komplex Lebensqualität werden daher auch soziale und politische Faktoren aufgenommen.

Da die Arbeitszeitverkürzung an Grenzen gestoßen ist, soll auf die Verbesserung der sozialen Beziehungen in der Produktion Wert gelegt werden. Die Mitbestimmung wird von gewerkschaftlicher Seite als ein Hauptfaktor zur Hebung der Lebensqualität im weiteren Sinne angesehen (vgl. Loderer in IG-Metall 1973: Band 1,253). Durch kollektiv organisierte Leitungsgremien soll die kommunikative Struktur der Gesellschaft verbessert werden.

Dies trifft auch für spezielle Aspekte zu, etwa die Organisation der öffentlichen Planung. Durch weitgehende Partizipation soll die Teilnahmemöglichkeit des Staatsbürgers in seinem unmittelbaren Lebensraum erhöht werden. Die Zukunft wird vor allem von diesen Aspekten her gesehen: „Ohne Demokratisierung kann man die Qualität des Lebens im eigentlichen Sinne des Wortes nicht verbessern und auch viele andere Probleme nicht lösen" (Benn 1973: 49).

Schaffung neuer Wertsysteme
Eppler weist darauf hin, daß diese Forderungen nicht nur eine neue Akzentuierung der wirtschaftlichen und sozialen Bewertungen erfordert,

---

22 Diese Konzepte sind zu finden im Band 7 der IG-Metall-Publikationen (IG-Metall 1973). Auch Glastetter geht auf qualitatives Wachstum ein (in Dörge 1973: 11–23).

23 Zu diesem Begriff vgl. bes. Bell (1967 a).

sondern „einen grundlegenden Wandel in unserem Wertsystem, und zwar im individuellen, nationalen und internationalen Bereich" (Eppler 1973: 88) nach sich ziehen. Der stringente Rhythmus von Erwerb und Konsum, in den das Leben eingespannt ist, sei ein Hauptfaktor für die wachsende Unzufriedenheit. Um dies aber zu ändern, müssen neue Wertsysteme geschaffen werden, die auch nicht-konsumtive Fähigkeiten als erstrebenswert erscheinen lassen.

Vor allem aber um die Motivation auf seiten der Beteiligten zu schaffen, müssen neue Ideen propagiert werden, die den Einsatz für die höhere Lebensqualität lohnend erscheinen lassen. Die Wissenschaft muß die Bedürfnisse des Menschen erforschen, um Konsens über die weitergefaßten Ziele und nationalen Anstrengungen zu ermöglichen. Es wird eine „Wissenschaft von den menschlichen Bedürfnissen" (Eppler 1973: 89) gefordert. Die Bestimmung der neuen Maßstäbe soll von wissenschaftlichen Grundlagen her erfolgen.

5.3.1.2 Lebensqualität und politisch-ökonomische Struktur

Das relativ plötzliche Auftauchen des Konzeptes Lebensqualität wie auch seine schnelle Verbreitung zeigen, daß das Phänomen nicht der Willkür einiger gesellschaftlicher Organisationen zuzuschreiben ist, sondern auf Veränderungen an der ökonomischen Basis beruht. Die ökonomische Lage ist in kapitalistischen Industriestaaten in den letzten Jahren durch eine relative Prosperität gekennzeichnet, die sozusagen Entlastungsfunktionen hatte, so daß nach neuen Zielen gesucht werden konnte. Im Gefolge der Prosperität nahmen jedoch die Staatsfunktionen zu (um eben diese Prosperität zu erhalten), so daß auf der Ebene der politischen Programmatiken die Notwendigkeit entstand, sich stärker und nachhaltiger zu legitimieren, als das bisher der Fall war.

Als ein Ineinandergreifen dieser beiden Elemente, der Entlastung auf der individuellen Ebene und der Erhaltung der Massenloyalität auf der politischen Ebene, soll das Phänomen angegangen werden.

Individuelle Entlastung
Die Entlastungspsychologie Gehlens bietet die Möglichkeit, das immer stärker artikulierte Interesse an der Diskussion und Realisierung von Lebensqualität zu interpretieren.

Gehlen (1950) geht vom anthropologischen Grundvorgang der Entlastung aus. Er zeigt, daß im Laufe der menschlichen Entwicklung bestimmte Funktionen zur Gewohnheit werden und so Antriebsenergie freisetzen, die zur Ausbildung höherer Funktionen benutzt werden. Gehlen nennt diesen Vorgang Entlastung: „Spezifisch menschlich ist demgegenüber die Möglichkeit der *Entlastung* des Verhaltens, also z. B. der denkenden oder praktischen Tätigkeit von den Funktionen im Dienst instinktiver Antriebe" (Gehlen 1950: 31). Der Mensch ist so in der Lage, erprobte Handlungsabläufe zu verfestigen und Erfahrungen in der Leistungserstellung zu akkumulieren. Auf diese Weise können immer komplexere Verhaltensweisen entwickelt werden.[24] Gehlen nennt diesen Vorgang das Strukturprinzip der menschlichen Leistung (Gehlen 1950: 38).

Übertragen auf das soziale und kulturelle Leben bedeutet dies, daß der Mensch nach Erreichen einer bestimmten Stufe der Existenzsicherung in der Lage ist, nach neuen Lebensformen zu suchen. Eindimensionale, auf materielle Sicherung ausgerichtete Konzepte werden durch differenzierte, die reflexive Ebene betonende Gehalte abgelöst. Auf Grund der allgemeinen Entlastung ist dafür „psychische Energie" vorhanden.

Lebensqualität bedeutet nach diesen Überlegungen die Suche nach einem *komplexeren Sinngehalt*, die auf einer bestimmten Stufe der ökonomischen Reproduktion relevant wird. Der Terminus nimmt das Bestreben auf, materielle Orientierungen durch breitangelegte soziale und reflexive Orientierungen zu ersetzen.

Durch diesen psychologischen Ausgangspunkt wird auch klar, daß der Terminus per se noch keine Inhalte oder gar Durchsetzungsstrategien mit sich bringt. Er kennzeichnet nur eine psychologische Situation. Deshalb ist es auch nutzlos, diejenigen, die den Terminus vorbringen, auf eine Definition zu verpflichten.[25] Diese kann erst in einem langsamen Prozeß wachsen.

Von der Entlastungstheorie her kann man auch einen weiteren Aspekt erklären, der in die Diskussion eingebracht wird, daß nämlich Lebensqualität einen anderen Stellenwert habe als die bisher von den Herrschenden deklarierten Ziele wie staatliche Macht oder wirtschaftliches Wachstum. Lebensqualität sei erstmals der Rahmen für umfassende nationale Ziele, die auf die Lebenslage und die Bedürfnisse der Individuen abstellen und diese nicht nur als Akklamationsinstanzen heranziehen. Die Situation sei durch den Umstand ausgezeichnet, „daß das Ziel einer besseren Qualität des Lebens für alle tatsächlich von der Allgemeinheit selbst aufgestellt wurde" (Benn 1973: 28). Von der Entlastungshypothese her braucht dieses Ziel keineswegs eine hohe Partizipation oder Mobilisierung der breiten Massen zu bedeuten. Es impliziert lediglich einen bestimmten

---

24 Auf wirtschaftlichem Gebiet ist dies nichts anderes als das Akkumulationsprinzip; für einen Vergleich des ökonomischen und psychologischen Ansatzes (Marx/Gehlen) siehe Kofler (1958).

25 Vgl. die im Bundestag erhobene Forderung nach einem „Gutachten über Lebensqualität", was es in dieser Form nicht geben kann. Die Diskussion ist abgedruckt in: Das Parlament, 23. Jg., Nr. 49 (8. Dez. 1973), S. 14.

Sättigungsgrad auf dem elementaren Sektor der Bedürfnisbefriedigung. So ist es auch zu erklären, daß das Phänomen bisher großenteils durch vermittelnde Instanzen, in der BRD die Gewerkschaften, getragen wurde. Jedoch ist die Individuenbezogenheit nicht zu leugnen, so daß dieses nationale Ziel wenigstens von der Möglichkeit her eine Funktion für die breite Masse haben kann.

Erhaltung der Massenloyalität
Das Auftreten der Diskussion über Lebensqualität kann jedoch nicht nur von Entlastungsaspekten her gesehen werden. Der Gehlensche Ansatz erklärt nicht, welche Richtung die Folgen der Entlastung nehmen und wie sie durch die gesellschaftliche Struktur kanalisiert werden. Auf der anthropologischen Ebene mag es genügen, eine komplexe Leistung aus ihr vorhergehenden einfachen Leistungen zu erklären; es wird ein stetiger Aufbau eingehalten. Bei sozialen und kulturellen Erscheinungen ist die Bildung eines komplexeren Sinngehaltes jedoch herrschaftsrelevant und wird bestimmten Interessen unterworfen.

Offe (1972: 107—122) entwickelt, von Max Weber ausgehend, einen Herrschaftsbegriff und eine Herrschaftsanalyse, die die Phänomene auf der Massenseite mit aufnehmen. Er bestimmt Herrschaft als ein *komplementäres Verhältnis*. Jede konkrete Machtausübung muß gegenüber den Betroffenen legitimiert werden, um eine dauerhafte Basis zu besitzen. Herrschaft besteht aus autoritativen Anordnungen, die jedoch auf Willfährigkeit bei den Betroffenen stoßen müssen: „Das Prinzip jedes Herrschaftsverhältnisses ist das komplementäre Ineinandergreifen von objektiven Macht- und Zwangsmitteln und subjektiven Motivationssystemen, die sie bestätigen und reproduzieren" (Offe 1973: 109). Die Erhaltung der Loyalität wird so zu einer ständigen Aufgabe des Systems. Sie kann erreicht werden durch Erstellung von allen verfügbaren Leistungen, durch direkte Ressourcenzuteilung und nicht zuletzt auf der Symbolebene durch politische Programmatiken.

Im Zuge der sozioökonomischen Entwicklung weiten sich die Staatsausgaben in kapitalistischen Industriestaaten immer mehr aus. Die Bereitstellung kollektiver Güter und die Steuerungsnotwendigkeiten auf dem Gebiet des Arbeitsmarktes, der Konjunktur, des Sozialen, der Bildung und Wissenschaft werden in umfassenden Planungssystemen zusammengefaßt. Dadurch entsteht ein *zunehmender Legitimationsbedarf*: „Seine Kompetenzanreicherung macht den Staatsapparat schon deshalb von affirmativen politischen Einstellungskomplexen abhängig, weil die dysfunktionalen Folgen manifesten Loyalitäts*entzuges* sich nun auf einen erweiterten Funktionsbereich beziehen und deshalb als Störfaktoren stärker ins Gewicht fallen" (Offe 1972: 112).

Die Sanktionsmöglichkeiten des einzelnen nehmen mit der Differenzierung der Staatstätigkeit zu. Hinzu kommt, daß allein die Ideologie des geplanten Kapitalismus das System bereits anfällig macht, da die Übernahme der Planungsverantwortung den Staat „gleichsam zum Adressaten einklagbarer Rechte und Ansprüche" (Offe 1972: 112) werden läßt.

Der Legitimationsbedarf wird jedoch noch von einer anderen Seite aus erhöht. Mit der Differenzierung wird die Staatstätigkeit immer empfindlicher. Dem subjektiven Faktor kommt erhöhte Bedeutung zu; ähnlich wie am Arbeitsplatz Kreativität gefordert wird, ist bei den Staatsmaßnahmen Mitarbeit und Artikulation von Standpunkten in bestimmtem Umfang erforderlich. Hier können Bereiche angeführt werden, die auf individueller Ebene freiwillig sind, aber im Gesamtzusammenhang eine Systemnotwendigkeit darstellen. Freiwillige Berufsberatung, Gesundheitsvorsorge, Auskunftswilligkeit bei Befragungen,[26] aber auch sinnvolle Planung der Urlaubstermine, um Verkehrsstauungen zu vermeiden, bedeuten erhöhte Anforderungen an die *individuelle Motivation*. Auch in Planungssystemen wird immer stärker auf das Individuum zurückgegriffen, da der im unmittelbaren Wirkungszusammenhang Stehende die besten Informationen abgeben kann.

Die staatliche Herrschaft ist also in zunehmendem Maße von der Aufgabe der Loyalitätssicherung geprägt. Es wird nach neuen Techniken und Programmatiken gesucht, um ein „reibungsloses Motivationsmanagement" (Offe) zu bewerkstelligen. In diesem Zusammenhang ist das Phänomen Lebensqualität zu sehen. Es erfüllt alle Charakteristika, die Habermas den „Ersatzprogrammatiken"[27] zugeschrieben hat. Lebensqualität verspricht ausgewogene Wohlfahrtssteigerung, die an Stelle des in Zweifel gezogenen Wachstums neue politische Zielvorstellungen schaffen kann. Lebensqualität ist auch genügend individuenorientiert, um beim einzelnen die nötigen Motivationen zu schaffen. Schließlich kollidiert der Terminus auch nicht mit wesentlichen Elementen der privatwirtschaftlichen Produktion, des freien Tauschverkehrs und der Leistungsideologie. Parolen auf ähnlicher Abstraktionsebene wie „mehr Demokratie" oder „kollektive statt private Güter" würden wesentlich mehr Reibungen erzeugen. Der Terminus Lebensqualität stellt so einerseits die Suche nach einem *komplexeren Sinngehalt* dar, wird aber andererseits zu einem vorrangigen *Durchsetzungsmittel staatlicher Herrschaft* auf der programmatischen Ebene.

---

26 Vgl. etwa die Schwierigkeiten bei der Ausweitung der Tätigkeit des Statistischen Bundesamtes.

27 „Darum tritt an die Stelle der Ideologie des freien Tausches eine *Ersatzprogrammatik*, die an den sozialen Folgen nicht der Institutionen des Marktes, sondern einer die Dysfunktionen des freien Tauschverkehrs kompensierenden Staatstätigkeit orientiert ist" (Habermas 1968: 76).

Soziale Indikatoren spielen in diesem Zusammenhang eine entscheidende Rolle. Sie bilden in Ausweitung der ökonomischen Kategorien die informationelle Basis, um die Faktoren der Lebensqualität zu beurteilen. Sie erlauben die Systemsteuerung auf der angestrebten breiten Basis; sie rücken in Gestalt der subjektiven Indikatoren das Individuum als Träger der Lebensqualität in den Vordergrund. Was auf der Ebene der Konstrukte durch „Lebensqualität" angezeigt wird, soll auf der operationalen und meßtechnischen Ebene in sozialen Indikatoren seine Entsprechung finden. Soziale Indikatoren sind Operationalisierungen der neuen politischen Programmatik.

Historisch gesehen taucht der Terminus „soziale Indikatoren" als erster in größerem Umfang auf. In dem Band von Bauer (1966) ist nur selten von Lebensqualität die Rede. Gross (1966 c: 229) spricht nur vage von „the good life" als einem Begriff, der Wachstum ablösen soll. Vorläufig beherrschte in den USA der ausschließlich politisch gemeinte Begriff der Great Society die Szene.

Es war jedoch vorauszusehen, daß der mehr operationale Begriff „soziale Indikatoren" sehr bald eine *kategoriale Entsprechung* nach sich ziehen würde. So wurde der Terminus in den späten sechziger Jahren in den USA zu einem immer öfter gebrauchten Sammelbegriff für wissenschaftliche und politische Publikationen,[28] bis er dann von dort in anderen Ländern übernommen wurde.

Im Kapitel 7 werden einige Projekte vorgestellt, die die Operationalisierung der Lebensqualität zum Ziel haben. Aus den verwendeten Definitionen und dem Stand dieser Projekte wird zu beurteilen sein, welchen Stellenwert und welche Eindringtiefe diese Operationalisierungen besitzen.

5.3.2 Die konkreten Bedingungen

Es wurde gezeigt, daß das Konzept Lebensqualität emanzipatorische Komponenten aufweist — es kennzeichnet das Streben nach komplexeren Sinngehalten —, daß es andererseits aber auch mit einem Strukturproblem des kapitalistischen Staates zusammenhängt. Es spielt eine Rolle innerhalb der Legitimationsstrategie des politisch-administrativen Systems.

---

28 Die Bibliographie von Wilcox et al. (1972) verzeichnet als erste Arbeit, die „Lebensqualität" als Titelprogramm übernahm, einen Aufsatz von Udall (1968) über Bevölkerung und städtisches Leben: Eine methodisch ausgerichtete Arbeit, die man früher der Erfassung des Lebensstandards zugerechnet hätte, die nun aber als Lebensqualität erscheint, legt Wilson (1969) vor.

In ähnlicher Weise kann nun auch für soziale Indikatoren argumentiert werden. Sie stellen den Versuch dar, die gesellschaftliche Reflexion auf makrosozialer Basis zu organisieren; sie haben andererseits aber auch einen Stellenwert innerhalb der Machterhaltungsstrategie des kapitalistischen Staates. Auf diese letztgenannte Ebene ist besonders einzugehen, um den gesellschaftlichen Stellenwert sozialer Indikatoren zu erkennen. Dabei stehen konkrete Artikulationen im Vordergrund.

Die Proklamation sozialer Indikatoren läßt oft Stabilisierungsinteressen erkennen. Es kommen sehr häufig Begriffe wie „monitorship" und „control" vor, die auf den sozialen Wandel abzielen.[29] Es geht nicht nur um Dokumentation sozialen Wandels, sondern auch um dessen Beherrschung.

Die Betonung des sozialen Wandels kann von zwei Seiten her betrachtet werden. Einmal kann dahinter das originäre Interesse stehen, Wandel zu organisieren oder auch bestimmte negative Begleiterscheinungen zu vermeiden. Indikatoren würden ein wichtiges Element für die Planung des Wandels sein.[30] Andererseits weist die Betonung der Kontrolle auf ein Interesse am *Status quo* hin. Diese Betonung legt die Interpretation nahe, daß der Status quo eigentlich nicht weiter diskussionswürdig erscheint und daß daher die Frage, wie der unvermeidliche Wandel nach den Bedingungen des Systems ausgerichtet werden kann, in den Vordergrund gestellt wird. Solche konservativen Überlegungen kommen etwa zum Ausdruck, wenn im Sozialbericht der USA von einem „paradox of prosperity and rising discontent" (Toward a Social Report 1970: XXXII) die Rede ist. Die Gegenwart wird mit Prosperität gleichgesetzt; demgegenüber erscheint dann eine Entwicklungskraft, nämlich Unzufriedenheit, als paradox.

Solche latenten Stabilisierungswünsche können auch den Begründungen entnommen werden. Sie bestehen oft darin, daß der soziale Wandel naturwüchsig und stürmisch verlaufe und daher synchronisiert werden müsse, um rationale und selbstbestimmte Formen anzunehmen.[31] Vorbild ist die ökonomische Planung; so wie dort (begrenzte) Stabilität erreicht wird, soll nun auch auf sozialem Gebiet Stabilität erreicht werden. Dabei drängt sich jedoch der Verdacht auf, daß die Planung eher darin bestehen soll, Wandel zu verhindern, statt ihn zu fördern.

---

29 Vgl. Sheldon/Moore (1968: 4): „The notion of social indicators leads directly to the idea of ‚monitoring' social change."

30 Eine Ausfüllung der Planung des sozialen Wandels in diesem Sinne bringen Bennis/Benne/Chin (1969).

31 Solche Konzepte werden auch für die Sozialpolitik gefordert: „Zukünftige Sozialpolitik muß unter anderem darauf ausgerichtet sein, die mit dem sozialen Wandel auftretenden Spannungen und Konflikte durch frühzeitige Steuerungsmaßnahmen zu vermeiden" (Arendt 1973: 23).

Dafür spricht einmal, daß diese Planung *relativ perfekt* gedacht wird. Die Entwicklung der menschlichen Gesellschaft wird als geplanter sozialer Wandel konzipiert. Es ist kein Begriff vorhanden von dem, was eigentlich geplant werden soll, und vor allem, was geplant werden kann. Zum anderen werden immer wieder soziale Unruhen, Aufstände, u. ä. als Objekte der Planung dargestellt. Hier handelt es sich aber sicher nicht um Gegenstände für Planung, sondern um legitime Revolten gegen *gesellschaftliche Unterdrückung*, die Anlaß sein sollten, die geforderten Veränderungen planend in Angriff zu nehmen, statt die Revolten zu verhindern. Wenn diese aber verhindert werden, wird soziale Entwicklung im eigentlichen Sinne, die nicht konflikt- und spannungsfrei verlaufen kann, ausgeschaltet. Planung und Information werden dann nicht eingesetzt, um zu entlasten und zu befreien, sondern um alte Strukturen zu konservieren.

Bezeichnend dafür ist auch das Konzept der „zweiten Kybernetik", das in der Literatur auftaucht.[32] Diese besteht darin, daß nicht nur Abweichungen aufgefangen werden — wie dies die erste Kybernetik tut —, sondern daß Abweichungen rechtzeitig vorhergesehen und daher Vorsorgemaßnahmen zur *Verhinderung der Abweichung* getroffen werden. Das Ergebnis ist dann eine kybernetisch erreichte perfekte Stabilisierung der gesellschaftlichen Situation, was durch Entwicklung sozialer Steuerungstechniken durchaus im Bereich des Möglichen liegt.

Besonders bei der Analyse konkreter Situationen kommen in der Indikatordiskussion mitunter unverhüllte Befriedungsinteressen zum Ausdruck. Ausgangspunkt ist dann eine recht dramatische Schilderung der sozioökonomischen Situation: „America is currently facing the most complex and challenging issues it has been confronted in the nearly 200 years of its existence as a Republic" (Toward a Social Report 1970: XVI). Als Beispiele werden angeführt Rassenprobleme, Generationskonflikte, ökonomische Ungleichheiten, Entfremdung. In diesem Zusammenhang wird nun die informationelle Ebene gestellt: „A social Report which contains significant social indicators and scholarly analysis of our position past, present, and future could make an important contribution in reducing the fear and anxiety which many members of our society feel" (Toward a Social Report 1970: XIII). Es ist nicht mehr von Aufklärung und Reflexion die Rede, sondern von *Beruhigung* einer verunsicherten Bevölkerung. Nicht zufällig wurde auch das Gesetz über „Full Opportunity and Social Accounting" zur Zeit der Studentenunruhen in den USA im Jahre 1967 eingebracht. Senator Mondale spricht den Zusammenhang offen aus: „Why were the riots of 1967 such a surprise, and why were we so unprepared? One of the reasons was that

---

32 Vgl. Zitate von Austin bei Plessas/Fein (1972: 44).

none of us policymakers, directors, citizens, knew how close we were to explosion" (Mondale 1969: 780). In ähnlicher Weise argumentiert auch Hauser (1967: 911) bei dem Hearing zur Einbringung des Gesetzes: „Had there been a Social Report to the nation to parallel the Economic Report, among other things, we might not have had to face the consequences of accumulated social tensions as manifest in the guerilla warfare sweeping this nation on the homefront."

Die Befriedungsinteressen werden besonders bei den subjektiven Indikatoren sichtbar. Die systematische Aufnahme psychologischer Syndrome in die politische Systemsteuerung ist ein relativ neues Phänomen, wenn man von den regelmäßigen Erhebungen über Wahlen und ihre Bestimmungsfaktoren absieht. Campbell/Converse (1972: 9) betonen jedoch, wie wichtig dieses Feld ist: „Social-psychological terms are equally important in forming the firm contextual understanding needed if social phenomena are to be manipulated intelligently."

Auf diese Weise wird in der Tat eine neue Qualität der Systemsteuerung erreicht. Das Individuum selber mit seinen Hoffnungen und Wünschen wird zum Gegenstand gemacht.

5.4 Zusammenfassung

Die politische Ebene wurde sehr vielschichtig angegangen. Einmal weisen Indikatoren selber als quantifizierte Informationen bestimmte Tendenzen auf. Sie sind *keine neutralen Instrumente*, die eine bloße Ausweitung der vorhandenen Informationsbasis bedeuten. Die Informationserhebung selber bedeutet schon eine Stärkung eines Phänomens. Auf vielen Stufen werden auch Interessen relevant, die die Definition, Selektion, Präsentation und Interpretation von Indikatoren begleiten.

Zum anderen entstammt die Indikatorbewegung einem bestimmten politischen Hintergrund. Es wurde allgemein auf die *Legitimationserfordernisse* der staatlichen Herrschaft hingewiesen, die mit der Differenzierung des sozioökonomischen Prozesses noch weiter zunehmen. Ein Mittel, um das komplementäre Verhältnis von Dispositionsgewalt und Loyalität aufrechtzuerhalten, sind politische Programmatiken, die gerade in jüngster Zeit in Form der „Lebensqualität" neu entwickelt werden. Soziale Indikatoren übernehmen als Operationalisierungen der „Lebensqualität" wichtige Aufgaben. Sie tragen zu einer umfassenden Sozialorientierung der politischen Systemsteuerung bei, in Ausweitung der bisher vorherrschenden, primär ökonomischen Orientierung.

Bei den konkreten politischen Bedingungen wurde auf *Stabilisierungs- und Befriedungsinteressen* hingewiesen, die vor allem auf der amerikanischen Szene ins Spiel kommen. Diese Interessen sind zwar bei aktuellen

Ereignissen hervorgetreten, sind aber als Gefahr immer einzukalkulieren. Soziale Indikatoren können wichtige Funktionen in einer allgemeinen Stabilisierungsstrategie übernehmen.

Es ist zu fragen, wie eine *progressive Ausrichtung des Indikatorprogramms* erreicht werden kann. Diese hängt sicher zum größten Teil von der allgemeinen wissenschaftlichen und auch gesellschaftlichen Situation ab; es kann nur auf sekundäre Umstände hingewiesen werden.

Einmal ist das Aufzeigen der politischen Implikationen überhaupt sehr wichtig. Die *politisch-ökonomische Analyse* des vorstehenden Kapitels sollte dazu einen Beitrag leisten. Es kann dadurch erreicht werden, daß man sich der weitergehenden Folgen bewußt wird. Zum anderen muß auch den *theoretischen Grundlagen* und *Ableitungszusammenhängen* von Indikatoren Beachtung geschenkt werden (z. B. Integration von ökonomischen und sozialen Indikatoren, Betonung der definitorischen Grundlagen). Der Bezugsrahmen und die Definitionen in den obigen Kapiteln sind in diesem Sinne zu verstehen. Schließlich wird in den beiden nachfolgenden Kapiteln auf die *methodischen Möglichkeiten* eingegangen. Ihre genaue Abgrenzung und Bestimmung ist ebenfalls wichtig, um überspannte Erwartungen zurückzuweisen und den — begrenzten — Stellenwert zu eruieren, den jeder empirisch orientierte und damit methodengebundene Ansatz hat.

6 Methodologie sozialwissenschaftlicher Indizes

Die Einbeziehung methodischer Aspekte in die Literatur über soziale Indikatoren ist ungenügend. In der Regel werden nur inhaltliche Klassifikationen, bestenfalls noch Fragen der Zuverlässigkeit und Gültigkeit diskutiert. Wenn jedoch die Ansätze die empirierelevante Ebene erreichen sollen, müssen auch methodische Reflexionen angestellt werden. Dabei wird es zunächst darum gehen, bereits vorhandene Ansätze zu systematisieren und sie für die spezielle Fragestellung sozialer Indikatoren aufzubereiten. Erst von den Erfordernissen der Praxis her können dann neue methodische Akzente gesetzt werden.

In Kap. 3.2.4 wurde eine Typologie statistischer Maßzahlen vorgestellt.[1] Es wurde aufgewiesen, daß für soziale Indikatoren ein Schwerpunkt für Meßzahlen und Indizes besteht. Meßzahlen als Veränderungsraten dienen der Darstellung der Systementwicklung; es können charakteristische Bewegungen und Schwellenwerte erkannt werden.[2] Indizes beruhen auf der Zusammenfassung verschiedenartiger Bereiche im Hinblick auf ein gemeinsames Konstrukt. Sie gestatten es, mehrere Indikatoren zu einer einheitlichen Aussage zu verdichten. Für die Erfassung komplexer Phänomene wie auch die Reduktion der Informationsfülle, die durch die Entwicklung der Indikatorbewegung zu erwarten ist, sind sie daher besonders relevant.

Bereits bei der Nennung dieser relativ einfachen Maßzahlen wird klar, daß sich die Methodenansätze der Indikatordiskussion noch auf einem sehr elementaren Level befinden. Trotzdem ist es wichtig, diese Bereiche, vor allem den Indexbereich, ausführlich und systematisch anzugehen, um begriffliche Klarheiten zu schaffen und die Ausschöpfung bisher vernachlässigter Möglichkeiten zu fördern. Im nachfolgenden Kap. 7 wird dann auf einige komplexere Verfahren eingegangen, wobei allerdings die empirischen Ausfüllungen im Vordergrund stehen.

Methodologie wird hier im allgemeinen Sinne verstanden als „Darstellung und Kritik der Vorgehensweise".[3] In diesem Fall kommt es also auf

---

1 Vgl. vor allem die Abb. 9 des Kap. 3.2.4. Zu beachten ist, daß Maßzahlen die allgemeine Klasse darstellen, während Meßzahlen auf eine bestimmte Gruppe abstellen.

2 Vgl. im Hinblick auf solche Verwendungen den Ansatz von Chadwick/Deutsch (1968), die die Angabe von Verdoppelungszeiten vorschlagen, um die Meßzahlen in einer plastischen, sozialwissenschaftlich relevanten Form wiederzugeben.

3 Vgl. Opp (1970: 12): „Auf eine kurze Formel gebracht kann man sagen, daß eine sozialwissenschaftliche Methodologie ... versucht, *die Arbeit des Sozialwissenschaftlers einer Kritik zu unterziehen und Vorschläge für eine verbesserte sozialwissenschaftliche Praxis zu machen.*" Auch Cicourel (1970) geht von dieser doppelten Akzentuierung – Darstellung und Kritik – aus.

eine systematische Darstellung und Kritik des verwendeten logischen und statistischen Instrumentariums an.

6.1 Allgemeine Grundlagen der Indexkonstruktion

Die Konstruktion von Indizes wurde in den zwanziger Jahren in der Ökonomie im Zusammenhang mit der Inflation und den konjunkturellen Bewegungen vorangetrieben. Ausgehend von der mathematischen Grundlegung wurden zahlreiche Modifikationen bezüglich der Gewichtung, der Wahl des Basisjahres, der Art der Zusammenfassung (additiv, multiplikativ) usw. erprobt. Fisher (1922) versuchte, alle möglichen Indexformeln systematisch darzustellen. Er geht von sechs Grundtypen aus, die auf verschieden definierten Komponenten und unterschiedlichen Summierungsvorschriften beruhen. Er bezieht zahlreiche Möglichkeiten der Wahl des Basisjahres, der Gewichtung, der Verkettung wie auch des „Kreuzens" von Indizes ein und kommt zu 134 möglichen Formeln. Seine Bemühungen kumulieren in der Konstruktion eines Idealindex, der aus dem „Kreuzen" zweier Formeln hervorgeht (Fisher 1922: 220–223). Fisher gibt auch zahlreiche Tests an, mit denen die Angemessenheit einer Formel für ein gegebenes Material geprüft werden kann.

Die Arbeiten von Fisher blieben nicht unumstritten. In einer Replik wirft Flaskämper (1928) Fisher Formalismus vor. Seiner Ansicht nach kann das Indexproblem nicht durch die Entwicklung von Formeln gelöst werden, sondern nur durch das Begreifen der logischen Grundstruktur eines jeden Index. Fishers Werk erschöpfe sich aber in einer Sammlung von Formeln. Daher würden auch prinzipielle Unterschiede, die man manchen Formeln zuerkennen müsse, nicht beachtet. Flaskämper weist auch nach, daß es sinnvoller ist, inhaltliche Voraussetzungen des Materials zu beachten, statt zahlreiche Tests anzuwenden (Flaskämper 1928: 144–145).

Im folgenden soll versucht werden, auf der Position von Flaskämper aufbauend die Indexformeln abzuleiten und zu untersuchen.

6.1.1 Ableitung der allgemeinen Indexformel

Bei der Typologie der statistischen Maßzahlen (Kap. 3.2.4) wurde bereits der besondere Charakter von Indizes herausgestellt. Es wurde gezeigt, daß sich Maßzahlen entweder auf intensionale oder extensionale Größen beziehen, daß sich Indizes aber durch eine Verbindung von beiden Arten auszeichnen. Als Grundelement wurde angegeben

$$q \cdot p$$

q: intensionale Komponente, p: extensionale Komponente

In der Regel wird dann über alle i Indikatoren (Variablen), die zum Beobachtungspunkt t gemessen wurden, summiert, um zu einem komplexen Konstrukt aus m Indikatoren zu gelangen nach

$$\sum_{i=1}^{m} q_{ti} \cdot p_i$$

Für die q_{ti} wird eine standardisierte Form postuliert. Es muß allen Indikatoren dieselbe Skala zugrunde liegen.

Die p_i sind für alle Beobachtungspunkte konstant. Sie repräsentieren eine generelle Ebene, so daß mit ihrer Hilfe die Zusammenfassung verschiedener Gegenstandsbereiche möglich ist. Sie haben den Effekt einer *Gewichtung*. Verwendbare extensionale Größen sind etwa Mengen, Ausdehnung, aber auch Nutzen und Beitrag eines Indikators zu einem Konstrukt. Komponenten dieser Abstraktionsebene haben die Eigenschaft, mehrere Größen vergleichbar zu machen.

Von diesen Grundlagen ausgehend gibt es zahlreiche Indexformeln, die sich durch das Meßniveau, die Art der Standardisierung und Gewichtung und die Art der Zusammenfassung unterscheiden.[4] Wenn man sich auf additive Zusammenhänge beschränkt,[5] läßt sich eine allgemeine Formel für Indizes in Matrizenschreibweise entwickeln. Sie lautet:[6]

---

4 Indexformeln werden in allen Lehrbüchern der Statistik mehr oder weniger ausführlich behandelt. Vgl. einführend Wagenführ (1971: 275–293), Kellerer (1960: 75–91); ausführlicher Pfanzagl (1965: 67–97), Donda et al. (1970: 386–419), Menges/Skala (1973: 329–337); grundlegend auch Anderson (1957: 37 ff.).

5 Für nicht-additive Indizes vgl. Angaben bei Fisher (1922). Einen einfachen multiplikativen Index, der auf dem geometrischen Mittel von Meßzahlen (die dort Indizes genannt werden) beruht, bringen Hauser/Lörcher (1973). Den Index, der auch sonst gut verwendbar ist, könnte man formelmäßig darstellen als

$$I_t = \sqrt[m]{\prod_{i=1}^{m} \frac{q'_{ti}}{q_{ci}}}$$

Mit diesem Index vergleichen sie den Lebensstandard Japans und der BRD.

6 Vgl. Galtung (1969: 254). Zu den Notationen vgl. den Anhang 9.1; ein Vektor wird zur Unterscheidung von einem Skalar durch einen vorangestellten, senkrechten Strich gekennzeichnet, z. B. |l. Nichtstandardisierte Ausprägungen werden mit ' gekennzeichnet.

$$|l = Q \cdot |p \qquad (6.1)$$

|l: Vektor der Indizes[7] für n Beobachtungspunkte
Q: standardisierte Indikatormatrix für n Beobachtungspunkte, m Indikatoren
|p: normierter Vektor der Gewichte der Indikatoren mit m Elementen

Ausgeschrieben ergibt sich:

$$
\begin{pmatrix} l_1 \\ \cdot \\ \cdot \\ l_t \\ \cdot \\ \cdot \\ l_n \end{pmatrix} = \begin{pmatrix} q_{11} & q_{12} & \cdots & q_{1m} \\ \cdot & \cdot & & \cdot \\ \cdot & \cdot & & \cdot \\ q_{t1} & q_{t2} & & q_{tm} \\ \cdot & \cdot & & \cdot \\ \cdot & \cdot & & \cdot \\ q_{n1} & q_{n2} & \cdots & q_{nm} \end{pmatrix} \begin{pmatrix} p_1 \\ p_2 \\ \cdot \\ \cdot \\ \cdot \\ p_m \end{pmatrix} \qquad (6.2)
$$

Die Datenmatrix Q kann auf zwei verschiedene Arten entstehen. Einmal können ihre Zeilen verschiedene Einheiten darstellen, die in einem *Querschnitt* erhoben wurden und verglichen werden. Zum anderen kann auch ein *Längsschnitt* durchgeführt worden sein, so daß die Zeilen verschiedene Zeitpunkte derselben Einheit wiedergeben.[8]

Entsprechend ist der Indexvektor |l zu interpretieren. Im ersten Fall stellen die Indizes Aussagen über verschiedene Einheiten dar; im zweiten Fall wird eine Einheit über die verschiedenen Zeitpunkte hinweg charakterisiert.

Wenn man aus der Indikatormatrix Q einen beliebigen Beobachtungspunkt — er sei mit t bezeichnet — herausgreift, kann dann geschrieben werden:[9]

$$l_t = q_{t1} p_1 + q_{t2} p_2 + \ldots + q_{tm} p_m \qquad (6.3)$$

oder[10]

$$l_t = \sum_{i=1}^{m} q_{ti} p_i \qquad (6.4)$$

l_t: Index zum Beobachtungspunkt t
q_{ti}: i-ter Indikator zum Beobachtungspunkt t
p_i: Gewicht des i-ten Indikators
m: Anzahl der Indikatoren

Dies ist die bereits öfters erwähnte Indexformel. Sie ist so zu lesen, daß sich der Index l_t ergibt, wenn die Ausprägungen der Indikatoren q_{ti} zum Beobachtungspunkt t gewichtet addiert werden.

An dieser Stelle ist auf den wichtigen Tatbestand der *Standardisierung* und *Normierung* einzugehen.

Um Formel (6.1) anzuwenden, ist in der Regel das ursprüngliche Datenmaterial nicht verwendbar. Die Indikatoren können ja sehr heterogen sein. Bei der Berechnung eines Index zum Lebensstandard können etwa ein Indikator zum Energieverbrauch (gemessen in Steinkohleeinheiten), ein Indikator der Transportleistung (gemessen in Kilometern), ein Indikator der Erziehungsausgaben (gemessen in Geldeinheiten) u. ä. herangezogen werden. Es treten dann Zahlen mit völlig verschiedenen Skalen und Größenordnungen auf. Bevor diese Daten für die Indexbildung benutzt werden, müssen sie daher standardisiert werden. Dies kann auf zahlreiche Arten geschehen. Beispielsweise wird die Datenmatrix spaltenweise nach der üblichen z-Transformation nach Mittelwert- und Standardabweichung[11] standardisiert. Alle Indikatoren besitzen dann den Mittelwert 0 und die Standardabweichung 1. Sie liegen dann auf einer Skala, die sozusagen als gemeinsame Einheit die Einheitsstandardabweichung besitzt.

Eine andere häufig benutzte Möglichkeit besteht darin, einen Basis-Zeilenvektor für Q' zu definieren. Die einzelnen Indikatorausprägungen werden dann durch das jeweilige Basiselement dividiert, so daß Veränderungsraten gegenüber einem definierten Zustand die gemeinsame Einheit sind (vgl. ausführlicher Kap. 6.1.3).

Welche Standardisierung anzuwenden ist, hängt von der Art des Datenmaterials und vor allem von inhaltlichen Fragestellungen ab. Darauf ist bei der Behandlung der einzelnen Indizes einzugehen.

Die Normierung bezieht sich auf die Gewichte. Sie sollen in ihrer Summe 1 ergeben. Auf diese Weise wird erreicht, daß ein Bezugsindex von der Größe 1 existiert, der gut zu interpretieren ist. Die anderen Indizes können dann im Verhältnis zu dieser Indexausprägung gesehen werden (auch dazu ausführlicher Kap. 6.1.3).

---

7 Mitunter wird für den Vektor selber nur der Ausdruck Index gebraucht; dies kann zu keinen Verwechslungen führen.

8 Als Oberbegriff für Zeiteinheit und Individualeinheit wird der Begriff Beobachtungspunkt gewählt, um nicht immer die Differenzierung nach Querschnitt und Längsschnitt durchführen zu müssen.

9 In der Matrizenrechnung wird die Multiplikation zweier Matrizen durch Skalarprodukte der i-ten Zeile mit der j-ten Spalte durchgeführt. Vgl. einführende Lehrbücher Wetzel/Skarabis/Naeve (1968), Stöppler (1972).

10 Für diese Form des Index vgl. Zentrum Berlin f. Zukunftsforschung (1969: 40), Maier (1972: 36); auch Mackensen/Eckert (1970: 12) gehen von dieser Gleichung implizit aus. In dieser Form bringt auch Malizia (1972: 423) den Aufbau eines mehrdimensionalen sozialwissenschaftlichen Konstrukts, wobei er der Größe 1_t allerdings den Stellenwert eines neuen Indikators zurechnet, sie also mehr theoretisch auffaßt.

11 Vgl. die Formel im Anhang 9.1.

Es ist nun möglich, eine *allgemeine Definition* von Indizes zu geben:

Ein Index ist eine statistische Maßzahl, die aus einer gewichteten Zusammenfassung mehrerer Indikatoren besteht, wobei aus Gründen der Vergleichbarkeit eine Standardisierung der Indikatoren und eine Normierung der Gewichte vorzunehmen ist.

Mehrere vergleichbare Indizes werden zu einem Indexvektor zusammengestellt.

Der Indexvektor stellt eine Charakterisierung verschiedener Einheiten dar, die zum selben Zeitpunkt gemessen wurden (Querschnitt), oder eine Charakterisierung derselben Einheit, die über verschiedene Zeitpunkte gemessen wurde (Längsschnitt).

In dieser Definition kommen die Hauptelemente vor, *Standardisierung, Normierung, Gewichtung* und *Aggregierung*. Es wird auch darauf hingewiesen, daß das Ausgangsmaterial ein Querschnitt oder ein Längsschnitt sein kann.

Eine Indexdefinition ebenfalls mit den Elementen Gewichtung und Standardisierung gibt Pfanzagl (1956: 68): „Vielfach hat man jedoch nicht eine, sondern mehrere sachlich zusammengehörende Reihen, und man wünscht, den Verlauf durch eine globale, alle Reihen zusammenfassende Meßzahl zu charakterisieren. Solche Meßzahlen werden Indexzahlen genannt... Die Berechnung der Indexzahlen beruht auf der Methode der Standardisierung."

Auf das Element der Zusammenfassung mehrerer Komponenten legen auch Lazarsfeld/Rosenberg (1955: 16) Wert: „We use the word 'index' when we are confronted with a combination of several indicators into one measurement."

In ähnlicher Weise definiert auch Kerlinger (1964: 616): „An index is a number that is a composite of two or more other numbers".

Bei diesen mehr theoretisch ausgerichteten Autoren ist die Indexdefinition konsistent. Sehr oft wird der Indexbegriff auch weiter gebraucht. Flaskämper bezeichnet Meßzahlen als Indizes,[12] im Gegensatz zu komplexen Indizes, die aus der Verbindung von intensionalen und extensionalen Elementen bestehen. Auch Wagenführ (1971: 275) betrachtet Meßzahlen (die bei ihm fälschlich Meßziffern genannt werden) als Indizes, bezeichnet diese jedoch zur Unterscheidung als elementare Indizes. Zusammengesetzte Indizes mit intensionalen und extensionalen Elementen bezeichnet er als „synthetische Indizes" (Wagenführ 1971: 278). Das Kriterium für die Bezeichnung Index ist bei dieser Terminologie also weiter; es bezieht sich nur auf einen durchgeführten Vergleich, während hier solche Zahlen als Meßzahlen bezeichnet wurden.

---

12 Vgl. Flaskämper (1928: 47): „Indexzahlen sind Verhältniszahlen, die dem Vergleich koordinierter, gleichartiger statistischer Größen... dienen."

Es sei noch vermerkt, daß im angelsächsischen Bereich teilweise der Begriff Index für alle Maßzahlen verwendet wird oder auch für den Indikator selber.[13] Das Wort wird also hier in seiner allgemeinsten Bedeutung gebraucht, nämlich daß etwas „angezeigt" wird.

In dieser Arbeit wird der Begriff Meßzahl durchweg für Maßzahlen verwendet, die bloße Verhältnisse derselben Indikatoren ausdrücken. Wenn von Indizes die Rede ist, sind Zahlen gemeint, die auf einer Verbindung von intensionalen und extensionalen Komponenten beruhen, wobei nach einem bestimmten Kriterium standardisiert wurde.[14]

Von diesen allgemeinen Grundlagen ausgehend können nun zahlreiche Spezifikationen angebracht werden. Nachfolgend sind die wichtigsten angegeben, wobei noch das Meßniveau aufgenommen wurde, da es für alle Maßzahlen relevant ist.

Spezifikationen für Indizes

Aggregierung	additiv — multiplikativ
Standardisierung	z-Werte — Verhältnisbildung — Normenwerte
Gewichtung	normativ — analytisch
Meßniveau	nominal — metrisch
Beobachtungseinheit	Querschnitt — Längsschnitt

Im Prinzip könnte jede Variante mit jeder kombiniert werden, wenn es auch bestimmte Schwerpunkte gibt. Hinzu kommt noch, daß einige Spezifikationen noch weiter unterteilt werden können. Z. B. können normative Gewichte aus einer beobachteten Erscheinung abgeleitet oder auch eigens durch eine Skalierung erhoben werden. Die Aussage dieser beiden Varianten ist dann inhaltlich verschieden. Diese Fülle von Möglichkeiten macht das Indexgebiet sehr unübersichtlich und führt zu terminologischen Schwierigkeiten. Allerdings gelten für alle Indizes die in der oben angeführten Definition enthaltenen Grundelemente der Standardisierung, Normierung, Gewichtung und Aggregierung, so daß eine Einordnung prinzipiell möglich ist.

In der nachfolgenden Methodologie wird vor allem auf normative Indizes bei nominalem und metrischem Meßniveau eingegangen. Bei nominalem Meßniveau wird die Art der Aggregierung im Vordergrund stehen, bei metrischem die Gewichtung. Bei analytischen Indizes wird auf diejenigen einzugehen sein, die durch Faktorenanalysen entstehen. Auch die Verbindung von Längsschnitten und Querschnitten spielt dabei eine Rolle.

Durch diese Aufarbeitung soll vor allem ein Hauptpunkt des Ansatzes deutlich werden, daß nämlich einzelne Indizes oft sehr wenig Aussage-

---

13 So bei Zeisel (1968: 76—102).
14 Durchweg maßgebend sind also die Definitionen, wie sie in Kapitel 3.2.4 entwickelt wurden.

kraft haben, daß aber aus der Gegenüberstellung mehrerer Indexvarianten desselben Datenmaterials meist interessante Schlüsse gezogen werden können. Nachfolgend sollen aber erst noch einige weitere allgemeine Grundlagen ausgeführt werden.

6.1.2 Logik der Indexbildung

Es wurden die beiden Hauptkomponenten der Indexbildung, Standardisierung und Gewichtung, angeführt. Diese sind allgemein auf die Grundlagen des Messens zurückzuführen.

Für jede Messung muß eine *Skala* definiert werden, die die Symbolmenge umfaßt, auf die die Objekte abgebildet werden, und es muß die *Dimension* angegeben werden, der die Skala zugehören soll. Diese beiden Komponenten sind in jedem Meßvorgang enthalten. Man könnte auch so formulieren, daß der Meßvorgang zwei-parametrisch ist. Verschiedene Phänomene werden in der Regel mit verschiedenen Skalen auf verschiedenen Dimensionen gemessen.

Wenn solche Phänomene zusammengefaßt werden sollen, wie es die Indexbildung erfordert, sind die Skalen und die Dimensionen vergleichbar zu machen. Ersteres geschieht durch die Standardisierung, letzteres durch Gewichtung.

Liegen z. B. zwei Indikatoren vor — „Gütertransport und Personenverkehr" und „Papierverbrauch einer Bevölkerung" —, die einen Baustein für einen Index des Lebensstandards abgeben sollen, so sind die Skalen und die Dimensionen dieser beiden Indikatoren verschieden. Transportleistung wird in Kilometern gemessen und gehört eventuell der Dimension „Mobilität" an; Papierverbrauch wird in Kilogramm gemessen und gehört eventuell der Dimension „Bildung" an. Eine gemeinsame Skala kann erreicht werden durch die z-Transformation nach Mittelwert und Standardabweichung. Die gemeinsame Einheit sind dann die Abweichungen vom arithmetischen Mittel in Einheiten der Standardabweichung.

Die so erhaltenen Skalen weisen dann die gleiche Skalierung auf. Sie gehören aber immer noch verschiedenen Dimensionen an, nämlich einmal der Dimension „Mobilität" und einmal der Dimension „Bildung". Diese Dimensionen sind vergleichbar zu machen im Hinblick auf die übergeordnete Dimension Lebensstandard. „Mobilität" und „Bildung" sind zu gewichten.

Nach diesen beiden Prozeduren sind die so erhaltenen Zahlen vergleichbar. Sie beruhen auf derselben Skala (Einheiten der Standardabweichung) und gehören der gleichen Dimension an (Lebensstandard). Sie können — selbstverständlich in Verbund mit anderen Indikatoren — zusammengefaßt werden.

In einem Schaubild kann der Vorgang noch veranschaulicht werden (Abb. 12). Zwei Phänomene werden auf den Skalen A und B gemessen und gehören den Dimensionen A' und B' an. Es muß eine gemeinsame Skala und eine gemeinsame Dimension gefunden werden, um die Aggregierung zum Index K durchführen zu können. Liegen mehr als zwei Indikatoren vor, so muß die gefundene Skala bzw. Dimension für alle Phänomene gelten.

Abbildung 12: Indexbildung durch Standardisierung und Gewichtung; zwei Indikatoren A und B

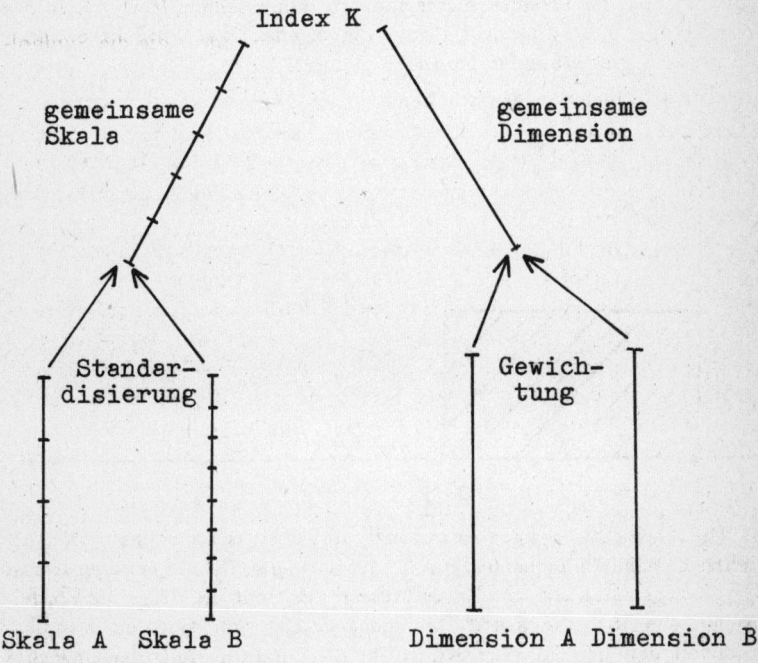

```
                        Index K
              /                        \
   gemeinsame                            gemeinsame
   Skala                                 Dimension
              ↑    ↑                    ↑    ↑
   Standar-                              Gewich-
   disierung                              tung

   Skala A  Skala B            Dimension A  Dimension B
```

Die Bildung von Indizes hat ihre Grundlagen in der Logik des Vergleichs. Voneinander verschiedene Elemente werden im Hinblick auf ein drittes gemeinsames verglichen und auf dieser Basis dann zusammengefaßt.[15] Es muß also ein Tertium comparationis definiert werden, um dieses generalisierende Medium anlegen zu können.

---

15 So stellt ein Index ein „Gemisch von Gleichem und Ungleichem" dar (Flaskämper 1928: 13). Auch Galtung (1969: 246) setzt sich mit dieser Problematik auseinander und weist darauf hin, daß Indexbildung nur sinnvoll ist, „because the analyst believes that patterns can be combined to grosser equivalence classes for specific purposes."

Dieses Verfahren beruht auf einem allgemeinen wissenschaftlichen Prinzip, nämlich der *Abstraktion* und *Äquivalenz*. Die funktionale Analyse etwa besteht in ihrer allgemeinsten Form darin, das Phänomen im Hinblick auf einen gemeinsamen Bezugspunkt zu analysieren und dann funktionale Äquivalente aufzustellen. Diese Äquivalenzbeziehung zwischen verschiedenen Größen wird bei der Indexbildung durch die Gewichtung hergestellt. Die Gewichte gehören der generalisierenden Ebene an, die die Vergleichbarkeit und Zusammenfassung von Objekten ermöglicht.

In die Indexformel geht also nicht der „rohe" Indikator selber ein, sondern erst das Produkt dieses Indikators mit seinem Gewicht. In der Abbildung 13 ist dieses als Fläche dargestellt. Diese Produkte werden dann zur Aggregierung für den Index benutzt.

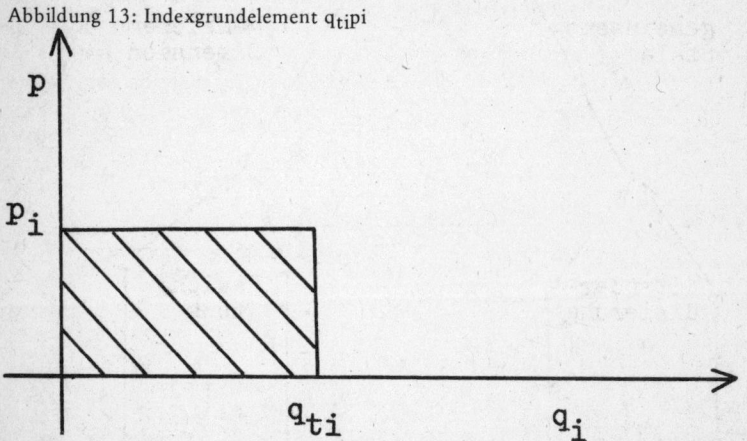

Abbildung 13: Indexgrundelement $q_{ti}p_i$

Die Gewichtung kann prinzipiell auf zwei verschiedene Arten geschehen, nämlich *formalanalytisch* oder *normativ*. Bei der ersteren Art ist der Bezugspunkt ein varianzanalytischer. Es steht die Frage im Vordergrund, wie hoch die Korrelation (genauer Determination) eines Indikators mit dem gemeinsamen Konstrukt ist. Zur Ermittlung der Gewichte wird ein statistisches Verfahren (Faktorenanalyse) angewendet. Bei normativen Indizes stehen Definitionen im Vordergrund. Es wird angegeben, wie hoch der Beitrag eines Indikators zu einem Konstrukt zu bewerten ist.

Beide Formen unterscheiden sich inhaltlich natürlich erheblich. Es werden an späterer Stelle normative und analytische Indizes getrennt zu untersuchen sein.

Gegen normative Indizes wird oft vorgebracht, daß sie in Form der Gewichte ein *willkürliches subjektives Element* enthalten. Diese Argumentation ist richtig, trifft jedoch für jede theoretisch oder auch psychologisch-individuell orientierte Messung zu. Hier müßte vor allem das methodische Feld weiterentwickelt werden. Wie später ausgeführt werden wird, können psychometrische Methoden herangezogen werden. Auf diese Weise kann das subjektive Element abgeschwächt werden. Allerdings ist dieses Gebiet in der Sozialwissenschaft noch unterentwickelt, obwohl in der Psychologie Meßmethoden zur Verfügung stehen.

Auch vom logischen Standpunkt aus können Argumente vorgebracht werden, um das subjektive Element der Gewichte nicht unmittelbar mit pejorativ gleichzusetzen.

Vom logischen Standpunkt aus sind Bewerten und Messen identisch. Beides bezieht sich auf das Anlegen von Maßstäben an Objekte.[16] Während aber bei der gegenständlichen Messung das Tertium comparationis absolut definiert werden kann (etwa in Form des Urmeters), existiert bei nichtgegenständlichen, bewertenden Vergleichen der Maßstab nur als Relation; es kann etwa festgelegt werden, daß ein ökonomischer Faktor zu einem sozialen wie 3 zu 2 zu gewichten sei. Die Differenz von 3 zu 2 ist nirgendwo festzumachen. Es kann lediglich intersubjektiv darüber ein Konsens hergestellt werden.

Trotzdem sei darauf hingewiesen, daß die Problematik der Gewichtung den Anwendungsbereich von Indizes einschränkt. Darauf wird im zusammenfassenden Kapitel einzugehen sein, wo dann auch die Abgrenzung von den analytischen Indizes zu leisten sein wird, bei denen die Gewichtung auf empirischem Weg formal gewonnen wird.

Hinsichtlich der praktischen Einschätzung von Indizes ist es nützlich, sich das Modell der *multiplen Regressionsrechnungen* vor Augen zu halten.

Die Gleichung (6.1) hat die formale Struktur einer multiplen Regressionsbeziehung. Sie ist nach dem linearen Modell [17] aufgebaut. Während aber bei der Regressionsrechnung die abhängige Variable sowie die Datenmatrix Q bekannt sind und die p_i als Regressionskoeffizienten geschätzt werden müssen, ist dies bei der Indexfragestellung anders. Die Datenmatrix Q ist bekannt; die p_i werden im Zuge der Gewichtung ermittelt. Durch Addition wird dann der Index berechnet. Das Problem ist also immer bei der Bildung einer zusammengesetzten Maßzahl nach obigem Modell die Ermittlung von Gewichten p_i, die aber nicht als Regressionskoeffizienten geschätzt werden können, sondern extern in die Gleichung eingeführt werden müssen.

---

16 Darauf weist Zangemeister (1970: 143) hin: „Dementsprechend besteht Bewertung also darin, die durch eine subjektive Präferenzstruktur bestimmten Objektrelationen durch Nennung isomorpher Zahlenrelationen abzubilden."
17 Dieses wird in allen Lehrbüchern der multiplen Regressionsrechnung dargestellt, vgl. Johnston (1972), Graybill (1961).

Aus diesem Vergleich sind eine Reihe von Eigenschaften ersichtlich. Die Indexbildung geht vom linearen Modell aus, das *Additivität* der Komponenten und Vergleichbarkeit der Gewichte sowie deren *Stabilität* über die Zeitpunkte annimmt. Sie ist daher mit Schwächen und Stärken dieses Modells behaftet. Neben Additivität und Stabilität ist noch die Voraussetzung zu nennen, daß die Komponenten relativ *unabhängig* sind, wie dies ja auch bei der multiplen Regression der Fall sein muß.[18] Bei der Indexbildung ist das Problem allerdings nicht so relevant, da ja keine Koeffizienten geschätzt werden müssen. Wenn jedoch sehr viele gleichartige, voneinander abhängige Indikatoren aufgenommen werden, kann dadurch ein systematisches Übergewicht entstehen.

Weiterhin kann man sich vor Augen halten, daß die Gewichte den Charakter von Regressionskoeffizienten haben. Dies kann bei ihrer empirischen Ermittlung hilfreich sein, da dann sonstige „metaphysische" Assoziationen vermieden werden können.

Aus dem Vergleich mit der Regressionsrechnung wird auch ein weiteres Prinzip deutlich, nämlich die *Austauschbarkeit* von Ausprägungen innerhalb von Indikatoren.[19] Ein Indexwert von einer bestimmten Größe kann durch strenggenommen unendlich viele Kombinationen der Werte der einzelnen Indikatoren entstanden sein. Alle Werte, die sich zu einer bestimmten Summe addieren, werden ja als äquivalent betrachtet. Barton (1955) macht dies am Konzept des Eigenschaftsraumes deutlich.

In der Abb. 14 ist für den Wert Index l_t der Wert 4 angenommen. Der Index soll aus zwei Indikatorausprägungen q_{t1} und q_{t2} gleichgewichtet ($p_1 = p_2 = 1$) gebildet worden sein nach

$$l_t = q_{t1} + q_{t2}$$

Die konkreten Indikatorausprägungen q_{t1} und q_{t2} sind nun aus dem Indexwert 4 nicht mehr zurückzuschließen. Die Abbildung auf den Index ist nicht eindeutig.[21] Vielmehr können q_{t1} und q_{t2} alle Werte an-

---

18 In der multiplen Regressionsrechnung ist dieses Problem als das Auftreten von linearen Abhängigkeiten bekannt.

19 Davon zu unterscheiden ist die Austauschbarkeit von Indikatoren, wie sie Lazarsfeld in der „rule of interchangeability" (Lazarsfeld 1959: 64) formuliert hat. Diese Austauschbarkeit beruht auf der Ähnlichkeit vieler sozialwissenschaftlicher Konstrukte und darauf, daß ein sehr großes Universum von Indikatoren existiert, die ein Konstrukt operationalisieren.

20 Die Abbildung wurde nach Barton (1955: 47) konstruiert.

21 Galtung (1969: 243) diskutiert ebenfalls das Problem der Austauschbarkeit und weist darauf hin, daß ein Index als eine Abbildung aufgefaßt werden kann. Nur wenn die Abbildung eindeutig ist, können die Indikatorwerte aus dem Index geschlossen werden. Ein Index sollte in diesem Sinne möglichst viele Informationen enthalten.

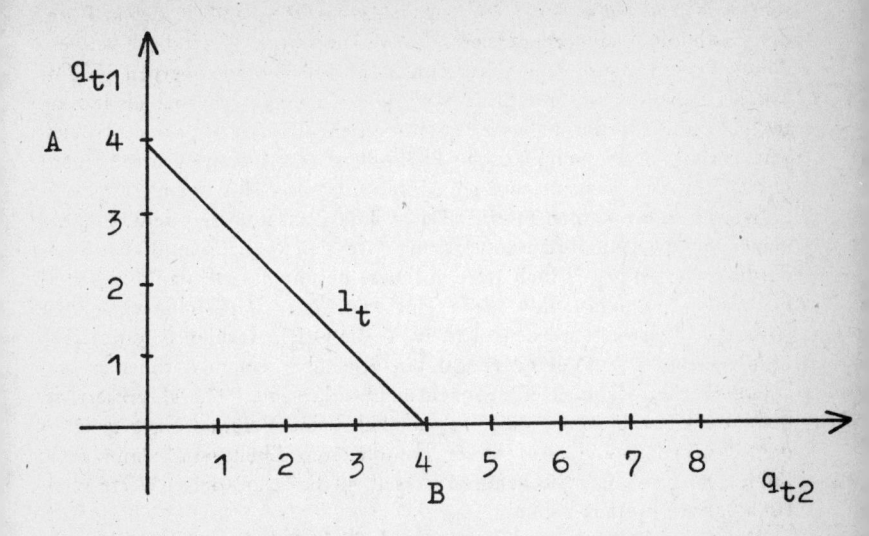

Abbildung 14: Austauschbarkeit von Indikatorausprägungen für einen Indexwert[20]

nehmen, die sich auf 4 addieren. Diese Werte werden durch die Koordinaten der Linie A–B wiedergegeben. Die Austauschbarkeit der Indikatorausprägungen bezüglich der Indexausprägung 4 ist durch diese Linie bestimmt.

Bei der Interpretation eines Indexwertes ist zu beachten, daß er durch verschiedene Kombinationen seiner Elemente zustande gekommen sein kann. Bei sozialwissenschaftlichen Phänomenen sind der Austauschbarkeit Grenzen gesetzt. Oft gilt diese nur approximativ innerhalb bestimmter Grenzen; die Beziehungen werden oft sehr schnell nichtlinear. Für die Auswahl der Indikatoren ist dies eine Restriktion. Es muß geprüft werden, welche Werte sie annehmen und ob die lineare Austauschbarkeit innerhalb dieses Bereichs aufrechterhalten werden kann.

Indizes haben eine Reihe von Vorteilen. Sie gestatten es, mehrere Dimensionen zusammenzufassen und so zu einer Aussage zu verdichten. Dadurch kommt ein weiter Bereich sozialwissenschaftlicher Phänomene ins Spiel, die komplexer Natur sind. Manche Autoren gehen sogar so weit zu fordern, daß eigentlich jedes Phänomen mehrdimensionaler Natur ist: „We suggest that, as a general rule, any measurement that relies on a single indicator should be viewed as dubious" (Etzioni/Lehmann 1969: 48).

Indizes stellen den Versuch dar, diesem Charakter sozialwissenschaftlicher Phänomene gerecht zu werden.

6.1.3 Standardisierung und Normierung

Das Standardisierungsproblem spielt in der Datenanalyse der Sozialwissenschaft eine große Rolle. Im Gegensatz zur Ökonomie, in der in Form der Geldeinheit ein generalisierendes Medium vorliegt, sind die verwendeten Skalen meist sehr unterschiedlich: Studierende werden gezählt (Skala ist die Menge der natürlichen Zahlen); Energieverbrauch als Indikator für Industrialisierung wird in Steinkohleneinheiten gemessen, Arbeitszeit in Stunden; psychologische Phänomene (Intelligenz, Einstellungen) werden um einen angenommenen Mittelwert (etwa 100) definiert.

Werden diese Zahlen in einer Datenmatrix zusammengestellt, sind die einzelnen Spalten, wie ausgeführt, nicht vergleichbar. Es muß eine Standardisierung vorgenommen werden. Diese beruht darauf, daß auf Grund der *fehlenden natürlichen Skala* eine *künstliche statistische* eingeführt wird. Beispielsweise werden nicht mehr die Originalzahlen benutzt, sondern nur noch die Veränderungsraten gegenüber einem definierten Zustand. Werden dann zwei Beobachtungspunkte mit 1 charakterisiert, so bedeuten diese beiden 1 dasselbe, nämlich keine Veränderung gegenüber dem Normalzustand. Auf dieser komplexeren Ebene sind dann diese Zahlen vergleichbar. Sie gehören derselben Skala an, deren Werte identisch zu interpretieren sind.

Der Ausgangspunkt ist die nichtstandardisierte Indikatormatrix Q'. Sie ist analog zu Formel (6. 1) und (6. 2) definiert als

$$Q' = \begin{pmatrix} q'_{11} & q'_{12} & \cdots & q'_{1m} \\ \cdot & \cdot & & \\ \cdot & \cdot & & \\ q'_{t1} & q'_{t2} & \cdots & q'_{tm} \\ \cdot & & & \\ \cdot & & & \\ q'_{n1} & q'_{n2} & \cdots & q'_{nm} \end{pmatrix} \quad (6.5)$$

Im nachfolgenden werden zwei häufig verwendete Standardisierungsmöglichkeiten ausgeführt, die z-Transformation und die Verhältnisbildung.[22] Sie haben die Eigenschaft, daß der Indexwert 1 besonders gut interpretierbar ist, und werden daher oft benutzt.

Standardisierung durch z-Transformation
Die z-Transformation ist spaltenweise durchzuführen. Es sei der erste

---

22 Rummel (1970: 289—296) gibt im Zusammenhang mit der Faktorenanalyse 5 Standardisierungsmöglichkeiten an, darunter auch die hier angeführte z-Transformation.

Spaltenvektor $|q'_1$ aus Q' herausgegriffen. Die Standardisierung seiner Elemente $q'_{j1}, j = 1,n$ ergibt sich nach

$$q_{j1} = \frac{q'_{j1} - \overline{q'_1}}{s_{q'_1}} \quad j = 1, n \tag{6.6}$$

q_{j1}: j-tes Element des standardisierten Spaltenvektors $|q_1$
q'_{j1}: j-tes Element des Spaltenvektors $|q'_1$
$\overline{q'_1}$: arithmetisches Mittel des nicht-standardisierten Spaltenvektors $|q'_1$
$s_{q'_1}$: Standardabweichung des Spaltenvektors $|q'_1$

Auf diese Weise entsteht der standardisierte Spaltenvektor $|q_1$. So ist für alle Spaltenvektoren aus Q' zu verfahren. Die Matrix Q kann dann für die Indexbildung verwendet werden.

Standardisierung durch Verhältnisbildung
Bei diesem Verfahren ist für jede Spalte aus Q' ein Basiswert zu wählen. Für die erste Spalte sei dieser Wert q_{c1} benannt. Die Standardisierung der Elemente q'_{ji} des Spaltenvektors geschieht dann nach

$$q_{j1} = \frac{q'_{j1}}{q_{c1}} \quad j = 1, n \tag{6.7}$$

q_{j1}: j-tes Element des standardisierten Spaltenvektors $|q_1$
q'_{j1}: j-tes Element des Spaltenvektors $|q'_1$
q_{c1}: Basiswert für den Indikator 1

Diese Standardisierung ist für alle Spaltenvektoren aus Q' durchzuführen. Dazu ist ein ganzer Basis-Zeilen-Vektor $|q_c$ zu bestimmen, der die Basis für jede Spalte aus Q' enthält, also m Elemente hat:

$$|q_c = (q_{c1} \; q_{c2} \; \cdot \; \cdot \; \cdot \; q_{cm}) \tag{6.8}$$

Wird die Standardisierung durchgeführt, treten dann nicht mehr die absoluten Zahlen auf, sondern Verhältniszahlen zu einem Bezugspunkt. Bei Zeitvergleichen wird dies häufig das *früheste Jahr* sein; bei regionalen Vergleichen kann ein besonders *idealer Beobachtungspunkt* mit seinen Werten als Basis genommen werden. Der Basisvektor kann jedoch auch rein *normativ* bestimmt werden.

Die beiden Standardisierungsarten unterscheiden sich inhaltlich. Für die erste ist die gemeinsame Einheit sozusagen die Einheitsstandardabweichung; für die zweite ist die gemeinsame Einheit die Veränderung gegenüber einer Basis. Während die erstere rein formal nach Mittelwert und Standardabweichung gebildet wird, sozusagen aus dem Material selber heraus, kommt bei der zweiten Art durch die Wahl des Basisvektors ein normatives Element hinein.

Dementsprechend sind die Gewichte unterschiedlich zu bestimmen. Einmal beziehen sie sich auf Standardabweichungen, einmal auf relative Veränderungen.

Auch auf die Interpretation des Indexvektors wirkt sich die Art der Standardisierung aus. Wie erwähnt, gibt es einen Bezugsindex mit dem Wert 1. Bei der Standardisierung nach der z-Transformation kann dieser so interpretiert werden, daß alle Indikatorausprägungen zum betreffenden Beobachtungspunkt die Einheitsstandardabweichung besitzen;[23] bei der Standardisierung nach der Verhältnisbildung ist er so zu interpretieren, daß die Indikatorausprägungen die Werte des Basisvektors besitzen.[24]

Es sollen *zwei weitere Standardisierungsmöglichkeiten* erwähnt werden. Liegen Daten vor, die in hohem Maße qualitative Phänomene repräsentieren, kann eine Standardisierung durch Angabe von Normwerten erreicht werden. Auf diese Weise wurde ein Index zur Konjunkturdiagnose entwickelt (Sachverständigenrat 1970: 51—53; 124—125; der Index wird dort Gesamtindikator genannt).

Es wurden 12 Indikatoren erhoben, die den konjunkturellen Verlauf der BRD 1959—1970 wiedergeben sollen und die Komponenten Nachfrage, Angebot, Kostensituation, Arbeitsmarkt und Geldversorgung repräsentieren. Die Indikatoren stellen teils Veränderungsraten dar, teils beruhen sie auf Urteilen (Indikatoren zu „Beurteilung der Fertigwarenlager"). Die Indikatormatrix enthält also verschiedene Skalen. Sie wurde so standardisiert, daß für jeden Indikator ein Normwert, eine obere Toleranzgrenze und eine untere Toleranzgrenze angegeben wurden. Es wurden dann die Ausprägungen 1—4 zugeteilt nach den Regeln

> 4 wenn der Wert der betreffenden Reihe die obere Toleranzgrenze erreicht oder überschritten hat,
>
> 3 wenn der Wert der betreffenden Reihe zwischen Normwert und oberer Toleranzgrenze liegt,
>
> 2 wenn der Wert der betreffenden Reihe zwischen Normwert und unterer Toleranzgrenze liegt,

---

23 Entsprechend könnte man auch formulieren, daß der Index den Wert 0 annimmt, wenn alle Indikatoren den standardisierten Mittelwert 0 zu einem Beobachtungspunkt haben.

24 Dies ist allerdings reine Interpretationssache. Algebraisch können die Ausprägungen auch von 1 verschieden sein; sie müssen nur in der Summe den Indexwert 1 ergeben. Wegen der Austauschbarkeit ist es jedoch möglich, die Interpretation auf Grund von 1-Ausprägungen vorzunehmen.

1 wenn der Wert der betreffenden Reihe die untere Toleranzgrenze erreicht oder unterschritten hat.[25]

Die so erhaltene Datenmatrix der 12 Indikatoren ist nun standardisiert; die Zahlen 1—4 bedeuten für alle Indikatoren dasselbe. Der Index wurde dann so gebildet, daß die 12 Indikatoren gleichgewichtet zusammengefaßt wurden.[26]

Auf eine weitere Standardisierungsmöglichkeit sei hingewiesen. Wenn die Datenmatrix Performanzindikatoren enthält, kann der erste Spaltenvektor auf 1 normiert werden nach:

$$q_{j1} = \frac{q'_{j1}}{\sqrt{\Sigma\, q'^{2}_{j1}}} \qquad j = 1, n \qquad (6.9)$$

Das gleiche ist für alle Spaltenvektoren durchzuführen. Sie besitzen dann die Länge 1 und sind von daher vergleichbar.[27] Voraussetzung ist jedoch, daß das Aggregat $\Sigma q'^{2}_{j1}$ eine sinnvolle Größe darstellt, was bei Performanzindikatoren der Fall ist. Beispielsweise sind das Bruttosozialprodukt, die Zahl der neugeschaffenen Krankenbetten, die Zahl der Briefsendungen u. ä. Performanzindikatoren, die sich auf einen bestimmten Zeitpunkt und Ort beziehen und daher über mehrere Zeitpunkte aggregierbar sind. Wenn eine Indikatormatrix nur aus solchen Größen besteht, kann diese Art der Standardisierung angewendet werden. Dies ist allerdings eine sehr einschränkende Voraussetzung.

Es sei noch darauf hingewiesen, daß nicht alle Matrizen standardisiert werden müssen. Wenn beispielsweise nur nominale Indikatoren mit 0/1 Ausprägungen vorkommen, so ist dies implizit eine Standardisierung. Die gemeinsame Skala für alle Indikatoren ist sozusagen die 0/1 Ausprägung, die etwa inhaltlich „zutreffend"/„nicht-zutreffend" bedeutet.

Das gleiche gilt auch, wenn alle Indikatoren in einem gemeinsamen Medium gemessen werden, etwa in Geldeinheiten, wie es in der Ökonomie oft vorkommt. Diese Skala könnte als natürliche bezeichnet werden, die aber auch von einer anderen Fragestellung her durch eine statistische

---

25 Vgl. Sachverständigenrat (1970: 125)
26 Der Index soll hier nicht weiter diskutiert werden; vgl. kritisch Ronge/Schmieg (1973: 154—155), Vajna (1971).
27 Zu dieser Art der Standardisierung vgl. auch Rummel (1970: 289—290), der sie Normierung nennt, da im Nenner die Norm des Vektors steht. Zur Definition der Norm von Vektoren vgl. Wetzel/Skarabis/Naeve (1968: 45) oder Stöppler (1972: 28). Käme im Nenner keine quadratische Größe vor, würde Formel (6.9) auf Prozentuierung hinauslaufen, die aber nicht möglich ist, da Indikatoren auch Minus-Ausprägungen aufweisen können.

(z-Transformation, Verhältnisbildung) ersetzt werden kann. Bei der natürlichen Skala wäre allerdings die Einheit anschaulich vorgegeben, etwa die Größe 1,–DM. Bei einer neu eingeführten statistischen Skala wäre die Einheit abstrakter, etwa eine Standardabweichung.

Normierung der Gewichte
Für den Indexvektor wird gefordert, daß er einen Bezugsindex von der Höhe 1 (manchmal auch 100) besitzt. Wenn der Index den Wert 1 annimmt, soll dies eine genau interpretierbare Größe sein, so daß andere Ausprägungen der Indizes im Vergleich dazu gesehen werden können.

Liegt die Indikatormatrix in standardisierter Form vor, kann dies erreicht werden, indem die Gewichte auf 1 normiert werden. Werden die Originalgewichte mit p'_i bezeichnet, ergibt sich dann für die normierten Gewichte

$$q_i = \frac{q'_i}{\Sigma q'_i} \qquad i = 1, m \tag{6.10}$$

Es werden also normierte Gewichte in die Gleichung (6.1) eingesetzt. Da die Ausgangsmatrix Q standardisiert postuliert wird, existiert ein gut interpretierbarer Indexwert von der Höhe 1.

6.1.4 Partial- und Aggregatformel

Wenn die Indexberechnung nach Formel (6.1) vorgenommen wird, sind der Reihe nach die Schritte der Standardisierung, Gewichtung und Aggregierung durchzuführen. In der Regel ist es nicht sinnvoll, diese Schritte zu einem einheitlichen Formelkomplex zu verbinden. Es lassen sich jedoch zwei Fälle herausgreifen, die eine besonders klare formelmäßige Zusammenfassung erlauben und auch oft verwendet werden. Der eine Fall betrifft die Standardisierung nach der Verhältnisbildung, der zur Partialformel führt, der andere Fall betrifft Indikatormatrizen, die einheitlich skaliert sind und von daher leicht zusammengefaßt werden können (Aggregatformel). Beide Formeln beziehen sich auf normative Indizes.

Partialformel
Die sogenannte Partialformel kann angewendet werden, wenn die Indikatormatrix durch *Verhältnisbildung* standardisiert werden soll.

Wie ausgeführt, ist ein Basisvektor $|q_c$ (vgl. Formel 6.8) zu bestimmen, der für jeden Indikator den normativen Bezugspunkt enthält. Die einzelnen Indikatorausprägungen werden dann spaltenweise nach Formel (6.7) standardisiert. Die Indexbildung ist dann nach

$$|l = Q \cdot |p$$

durchzuführen (vgl. 6.1)

Beide Vorgänge, Standardisierung und Aggregierung, können nun in einer Gleichung zusammengefaßt werden. Für den Basisvektor gilt (vgl. 6.8)

$$|q_c = (q_{c1} \; q_{c2} \; \cdots \; q_{cm})$$

Im Falle der Standardisierung durch Verhältnisbildung nach Formel (6.7) kann dann die Matrix Q wie nachfolgend eingesetzt werden

$$\begin{pmatrix} l_1^P \\ \cdot \\ \cdot \\ \cdot \\ l_t^P \\ \cdot \\ \cdot \\ l_n^P \end{pmatrix} = \begin{pmatrix} \dfrac{q'_{11}}{q_{c1}} & \dfrac{q'_{12}}{q_{c2}} & \cdots & \dfrac{q'_{1m}}{q_{cm}} \\ \cdot & \cdot & & \cdot \\ \cdot & \cdot & & \cdot \\ \dfrac{q'_{t1}}{q_{c1}} & \dfrac{q'_{t2}}{q_{c2}} & \cdots & \dfrac{q'_{tm}}{q_{cm}} \\ \cdot & \cdot & & \cdot \\ \cdot & \cdot & & \cdot \\ \dfrac{q'_{n1}}{q_{c1}} & \dfrac{q'_{n2}}{q_{c2}} & \cdots & \dfrac{q'_{nm}}{q_{cm}} \end{pmatrix} \begin{pmatrix} p_1 \\ p_2 \\ \cdot \\ \cdot \\ \cdot \\ p_m \end{pmatrix} \quad (6.11)$$

oder

$$|l^P = Q \cdot |p \tag{6.12}$$

Die Elemente von Q sind also spaltenweise auf ein Basiselement standardisiert. Das hochgestellte Subskript von $|l^P$ soll andeuten, daß es sich bei dieser Form um eine Standardisierung nach der (partiellen) Verhältnisbildung handelt.

Der Vollständigkeit halber soll noch die Schreibweise angegeben werden, wenn es sich nur um die Bildung *eines* Index handelt.

Aus der Matrix Q von obiger Gleichung sei die Zeile t herausgegriffen. Der Index l_t^P ergibt sich dann nach

$$l_t^P = \frac{q'_{t1}}{q_{c1}} p_1 + \frac{q'_{t2}}{q_{c2}} p_2 + \ldots + \frac{q'_{tm}}{q_{cm}} p_m \qquad (6.13)$$

oder

$$l_t^P = \sum_{i=1}^{m} \frac{q'_{ti}}{q_{ci}} p_i \qquad (6.14)$$

In dieser Form wird der Index häufig angegeben.[28]

Wenn die Gewichte in normierter Form verwendet werden – was ja gefordert wurde –, besitzt der Indexvektor $|l^P$ einen gut interpretierbaren Bezugsindex mit dem Wert 1. Dies kann leicht gezeigt werden, wenn als Basisvektor die erste Zeile aus Q, also die Werte des ersten Beobachtungspunktes, genommen werden (der beispielsweise das früheste Jahr darstellt). Es gilt dann

$$|q_c = |q_1 = (q_{11} \; q_{12} \; \cdot \; \cdot \; \cdot \; q_{1m}) \qquad (6.15)$$

Der erste Index nimmt dann den Wert 1 an, was wie folgt abgeleitet werden kann:
Nach Formel (6.10) gilt

$$p_i = \frac{q'_i}{\sum p'_i}$$

Eingesetzt gemäß Gleichung (6.14) mit $q_{ci} = q'_1$: und $t = 1$ gilt

$$l_1^P = \sum_{i=1}^{m} \frac{q'_{1i}}{q'_{1i}} \; \frac{q'_i}{\sum p'_i}$$

$$= \frac{\sum p'_i}{\sum p'_i} = 1$$

Zusammenfassend kann gesagt werden, daß die Partialformel bei Vorliegen einer heterogenen Datenmatrix verwendet wird. Diese wird durch Verhältnisbildung standardisiert. Der Index nimmt den Wert 1 an, wenn die Werte der Indikatoren zu einem Beobachtungspunkt mit denen des Basisvektors identisch sind.

---

28 Vgl. Esenwein-Rothe (1969: 48); dort wird die Formel dynamische Reihenverschmelzung genannt. Vgl. zur Formel auch Zentrum Berlin f. Zukunftsf. (1969: 43–44).

Aggregatformel

Eine weitere besondere Formel für die Indexbildung läßt sich angeben, wenn die Indikatoren auf einer *gemeinsamen Skala* liegen, etwa Geldeinheiten, und daher nicht standardisiert werden müssen. Dann wäre es zwar auch möglich, einen Basisvektor zu definieren und die Indikatormatrix durch ihn zu teilen; dies würde jedoch einer besonderen Fragestellung entsprechen und ist nicht unbedingt erforderlich.

Für die Matrix Q aus (6.1) kann also die Originaldatenmatrix verwendet werden.

$$|I^{A'} = Q \cdot |p \qquad (6.16)$$

Der entstandene Indexvektor besitzt jedoch noch keinen Bezugsindex von der Größe 1, der genau definiert wäre. Die Werte hängen ja von den Originaldaten in der Matrix Q ab.

Um dies zu erreichen, ist eine Bezugsgröße zu definieren, mit der diese vorläufigen Indizes des Vektors $|I^{A'}$ verglichen werden. Als Bezugsgröße kann das innere Produkt[29] aus der ersten Zeile von Q, nämlich $|q_1$, und dem Gewichtungsvektor $|p$ genommen werden:

$$b = (\,|q_1, |p\,) \qquad (6.17)$$

oder

$$b = q_{11}p_1 + q_{12}p_2 + \ldots + q_{1m}p_m$$
$$= \Sigma\, q_{1i}\, p_i \qquad (6.18)$$

Die Indexelemente von $|I^{A'}$ sind durch diese Konstante zu teilen, so daß sich der endgültige Vektor $|I^A$ ergibt:

$$|I^A = \begin{pmatrix} \dfrac{I_1^{A'}}{b} \\ \cdot \\ \cdot \\ \dfrac{I_t^{A'}}{b} \\ \cdot \\ \cdot \\ \dfrac{I_n^{A'}}{b} \end{pmatrix} \qquad (6.19)$$

---

29 Für die Definition des inneren Produktes von Vektoren vgl. Wetzel/Skarabis/Naeve (1968: 44) oder Stöppler (1972: 27).

Der Indexvektor weist dann für den ersten Beobachtungspunkt den Wert 1 auf, besitzt also einen Bezugsindex, der den Vergleichsmaßstab für die anderen bietet.

Die Konstante b ist nichts anderes als ein ausgewählter „Index" zu einem bestimmten Zeitpunkt, etwa dem frühesten Jahr. Die Werte des Indexvektors werden zu dieser Größe in Beziehung gesetzt.

Es sei darauf hingewiesen, daß bei dieser Formel der Indexvektor |p nicht unbedingt normiert sein muß, da sich der Wert 1 auf jeden Fall für das erste Element aus |l^A ergibt, auch ohne Normierung der Gewichte.

Der Verdeutlichung halber soll noch die Formel für einen einzelnen Index dargestellt werden. Aus der Indikatormatrix Q sei der Zeilenvektor t herausgegriffen, so daß also der Index zum Beobachtungspunkt t gebildet wird. Es ist dann das innere Produkt des Vektors |q mit dem Gewichtungsvektor |p zu bilden, um den vorläufigen Index $l_t^{A'}$ zu erhalten:

$$l_t^{A'} = (\,|q_t,\,|p\,)$$

oder

$$l_t^{A'} = q_{t1}p_1 + q_{t2}p_2 + \ldots + q_{tm}p_m$$

oder

$$l_t^{A'} = \sum_{i=1}^{m} q_{ti}\,p_i \tag{6.20}$$

Der vorläufige Index $l_t^{A'}$ ist dann durch die Bezugsgröße zu teilen, um den eigentlichen Index zu erhalten:

$$l_t^A = \frac{l_t^{A'}}{b}$$

Eingesetzt ergibt sich (für den Nenner vgl. Formel (6.18))

$$l_t^A = \frac{\sum q_{ti}\,p_i}{\sum q_{1i}\,p_i} \tag{6.21}$$

Dies ist die bekannte, in der Ökonomie oft für Mengen- und Preisindizes verwendete Formel. Werden die p_i nach dem Beobachtungspunkt 1 bestimmt, entspricht die Formel der von Laspeyres, werden sie nach dem Beobachtungspunkt t bestimmt, entspricht die Formel der von Paasche.[30]

---

30 Vgl. Lehrbücher der deskriptiven Statistik (in anderen Notationen) Pfanzagl (1965: 70), Kellerer (1960: 80), Donda et al. (1970: 395).

Die Formel wird nach Fisher (1922) als Aggregatformel bezeichnet, da Aggregate miteinander in Beziehung gesetzt werden (vgl. Zähler und Nenner der Gleichung (6.21)). Es sei jedoch noch einmal darauf hingewiesen, daß diese Aggregate nur gebildet werden können, wenn die Indikatoren auf einer gemeinsamen Skala gemessen wurden.

Vergleich von Partial- und Aggregatformel
Unter der Voraussetzung, daß die Indikatormatrix eine gemeinsame Skala besitzt, ist nun eine Indexbildung nach der Aggregatformel (6.21) möglich:

$$l_t^A = \frac{\Sigma \, q_{ti} \, p_i}{\Sigma \, q_{1i} \, p_i},$$

aber auch nach der Partialformel (6.14), wobei $q_{ti} = q'_{ti}$ und $q_{1i} = q_{ci}$ eingesetzt werden können:

$$l_t^P = \sum_{i=1}^{m} \frac{q_{ti}}{q_{1i}} \, p_i$$

Beide Formeln führen auf Grund der unterschiedlichen Summationsvorschrift zu unterschiedlichen Ergebnissen. Es soll hier nur die formale Grundstruktur verglichen werden. Wie Anderson (1957: 40) den Unterschied formuliert, zielt die Aggregatformel (6.21) auf eine *Meßzahl von Durchschnitten* ab, während die Partialformel auf einen *Durchschnitt von Meßzahlen* ausgerichtet ist.[31] Dies sieht man leicht an den Formeln. Die Aggregatformel (6.21) kann umgeformt werden zu

$$l_t^A = \frac{\dfrac{\Sigma \, q_{ti} \, p_i}{\Sigma \, p_i}}{\dfrac{\Sigma \, q_{1i} \, p_i}{\Sigma \, p_i}}$$

Es wird also ein Verhältnis von gewichteten Durchschnitten gebildet, da Zähler und Nenner der Formel des gewichteten Durchschnitts[32] entsprechen.

---

31 Flaskämper (1956: 192) formuliert den Unterschied als „Verhältnis von Durchschnitten und einem Durchschnitt von Verhältnissen", was der obigen Definition äquivalent ist. Fisher formuliert den Unterschied ebenso, wobei er den Akzent allerdings auf die zweite Form legt: „An index number should be an average of ratios rather than a ratio of averages" (Fisher 1922: 451).

32 Die Formel des gewichteten Durchschnitts lautet allgemein $\bar{x} = \dfrac{\Sigma n_i \, x_i}{\Sigma n_i}$; vgl. Donda et al. (1970: 240).

Daß die Partialformel dem Durchschnitt von Verhältnissen entspricht, sieht man unmittelbar an Gleichung (6.14). Sie hat die Form des gewichteten Durchschnitts, wobei die zu summierende Größe ein Verhältnis ist (nämlich q_{ti}/q_{ci}).

Manchmal werden „Gewichte" von der Form definiert[33]

$$g_i = \frac{q_{1i} p_i}{\Sigma q_{1i} p_i}$$

Die Aggregatformel (6.21) hat dann *scheinbar* die Struktur einer Partialformel

$$1^A_t = \sum_{i=1}^m \frac{q_{ti}}{q_{1i}} g_i,$$

läßt sich jedoch leicht in die eigentliche Aggregatformel überführen, wenn man einsetzt

$$1^A_t = \sum_{i=1}^m \frac{q_{ti}}{q_{1i}} \cdot \frac{q_{1i} p_i}{\Sigma q_{1i} p_i}$$

$$= \frac{1}{\Sigma q_{1i} p_i} \sum_{i=1}^m \frac{q_{ti} q_{1i} p_i}{q_{1i}}$$

$$= \frac{\Sigma q_{ti} p_i}{\Sigma q_{1i} p_i}$$

Die eingeführte Gewichtung entspricht also der Struktur der Aggregatformel. Der Charakter des Partialindex bleibt also nur erhalten, wenn eine Gewichtung nach Formel (6.10) benutzt wird.

Für die konkrete Entscheidung, ob die Aggregatformel (6.21) oder die Partialformel (6.14) zu wählen ist, können nur allgemeine Hinweise gegeben werden. Flaskämper weist darauf hin, daß es sich bei der Aggregatformel um ein „reines Mittelwertproblem" (Flaskämper 1956: 192) handelt. Der Mittelwert als solcher muß eine inhaltliche Aussage darstellen. Beispielsweise ist beim Lohnindex das Lohnniveau, gebildet aus den Monatslöhnen und der Anzahl der Lohnempfänger, eine sinnvolle Größe. Wenn jedoch ein Index aus relativ inhomogenen Komponenten wie etwa ökonomischen Faktoren (Bruttosozialprodukt), Bildung (Zahl der Studenten) und Situation des Gesundheitswesens (Zahl der Krankenhausbet-

---

33 Vgl. Wetzel (1969: 163–165), Anderson (1957: 40–41), Pfanzagl (1965: 69)

ten) gebildet wird, ist ein Durchschnitt über diese Größen auf Grund von Gewichtung und Standardisierung zwar errechenbar, stellt aber eine schwer interpretierbare Größe dar. Dann ist es sinnvoller, die Gewichte auf die Veränderungsraten innerhalb der einzelnen Komponenten zu beziehen und dann die Summation erst über diese Veränderungsraten durchzuführen. Diese Struktur wird durch den Partialindex wiedergegeben.

Da in der Sozialwissenschaft meist relativ inhomogene Komponenten zusammengefaßt werden, ist oft der Partialindex angebracht. In der Ökonomie ist der Gegenstand homogener, und es liegt in Form des Geldes ein weitgehend generalisierendes Medium vor, so daß dort sehr häufig die Aggregatformel Verwendung findet.

Allgemein kann darauf hingewiesen werden, daß die Aggregatformel auf Grund ihrer Struktur in der Regel weniger sensible Indizes erbringt, da ja nur Durchschnitte zur Verhältnisbildung herangezogen werden. Ein Indexvektor nach der Partialformel weist oft mehr Ausschläge auf, da ja jede Veränderung als solche in die Summation eingeht. Dafür ist der Partialindex aber sehr stark von der Wahl des Basisjahres abhängig, da die Maßzahlen nicht auf absoluten Differenzen beruhen, sondern sehr schnell groß werdende Relationen zur Basis wiedergeben. Letztlich kann die Entscheidung jedoch nur nach inhaltlichen Kriterien getroffen werden. (Für ein Beispiel vgl. Ausführungen in Kap. 6.2.1.)

Nach diesen Vorklärungen ist es nun möglich, Indizes konkret anzugehen. Dabei wird zuerst die Unterscheidung angewendet, ob die Gewichte normativ gewonnen wurden oder auf analytischem Wege. Normativ bedeutet, daß die Gewichte nur auf theoretisch-normativ begründbaren Standards beruhen, während analytische Indizes nach empirischen, varianzanalytischen Gesichtspunkten formal bestimmt werden, zum Beispiel durch Faktorenanalysen (vgl. Kap. 6.3).

Zunächst wird auf normative Indizes eingegangen.

6.2 Normative Indizes

6.2.1 Normative Indizes bei nominalem Meßniveau

Nominale Indikatoren gehen von dem untersten Meßniveau aus.[34] Eine zahlenmäßige Erfassung ist nur in der 0/1 Form möglich, wobei 0 etwa bedeutet „Eigenschaft trifft nicht zu", 1 bedeutet „Eigenschaft trifft zu". In ähnlicher Weise könnte auch „falsch/richtig", „gut/schlecht" usw. kodiert werden.

---

34 Allgemein wird zwischen nominalem, ordinalem, Intervall- und Ratio-Meßniveau unterschieden; vgl. Mayntz/Holm/Hübner (1969: 38–40).

In der Indikatormatrix Q kommen dann nur die Zahlen 0 und 1 vor. Wenn etwa 3 Fragen, die auf den Wissensstand abzielen und die mit „richtig/falsch" kodiert werden, 5 Probanden vorgelegt werden, könnte sich eine Matrix wie nachfolgend ergeben:

Tabelle 3: Fiktive Matrix für nominale Indikatoren

Frage / Proband	I	II	III
A	1	1	0
B	1	1	1
C	0	1	0
D	0	1	0
E	0	0	0

Vom ersten Probanden wurden die Fragen I—II richtig beantwortet, die Frage III falsch usw.

An Hand dieser Beispielsmatrix soll nachfolgend die Fragestellung der nominalen Indizes angegangen werden.

Das Problem besteht darin, die drei Fragen (als Indikatoren) zu einem Index zusammenzufassen, wie er in Gleichung (6.1) angegeben ist:

$$|I = Q \cdot |p$$

Die Indikatormatrix von Tab. 3 hat den Stellenwert von Q. Es muß zunächst ein Gewichtungsvektor $|p$ gefunden werden, bevor die Fragen der Standardisierung und die Wahl der Indexformel angegangen werden können.

In der einfachsten Form könnten die drei Fragen gleichgewichtet zusammengefaßt werden. Der Vektor $|p$ wäre dann mit 1en zu füllen. Eine solche Gleichgewichtung wird jedoch nur in den seltensten Fällen gerechtfertigt sein.

Eine andere Möglichkeit besteht darin, *aus der Tabelle selber* eine Information über den Schwierigkeitsgrad der Fragen zu entnehmen. Wenn eine Frage oft richtig beantwortet wurde, wäre sie als leicht einzustufen, wenn sie selten richtig beantwortet wurde, wäre sie als schwer einzustufen. Die Anzahl der falschen Antworten im Verhältnis zur Gesamtzahl der Fragen kann als ein Gewicht für die Schwierigkeit der Fragen benutzt werden. An Hand der Tab. 3 erhält man dann den unnormierten Gewichtungsvektor $|p'$.

$$|p' = \begin{pmatrix} \frac{3}{5} \\ \frac{1}{5} \\ \frac{4}{5} \end{pmatrix}$$

Die erste Frage wurde dreimal falsch beantwortet, was einen Schwierigkeitsgrad von 3/5 ergibt usw.

Dieser Vektor ist nach Formel (6.10) so zu normieren, daß er in seiner Summe 1 ergibt.

$$|p = \begin{pmatrix} 0.37 \\ 0.13 \\ 0.50 \end{pmatrix}$$

Damit ist der Gewichtungsvektor bestimmt. Es ist nun die Frage der Standardisierung der Indikatormatrix anzugehen. Es liegt eine gemeinsame 0/1 Skalierung für alle Indikatoren vor, die die Zusammenfassung erlaubt. 0 bzw. 1 bedeutet für jeden Indikator das gleiche. Die Matrix ist also standardisiert, und es könnte unmittelbar die Aggregatformel angewendet werden.

Andererseits könnte auch ein Basisvektor nach Formel (6.8) definiert werden, der mit 1en aufzufüllen ist:

$$|q_c = (\,1\ 1\ 1\,)$$

Dieser Basisvektor, als Norm aufgefaßt, würde bedeuten, daß alle Fragen richtig beantwortet werden. Die Anwendung der Verhältnisstandardisierung nach Gleichung (6.7) bringt dann keine Veränderung in Q, da durch 1 geteilt wird. Es gilt

$$Q = Q'$$

Durch Anwendung der Partialformel nach (6.12) kann der Index dann bestimmt werden. Durch Einsetzen ergibt sich

$$\|I^P = \begin{pmatrix} 0.50 \\ 1.00 \\ 0.13 \\ 0.23 \\ 0.00 \end{pmatrix}$$

Man sieht, daß der Indexvektor gut zu interpretieren ist. Der Befragte B, der alle Fragen richtig beantwortet hatte, erhielt den Wert 1. Der Befragte E, der alle Fragen falsch beantwortet hatte, erhielt den Wert 0. Die anderen erhielten entsprechende Zwischenwerte.

Auf diese Weise wurden also die drei Fragen zu einem einheitlichen Index zusammengefaßt. Die Individuen sind in einer bestimmten Weise charakterisiert.

Es sei noch darauf hingewiesen, daß auf Grund der bereits standardisierten Datenmatrix auch die Aggregatformel angewendet werden könnte und zu dem gleichen Ergebnis führt. Die Bezugsgröße b nach Formel (6.17) würde den Wert 1 annehmen, so daß gilt (vgl. 6.19)

$$|I^A = |I^{A'}$$

Der Vektor $|I^A$ würde daher so gebildet werden wie bei der Partialformel. Im besonderen Fall der 0/1 Kodierung führen also Partial- und Aggregatformel zum gleichen Ergebnis.

In ähnlicher Form berechnet Reigrotzki (1956: 272–273) einen Index der Informiertheit. Eine Reihe von Fragen, die auf die Informiertheit der Staatsbürger abzielen, werden zu einem Index der Informiertheit zusammengefaßt. Die Fragen werden dabei nach ihrem Schwierigkeitsgrad gewichtet. Allerdings werden bei ihm auch negative Gewichte zugelassen. Jedoch ist das Prinzip, aus der Verteilung der nominalen Daten selber die Gewichtung abzuleiten, identisch.

Es soll noch ein *weiteres Beispiel* für nominale Indizes angeführt werden, und zwar für einen *Längsschnitt* unter Verwendung der Aggregat- und Partialformel.

Wie Bell (1969: 81) berichtet, wurde im Zusammenhang mit den Vorarbeiten zum Social Report der USA (Toward a Social Report 1970) ein Index für Verbrechen und Vergehen dahingehend berechnet, daß die Delikte mit dem Durchschnitt der verhängten Strafen (in Jahren) gewichtet und zusammengefaßt wurden. Das Ergebnis war ein in einer bestimmten Weise zu interpretierender Index der Gesamtkriminalität. Es wurde durch empirische Studien festgestellt, daß das Strafmaß, das Richter verhängen, sehr hoch mit der Beurteilung der verschiedenen Delikte durch die Bevölkerung korreliert, so daß das Gewichtungsschema als recht valide anzusehen ist.

Dieser Index soll formal etwas genauer untersucht werden. Er bezieht sich auf einen Längsschnitt (im Gegensatz zum oben angeführten Querschnitt-Index); sein Gewichtungsschema wurde extern ermittelt, nicht aus der Datenmatrix selber deduziert, und schließlich führen Aggregat- und Partialformel zu verschiedenen Ergebnissen.

Wenn man den Vorgang (fiktiv) nach dem ausgeführten Schema entwickelt, ergibt sich folgendes. Es wird eine Indikatormatrix Q bestimmt, die die Werte für m Delikte für n Jahre enthält. Diese könnte aussehen, wie in Tab. 4 angegeben.

Tabelle 4: Fiktive Indikatormatrix für 3 Deliktarten und 5 Beobachtungsjahre

Jahr \ Deliktart	I	II	III
1	5	3	2
2	6	6	3
3	6	9	3
4	7	12	2
5	8	14	3

Im ersten Jahr sind also 5 Delikte von der Art I, 3 von der Art II und 2 von der Art III festgestellt worden usw.

Der Gewichtungsvektor p wurde normativ durch das Strafmaß der Richter ermittelt. Als fiktive Zahlenwerte sollen angenommen werden

$$|p' = \begin{pmatrix} 11 \\ 1 \\ 6 \end{pmatrix}$$

Für die erste Deliktart wurden also im Durchschnitt 11 Jahre, für die zweite 1 Jahr und für die dritte 6 Jahre verhängt. Die Gewichte wären nun so zu normieren, daß sie in ihrer Summe 1 ergeben. Dies ist jedoch für die Aggregatformel, die zunächst angewendet werden soll, nicht erforderlich. Da die Originalgewichte anschaulicher sind, sollen diese verwendet werden.

Es ist zu fragen, ob die Aggregatformel verwendet werden kann. Die Datenmatrix ist bereits standardisiert. Alle Delikte wurden gezählt; gemeinsame Skala ist sozusagen die Menge der natürlichen Zahlen. Die bloße Summierung über alle Delikte eines Zeitpunktes ergibt bereits eine sinnvolle Größe, nämlich die Anzahl der begangenen Delikte insgesamt. Die Aggregatformel kann also angewendet werden.

Für den vorläufigen Indexvektor $|I^{A'}$ (Formel 6.16) ergibt sich für das obige Beispiel

$$|I^{A'} = Q \cdot |p = \begin{pmatrix} 5 & 3 & 2 \\ 6 & 6 & 3 \\ 6 & 9 & 3 \\ 7 & 12 & 2 \\ 8 & 14 & 3 \end{pmatrix} \begin{pmatrix} 11 \\ 1 \\ 6 \end{pmatrix} = \begin{pmatrix} 70 \\ 90 \\ 93 \\ 101 \\ 120 \end{pmatrix}$$

Es ist nun eine Bezugsgröße nach Formel (6.17) zu bilden. Es soll dazu der erste Zeilenvektor aus Q, also das früheste Jahr, herangezogen werden, so daß gilt

$$|q_1 = (5\ 3\ 2)$$

Für die Bezugsgröße b nach Formel (6.17) ergibt sich dann:

$$b = (|q_1, |p) = \sum_{i=1}^{m} q_{1i}\, p_i = 55 + 3 + 12 = 70$$

Der endgültige Indexvektor nach (6.19) lautet dann

$$\|I^A = \begin{pmatrix} 1.00 \\ 1.29 \\ 1.33 \\ 1.44 \\ 1.71 \end{pmatrix}$$

Der besseren Übersicht halber wird der Index in ein Schaubild eingetragen (Abb. 15), zusammen mit einem später berechneten.

Der Indexvektor $\|I^A$ gibt die Entwicklung über die 5 Beobachtungspunkte an, normiert auf den ersten Zeitpunkt als Basis. Seine Validität hängt vor allem vom *Gewichtungsschema* ab. Es ist zu fragen, wie valide das Maß der verhängten Jahre als Gewicht eines Deliktes von formalen Gesichtspunkten her ist. Zum einen wird es sehr weit streuen, was bei der bloßen Berücksichtigung des Durchschnittes nicht zum Tragen kommt; zum anderen wird es über die Jahre hin als konstant angesetzt. Von daher kann ein so berechneter Index nur als grobe Annäherung an das Konstrukt „Gesamtkriminalität" gelten. Vor allem vom Meßniveau der Gewichte her müßten Verbesserungen angebracht werden. Außerdem ist zu beachten, daß die Verhältnisse des *ersten Beobachtungspunktes* als Basis herangezogen wurden.

Die Anwendung der Aggregatformel ist gerechtfertigt, da eine gemeinsame Skala zugrunde liegt. Es ist jedoch möglich, von einer anderen Fragestellung her auch die *Partialformel* anzuwenden. Dann geht es weniger um die Gesamtheit der Delikte als um die Veränderungen innerhalb von Deliktarten, die als solche zusammengefaßt werden.

Um die Partialformel anzuwenden, wird die Datenmatrix als vorläufige Matrix Q' aufgefaßt, die nach der Verhältnisbildung standardisiert wird (vgl. Formel 6.7). Als Basisvektor wird die erste Zeile aus Q' gewählt, so daß das früheste Jahr die Basis ergibt. Es ergibt sich nach (6.8)

$$|q_c = |q_1\ (5\ 3\ 2)$$

Die Matrix Q ist dann nach (6.11) zu bilden und ergibt

$$Q = \begin{pmatrix} 1.0 & 1.0 & 1.0 \\ 1.2 & 2.0 & 1.5 \\ 1.2 & 3.0 & 1.5 \\ 1.4 & 4.0 & 1.0 \\ 1.6 & 4.7 & 1.5 \end{pmatrix}$$

Im Falle der Aggregatformel brauchte der Gewichtungsvektor nicht auf 1 normiert zu werden (obwohl die Normierung zum gleichen Ergebnis führt). Diese muß jedoch für die Partialformel durchgeführt werden, so daß sich als normierter Gewichtungsvektor nach (6.10) ergibt:

$$|p = \begin{pmatrix} 0.61 \\ 0.06 \\ 0.33 \end{pmatrix}$$

Gemäß Gleichung (6.12) kann dann der Partialindex gebildet werden nach

$$|I^P = \begin{pmatrix} 1.0 & 1.0 & 1.0 \\ 1.2 & 2.0 & 1.5 \\ 1.2 & 3.0 & 1.5 \\ 1.4 & 4.0 & 1.0 \\ 1.6 & 4.7 & 1.5 \end{pmatrix} \begin{pmatrix} 0.61 \\ 0.06 \\ 0.33 \end{pmatrix} = \begin{pmatrix} 1.00 \\ 1.35 \\ 1.41 \\ 1.42 \\ 1.76 \end{pmatrix}$$

Dieser Indexvektor ist mit dem nach der Aggregatformel berechneten in ein Schaubild (Abb. 15) eingetragen.

Wie man sieht, ist der Verlauf der Indizes unterschiedlich. Der nach der Aggregatformel berechnete ist relativ ebenmäßig und steigt fast konstant an. Der nach der Partialformel berechnete weist mehr Ausschläge auf. Dies rührt daher, daß bei ihm Verhältnisse zur Basis den Ausgangspunkt bilden und diese schnell anwachsen. Die Deliktart II hat sich zum Beispiel um den Faktor 4.7 erhöht (vgl. obenstehende Rechnungen). Sie wird mit 0.06 gewichtet und trägt daher zu den Ausschlägen bei; wenn sie höher gewichtet würde, würde sie noch stärkere Ausschläge hervorrufen.

Wenn also auf Veränderungen *innerhalb von Deliktarten* abgestellt wird und diese gewichtet zusammengefaßt werden sollen, wäre der Kurvenverlauf nach der Partialformel angemessen. Er würde anzeigen, daß im letzten Jahr ein hoher Anstieg der hoch gewichteten Deliktarten stattgefunden hat.

Wäre mehr auf ein *Aggregat der Gesamtkriminalität* abgestellt, wäre der Kurvenverlauf nach der Aggregatformel adäquat. Er würde ein relativ gleichmäßiges Ansteigen der Gesamtkriminalität anzeigen.

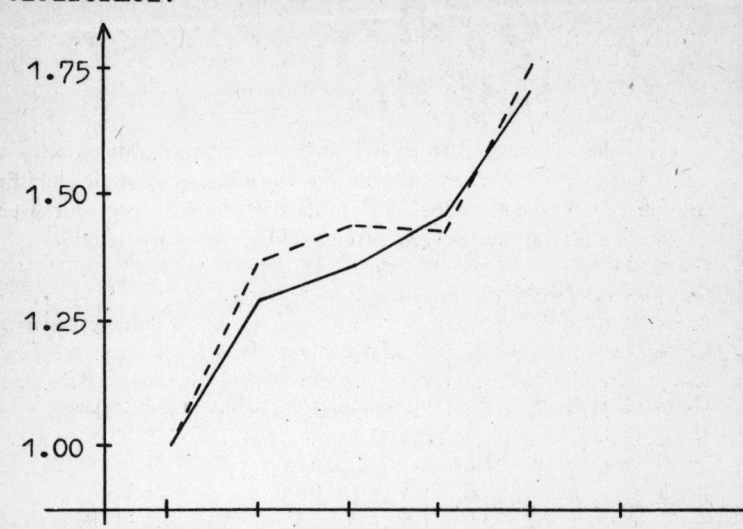

Abbildung 15: Verlauf der fiktiven Indizes der Gesamtkriminalität

Aggregatformel: ———————
Partialformel: — — — — —

Diese Differenzen beruhen auf dem oben besprochenen Unterschied zwischen dem Verhältnis von Durchschnitten (Aggregatformel) und dem Durchschnitt von Verhältnissen (Partialformel). Beide Formen sind jeweils inhaltlich unterschiedlich zu interpretieren.

Bezüglich der nominalen Indizes kann zusammenfassend festgehalten werden:

— Sie gehen von dem untersten Meßniveau aus.
— Eine Gewichtung kann aus der Indikatormatrix selber deduziert (z. B. durch Anzahl der falschen Fragen) oder extern eingeführt werden (z. B. durch Richterurteile).
— Bei standardisierten Matrizen kann ein Vergleich zwischen Aggregaten und Verhältnissen (Aggregatformel und Partialformel) hergestellt werden.

Indexbildungen mit nominalem Meßniveau sind relativ selten. Wie diese Erläuterungen jedoch gezeigt haben, sind sie möglich und können interessante Aufschlüsse ergeben, besonders wenn verschiedene Formen verglichen werden.

6.2.2 Normative Indizes bei metrischem Meßniveau

Wenn die Indikatormatrix durchweg metrische Daten umfaßt, ergeben sich einige Schwerpunkte in der Anwendung von Indizes.

Einmal ist die Wahl des Basisvektors sehr wichtig. Dieser gibt ja die strukturellen Verhältnisse ab, nach denen standardisiert wird; darauf soll eingegangen werden. Zweitens ist die Ermittlung von Gewichten von Bedeutung. Dafür können eigens Verfahren der psychometrischen Skalierung herangezogen werden. Schließlich ist es auch möglich, einen erzielten Index zu weiteren Indizes in Bezug zu setzen, worüber ein abschließendes Kapitel handelt.

6.2.2.1 Die Wahl des Basisvektors

Die Wahl des Basisvektors ist von entscheidender Bedeutung für die Aussage des Index. Jede Veränderung ist im Hinblick auf die strukturellen Verhältnisse des Basisvektors zu interpretieren. Bei der Aggregatformel herrschen normative Gesichtspunkte vor; für die Partialformel können einige formale Überlegungen angestellt werden. Um mehr Anschaulichkeit zu erreichen, soll ein Längsschnitt vorausgesetzt werden, so daß die Basis ein bestimmtes Jahr darstellt.

Wahl eines konstanten Basisjahres
Dies entspricht der üblichen Praxis der ökonomischen Statistik. In der Regel wird das Jahr des Anfangswertes gewählt. Der Partialindex nach Gleichung (6.14) lautet dann mit fixem Basisjahr:

$$l_t^P = \sum_{i=1}^{m} \frac{q'_{ti}}{q_{fi}} p_i \qquad (6.22)$$

q'_{ti}: Ausprägung des i-ten Indikators zum Beobachtungspunkt t
q_{fi}: Ausprägung des i-ten Indikators zum fixen Basispunkt
p_i: Gewicht des i-ten Indikators

Im Anhang 9.2 sind für diese Indexformel wie auch für die nachfolgenden Beispiele aus dem Material der SWIGES-Studie[35] gebracht. In dieser Studie wurde ein Index konstruiert, der den Lebensstandard der BRD auf Grund einer großen Anzahl von Indikatoren (m = 53) im Zeitverlauf (1957–1967) wiedergeben soll. Die Gewichte wurden durch Umfragen bei Experten ermittelt.[36] Im Anhang 9.2.3 ist der Index zu fin-

---

35 Vgl. Zentrum Berlin f. Zukunftsf. (1969)
36 Eine eingehende Darstellung des Index ist im Kap. 7.3 dieser Arbeit zu finden.

den, wie er sich nach der Formel (6.22) mit dem fixen Basisjahr 1967 ergibt. Wie man sieht, gibt der Index eine recht charakteristische Bewegung wieder. Das Rezessionsjahr 62/63 ist deutlich zu erkennen wie auch der Abfall zur Rezession 1967. Die Spitze um das Jahr 1965 ist vor allem durch die ökonomischen Variablen bedingt. Durch diesen Index werden also Lebensverhältnisse in grober Weise charakterisiert, wie sie sich auf Grund der Struktur von 1967 ergeben.

Wahl einer normativen Basis
Für sozialwissenschaftliche Zwecke ist es häufig erforderlich, eine rein normative Basis einzuführen. Für jeden Indikator ist dann eine gewünschte oder prognostizierte Zielvorstellung anzugeben. Die Verhältnisse werden dann nach diesem Schema gebildet. Der Partialindex hat dann die Form

$$l_t^P = \sum_{i=1}^{m} \frac{q'_{ti}}{q_{vi}} p_i \qquad (6.23)$$

q'_{ti}: Ausprägung des i-ten Indikators zum Beobachtungspunkt t
q_{vi}: Ausprägung des i-ten Indikators zur normativen Basis
p_i: Gewicht des i-ten Indikators

Dieser Index hat den Vorteil, daß die Basis frei von einer vorhandenen Struktur gewählt werden kann; sie wird ja normativ eingeführt. Daher können auch weitergehende Veränderungen als Vergleichspunkt dienen (Strukturbrüche). Im Anhang (9.2.4) ist der bereits erwähnte SWIGES-Index mit einer normativen Basis[37] dargestellt. Es wurden nur 37 Indikatoren verwendet, da die Normen für einige Indikatoren schwierig zu ermitteln sind. Man erkennt, daß die Norm insgesamt um 1967 zu ca. 60 % erfüllt ist. Die Schwankungen des Index sind nicht so stark, da der Norm offensichtlich eine andere Struktur zugrunde liegt als die von 1967; ökonomische Variablen werden nicht so stark betont. Auf diese Weise können alternative Zukünfte im Lichte dessen beurteilt werden, wie sich nach ihnen die Gegenwart darstellen würde.

Wahl des jeweils vorhergehenden Jahres
Eine interessante Möglichkeit ergibt sich, wenn eine wechselnde Basis gewählt wird. Der Struktureffekt eines einzigen Jahres oder auch einer Norm wird dann vermieden; der Index beruht auf den Veränderungsraten zu dem jeweils vorhergehenden Jahr. Der Partialindex lautet dann

---

[37] Die normativen Werte für die einzelnen Indikatoren sind in der Tabelle des Anhangs 9.2.2 zu finden.

$$I_t^P = \sum_{i=1}^{m} \frac{q'_{ti}}{q'_{t-1,i}} p_i \qquad (6.24)$$

q'_{ti}: Ausprägung des i-ten Indikators zum Beobachtungspunkt t
$q'_{t-1,i}$: Ausprägung des i-ten Indikators zum Beobachtungspunkt von t−1
p_i: Gewicht des i-ten Indikators

Diese Formel geht von einer exponentialen Vorstellung der Entwicklung des Indikators aus. Der Zuwachs wird jeweils am vorhergehenden Zustand gemessen.[38] In speziellerer Weise könnte man sagen, daß hier das Gesetz vom *abnehmenden Grenznutzen* zugrunde liegt. Anders ausgedrückt: um den gleichen Nutzenzuwachs zu erhalten, ist ein immer größerer Betrag erforderlich. Diese Annahme ist realistisch. Nutzen oder ähnliche Größen ergeben sich nicht als absolute Größen, sondern aus Vergleichen. Diesem Vorgang trägt der Index Rechnung. Ein solcher Index, der jeweils den vorhergehenden Zustand zur Basis hat, wird also eine große Aussagekraft haben.[39]

Da sich bei diesem Index geringfügige Veränderungen bereits auswirken, wird er von starken Schwankungen gekennzeichnet sein. Bei der Interpretation ist auch zu beachten, daß der Index abnehmen kann, obwohl das Niveau immer noch höher ist als in weiter zurückliegenden Jahren.

Im Anhang 9.2.5 wurde der SWIGES-Index nach Formel (6.24) berechnet. Der Verlauf ist gänzlich anders als bei den übrigen Indizes. Insgesamt ist die Tendenz festzustellen, daß die Zuwachsraten stark abnehmen und der Index daher sinkt. Dies wird durch die (konventionelle) Gewichtung der Experten vermutlich noch verstärkt. An Hand dieses Indexverlaufs können wichtige Überlegungen über Verschlechterung der Lebensbedingungen angestellt werden, zumindest was die meßbaren Fakten angeht und soweit überhaupt Wachstum erwünscht ist. Zumindest drückt sich in diesem Index die *abnehmende Zuwachsrate* der Industriegesellschaft aus, die offensichtlich auch nicht durch Aufnahme anderer nichtökonomischer Komponenten kompensiert wird. Schließlich ist noch darauf hinzuweisen, daß sich auch die Rezessionsjahre in den Schwankungen stark niederschlagen. Dies dürfte vor allem für die individuell-psychologische Perzeption der sozioökonomischen Situation von Bedeutung sein.

---

38 Die Bezugsgröße ist jedesmal eine andere, so daß der Indikator einen exponentialen Verlauf besitzen muß, um etwa eine konstante Wachstumsrate einzuhalten.

39 Die Transformation der Ursprungsdaten in solche, die einem bestimmten Nutzenverhältnis entsprechen, kann auf vielfältige Weise geschehen, nicht nur durch einfachen exponentialen Zuwachs. Für Indizes relevante Nutzenfunktionen sind zu finden bei Zentrum Berlin f. Zukunftsf. (1969: 47, 60) und bei Zangemeister (1970: 220).

Die unterschiedliche Wahl der Basiswerte erbringt interessante Möglichkeiten, die nur selten ausgeschöpft werden. Insbesondere die rein normative Bestimmung dürfte für Planungszwecke wie auch für futurologische Vergleiche wichtig sein.

6.2.2.2 Die Ermittlung von Gewichten

In den vorstehenden Kapiteln wurden bereits zweimal Gewichte angeführt. Beim Index der Gesamtkriminalität wurde das verhängte Strafmaß zur Gewichtung der einzelnen Delikte benutzt. Beim Index der Informiertheit wurde ein Gewichtungsschema aus den Antworten deduziert. Die Anzahl der falschen Antworten wurde als Maß für die Schwierigkeit einer Frage betrachtet.

Daran werden bereits zwei verschiedene Methoden der Gewichtung erkennbar. Im ersteren Fall wird eine Norm, die *im gesellschaftlichen Prozeß* entsteht, zur Gewichtung herangezogen (Urteile von Richtern). Im zweiten Fall wird ein *Verhalten,* das beobachtbar ist (nämlich richtig oder falsch zu antworten), als Kriterium benutzt. Der Forscher entscheidet, daß dieses Verhalten das Gewichtungsschema abgeben soll. Auf diese beiden Gewichtungsarten soll zunächst eingegangen werden.

Die Erhebung von Urteilen, die im gesellschaftlichen Prozeß entstehen, stellt für die Indexbildung nur ein begrenzt ausnutzbares Feld dar. Im juristischen Bereich wie auch im Ausbildungsbereich werden zwar quantifizierte Beurteilungen (Strafmaß, Noten) vorgenommen, die jedoch bezüglich Objektivität und Vergleichbarkeit erheblichen Zweifeln unterworfen sind. Es ist jedoch vorstellbar, daß in eng umschriebenen, auch geographisch begrenzten Bereichen solche Beurteilungen für Indizes herangezogen werden können. Voraussetzung wäre jedoch eine systematische Untersuchung dieser Urteile wie auch überhaupt des gesamten Zeugnissystems der Gesellschaft, um solche Manifestationen zur Indexbildung heranziehen zu können.

Praktikabler und auch breiter anwendbar ist die zweite Methode, nämlich an einem beobachtbaren Verhalten die Gewichtung abzulesen. Hier können zahlreiche Beispiele aus der Literatur angeführt werden.

Malizia (1972: 426) weist darauf hin, daß das Zeitbudget einen interessanten Gewichtungsfaktor abgeben kann. Eine Aktivität ist um so gewichtiger, je mehr Zeit auf sie verwendet wird. Desgleichen kann etwa die Sterblichkeitsrate von Krankheiten zu deren Gewichtung benutzt werden.

Ferris (1969: 264) schlägt im Zusammenhang mit der Bildung eines „academic production index" verschiedene Arten der Gewichtung von Studiengängen vor:

- nach dem geschätzten Gesamteinkommen, das ein Studienabgänger lebenszeitlich verdient;
- nach den Kosten, die mit dem Erwerb des Studienabschlusses verbunden sind;
- nach der durchschnittlichen Studiendauer.

Die Ergebnisse sind dann jeweils inhaltlich verschieden zu interpretieren.

Im weiteren Sinne können für diese Gewichtungsart auch Verfahren angeführt werden, die Gewichte durch Dokumentenanalyse, Inhaltsanalyse und ähnliches gewinnen. Böhret (1970: 91—97) stellt eine Quantifizierung von Zielen der US-Regierung durch Dokumentenanalyse dar. Durch Auszählungen können bestimmte Kriterien gewonnen werden, nach denen dann Programme zusammengefaßt werden können.[40]

Diese verschiedenen Beispiele haben eines gemeinsam. Das Prinzip kann allgemein so formuliert werden, daß an einem bestimmten, leicht quantifizierbaren Aspekt die Gewichtung abgelesen wird. Auf diese Weise wird versucht, den schwer erfaßbaren normativen Gehalt einer Erscheinung in den Griff zu bekommen. Solche leicht quantifizierbaren Aspekte sind etwa Zeitbudgets, Kosten, Einkommen, Sterblichkeitsraten, Unfallhäufigkeiten, dokumentarisch untersuchbare Aussagen u. ä.

Diese Vorgehensweise müßte empirisch noch weiter gefestigt werden. Es müßte untersucht werden, wie *leicht quantifizierbare Nebenerscheinungen* gefunden werden können, die Gewichtungen abgeben. Dabei ist klar, daß solche Indizes immer nur die partiellen Aspekte wiedergeben können, die im Gewichtungsschema operationalisiert wurden.

Die eben angeführten Methoden könnten als *indirekte* charakterisiert werden. Was als Gewichte verwendet wird, ist ja ursprünglich nicht entstanden, um diese Funktion zu übernehmen. Es ist jedoch auch möglich, Gewichte *direkt* durch *Befragungen* von Individuen zu ermitteln. Dieses Verfahren soll hier als dritte Methode angeführt werden.[41] Nach Zangemeister (1970: 143) besteht dabei die Aufgabe darin, „die durch eine subjektive Präferenzstruktur bestimmten Objektrelationen durch Nennung isomorpher Zahlenrelationen abzubilden".

Diese Methode ist also rein subjektiv; sie hängt von *eigens veranstalteten* Bewertungen von Individuen ab. Für bestimmte Fragestellungen, bei denen normative Gehalte im Vordergrund stehen, kann sie sinnvoll verwendet werden.

---

40 Für die Gewinnung von Indikatoren durch Inhaltsanalysen vgl. auch Firestone (1972).

41 Drewnowski (1966: 20) unterscheidet nur zwei Arten von Gewichtung, subjektive und objektive: „Two different approaches in the determination of weights are possible; weights might be determined by expert opinion or by observable behavior." Das beobachtbare Verhalten wurde hier noch danach unterschieden, ob es direkt normativ ist oder ob es vom Forscher abgeleitet wird.

Es werden dann in der Regel *psychometrische Methoden* herangezogen, um die Urteile der Individuen möglichst gut zu erfassen. Darauf soll nun eingegangen werden. Zangemeister (1970: 142–251) hat die Verfahren systematisch zusammengestellt. Seine Vorgehensweise wird im folgenden übernommen.

Die Bestimmung von Gewichten durch ordinale Skalen

Bei ordinalen Skalen wird von der Urteilsperson verlangt, eine Entscheidung über größer, kleiner oder gleich zu treffen. Es wird keine weitergehende Spezifizierung vorgenommen. Es können drei Verfahren unterschieden werden, das Rangordnungsverfahren, der vollständige Paarvergleich und das Rangzuordnungsverfahren.

Rangordnungsverfahren
Beim Rangordnungsverfahren wird die Urteilsperson aufgefordert, sämtliche n Alternativen (im Falle der Indexgewichtung Indikatoren) gleichzeitig zu bewerten. Die ordinale Skala besteht aus einer Zahlenfolge von 1 – n, wobei 1 den höchsten Rang erhält. Jeder Alternative ist eine Zahl zuzuordnen, wobei jeder Zahlenwert nur einmal verwendet werden darf.

Bei diesem Verfahren darf die Zahl der Alternativen nicht zu groß sein, da sie ja gleichzeitig bewertet werden müssen. Man geht meist so vor, daß die Alternativen auf Karten geschrieben werden und diese dann geordnet werden müssen.

In der Regel werden die Alternativen mehreren Personen zur Beurteilung vorgelegt. Die Rangordnung der Beurteilenden kann sich daher individuell unterscheiden. Die mittlere Rangordnung über alle Individuen kann so errechnet werden, daß die Summe aus allen individuellen Rangzahlen für jede Alternative berechnet und die so entstandene Zahlenreihe erneut ordinal abgebildet wird. Es sind jedoch auch andere Verfahren denkbar (vgl. Zangemeister 1970: 159–160).

Vollständiger Paarvergleich
Beim vollständigen Paarvergleich werden die n Alternativen zu allen logisch möglichen Zweierkombinationen zusammengestellt. Nach den Regeln der Kombinatorik ergeben sich dann $n(n-1)/2$ Paare. Der Beurteilende muß dann jeweils die Entscheidung treffen, welche der Alternativen vorzuziehen ist. Diese wird mit 1 bewertet, die andere mit 0. Durch die Summierung aller Werte, die eine Alternative erhält, läßt sich dann wiederum eine Rangordnung bilden.

Bei diesem Verfahren ist es möglich, daß Inkonsistenzen in der Beurteilung auftreten, die sich jedoch in der Summierung auswirken und somit in die Berechnung eingehen. Es gibt Verfahren, die Inkonsistenzen von Urteilen quantitativ zu messen (vgl. Zangemeister 1970: 162). Wenn Inkonsistenzen auftreten, ist dies ein Zeichen für die Ähnlichkeit von Stimuli; unten wird gezeigt werden, daß diese Inkonsistenzen benutzt werden können, um Abstände zwischen den Stimuli quantitativ zu bestimmen. Das Verfahren des vollständigen Paarvergleichs hat den Vorteil, daß nur relativ einfache Urteile erstellt werden müssen.

Rangzuordnungsverfahren[42]
Relativ hohe Ansprüche an die Urteilskraft stellt das Rangzuordnungsverfahren. Im Unterschied zu den beiden vorhergehenden ist jeder Indikator einzeln auf einer Skala einzuordnen. Jeder Rangplatz kann beliebig oft verwendet werden. Auf diese Weise können mehrere Indikatoren denselben Rang erhalten. Es kommt hier vor allem darauf an, daß der Beurteilende das gesamte Spektrum der Skala „auszufüllen" versteht.

Rangzuordnungsskalen werden sehr häufig verwendet. (Die Verteilung von Zensuren etwa folgt diesem Prinzip.) Die Ermittlung von mittleren Plätzen aus einer Reihe von Urteilen kann ähnlich wie beim Rangordnungsverfahren durch Summierung der einzelnen Punktwerte erreicht werden.

Die Bestimmung von Gewichten durch direkte Intervallskalierung

Bei der *direkten Intervallskalierung* wird ein quantitatives Urteil postuliert. Man geht davon aus, „daß die Urteilsperson wie ein ‚Meßinstrument funktioniert' und die gesuchten Skalenwerte n_{ij} entsprechend dem Zahlenintervall des vorgegebenen Urteilsschemas direkt angeben kann" (Zangemeister 1970: 163).

Es wird in der Regel eine Zahlenfolge 1,2,3, . . . ,k vorgelegt, die äquidistante Punkte bezeichnet. Jedes der zu beurteilenden Objekte ist dann mit einem Zahlenwert zu versehen, wobei im allgemeinen k das höchste Bewertungsmaß wiedergibt. Die numerischen Differenzen zwischen den Zahlen sollen subjektiven oder theoretischen Distanzen zwischen den Objekten entsprechen. Der Wert eines Indikators wird dann als Mittelwert über alle Befragten errechnet.

Bei der Intervallskalierung tritt ähnlich wie bei der Rangzuordnung das Problem der individuellen Vergleichbarkeit auf. Das Spektrum der Bewertung, das etwa von 1 bis 10 reicht, kann verschieden interpretiert werden. Hinzu kommt das Problem der Äquidistanzen der einzelnen

---

42 Das Verfahren ist auch unter der Bezeichnung „rating" bekannt.

Werte; nur wenn dieses Postulat erfüllt ist, können die einzelnen Werte addiert werden.

Das Verfahren wird sehr häufig bei großen Umfragen angewendet. Es wird dann postuliert, daß sich Unterschiede nivellieren; jedoch ist die Wahrscheinlichkeit sehr groß, daß sich systematische Tendenzen durchsetzen und die Abstände einmal individuell verschieden sind und zum anderen in den oberen Bereichen etwas größer sind als in den mittleren. Das Verfahren setzt daher in jedem Falle erfahrene Urteilspersonen voraus.

Die direkte Intervallskalierung wurde in der SWIGES-Studie (Zentrum Berlin f. Zukunftsf. 1969) angewendet, um die Gewichte der 53 Indikatoren für den Komplex Lebensstandard zu bestimmen. Es wurden 10 Werte einer Intervallskala mit folgenden Stimuli vorgelegt:[43]

0 ungeeigneter Indikator
1 völlig unbedeutender Indikator
2 Zwischenwert
3 wenig bedeutender Indikator
4 Zwischenwert
5 bedeutend
6 Zwischenwert
7 ziemlich bedeutend
8 Zwischenwert
9 sehr bedeutend

Es wurde dann der *Mittelwert* aller befragten Personen (30 Experten) berechnet und dieser als endgültiges Indikatorgewicht betrachtet. Bei diesem Verfahren bleibt die Streuung um die einzelnen Mittelwerte unberücksichtigt. Es ist daher nach Wegen zu suchen, um diese möglichst gering zu halten. Dies kann durch die Delphi-Technik geschehen. Das Verfahren besteht darin, daß die Befragung wiederholt wird und dem Befragten ab der zweiten Runde das Ergebnis der jeweils vorhergehenden mitgeteilt wird. Der Befragte wird so bei einer abweichenden Meinung unter einen erhöhten Rechtfertigungsdruck gestellt. Abweichende Meinungen über die Gewichtung können auch in eine Konferenzrunde eingebracht und müssen dann dort begründet werden. Auf diese Weise kann erreicht werden, daß sich Urteile angleichen und die Streuung der Indikatorgewichtung gering wird. Allerdings ist auch hier die Gefahr gegeben, daß sich Nivellierungstendenzen durchsetzen.[44]

Die Delphi-Technik wurde auch in der SWIGES-Studie angewendet, allerdings ohne für die Gewichtung dann verwendet zu werden. Das Verfahren ist in jedem Falle für derartige Skalierungsaufgaben zu empfehlen, da die Streuung als Faktor gering gehalten werden muß.

---

43 Zentrum Berlin f. Zukunftsf. (1969: 29)
44 Zur genaueren Darstellung der Delphi-Technik vgl. Böhret (1970: 70—72).

Die Bestimmung von Gewichten durch indirekte Intervallskalierung

Das anspruchsvollste Verfahren ist die *indirekte Intervallskalierung*. Man geht davon aus, daß das Individuum nur in der Lage ist, ordinale Präferenzen anzugeben, daß diese jedoch mit Hilfe mathematischer Transformationen, die auf psychologischen Prämissen beruhen, zu einer Intervallskala umgeformt werden können. Der Ausgangspunkt ist also eines der eben beschriebenen Verfahren der ordinalen Skalierung (Rangordnungsverfahren, Paarvergleich, Rangzuordnungsverfahren), dessen Ergebnis intervallmäßig transformiert wird.

Transformation von Rangordnungen

Wenn eine Rangordnung zu einer Intervallskala transformiert werden soll, sind relativ weitgehende Prämissen erforderlich. Es müssen Annahmen über die Verteilung der zu bewertenden Objekte gemacht werden. Realistisch ist es anzunehmen, daß die Abstände zwischen den extremen Werten einer Rangordnung größer sind als die im mittleren Bereich; dies kann durch empirische Untersuchungen bestätigt werden. Dann kann in grober Form die Normalverteilung postuliert werden, die diese Verhältnisse beschreibt. Die Rangzahlen werden dann als Flächenanteile der Normalverteilung interpretiert und in Einheiten der Standardabweichung ausgedrückt. Zangemeister (1970: 178) gibt ein Beispiel für die Transformation einer Rangreihe von 10 Plätzen (Tab. 5).

Tabelle 5: Transformation einer Rangordnung in Einheiten der Normalverteilung

Rang	1	2	3	4	5	6	7	8	9	10
Transformierter Wert	1.00	1.61	1.98	2.27	2.52	2.78	3.03	3.32	3.69	4.30

Man sieht, daß die mittleren Werte enger beieinanderliegen als die extremen Werte. Dies entspricht der psychologisch begründeten Prämisse über die Abstände zwischen Urteilen. Diese Transformation kann auch für Rangzuordnungsverfahren verwendet werden.

Transformation von Paarvergleichen

Bei diesem Verfahren sind weniger rigide Modellannahmen erforderlich. Es sind keine Prämissen über die Abstände von Rängen, sondern lediglich über die Verteilung der Stimulusreaktionen auf einen Rang erforderlich.

Es wurde bereits darauf hingewiesen, daß bei Paarvergleichen das Auftreten von Inkonsistenzen einen Rückschluß auf die subjektiv empfundenen Distanzen der zu vergleichenden Objekte zuläßt. Je öfter die binäre Rangordnung für zwei Objekte durcheinander gebracht wurde, desto näher liegen diese Objekte auf der individuellen Präferenzskala. Dieser Umstand wird im *„Gesetz vom vergleichenden Urteil"*, wie es Thurstone (1927)[45] formulierte, erfaßt. Es wird angenommen, daß die Einordnung von Objekten auf einem Präferenzkontinuum von Zufallsschwankungen beherrscht wird, die der Normalverteilung folgen. Demzufolge sind auch die Differenzen zwischen zwei subjektiven Urteilen normal verteilt. Wenn nun die Vorzugshäufigkeit einer Alternative gegenüber einer anderen bekannt ist, kann unter Annahme der Normalverteilung die „wahre" Distanz auf der Präferenzskala ermittelt werden (Zangemeister 1970: 180—183). Wenn etwa eine Vorzugshäufigkeit für einen Indikator von 50 % festgestellt wurde, wenn also der Indikator genausooft abgelehnt wie angenommen wurde, wird dann postuliert, daß in Wahrheit kein Unterschied in den Alternativen besteht.[46] Wenn aber ein Indikator etwa zu 95 % vorgezogen wurde, läßt sich aus der Normalverteilung ersehen, daß sein Abstand 1.65 zu dem abgelehnten Indikator betragen muß. Es wird also aus Unentschiedenheiten in der Beurteilung ein indirekter Schluß auf ähnliche Lage auf dem Kontinuum durchgeführt.

Solche Schlüsse erfordern strenggenommen unendlich viele Einordnungen der Indikatoren, um zu validen Prozentzahlen der Unentschiedenheit/Entschiedenheit zu kommen. In der Praxis genügt aber bereits eine große Anzahl, die in empirischen Untersuchungen meist erreicht wird. Neben der Normalverteilung hat das Verfahren noch die Prämisse der Homoskedastie, das heißt, die Verteilungen der Stimuluswerte können zwar verschiedene Mittelwerte aufweisen, müssen jedoch gleiche Varianzen besitzen (vgl. Zangemeister 1970: 187).

Das Verfahren erfordert einen ziemlich hohen Rechenaufwand.[47] Die schlüssige Ableitung einer Intervallpräferenzordnung lohnt jedoch den Aufwand. Die Prämisse der Normalverteilung der Stimulusreaktionen wird allgemein als realistisch angesehen.

Transformation von Rangzuordnungsskalen
Beim Paarvergleich wird versucht, die wahren Distanzen der Alternativen zu ermitteln. Liegt nun eine Rangzuordnungsskala vor, geht es darum, die *Grenzen der Kategorien* intervallmäßig festzumachen. Auch hierzu werden die empirisch vorhandenen tatsächlichen Antworten herangezogen, für die ordinales Niveau postuliert wird. Die Kategoriengrenzen werden nach dem *„Gesetz vom kategorialen Urteil"* (Thurstone) bestimmt (vgl.

---

45 Zur Darstellung seines Ansatzes vgl. insbesondere Torgerson (1958), auch Sixtl (1967).

46 Dies entspricht dem z-Wert der Normalverteilung für 50 %, in der $z = 0$ beträgt. Vgl. Tabellen der Normalverteilung, auch bei Zangemeister (1970: 346).

47 Ein Beispiel wird bei Zangemeister (1970: 187—192) durchgerechnet.

Literarische Beispiele, Vermögen zu bilden

« Anisja: Geld wollt er holen ...

... wollt's auf der Bank abheben.

Akim: Ihr wollt wohl, nämlich, das Geld anders anlegen, heißt das?

Anisja: Bewahre, das Geld bleibt da. Nur zwanzig oder dreißig Rubel läßt er sich geben, weil's ihm ausgegangen ist.

Akim: Läßt er sich geben? Warum läßt er sich's denn geben, nämlich? Heut läßt er sich was geben, heißt das, morgen wieder – dann ist doch, nämlich, bald alles weg!

Anisja: Bewahre – das kriegt er doch so! Das Geld, das er eingelegt hat, bleibt ganz.

Akim: Ganz? Wie denn ganz, heißt das? ... Du nimmst, nimmst, nimmst – und es soll ganz bleiben?

Anisja: Ich versteh's ja auch nicht. Ivan Moseïtsch hat uns damals zugeredet: Bringt das Geld nach der Bank, sagte er – es bleibt ganz, und ihr kriegt die Zinsen.

Mitrytsch: Stimmt! Ich hab beim Kaufmann gearbeitet, da kenn ich die Sache. Es ist so bei ihnen üblich: das Geld bringen sie nach der Bank, legen sich auf den Ofen und nehmen die Zinsen ...»

Zum Wundern für die Bauern in Tolstois «Macht der Finsternis»: Geld, das von selbst mehr wird. Noch heute verstehen auch bei uns nicht alle, wie Zins und Zinseszins entstehen, aber es wundert sich keiner mehr darüber.

Pfandbrief und Kommunalobligation

Meistgekaufte deutsche Wertpapiere - hoher Zinsertrag - schon ab 100 DM bei allen Banken und Sparkassen

Verbriefte · Sicherheit

die zusammenfassende Darstellung bei Zangemeister, 1970: 195–203).

Modellprämisse ist, daß die Reaktionen auf die Stimuli wie auch die Positionen der Kategoriengrenzen normal verteilt sind. Es läßt sich nun ähnlich wie beim Paarvergleich wiederum eine Gleichung ableiten, die es gestattet, die „wahren" Grenzen der Kategorien zu ermitteln, wobei auch hier die Annahme der Homoskedastie gemacht werden muß.

Die Transformation von Rangzuordnungsskalen ist für die Ermittlung von Gewichten sehr bedeutsam. Es wurden daher die Berechnungen für die Gewichte der SWIGES-Studie durchgeführt, die interessante Ergebnisse erbrachten. Zur Veranschaulichung werden nachfolgend die auf diese Weise ermittelten „wahren" Kategoriengrenzen gebracht, wobei allerdings von der ursprünglichen 0 − 9 Skala der SWIGES-Studie nur die Werte von 0 − 8 transformierbar sind:

Originalwerte	0	1	2	3	4	5	6	7	8
Transformierte Werte	0.00	1.29	2.41	3.08	4.16	5.90	6.88	8.84	10.23

Transformierte Skala

```
0     1     2   3     4         5    6       7         8
|-----|-----|---|-----|---------|----|-------|---------|
```

Die Abstände zwischen den Kategorien sind keineswegs gleich, wie das eigentlich postuliert wurde. Z. B. liegt zwischen 4 und 5 ein erheblicher Sprung (1.74). Hier wechselt die Skalendefinition auch von negativen zu positiven Werten (Zwischenwert weniger bedeutsam zu bedeutsam). Offensichtlich haben die Befragten hier eine Zäsur gesetzt, die durch die Intervallskalierung aufgedeckt wurde. Wichtig ist auch der Abstand zwischen 0 − 1 und 7 − 8. Die Befragten haben offensichtlich diese extremen Kategorien stark differenziert. Insgesamt scheint die Intervalltransformation recht gut gelungen zu sein, so daß eine wichtige Voraussetzung der Indexbildung, nämlich metrische Gewichte zu verwenden, zumindest angenähert erfüllt ist.

Zusammenfassung

Die *Auswahl* der Verfahren zur Bestimmung subjektiver Gewichte von Indikatoren hängt weitgehend von der spezifischen Forschungssituation ab. Es können nur allgemeine Regeln bezüglich der Urteilsfähigkeit der Befragten und der Anzahl der zu bewertenden Indikatoren angegeben werden.

Ist die Urteilsfähigkeit nicht sehr hoch zu veranschlagen und ist die Anzahl der Indikatoren nicht allzu groß (nicht über 10), empfiehlt sich das *Rangordnungsverfahren*. Durch beschriftete Karten kann die Rangordnungsaufgabe anschaulich klargemacht werden, und der Beurteilende wird angehalten, eine vollständige Ordnung herzustellen. Außerdem kann durch Vertauschen der Karten auch die Revision einer vorgenommenen Einteilung noch durchgeführt werden.

Wenn die Zahl der Indikatoren größer ist, ist es schwierig, eine durchgehende Rangordnung noch zu überblicken. Es empfiehlt sich dann der *Paarvergleich*, der ebenfalls die Urteilskraft der Befragten nicht allzusehr beansprucht. Allerdings sind auch hier der Zahl der Indikatoren Grenzen gesetzt, da die Anzahl der zu vergleichenden Paare sehr schnell zunimmt.

Praktisch unbegrenzt ist die Anzahl der Indikatoren beim *Rangzuordnungsverfahren*. Jeder Indikator wird ja für sich auf der Skala eingeordnet. Dabei werden an die Urteilskraft einige Anforderungen gestellt. Der Beurteilende muß von der Gesamtheit der Indikatoren eine Vorstellung haben, um die Skala voll „ausschöpfen" zu können. Auch muß eine ungefähre Vorstellung von den Abständen zwischen den Rangplätzen vorhanden sein.

Das Verfahren wird bei der Indexbildung in der Praxis am meisten angewendet, wobei allerdings oft Intervallniveau postuliert wird, so daß eigentlich eine direkte Intervallskalierung vorliegt. Wenn aber dieses Postulat eingeführt wird, ist auf jeden Fall eine Iteration durch die Delphi-Technik sinnvoll, um wenigstens eine Angleichung der Abstände durch die Wiederholung herbeizuführen.

Die Gewichte werden bei der Indexbildung multiplikativ verwendet und müssen daher strenggenommen Intervallniveau haben. Es ist daher immer zu empfehlen, nach Möglichkeiten zu suchen, die vorhandenen ordinalen Daten in Intervalldaten zu transformieren.

Bei der einfachen Rangordnung ist auf jeden Fall eine *Transformation* in Einheiten der Normalverteilung zu empfehlen, da die mangelnde Berücksichtigung der Extreme empirisch gesichert ist. Diese Umrechnung ist auch leicht vorzunehmen.

Die *Intervallskalierung von Paarvergleichen* ist ebenfalls lohnend, da bei größerer Indikatoranzahl auftretende Inkonsistenzen unvermeidlich sind und gerade diese bei der Skalierung berücksichtigt werden.

Schließlich sollte auf *Rangzuordnungen* das *„Gesetz vom kategorialen Urteil"* angewendet werden. Es liegen Programme für elektronische Rechenanlagen vor, so daß sich die eigentlichen Kategoriengrenzen schnell bestimmen lassen.

Allgemein sei noch darauf hingewiesen, daß die *Bedeutung der Gewichte* mit zunehmender Anzahl der Indikatoren abnimmt; der prozentuale Anteil eines Gewichts und damit sein Einfluß auf den gesamten Index wird um so kleiner, je größer die Anzahl der Indikatoren ist. Darauf weist auch Maier (1972: 58) hin: „Je mehr Indikatoren zur Bewertung herangezogen werden, um so größer ist die Chance, daß trotz unterschiedlicher Werte für die Richtungen der einzelnen Regressionsgeraden und für die Gewichte fast derselbe Wert herauskommt."[48] In solchen Fällen ist es dann sinnvoll, den Index zu zerlegen und eventuell eine Methode der Schichtung anzuwenden, wie sie im nächsten Kapitel dargestellt wird.

Ein weiterer Aspekt muß in diesem Zusammenhang erwähnt werden. Die obengenannten Verfahren setzen voraus, daß für jeden Indikator überhaupt ein Wert auf der Beurteilungsdimension existiert. Sie nehmen eine eindimensionale Zuordnung der Indikatoren vor. Hier wäre zu prüfen, inwieweit Verfahren der *mehrdimensionalen Skalierung* herangezogen werden können. Diese Verfahren gestatten es, Objekte (Indikatoren) auf verschiedenen Dimensionen zu charakterisieren. Beispielsweise könnte ein ökonomischer Indikator, der im Komplex Lebensstandard eine Rolle spielt, nach seinem Beitrag zum Funktionieren des Gesamtsystems beurteilt werden, aber auch danach, welche subjektiven Erfüllungen er gewährt. Es wären dann zwei Gewichte für ein und denselben Indikator vorhanden, die zu zwei verschiedenen Indizes führen. Ein Vergleich dieser so ermittelten Indizes kann interessante Ergebnisse erbringen. Die entsprechenden Methoden zur Ermittlung solcher Gewichte stehen in der Psychometrie zur Verfügung.[49]

Die Verwendung psychometrischer Methoden kann für politikwissenschaftliche Fragestellungen ein wichtiges Hilfsmittel sein. Hier ist ein fruchtbares Feld interdisziplinärer Forschung vorhanden. Auf diese Weise können die notwendigen subjektiven Dimensionen der Bewertung und des Nutzens, wie sie bei der Indexfragestellung auftreten, methodisch angegangen werden. Zangemeister hat die Verwendung für Entscheidungsprobleme im Auge, seine Aussage gilt jedoch auch für die allgemeinere Ebene:

„Aufgrund dieser vorteilhaften Modelleigenschaften ist es denkbar, daß Bewertungsverfahren, die auf der Thurstoneschen Skalierungsmethodik beruhen, in Zukunft auch für die Lösung konkreter Entscheidungsprobleme von erhöhter praktischer Bedeutung sein werden, sobald die Methodik in diesem Anwendungsbereich bekannter geworden ist und im kritischen Vergleich mit anderen Methoden am konkreten Fall erprobt werden konnte" (Zangemeister 1970: 176—177).

Allerdings ist darauf hinzuweisen, daß hier eine starke Theorieverkürzung ins Spiel kommen kann. Es ist die Gefahr gegeben, daß Gewich-

---

48 Bei Maier (1972: 57) ist auch eine Formel für die Bedeutung der Gewichte in Abhängigkeit von der Zahl der Indikatoren und dem Indexverlauf zu finden.
49 Zum Verfahren vgl. grundlegend Torgerson (1958), neuerdings Romney/Shepard/Nerlove (1972).

te, versehen mit dem Nimbus des Expertenurteils, als theoretisch objektive Aussagen angesehen werden und so Theorie auf einen nicht weiter untersuchten empirisch vorfindlichen Zusammenhang verpflichtet wird. Empirische Urteile, gewonnen durch Expertenbefragung oder durch große Massenumfragen, haben ihre Bedeutung, aber als empirisch vorhandene Konstrukte, nicht als theoretische Ableitungen. Die Urteile selber können erst noch einer theoretischen Untersuchung unterzogen werden. Von diesem Stellenwert muß die Urteilsforschung ausgehen.

6.2.2.3 In-Beziehung-Setzen mehrerer Indizes zu einem theoretischen Konstrukt

Die auf obenstehende Weise ermittelten Indizes sind noch relativ nahe zu empirischen Korrelaten zu sehen. In Form der Gewichtung gehen zwar subjektiv-abstrakte Prämissen ein; die theoretischen Überlegungen werden jedoch meist auf einer elementaren Ebene angestellt, nach dem Kriterium etwa, welchen Beitrag der betreffende Indikator zum Indexkonstrukt liefert.

Es ist nun möglich, die ermittelten Indizes auf einer höheren Abstraktionsebene weiter zusammenzufassen. Dabei kann das übliche Gewichtungsschema angewendet werden. Ein ermittelter Index hat dann den Stellenwert eines Subindex.

$$L_{Ges} = \sum_{k=1}^{r} l_k \, g_k \qquad (6.25)$$

L_{Ges}: Gesamtindex
g_k: Gewicht des k-ten Subindex (normiert)
l_k: Ausprägung der k-ten Subindex
r: Anzahl der Subindizes

Der Gesamtindex ist normiert, da die einzelnen Subindizes im Basisjahr bereits den Wert 1 oder 100 haben.

Die geschichtete Zusammenfassung von Indizes geht davon aus, daß jeder Indikator einem Konstrukt zugeordnet werden kann, nämlich dem jeweiligen Subindex. Es liegt sozusagen eine eindimensionale Wirkungsweise vor. Diese Annahme ist jedoch in vielen Fällen unrealistisch. Beispielsweise wird ein Indikator Verkehrsdichte sowohl relevant sein für einen Subindex Verkehrsverhältnisse wie auch für einen Subindex Kommunikationsverhältnisse. Indikatoren müssen oft als *multifunktional* angesehen werden, wenn es um ihre Wirkungsweise geht.

Auch von dieser Prämisse ausgehend können Indizes berechnet werden. Ein Indikator ist dann eher als Einflußfaktor zu interpretieren, der mehreren Konstrukten (Indizes) verschränkt zuzuordnen ist (Abb. 16).

Abbildung 16: Verschränkung von Indikatoren als Einflußfaktoren zu mehreren Indizes

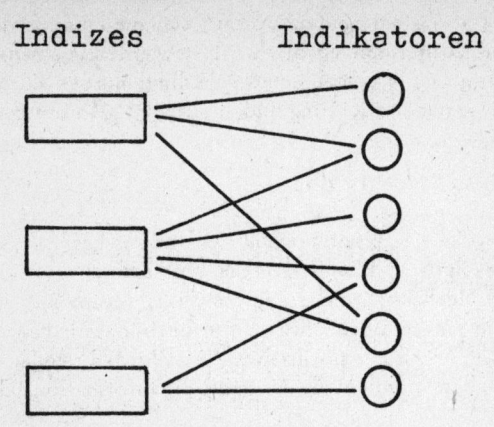

Indizes   **Indikatoren**

Zur Veranschaulichung sollen fünf Einflußfaktoren für die Attraktivität von Städten genannt werden, die zu drei theoretischen Konstrukten verschränkt in Beziehung gesetzt werden.

Indikatoren: Veranstaltungsniveau
Verkehrsfluß
Erholungsfläche
Krankenversorgung
Arbeitsstätten

Indizes, definiert durch Einflußfaktoren (Indikatoren):
Erholungswert: Verkehrsfluß
Veranstaltungsniveau
Erholungsfläche
Versorgungswert: Krankenversorgung
Arbeitsstätten
Arbeitswert: Arbeitsstätten
Verkehrsfluß

Die Verschränkung besteht hier z. B. darin, daß „Verkehrsfluß" sowohl zu „Erholungswert" wie auch zu „Arbeitswert" gehört.

Die Elemente der Indizes sind nun nach den üblichen Verfahren zu gewichten und zusammenzufassen. Dabei kann eventuell auch angegeben werden, wie groß der durch die erfaßten Indikatoren determinierte Teil des Konstruktes ist.

Mackensen/Eckert (1970) entwickeln ein Modell für einen derart konstruierten Index. Um die Attraktivität von Großstädten zu messen, gehen sie von 20 Konstrukten aus (Bildung, Verkehr, Wohnung, Erwerb usw.), für die Einflußfaktoren definiert werden, die öfters auftreten können.

Diese werden dann durch empirische Umfragen quantitativ festgelegt (vgl. auch Mackensen 1971).

Diese Verfahren haben den Vorteil, daß die eindimensionale Zuordnung der Indikatoren aufgegeben wird; sie werden in einen multifunktionalen Zusammenhang eingebracht. Allerdings müssen auch die üblichen Indexprobleme der Gewichtung und Additivität gelöst werden.

6.3 Analytische Indizes

Die in den vorigen Kapiteln angeführten Indizes bewegen sich durchweg auf der deskriptiven Ebene. Die Zusammenfassung des Materials geschieht nach Gewichten, die von ihrem Charakter her auf einer mehr normativen, subjektiven Ebene liegen. Solche Indizes haben ihren Wert als beschreibende, eventuell normative Vorstellungen vergleichende Instrumente. Sie haben vor allem die Aufgabe, die Informationsfülle zu reduzieren.

Das moderne Instrumentarium der mathematischen Statistik gestattet es, Indizes zu entwickeln, die keine subjektiven Elemente mehr enthalten,[50] sondern auf analytischem Weg eine Gewichtung vornehmen. Kriterium ist dann nicht mehr eine theoretische Vorstellung von der Bedeutung des Indikators, sondern entscheidend ist vielmehr der *empirische Zusammenhang* des Indikators mit den anderen, wie er auf Grund von Korrelationsrechnungen gewonnen werden kann. Die Indikatoren werden nach *varianzanalytischen Gesichtspunkten* zusammengefaßt. Je mehr Varianz ein Indikator erklärt, desto größer ist sein Gewicht.[51] Das Ergebnis ist ein Index, der das Verhalten des Systems, dem die Indikatoren entstammen, auf Grund des empirischen Zusammenhangs wiedergibt.

Das am besten geeignete Instrument für die Konstruktion solcher Indizes ist die *Faktorenanalyse*. Sie liefert in Form der Faktoren das theoretische Konstrukt, dem ein Index zugeordnet werden kann, und in Form der Faktorenladungen die Gewichte, die zur Indexkonstruktion benötigt werden. Die Faktorenwerte entsprechen der oben angeführten Definition von Indizes; sie stellen eine gewichtete Zusammenfassung dar und sind standardisiert.[52]

---

50 Diese Aussage ist relativ gemeint; auch analytische Indizes enthalten subjektive, nur theoretisch zu begründende Elemente, beispielsweise die Auswahl der Indikatoren, die überhaupt herangezogen werden.

51 Zum Prinzip varianzanalytischer Zusammenfassung und der Rolle der Varianzreduktion als Aufgabe der Wissenschaft vgl. Kerlinger (1964: 187 ff.)

52 Faktorenwerte sind nach der z-Transformation standardisiert. Zur allgemeinen Darstellung der Faktorenanalyse vgl. Überla (1971), Thurstone (1961), Harman (1967); wichtig im Hinblick auf Indexprobleme und Anwendungen Rummel (1970).

6.3.1 Indexbildung durch Faktorenladungen

Die Faktorenanalyse gestattet es, das Datenmaterial in seine verschiedenen Dimensionen zu zerlegen. Die Faktorenladungen geben den Zusammenhang der einzelnen Variablen mit diesen Dimensionen wieder. Wenn nun das Datenmaterial eindimensional im Sinne der Indexkonstruktion ist, wenn also alle Indikatoren einer Dimension zugehören, wird ein Hauptfaktor zu extrahieren sein, der einen großen Teil der Varianz erklärt. Es kann dann postuliert werden, daß die Variablen in hohem Maße kovariieren und daher dem empirischen Indexkonstrukt zuzuordnen sind.

Die Faktorenladungen sind dann als Gewichte im Sinne der Indexkonstruktion zu benutzen. Sie geben den Grad an, zu dem ein Indikator tatsächlich kovariiert. Dabei sind die unrotierten Faktorenladungen zu benutzen, da eine Rotation die hohen Ladungen auf dem ersten Faktor zerstören würde.

Die Faktorenanalyse, angewendet auf ein Indikatormaterial, leistet also ein zweifaches. Einmal stellt sie einen Test dar, ob das Datenmaterial tatsächlich *eindimensional* ist und für einen homogenen Index verwendet werden kann. Zum anderen liefert sie *Gewichte* für die einzelnen Indikatoren, die deren Zusammenhang zu eben dieser Eindimensionalität wiedergeben.

Die Faktorenanalyse wird in ähnlicher Weise in der Psychometrie benutzt, um homogene Skalen aus verschiedenen Statements zu erstellen (vgl. Kerlinger 1964: 678 ff.). Das Problem ist in der Grundstruktur gleich: aus verschiedenartigen Indikatoren soll der gemeinsame Faktor eruiert werden. Auch hier geht es um Eindimensionalität und Gewichtung.

Es sei darauf hingewiesen, daß ein solcher Index prinzipiell von einem normativ gewichteten verschieden ist. Bei den normativ gewichteten spielt die Kovariation keine Rolle; im Gegenteil, die Indikatoren sollen möglichst untereinander unabhängig sein. Bei der empirischen Gewichtung fallen jedoch eventuell unabhängig variierende heraus, da sie niedrige Ladungen aufweisen werden.

Die Formel für die Gewichtung mit Faktorenladungen kann leicht abgeleitet werden. Die Faktorenladungen können als Korrelationskoeffizienten der Variablen mit den Faktoren interpretiert werden. Nach dem Datenzerlegungssatz der Faktorenanalyse (vgl. Überla 1971: 52)

$$Z = A \cdot P \qquad (6.26)$$

Z: Matrix der standardisierten Ausgangswerte
A: Matrix der Faktorenladungen
P: Matrix der Faktorenwerte

sind die Faktorenladungen zunächst als Regressionskoeffizienten der Variablen auf die Faktoren zu verstehen. Da aber im standardisierten Fall die Regressionskoeffizienten gleich den Korrelationskoeffizienten sind,[53] können die Faktorenladungen auch als Korrelationen der Variablen mit den Faktoren aufgefaßt werden. Wenn nur ein Faktor vorliegt, ist die Ladung der i-ten Variablen als die Korrelation mit diesem Faktor zu verstehen. Der Index ergibt sich dann nach

$$l_{F_I} = \frac{1}{m} \sum_{i=1}^{m} a_{iI} \, z_i \qquad (6.27)$$

l_{F_I}: Index auf der Grundlage des I. Faktors
a_{iI}: unrotierte Faktorenladung des i-ten Indikators auf dem I. Faktor
z_i: standardisierte Ausprägung des i-ten Indikators

Da innerhalb eines Datensatzes die Anzahl der Indikatoren immer gleich ist, kann der Divisor „m" weggelassen werden.

In dieser Form bringen Blackman et al. (1973: 303) den Index. Sie teilen die Faktorenladungen noch durch den Eigenwert des I. Faktors, was jedoch nur eine Transformation bedeutet, da dieser Wert konstant ist. Auch Wilson (1969) verwendet diese Formel.

Anwendungsbeispiel: SWIGES-Index

Das Material der SWIGES-Studie[54] wurde in einer Arbeit von Maier (1972) faktorenanalytisch untersucht. Zu den angewendeten Verfahren zählt auch die Bestimmung des Index auf Grund von Faktorenladungen, allerdings in etwas modifizierter Form.

Hier soll zunächst auf die faktorenanalytischen Berechnungen Maiers eingegangen werden, um dann den Index nach Gleichung (6.27) zu berechnen.

Maier (1972) führt die Extraktion der Faktoren für die Korrelationsmatrix der 53 Variablen durch. Er stellt fest, daß ein *Hauptfaktor* auftritt, der ca. 70 % der Varianz erklärt (für die BRD genau 68,6 %, Maier, 1972: 24).[55] Der II. Faktor und alle weiteren erklären wesentlich gerin-

---

53 Vgl. Donda et al. (1970: 358), wo ausgeführt wird:

$r = b_x \frac{s_x}{s_y}$, so daß bei standardisierten Werten ($s_x = 1$; $s_y = 1$) die Identität ersichtlich ist.

54 Vgl. Zentrum Berlin f. Zukunftsforschung (1969); der Index wird inhaltlich in Kap. 7.3 dargestellt.

55 Hier wie im folgenden ist aus dem Material der SWIGES-Studie nur der BRD-Anteil interessant, da die methodischen Fragen im Vordergrund stehen. Das Datenmaterial ist im Anhang 9.2.8 wiedergegeben.

gere Prozentsätze. Es liegt also nahe zu versuchen, einen eindimensionalen Index über die Faktorenladungen zu konstruieren.

Maier berechnet die Faktorenladungen für den I. Faktor (vgl. Anhang 9.2.2, Spalte 2). Er interpretiert diese als Korrelationen der Indikatoren mit dem Konstrukt Lebensstandard, wobei dieses dann also empirisch zu definieren ist.

An dieser Stelle soll ein interessanter Vergleich Maiers angeführt werden. Er korreliert die Faktorenladungen mit den von den Experten ermittelten Gewichten und stellt eine sehr niedrige Korrelation fest (r = 0.13, Maier, 1972: 41). Die Experten haben also offensichtlich ihr Urteil nicht nach empirischen Zusammenhängen abgegeben — die in den Faktorenladungen zum Ausdruck kommen —, sondern nach davon unabhängigen *normativen* Kriterien; nur so ist die Nicht-Korrelation zu erklären. Dieser Zusammenhang bedeutet keine Schwäche für die ermittelten Gewichte, sondern erbringt den Nachweis, daß die Experten nach normativen Kriterien vorgegangen sind. Sie haben also nicht gefragt, ob etwa der Schulbesuch mit dem Lebensstandard korreliert, sondern haben eine theoretische Einschätzung der Bedeutung des Schulbesuchs abgegeben. Dieser Vorgang entspricht allgemein der Definition von Gewichten.

Die von Maier berechneten Faktorenladungen wurden vom Verfasser dazu benutzt, um den Index nach Gleichung (6.27) zu berechnen. Die Daten wurden standardisiert und die Summenwerte für die Jahre 1957–1967 berechnet. Wie die Abbildung des Anhangs 9.2.6 zeigt, ist der Verlauf des Index relativ ausgeglichen. Der I. Faktor gibt also von empirischen Zusammenhängen her eine fast kontinuierlich steigende Tendenz wieder. Es kommen keine starken Differenzierungen vor, wie dies bei der Gewichtung durch die Experten der Fall war.[56] Der I. Faktor scheint also auf einer *bloßen Wachstumstendenz* zu beruhen, die den Daten immanent ist. Auf diesen Umstand wird im nächsten Kapitel einzugehen sein, wo dann ein Ansatz versucht wird, den Index auf Grund mehrerer Faktoren zu berechnen.

6.3.2 Indexbildung durch Faktorenwerte: Längsschnitt

An Hand der SWIGES-Studie wurde die Anwendung der Faktorenladungen des I. Faktors zur Gewichtung dargestellt. Die Hauptvoraussetzung, die Eindimensionalität des Materials, wurde als erfüllt betrachtet.

Der hohe Varianzanteil des I. Faktors ist statistisch gesichert. Trotzdem erhebt sich die Frage, ob die 53 Indikatoren nicht doch ein mehr-

---

[56] Hier dürfte allerdings auch die andere Standardisierung eine Rolle spielen, die anders ist als beim Partialindex.

dimensionales Konstrukt bilden. Einmal ist der unerklärte Varianzanteil von 31.4 % noch relativ hoch. Zum anderen ist zu fragen, ob nicht für den I. Faktor eine besondere Interpretation erforderlich ist. Bei der Berechnung des Index aus den Ladungen des I. Faktors wurde eine sehr gleichmäßige Bewegung festgestellt, die auf allgemeines Wachstum als Faktorkonstrukt schließen ließen.

Diesen Fragen soll im folgenden nachgegangen werden, um dann einen Weg zur Konstruktion eines Index aus mehreren Faktoren aufzuzeigen.

Die Faktorenanalyse der SWIGES-Studie wurde auf Grund von Korrelationen durchgeführt, die auf Zeitreihen beruhen.[57] Solche Korrelationen werden immer sehr hoch sein, da die Variablenausprägung eines Beobachtungspunktes von dem vorhergehenden Zustand abhängt. Es kann ein allgemeiner Wachstumseffekt angenommen werden, der einen großen Teil der Korrelationen verursacht. Dies würde bedeuten, daß der I. Faktor auf Grund der Abhängigkeit der Variablen tatsächlich nur eine Wachstumstendenz wiedergibt, die auf der Methode der Zeitreihe beruht. Er spiegelt die Tendenz der Variablen wider, im Zeitverlauf zuzunehmen. Auch eine bloße Durchsicht des Datenmaterials der SWIGES-Studie[58] erbringt diesen Eindruck. Wie wohl in jeder Industriegesellschaft ist die Tendenz festzustellen, daß die wohlfahrtsrelevanten Komponenten, seien es Krankenhausbetten oder Schülerzahlen, zunehmen. Als Gründe dafür können angeführt werden Komponenten wie Entwicklung der Produktivkräfte, Zunahme der Staatstätigkeit, Bevölkerungswachstum und ähnliches. Offensichtlich besteht der I. Faktor nur darin, diese Tendenzen widerzuspiegeln.

Diese Interpretation bedeutet, daß der Restvarianz von 30 %, die der I. Faktor nicht erklärte (vgl. voriges Kap.), mehr Aufmerksamkeit geschenkt werden muß. In der unerklärten Varianz sind dann die Schwankungen zu vermuten, die unabhängig von der generellen Wachstumstendenz auftreten und in hohem Maße wohlfahrtsrelevant sind. Die allgemeine Wachstumstendenz wird eher als selbstverständlich erachtet; stärkere Auswirkungen haben die Schwankungen.

Von diesen Überlegungen her ist der Wohlfahrtsindex also mehrdimensional zu konstruieren. Eine bloße Berücksichtigung der Ladungen des I. Faktors ist nur dann gerechtfertigt, wenn auf die allgemeine Wachstumstendenz abgezielt wird. Um dem vollen Umfang des Phänomens gerecht zu werden, sind mehrere Faktoren einzubeziehen.

Dieser Ansatz wurde durchgeführt. Für die 53 Variablen der BRD mit den 11 Beobachtungspunkten (1957—1967) wurde eine Faktorenanalyse mit dem Ziel durchgeführt, einen Index aus mehreren Faktoren zu bil-

---

57 Zur Anwendung der Faktorenanalyse auf Zeitreihen vgl. Anderson (1963).
58 Vgl. Anhang 9.2.8.

den.[59] Das Verfahren soll hier dargestellt werden, primär, um die Methode zu exemplifizieren.

Die Korrelationsmatrix von 53 Variablen ist für die Berechnung der Eigenwerte relativ umfangreich. Da bei der Extraktion der weiteren Faktoren hohe Genauigkeit erforderlich ist, wurde versucht, diese Matrix zu reduzieren. Es wurden zunächst 10 Variablen gestrichen, die in der Zeitreihe von 1957–1967 für die BRD nur außerordentlich wenig Varianz aufweisen; dann ist ja auch die Berechnung von Korrelationskoeffizienten nicht gerechtfertigt, da diese einen bestimmten Umfang an Varianz voraussetzen. Beispielsweise weist die Variable 16 (Aufwendungen für die Haushaltsführung) mit einer Ausnahme nur den Wert 4.0 % auf (vgl. Anhang 9.2.8). Weiterhin wurden 7 Variablen gestrichen, deren Zuordnung zum Konstrukt Lebensstandard nach subjektiven Kriterien nicht eindeutig war und die großenteils auch niedrige Bewertungen durch die Experten erfahren hatten. Die fallende Tendenz des Kinobesuchs (Indikator 45) etwa kann nicht eindeutig dem Phänomen Lebensstandard zugeordnet werden. Die Variable wurde auch nur mit 3.5 bewertet. Der bereinigte Datensatz umfaßt nach Streichung dieser 17 Indikatoren noch 36 Indikatoren.[60]

Für diesen Datensatz wurde eine Faktorenanalyse durchgeführt. Erwartungsgemäß umfaßt der I. Faktor auch für den reduzierten Set einen hohen Varianzanteil, nämlich 77.9 %. Die Zahl der Faktoren war recht eindeutig zu bestimmen. Fünf Faktoren liegen über oder knapp unter dem Varianzkriterium von 1.0, das allgemein verwendet wird. Auch ergibt sich vom V. zum VI. Faktor ein deutlicher Sprung. Während der V. Faktor noch 2.6 % erklärt, umfaßt der VI. nur noch 0.9 % (Tab. 6).

Die ersten 5 Faktoren erklären 97.6 % der Varianz, was ein recht hoher Anteil ist. Dementsprechend sind die Kommunalitäten hoch. Sie liegen durchweg über 0.90. Die ersten 5 Faktoren füllen also den gemeinsamen Faktorraum sehr gut aus. Sie sind für die Interpretation geeignet.

Die Durchsicht des unrotierten Faktormusters ergab, daß 10 Variablen beträchtliche Ladungen (zwischen 0.85 und 0.35) *außerhalb des I. Faktors* haben. Die Einbeziehung weiterer Faktoren hatte also durchaus sinnvolle Ergebnisse erbracht. Die Ladungen auf den übrigen Faktoren sind so hoch, daß sie eine eigene Interpretation rechtfertigen. Das Faktorenmuster wurde VARIMAX rotiert (vgl. Kaiser 1959). Es ist in Tabelle 7 wiedergegeben. Die Relevanz des Hauptfaktors wie auch der Faktoren II – V kann danach getestet werden, ob sie eine sinnvolle inhaltliche Struk-

---

59 Die Rechenarbeiten wurden auf der Anlage Cyber 72 der Freien Universität unter Verwendung des „Statistical Package for the Social Sciences" SPSS (vgl. Nie/Bent/Hull 1970) durchgeführt.

60 Von den 37 Indikatoren, die im Anhang 9.2.2, Spalte 3, eine normative Basis besitzen, fehlt der Indikator 10 (Betriebl. Unfalltage).

Tabelle 6: Eigenwerte und Prozentanteile der Eigenwerte der ersten 10 Faktoren der SWIGES-Studie

Faktor	Eigenwert	Prozentanteil		kumulierter Prozentanteil	
I	28.0	77.9	80.00	77.9	80.00
II	3.4	9.5	9.72	87.4	89.72
III	1.6	4.6	4.57	91.9	94.29
IV	1.1	3.1	3.14	95.0	97.43
V	0.9	2.6	2.57	97.6	100.00
VI	0.3	0.9		98.5	
VII	0.3	0.7		99.2	
VIII	0.1	0.4		99.6	
IX	0.1	0.3		99.9	
X	0.1	0.1		100.0	

tur wiedergeben. Eine ausführliche Interpretation des Musters soll hier nicht geleistet werden, da die Konstruktion eines Index im Vordergrund steht. Es soll nur auf einige Haupttendenzen eingegangen werden.

Der *I. Faktor* scheint tatsächlich die Wachstumskomponenten wiederzugeben. Indikatoren wie Bruttosozialprodukt (1), Energieverbrauch (28), Stundenverdienste (3) laden am höchsten (Tab. 7). Auch die anderen Indikatoren partizipieren größtenteils an diesem Wachstum. Nur vier Variablen – (Stellen/Erwerbstätige (6), Sparquote (11), Spareinlagen (12),[61] Briefe (48) – haben niedrige Ladungen. Sie geben Proportionen wieder, die konjunkturbedingt sind oder tatsächlich Null-Wachstum haben. Auch die Indikatoren mit mittleren Ladungen weisen auf nicht wachstumsorientierte Komponenten hin. Schließlich sind die negativen Ladungen – Zeitungstitel (41) und Bibliothek (47) – ausgesprochen nicht-wachstumsorientiert.

Der *II. Faktor* wird durch die Indikatoren Radio (27) und Briefe (48) sehr stark determiniert. Eventuell könnte hier die Kommunikationsentwicklung zum Tragen kommen, da auch Papierverbrauch (44) stark lädt. In dieser Richtung wäre auch die komplexe Variable (= sie lädt auf mehreren Faktoren) Bruttoanlageinvestitionen (2) einzuordnen.

Auf dem *III. Faktor* sind zwei Ladungen signifikant, die hohe negative Ladung der Sparquote (11) und die positive der Wochenarbeitszeit (8). Hier könnten sich konjunkturelle Komponenten niedergeschlagen haben. Je höher die wöchentliche Arbeitszeit (durch Mehrarbeit), desto geringer die Sparneigung. Dieser Vorgang ist für die Hochkonjunktur typisch; die Umkehrung wird in der Rezession beobachtet.

Beim *IV. Faktor* fallen zwei negative Ladungen auf, Bruttoanlageinvestitionen (2) und offene Stellen/Erwerbstätige (6). Da hohe positive

[61] Bei der Variablen Spareinlagen wurde nachträglich ein Lochfehler festgestellt, der nicht mehr korrigiert werden konnte. Ihre Werte sind nicht valide und sollen im folgenden nicht berücksichtigt werden.

Ladungen fehlen, ist es schwierig, diesen Faktor einzuordnen. Die hohen negativen Ladungen deuten auf einen umgekehrten Investitionscharakter (Abschreibungen) hin. In dieses Bild paßt auch die negative Ladung der Arbeitslosenquote (5).

Tabelle 7: Rotierte Faktorenladungen der ersten fünf Faktoren der SWIGES-Studie mit Hauptladungen[62]

Nr.	Indikator-Bezeichnung	Faktor I	Faktor II	Faktor III	Faktor IV	Faktor V
40	Zeitungsaufl.	.69	.21	−.20	.55	.31
6	Stellen/Erwerbst.	−.04	.12	.11	−.94	.05
12	Spareinlagen	.20	.40	.16	.81	−.09
2	Bruttoanlageinv.	.53	.42	.37	−.60	.11
44	Papierverbrauch	.80	.40	.35	−.07	.18
27	Radio	.64	.71	−.10	.15	.02
48	Briefe	.33	.66	.51	.04	.37
33	Wohnungen Wasser	.64	.47	.50	−.09	.26
8	Wochenarb. Zeit	.60	.33	.58	−.15	.39
5	Arbeitslose	.69	.35	.45	−.30	.24
29	Ärzte	.87	.17	.42	−.03	.15
11	Sparquote	−.27	.01	−.94	.05	−.09
43	Übersetzungen	.52	.25	.47	.01	.61
42	Buchproduktion	.50	.02	.23	−.11	.79
30	Krankenbetten	.65	−.27	.09	.34	−.51
1	BSP	.90	.26	.24	.09	.21
4	Lohnquote	.85	.17	.30	.11	.27
28	Steinkohleneinh.	.93	.21	.25	.08	.10
3	Bruttostundenverd.	.93	.19	.22	.08	.16
19	Wohnungsnutzung	.92	.11	.25	−.08	.19
20	Kleidung	.85	.31	.35	−.11	.17
23	Nahrung	.97	−.02	.08	−.07	.11
24	Privater Verbrauch	.89	.27	.25	.10	.21
34	Wohnungen mit Bad	.88	.25	.17	.25	.12
49	PKW-Bestand	.92	.21	.18	.18	.14
25	Telefon	.92	.23	.22	.10	.15
26	Fernsehen	.90	.26	.26	−.01	.17
31	Säuglingssterbl.	.96	.12	.13	.02	.16
35	Bildungsausgaben	.92	.21	.18	.02	.09
36	Anz. Studenten	.85	.28	.38	−.03	.19
37	Schulbesuch 14-j.	.91	.24	.26	−.01	.16
38	Schulbesuch 16-j.	.87	.34	.30	−.00	.13
39	Schulbesuch 18-j.	.90	.28	.26	.14	.14
50	Verkehrstote	−.85	−.38	−.13	.01	−.30
41	Zeitungstitel	−.92	−.09	−.33	−.00	−.07
47	Bibliotheken	−.95	−.15	−.09	−.13	−.11

---

62 Als Hauptladungen gelten diejenigen, die Werte größer/gleich .40 (absolut) aufweisen.

Beim *V. Faktor* ist auf Buchproduktion (42) und Übersetzungen (43) hinzuweisen. Diese beiden Variablen geben auch ein identisches Phänomen wieder. Die Ladungen der anderen Variablen müßten hier noch verglichen werden.

Das Faktorenmuster weist nach inhaltlichen Kriterien einige Konsistenzen auf, wenn auch noch zahlreiche Ladungen eingeordnet werden müßten. Dazu müßten aber auch die Indikatordefinitionen noch genauer durchgesehen werden, um zu eruieren, was die Indikatoren genau messen. Hier soll nur festgehalten werden, daß es gerechtfertigt ist, die Faktoren II – V in die Indexkonstruktion einzubeziehen.

Zum Zweck der Indexbildung waren nun die Faktorenwerte zu schätzen.[63] Dies wird allgemein über multiple Regressionsrechnung durchgeführt. Die Berechnung setzt eine reguläre Korrelationsmatrix voraus, da diese invertiert werden muß. Die vorliegende Korrelationsmatrix wies allerdings innerhalb der Rechengenauigkeit eine Null-Determinante auf, was bei den hohen Korrelationen auch zu erwarten war. Damit ergibt sich ein kritischer Punkt für die Berechnung von Indizes über die Faktorenwerte. Die Korrelationsmatrix muß reduziert werden, bis sie keine linear abhängigen Vektoren mehr enthält. Dieser Schritt ist unumgänglich, will man die Faktorenwerte schätzen.[64] Für die Streichung linear abhängiger Vektoren gibt es keine festen Regeln. Im vorliegenden Fall wurde das Faktormuster als Anhaltspunkt genommen. Zunächst wurden die Variablen herausgesucht, die auf den Faktoren II–V hoch laden. Sie sollten auf jeden Fall erhalten bleiben, da ja in ihnen die speziellen Komponenten zum Ausdruck kommen. Dann wurden die Variablen bestätigt, die auf dem I. Faktor hoch positiv oder negativ laden. Sodann wurden Variablen mit ähnlichen Ladungen gestrichen. Dabei wurde darauf geachtet, daß die inhaltlichen Bereiche (Einkommen, Verbrauch, Soziales, Kommunikation usw.) noch jeweils ausreichend vertreten waren, um die inhaltliche Interpretation nicht zu gefährden. Auf diese Weise sollte der Informationsverlust der Streichung möglichst gering gehalten werden.

Es zeigte sich, daß bei einem so ausgewählten Set von 21 Variablen die Korrelationsmatrix invertierbar war, wenn auch die Determinante noch sehr klein war. Das Faktorenmuster dieser Matrix wies eine in hohem Maße *ähnliche Ladungsstruktur* auf wie das 36-Variablen-Faktorenmuster. Trotz der Streichung blieben die Informationen also im wesentlichen erhalten. Dies ist auch ein Zeichen für die Stabilität der Faktoren.

---

63 Zur Schätzung der Faktorenwerte vgl. Überla (1971: 237–253). Das SPSS-Package wendet das Verfahren von Seite 243–248 an.
64 Evtl. wäre hier zu prüfen, ob nicht ein anderes Verfahren der Schätzung der Faktorenwerte vorzuziehen ist, das ohne Inversion der Korrelationsmatrix auskommt. Vgl. Überla (1971: 251–253).

Auf Grund dieses Variablensets wurden die Faktorenwerte durch multiple Regressionsrechnung geschätzt. Es ergibt sich dann eine Matrix mit 11 Beobachtungspunkten (1957–1967) und 5 Faktoren. Statt der 21 Variablenwerte werden also nur noch 5 standardisierte Faktorenwerte herangezogen. Die Reduktion des Materials ist insgesamt natürlich größer, da ursprünglich 53 Variablen verwendet wurden. Im Zuge der schrittweisen Reduktion wurde also erreicht, daß die 11 Zeitpunkte nicht mehr durch 53 Variablen, sondern nur noch durch 5 Faktoren charakterisiert werden, wobei postuliert wird, daß der Informationsgehalt relativ identisch geblieben ist.

In der Tabelle 8 sind die Faktorenwerte angeführt. Diese Matrix bietet interessante Aufschlüsse über die Entwicklung der Faktoren im Zeitverlauf. Beispielsweise deutet der weit unter dem Durchschnitt liegende Wert von 28 des Faktors V (Ladungen Buchproduktion und Übersetzungen) auf eine starke Einschränkung dieser Sparte im Rezessionsjahr 1967 hin. Eine genaue Analyse würde jedoch den Rahmen einer methodisch ausgerichteten Arbeit sprengen. Hier soll nur festgehalten werden, daß der I. Faktor tatsächlich ein relativ kontinuierliches Wachstum mit nur zwei Unterbrechungen in den Rezessionsjahren 62/63 und 67 wiedergibt, während die anderen Faktoren viel stärkere Unregelmäßigkeiten aufweisen, also offensichtlich unabhängig von dieser Wachstumstendenz variieren und damit neue Informationen bringen.

Tabelle 8: Faktorenwerte der SWIGES-Studie für fünf Faktoren;[65] gewichtete Aggregierung der Faktorenwerte

Jahr \ Faktor	I	II	III	IV	V	gewicht. Aggregierung
1957	25	43	47	46	44	30
1958	35	28	43	53	43	36
1959	50	36	46	17	48	47
1960	50	45	35	51	45	49
1961	57	58	26	51	50	55
1962	43	71	61	46	58	47
1963	46	68	55	55	52	49
1964	56	51	54	59	62	56
1965	60	44	60	61	67	59
1966	65	53	59	51	53	63
1967	64	61	65	60	28	63

---

[65] Die Daten wurden auf den Mittelwert 50 und die Standardabweichung 10 gebracht, um sie besser überblicken zu können: nach der üblichen z-Transformation mit $z = (x_i - \bar{x})/s$; eingesetzt $\bar{x} = 50$ und $s = 10$.

Die Analyse der Faktoren bringt wichtige Aufschlüsse; um jedoch den Faktorenindex mit dem ursprünglichen SWIGES-Index (vgl. 9.2.3) vergleichen zu können, ist eine *Aggregierung* vorzunehmen. Die Bestimmung der Gewichte soll dafür auch auf dieser Stufe *varianzanalytisch* vorgenommen werden, obwohl auch inhaltliche Vorgehensweisen denkbar sind. Dann müßten die „Bedeutungen" der einzelnen Faktoren normativ angegeben werden, was aber schwierig ist, da diese relativ komplexe Gebilde darstellen.[66] Der Index wäre dann auch nicht mehr rein analytisch.

Als Gewichte werden hier die Varianzanteile benutzt, die die 5 Faktoren jeweils im gemeinsamen Faktorraum repräsentieren. Der I. Faktor wird mit 0.8000, der II. mit 0.0972, der III. mit 0.0457 usw. gewichtet (vgl. Tab. 6). Die so entstandene Faktorenzusammenfassung ist in der Tabelle 8 eingetragen.

Abbildung 17: SWIGES-Index ——— normativ, SWIGES-Index − − − analytisch durch Faktorenwerte[67]

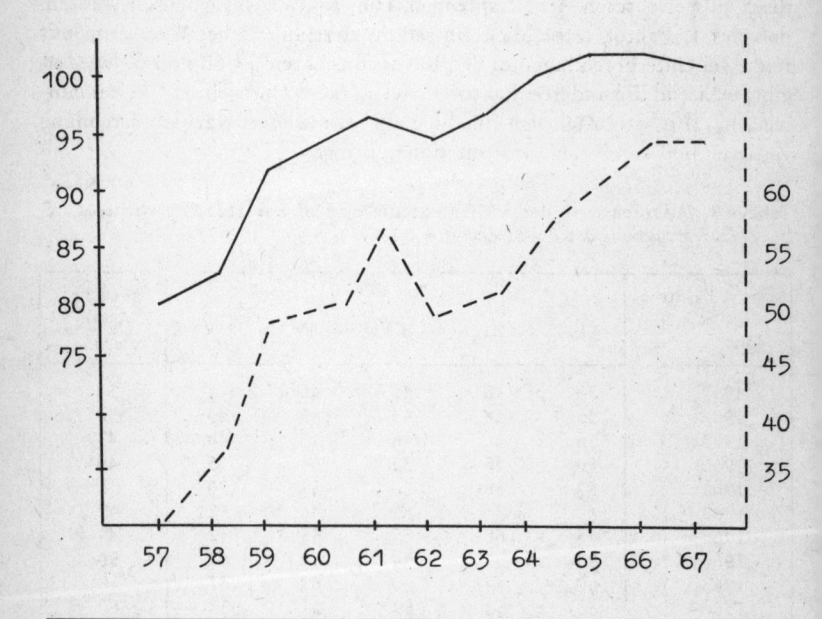

---

66 In einer Arbeit von Gitter (1970) über die Staaten der USA wird eine solche normative Zusammenfassung von Faktorenwerten vorgenommen.

67 Die Indizes sind auch im Anhang 9.2.3 und 9.2.7 wiedergegeben. Beim Vergleich der beiden Indizes dürfen nur die Relationen beachtet werden; die absoluten Höhen sind maßstabsbedingt. Genaugenommen kann also nur das Differential der beiden Indizes verglichen werden.

In der Abb. 17 ist der Verlauf dieses Index wiedergegeben, zusammen mit dem normativen Index aus den Expertenurteilen (vgl. 9.2.3). Zunächst einmal ist festzustellen, daß die beiden Indizes prinzipiell vergleichbar sind. Sie weisen ähnliche Steigerungsverhältnisse wie auch an denselben Stellen kulminierende Punkte auf, und dies trotz der völlig verschiedenen Berechnungsweisen. Dies zeigt, daß die beiden Methoden (normative und analytische) auf derselben Aussageebene liegen, wenn sie auch von verschiedenen Prämissen ausgehen.

Insgesamt ist die Aussage des analytischen Index differenzierter. Er weist größere Steigungen wie auch stärkere Ausschläge auf. Hier kommt zweifellos sein differenzierter Aufbau zum Tragen. Der normative Index ist ebenmäßiger, wenn auch bei ihm besonders Ende der fünfziger Jahre starke Steigungen vorkommen.

Den Zusammenhang könnte man psychologisch interpretieren. Im analytischen Index kommen die tatsächlichen Verhältnisse zum Ausdruck, während der normative sozusagen auf die gröbere subjektive Perzeption abstellt. Gemessen an den Normen ist die Systementwicklung ebenmäßiger. Offensichtlich haben die Experten den Indikatoren hohes Gewicht verliehen, die einmal wachstumsgeprägt, zum anderen keinen allzu großen Schwankungen unterworfen sind.

Die Aussage der Indizes soll nach vier Punkten zusammengefaßt werden:

1. Die Entwicklung der BRD ist von 1957–1967 von Rezessionspunkten gekennzeichnet, die den Indexverlauf prägen (1962/63 und ab 1967).
2. Ende der fünfziger Jahre sind hohe Steigerungsraten zu beobachten, die in einen Rezessionspunkt münden.
3. Ab 1963 sind ebenfalls Steigerungsraten zu beobachten, jedoch nur in abgeschwächter Form; die Systementwicklung hat sich verlangsamt. Es folgt ebenfalls ein Rezessionspunkt.
4. Auf der normativen Ebene stellt sich die Entwicklung relativ ebenmäßig dar; die tatsächlichen Verhältnisse sind jedoch von starken Ausschlägen gekennzeichnet.

Sicher kann nicht behauptet werden, daß diese Indizes die Lebensqualität der BRD in den betreffenden Jahren wiedergeben. Dazu sind die Indikatoren wie auch die Methoden zu grob. Jedoch können Anhaltspunkte für Systemanalyse und Systemkritik gewonnen werden, die die rein ökonomischen Betrachtungen übersteigen. Insbesondere die genauere Analyse der Komponenten des fünf-faktoriellen Index kann dazu beitragen.

Dieses Verfahren, analytische und normative Ergebnisse miteinander zu vergleichen, müßte empirisch noch weiter ausgebaut werden. Im Sinne eines Mehrebenenansatzes verspricht es interessante Ergebnisse.

6.3.3 Indexbildung durch Faktorenwerte: Querschnitt

Im Prinzip ähnlich ist die Bildung von Indizes aus einer Datenmatrix, die einem Querschnitt entstammt. Hier sind die verschiedenen Beobachtungspunkte nicht verschiedene Jahre, sondern verschiedene Einheiten (Länder, Städte, usw.). Da anschließend eine Verbindung von Querschnitt und Längsschnitt dargestellt wird, soll hier noch auf einen reinen Querschnitt eingegangen werden, wobei allerdings nur ein Faktor extrahiert wurde, was jedoch ohne weiteres auf mehrere Faktoren erweitert werden kann.

Blackman et al. (1973) benutzen die Faktorenanalyse zur Konstruktion eines *Innovationsindex* auf technischem Gebiet. Sie führen eine Querschnittanalyse für 15 Industriebranchen für den Zeitpunkt 1970 durch und berechnen die Korrelationen zwischen 6 Variablen, die sich auf Ausgaben für Forschung und Entwicklung, auf das Verkaufsvolumen von neu entwickelten Produkten und auf Investitionen beziehen. Sie führen eine Faktorenanalyse durch und stellen einen Hauptfaktor fest, der 81 % der Gesamtvarianz erklärt (Blackman et al. 1973: 305).

Sie berechnen dann die Faktorenwerte für diesen Faktor und interpretieren sie als Innovationsindizes. Innovation wird hier also bestimmt durch die Zusammenfassung von 6 Variablen, wobei die Variablen nach ihrem Zusammenhang mit dem Faktorkonstrukt gewichtet werden.

Blackman et al. bringen dann die Industriebranchen in eine Rangordnung nach der Größe ihres Faktorenwertes. Das höchste Innovationspotential (3.004) weist die Flugzeug- und Raketenindustrie auf, gefolgt von der elektronischen Industrie (1.418). Die geringsten Werte haben Nahrungsmittelindustrie (−0.703) und Stahlindustrie (−0.725).[68] Auf Grund dieser Werte sind dann Aussagen über die Entwicklung und Chancen der einzelnen Zweige möglich.

Blackman et al. führen dieselbe Analyse für die Jahre 1960 und 1963 durch. Sie können so den Index im Zeitverlauf vergleichen. Sie stellen fest, daß die höchsten Steigerungen bei den Branchen anzutreffen sind, die auch die höchsten Innovationswerte hatten. Das technische Innovationspotential ist bei diesen also nicht nur sehr hoch, sondern nimmt auch sehr stark zu. Daraus können Schlüsse über sich entwickelnde Disparitäten der Branchen gezogen werden.

Durch einen Test wird die Validität der Aussagen überprüft. Blackman et al. vergleichen den Innovationsindex mit einem Index der Marktveränderung durch neue Produkte. Zwischen beiden besteht eine hohe Korrelation (Blackman et al. 1973: 315), so daß sich der Index auch in anderen Zusammenhängen als valide erweist.

---

68 Angaben bei Blackman et al. (1973: 306).

Wie die Autoren ausführen, betrachten sie die Faktorenanalyse als ein nützliches Instrument, um die Innovationscharakteristika verschiedener Branchen indexmäßig zu erfassen. Allerdings ist hinzuzufügen, daß sie von einem sehr einfachen Ansatz ausgehen und der Index im Grunde genommen nur den Ressourcenaspekt der Innovationen erfaßt. Was tatsächlich innovativ ist, wird nicht spezifiziert. Dazu müßten mehr Variablen hinzugezogen werden, und der Index müßte auch mehrdimensional konstruiert werden, analog dem vorgestellten Verfahren beim Längsschnitt. Das Beispiel zeigt jedoch, daß die Faktorenwerte auf der deskriptiven Ebene verwendet werden können.

6.3.4 Indexbildung durch Faktorenwerte: Verbindung von Querschnitten und Längsschnitten

Sowohl die Querschnittsanalyse wie auch die Längsschnittsanalyse gehen von einer zweidimensionalen Datenmatrix aus mit den Elementen Variable/Beobachtungseinheit bzw. Variable/Zeitpunkt. Um aber ein System vollständig zu charakterisieren, muß ein dreidimensionaler Datenkörper erstellt werden mit den Dimensionen Variable, Beobachtungseinheit und Zeit. Querschnitte und Längsschnitte nehmen davon nur jeweils zwei Aspekte wahr. Es ist sehr schwierig, Verfahren zu entwickeln, die alle drei Dimensionen simultan analysieren. Ein gangbarer Weg besteht darin, zunächst nur *zwei Dimensionen heranzuziehen und dann deren Zusammenhang konstant auf die dritte Dimension anzuwenden*. Im folgenden soll ein solcher Versuch vorgestellt werden, um auch diese komplexeste Form der Indexkonstruktion zu untersuchen.

In einer Arbeit von Schmid (1974) werden ökonomische und soziologische sowie auf die Staatsfunktionen bezogene Daten von *18 kapitalistischen Ländern* analysiert. Die *21 Variablen*[69] umfassen die Ökonomie und Ökologie der Systeme, soziale Charakteristika, die Stellung im internationalen System und Input/Output-Merkmale des politischen Systems auf quantitativer Basis. Es wird ein Indikatormodell entwickelt, das Hypothesen über die Staatstätigkeit im entwickelten kapitalistischen Gesellschaftssystem prüft. Die Daten wurden für *fünf Zeitpunkten* erhoben, 1950, 1955, 1960, 1965 und 1968. Es liegt also eine dreidimensionale Datenmatrix vor mit 21 Variablen, 18 Beobachtungsfällen und 5 Zeitpunkten.

In der Arbeit von Schmid werden die Daten faktorenanalytisch untersucht. Es werden drei Faktoren extrahiert und auf sie aufbauend die

---

[69] Der ursprüngliche Datensatz umfaßte noch zahlreiche andere Variablen, die jedoch auf 21 Grundvariablen reduziert wurden.

Hypothesen der verschiedenen Steuerungstheorien getestet sowie auf der Basis der Faktoren neue Hypothesen generiert. Dabei wird die Faktorenanalyse für die jeweiligen Zeitpunkte angewendet. Hier sollen unter methodischen Aspekten der Indexbildung einige Komponenten des Materials sekundär untersucht werden.[70]

In der Arbeit von Maier (1972: 57) wird darauf hingewiesen, daß es interessant ist, Korrelationen aus Querschnitten zu berechnen und diese dann auf Längsschnitte anzuwenden. Korrelationen aus Querschnitten sind im allgemeinen zuverlässiger, da die Probleme der Autokorrelation und der Phasenverschiebung nicht auftreten. Die Daten sind in der Regel relativ unabhängig, da sie von verschiedenen Beobachtungseinheiten stammen. Die Korrelationen eines Querschnitts können nun auf Längsschnitte angewendet werden, wenn postuliert werden kann, daß die Zusammenhänge einigermaßen konstant geblieben sind. Wenn diese Prämisse zutrifft, können die Korrelationen eines Querschnitts sozusagen auf die anderen Querschnitte *extrapoliert* werden. Es ist dann möglich, einen dreidimensionalen Datenkörper simultan zu untersuchen.

Diese Prämisse trifft für das von Schmid erstellte Material im wesentlichen zu. Eine Durchsicht der Faktorenmuster ergibt, daß die Variablenzusammenhänge, wie sie in den Faktorenladungen zum Ausdruck kommen, relativ konstant bleiben;[71] lediglich das Jahr 1950 weist größere, signifikante Abweichungen auf. Es konnte daher in dieser Analyse nicht berücksichtigt werden. Für die vier Zeitpunkte 1955–1968 ist es aber gerechtfertigt, den Variablenzusammenhang eines bestimmten Querschnittes zu berechnen und dann auf die anderen drei Zeitpunkte anzuwenden.

Das Verfahren wurde nun so durchgeführt, daß in einem *ersten Schritt* die Faktorenkoeffizienten für die drei Faktoren für das Jahr 1960 berechnet wurden.[72] Das Jahr 1960 bot sich an, weil es ungefähr in der Mitte des Zeitraums liegt und sein Faktorenmuster die meisten Gemeinsamkeiten mit allen anderen hat.

In einem *zweiten Schritt* wurden nun die Daten der anderen drei Zeitpunkte (1955, 1965, 1968) *nach den Verhältnissen des Jahres 1960* standardisiert (z-Transformation nach Mittelwert und Standardabweichung dieses Jahres). Dieser Schritt ist besonders wichtig. Es soll zwar ein konstanter Variablenzusammenhang für alle vier Zeitpunkte gelten; die spezifischen Ausprägungen innerhalb dieses Zusammenhangs sollen aber nicht verlorengehen. Es soll eine Variable etwa, die ab 1955 in einem

---

70 Für die Überlassung des Materials bin ich Herrn Dr. Schmid zu Dank verpflichtet.

71 Zur Überprüfung der Konsistenz von Faktorenmuster vgl. Veldman (1967: 236–244); dort auch ein Computerprogramm.

72 Auch hierfür wurden Programme aus dem „Statistical Package for the Social Sciences" verwendet (vgl. Nie/Bent/Hull 1970).

Lande kontinuierlich steigt, zu einer steigenden Tendenz der Faktorenwerte dieses Landes beitragen. (Betreffend natürlich den Faktor, auf dem die Variable lädt). Dies wird dadurch erreicht, daß nach dem Mittelwert des Jahres 1960 standardisiert wird; die Variable wird dann für 1955 einen hohen negativen z-Wert haben, für 1968 vermutlich einen hohen positiven. Diese Werte gehen in die Berechnung der Faktorenwerte des betreffenden Landes ein. Die Faktorenwerte werden also eine steigende Tendenz durch diese Variable erfahren. Dieser Zusammenhang würde verlorengehen, wenn jeder Zeitpunkt für sich standardisiert werden würde. Dann würde der Mittelwert ja jeweils Null sein, und der steigende Zusammenhang (für diesen Fall) würde verlorengehen. Zusammengefaßt soll dies so thematisiert werden, daß durch dieses Verfahren der *Variablenzusammenhang* zwar *konstant gesetzt*, daß aber die *Entwicklung über die Zeitpunkte* hinweg auf Grund dieses Zusammenhanges erfaßt wird.[73]

In einem *dritten Schritt* wurden dann die Faktorenkoeffizienten, wie sie vorher für das Jahr 1960 berechnet wurden, auf dieses Jahr selber angewendet sowie auf die Jahre 1955, 1965 und 1968. Das Ergebnis sind Faktorenwerte, die aus einem Querschnitt berechnet wurden und auf dieser Grundlage die Entwicklung der Faktoren im Zeitverlauf wiedergeben. Auf diese Weise kommen interessante Fragestellungen ins Spiel.

In der Tabelle 9 sind die Werte für die drei Faktoren für die BRD und zum Vergleich auch für USA wiedergegeben.[74] Sie wurden auf den Mittelwert 50 und die Standardabweichung 10 transformiert. Diese Zahlen stellen Werte dar, die auf dem Variablenzusammenhang des Jahres 1960 beruhen und von da ausgehend für die anderen Zeitpunkte verallgemeinert wurden.

In der Arbeit von Schmid werden die Faktoren durch ihre Ladungen identifiziert und einem Entwicklungsmuster zugeordnet, das die Komponenten „Spätkapitalistischer Produktionsfaktor" (hoher Energieverbrauch, starker Dienstleistungssektor, Stagnieren von BSP), „Industrie – Landwirtschaftskontinuum" (Wandel von primär landwirtschaftlicher

---

[73] Voraussetzung für das Verfahren ist allerdings noch, daß die Daten einigermaßen homoskedastisch (gleiche Varianzen) sind. Sie können also bezüglich der verschiedenen Zeitpunkte verschiedene Niveaus (in Form der Mittelwerte) besitzen, müssen aber gleiche Streuungen aufweisen. Diese Voraussetzung ist für das vorliegende Material approximativ erfüllt; es wurde der C-Test nach Cochran durchgeführt (vgl. Sachs 1972: 383–384, auch Winer 1962: 94–95). Bei einer Irrtumswahrscheinlichkeit von 5 % liegt die Signifikanzschranke bei 16 Freiheitsgraden und 4 Varianzen bei 0.44 (vgl. Sachs 1972: 383). Im vorliegenden Material liegen nur 2 Variable darüber. Die These der Inhomogenität der Varianzen kann also im wesentlichen nicht angenommen werden, was umgekehrt ein Zeichen für die Homogenität ist. (Diese Umkehrung ist erforderlich, da Homogenität statistisch nicht getestet werden kann.)

[74] Diese Werte existieren natürlich auch für alle anderen der 18 Länder.

Tabelle 9: Die Entwicklung der drei Faktoren im Zeitverlauf; internationale Daten

BRD

Faktor \ Jahr	1955	1960	1965	1968
I	42	37	39	45
II	54	62	67	63
III	50	49	52	48

USA

Faktor \ Jahr	1955	1960	1965	1968
I	57	63	58	65
II	60	61	62	59
III	40	32	31	39

Produktion zu primär industrieller Produktion, hoher Außenhandelssaldo, hohe Erwerbsquote in der verarbeitenden Industrie) und „Traditionell-kapitalistischer Wachstumsfaktor" (hohes BSP, hohe Akkumulationsrate, hohes Preisniveau) umfaßt.[75] Diese Komponenten entsprechen den hier vorliegenden Faktoren I bis III.

In der Tabelle 9 lassen sich interessante Ergebnisse feststellen. Bezüglich des „Spätkapitalistischen Produktionsfaktors" (I) weist die BRD relativ niedrige Werte unterhalb des Durchschnitts auf, im Gegensatz zu den USA, die auf dem I. Faktor konstant hohe Werte besitzen. Hier macht sich der allgemeine Entwicklungsunterschied, vor allem in den früheren Jahren, bemerkbar. Auf dem „Industrie – Landwirtschaftskontinuum" (II) fällt die Entwicklung der BRD auf. Die strukturellen Veränderungen nach dem Zweiten Weltkrieg spiegeln sich darin wider. Auch der niedrigere Wert von 1968 paßt als Folge der Rezession in dieses Bild. Schließlich weist die BRD auf dem „Traditionell-kapitalistischen Wachstumsfaktor" (III) mittlere Werte auf; für die USA ist diese Periode offensichtlich bereits überwunden, was durch niedrigere Werte zum Ausdruck kommt.[76]

Auf weitere Interpretationen soll hier nicht eingegangen werden.[77] Hier soll nur unter methodischen Gesichtspunkten festgehalten werden,

75 Zur Definition der Faktoren vgl. Schmid (1974: 212–215); die Faktoren entsprechen dort der Numerierung nach III, I, II.

76 Dieser Faktor weist beispielsweise für Japan hohe Werte auf, wodurch die spezifische Struktur eines sich schnell entwickelnden Landes bei erhaltener traditioneller Struktur zum Ausdruck kommt.

daß durch komplexe Indizes umfassend angelegte dreidimensionale Datenkörper charakterisiert werden können. Das Ziel jeder Systemanalyse müßte eigentlich ein solcher Datenkörper sein, da die volle Erfassung eines Systems alle drei Dimensionen erfordert. Auf die oben beschriebene Weise ermittelte Indizes gestatten es, den Systemverlauf in übersichtlicher Weise zu charakterisieren. Sie geben die Entwicklung bei konstant gehaltenem Variablenzusammenhang wieder. Der *Nachteil* der Methode besteht darin, daß der Variablenzusammenhang tatsächlich einigermaßen konstant sein muß. Ein Strukturbruch kann nicht erfaßt werden. Dies zeigte sich etwa darin, daß in obigem Beispiel das Jahr 1950 gestrichen werden mußte. Hier ist als Folge der raschen Nachkriegsentwicklung in kapitalistischen Ländern ein Strukturbruch zu vermuten. Jedoch ist die relative Brauchbarkeit von Indizes auch in dynamischen Analysen dadurch nicht in Frage gestellt.

6.4 Zusammenfassung

Die Indexbildung ist auf der deskriptiven Ebene ein wichtiges Instrument der sozialwissenschaftlichen Forschung. Indizes gestatten es, die Informationsfülle zu reduzieren. Im wissenschaftlichen Prozeß ist die Überschaubarkeit eine wichtige Voraussetzung für weitergehende Modellbildung und Erklärung.

Indizes wurden hier nach zwei Richtungen charakterisiert, als normative (subjektiv-theoretisch gewichtet) und als analytische (empirisch-statistisch gewichtet). Beide Formen haben denselben logischen Aufbau: sie fassen standardisierte Informationen unter Anwendung einer Gewichtung zusammen.

Trotzdem ist klar, daß die Indizes nach inhaltlichen Gesichtspunkten sehr verschieden sind. Auf die spezifische Leistungsfähigkeit und Verwendbarkeit der einzelnen Formen soll im folgenden eingegangen werden.

Normative Indizes
hängen von einer relevanten Gewichtung ab. In den Beispielen der SWIGES-Studie (9.2.3—9.2.5 des Anhangs) wurden die Gewichte auf einer sehr globalen Ebene ermittelt. Die Begründung bestand darin, daß die verschiedenen Bereiche der Gesellschaft — Ökonomie, Bildung, Gesundheit, Verkehr usw. — zwar sehr differenziert sind, aber im Bewußtsein der Gesellschaftsmitglieder nicht unverbunden nebeneinanderher

---

[77] Vgl. ausführlich, vor allem zur Interpretation der Faktoren und zum Test der Steuerungstheorien, Schmid (1974: 207—234).

existieren, sondern sehr wohl zu einem globalen Urteil über die sozioökonomische Leistung des Systems verbunden werden. Es existieren also offensichtlich „Gewichte", die die globale Zusammenfassung ermöglichen. Allerdings ist zu fragen, ob diese Gewichte in quantitativer Form erhoben werden können, und noch dazu durch Expertenbefragung.

Maier (1972) zieht daraus den Schluß, daß es nicht sinnvoll ist, Indikatoren zu komplexen Indizes zu aggregieren, solange nicht die Invarianzprobleme, die durch ungenügende Gewichtung entstehen, gelöst sind. Er schlägt vor, ausgewählte Zeitreihen zu vergleichen und zu kommentieren, „ohne daß man versucht, diese Einzelurteile zu einer Größe zu aggregieren, die bei einer Vielzahl von Indikatoren automatisch stabil bleibt und daher wenig aussagekräftig wird" (Maier 1972: 65).

Dem ist insofern zuzustimmen, als die Anzahl von 53 Indikatoren der SWIGES-Studie tatsächlich die Grenze der Urteilsfähigkeit zumindest erreicht. Trotzdem sollte man den Versuch unternehmen, auch auf der globalen Ebene zusammenzufassen. Die Bedeutung eines solchen Index liegt dann weniger in seiner empirischen Relevanz in der Form, daß man sagen könnte, die Lebensbedingungen haben den und jenen Betrag erreicht, sondern eher in der Angabe einer allgemeinen Entwicklung, in der Herstellung des Vergleichs mit anderen Ländern, wobei dann dasselbe Urteilsschema angewendet wird, und schließlich im Vergleich mit alternativen normativen Vorstellungen. Die empirische Relevanz kann auf der globalen Ebene schwer hergestellt werden; solche Indizes haben eher Bedeutung auf der normativen Ebene selber, wovon sie ihre Gewichtung beziehen.

In diese Richtung führt auch ein Argument, das auf die hohe Aggregationsebene solcher Indizes abzielt; es wird dann der *Verteilungsaspekt* zu wenig berücksichtigt. Die Indizes über die Lebensverhältnisse gehen ja davon aus, daß die Gewichte für alle Schichten der Bevölkerung gelten. Diese Annahme ist nicht zutreffend. Um den Index realitätsnäher zu machen, müßten Gewichte auf die verschiedenen Schichten umgerechnet werden. Dann könnten auch Aufschlüsse über antagonistische Entwicklungen gewonnen werden, die durch den hoch aggregierten, hypothetischen Durchschnitt nicht zum Tragen kommen. Eine ideale Verbindung scheint darin zu bestehen, von Subindizes auf einer unteren Ebene auszugehen und dann erst höhere Aggregationen zu unternehmen.[78] Dann ist auch das Zustandekommen der Aggregation transparenter. Auf diese Weise könnte man versuchen, das Dilemma des Sozialwissenschaftlers, daß einerseits die Phänomene prinzipiell mehrdimensional anzugehen

---

78 So argumentieren auch Etzioni/Lehmann (1969: 49): „Both subindices and over-all ones are hence needed, with the subindices each covering one dimension of the concept being measured."

sind, andererseits aber die Zusammenfassung enorme Gewichtungsprobleme aufwirft, zu lösen.

Am Beispiel der SWIGES-Studie können *einige Ergebnisse* festgehalten werden, die in diesem Sinne zu interpretieren sind. Der Index mit der wechselnden Basis (9.2.5 des Anhangs) weist mit seiner stark fallenden Tendenz auf wichtige Tatbestände hin. Die Zuwachsraten in Industriegesellschaften wie die BRD lassen offensichtlich nach und werden auch durch nichtökonomische Faktoren nicht kompensiert. Dies hat Konsequenzen für die subjektive Perzeption der Systemleistung durch die Individuen; ein großer Teil von Unzufriedenheit wird darauf zurückzuführen sein. Das System kann sich nicht mehr durch ständige Steigerungsraten qualifizieren. Ein solcher Index kann Aufschluß über die Verschlechterung von Lebensbedingungen geben; die Hypothesen der relativen Deprivation können getestet werden.

Auch der ursprüngliche Index des SWIGES-Modells (vgl. 9.2.3 des Anhangs) erlaubt wichtige Aufschlüsse, besonders über den Konjunkturverlauf. Im Zusammenhang mit anderen Variablen — Entwicklung der öffentlichen Meinung, Staatsausgaben — lassen sich Hypothesen etwa über die Staatsfunktionen testen.[79]

Es wurde bereits darauf hingewiesen, daß trotz aller Gewichtungsverfahren der normative Charakter der subjektiven Indizes erhalten bleibt. Gerade dieser *normative Aspekt* erfährt aber in der jüngsten wissenschaftlichen Entwicklung eine starke Aufwertung. Hier sind insbesondere futurologische Bemühungen zu erwähnen, die auf begrenzten Bereichen — Entwicklung von Städten, Entwicklung des Konsums, Gestaltung der Freizeit — normative Entwicklungsvarianten erstellen. Die Tendenz zu einer „postulierende(n), wertende(n) und tendenziell systemkritischen Futurologie" (Böhret 1972: 3) ist unverkennbar. Innerhalb eines solchen wissenschaftlichen Ansatzes können Indizes eine wichtige Rolle übernehmen. Sie gestatten es, Normen auf konkrete Phänomene anzuwenden und deren Konsequenzen wie auch deren Entwicklung anschaulich wiederzugeben. Alternative Zukünfte können in ihrer konkreten Ausformung dargestellt werden.

Innerhalb dieser Futurologie wird sich auch eine umfangreiche *Urteilsforschung* entwickeln, die individuelle Einstellungen zur Grundlage von Prognosen macht und darauf aufbauend die Systemperformanz darstellt.[80] Das Gewichtungsproblem kann dann eine breite empirische Fundierung erfahren, wenn die Urteilsforschung die nötigen Materialien bereitstellt.

---

79 Zum Vergleich von ökonomischen Makro- und Mikrogrößen bezüglich der konjunkturellen Entwicklung vgl. auch Fuchs (1972 a und 1972 b).

80 Für einen empirischen Ansatz vgl. Koelle (1972), wo Zielanalysen für eine größere Gruppe unternommen werden. Untersuchungsbereich ist Lebensqualität.

Aber nicht nur von der Futurologie her kommen Anstöße, Normen und Urteile stärker zu ermitteln und zusammenzufassen. Auch durch die immer weitergehende Etablierung von *Planungsprozessen* entsteht die Notwendigkeit, Zielbestimmungen durchzuführen und normative Alternativen darzustellen. Auch auf dieser Ebene können subjektive Indizes Darstellungsfunktionen übernehmen, um Entwicklungsprozesse für eine breite Öffentlichkeit überschaubar zu machen.

Nach den vorstehenden Überlegungen kann der Stellenwert von normativen Indizes bestimmt werden:

— Sie gestatten es, in einem begrenzten Bereich und für eine spezifizierte Gruppe Performanzcharakteristika des sozioökonomischen Systems zusammenzufassen.
— Sie gestatten es, alternative Zukünfte mit konkreten sozioökonomischen Phänomenen zu verbinden und anschaulich darzustellen.
— Sie können auf der globalen Ebene eine allgemeine Darstellungsfunktion übernehmen.

Dieser Rahmen gilt für subjektiv gewichtete Indikatoren auf Grund ihres strukturellen Aufbaus. Nur wenn er beachtet wird, kann der „sinnlose Streit um die Gewichte" (Bombach 1973: 49) vermieden werden.

Analytische Indizes

Bei normativen Indizes ist die Zuordnung zur deskriptiven Ebene eindeutig. *Analytische Indizes* gehören im strengen Sinne ebenfalls in diese Klasse der Maßzahlen. Bei ihnen ist jedoch der Zusammenhang, dem die Gewichte entstammen, transparenter. In Gestalt der Faktorenladungen geht der Indexbildung eine *erklärende Phase* voraus, die meist benutzt wird, um ein Modell mit kausalem Anspruch zu entwickeln. Die Faktorenwerte geben dann nur noch konkrete Ausprägungen wieder; in der Zuordnung zu einem Faktor enthalten sie jedoch ein erklärendes Moment.

Die Ermittlung von Faktorenwerten wurde lange Zeit vernachlässigt.[81] Man beschränkte sich auf die theorierelevante Interpretation der Variablenzusammenhänge, ohne die konkreten Einheiten der Analyse noch weiter zu berücksichtigen. Dies entspricht einer weithin vorherrschenden abstrakt-theoretischen Orientierung der Sozialwissenschaft, die das einzig lohnende Unternehmen in der Untersuchung von Variablenzusammenhängen sieht. Die konkret-anschauliche Ebene der Untersuchungseinheiten, die auch für eine breite Massenwirkung verwendet werden könnte, geht dann verloren.

---

81 Manche Lehrbücher enthalten diese Phase gar nicht und halten die Faktorenanalyse mit der Rotation für abgeschlossen.

... daß durch die Berechnung von Faktorenwerten keine
... gewonnen werden, stimmt von seiner formalen
... ktorenwerte gestatten es jedoch, die deskriptive
... oruchsvollen Niveau weiterzutreiben, besonders,
... in Zeitreihen ermittelt werden können. Wenn es
... ten durch die Entwicklung seiner Faktorenwerte
... wichtiger Schritt zu einer *komplexen dynami-*
... on den Faktorenwerten ausgehend kann dann
... Ebene verlassen werden, um zu einem erklären-
... dynamische Analyse weist im allgemeinen so
... auf, daß es erforderlich ist, deskriptive Zwi-
... Als solche Vorstufen können Faktorenwerte
... Ihre Anwendung im Sinne dieser Indexfrage-
... er berücksichtigt werden.[83]

D... analytischen Indizes ist es gemeinsam, daß
sie ... mmenfassung reduzieren. Sie gehen von ver-
sch... haben jedoch beide dieselbe Funktion,
näm... en Erstellen einer Indexreihe das Verhalten eines Systems —
sei es normativ oder empirisch — umfassend zu charakterisieren. Die
Charakterisierung geschieht nicht um ihrer selbst willen, sondern verfolgt
die Ziele:
- Durch Indexreihen sollen globale Zusammenfassungen erzielt
  werden, die das System übersichtlich darstellen.
- Durch Indexreihen sollen Verlaufsformen und Schwellenwerte
  zum Zwecke der Systemsteuerung erkannt werden.
- Durch Indexreihen sollen Vorstufen zur Erstellung umfassender
  dynamischer Modelle gebildet werden.

Diese Funktionen halten sich letztlich in einem bescheidenen Rahmen,
vor allem auch, wenn man den Aufwand berücksichtigt, den die Berechnung der Indizes immerhin erfordert. Hinzu kommt, daß nach den Ergebnissen dieser Untersuchung erst der Vergleich verschiedener Indexvarianten, nicht die Betrachtung eines einzelnen Index zu Ergebnisssen

---

82 In einer neueren Arbeit geht Harder (1973) auf die Notwendigkeit der dyna-
mischen Analyse ein, wenn Sozialwissenschaft ihrem Anspruch als krisenanalytische
Wissenschaft gerecht werden will. Er weist auf den Widerspruch zwischen der sta-
tisch orientierten Empirie und der meist auf dynamische Prozesse (sozialer Wandel,
Evolution, Mobilität) abzielenden Theorie hin. Andererseits wird auch bei ihm die
Schwierigkeit der dynamischen Modellbildung mit empirischem Anspruch betont.

83 Überla weist darauf hin, daß auch vom logischen Aufbau der Faktorenanalyse her die Faktorenwerte berechnet werden müßten: „Der Anspruch der Faktorenanalyse, eine Ordnung herauszufinden, die hinter den beobachteten Daten steht,
wird erst dadurch zu Ende geführt, daß man die gefundene Ordnung auf jede einzelne Person (oder Beobachtungseinheit R. W.) anwendet." (Überla 1971: 236)

führt. Der Einsatz von elektronischen Rechenanlagen wie auch standardisierter Programme reduziert jedoch den technischen Aufwand, so daß die umfassende Berücksichtigung der deskriptiven Ebene gerechtfertigt erscheint. Indizes stellen eine wichtige abgeleitete Stufe für soziale Indikatoren dar.

7 Ausgewählte Indikatoren, Maßzahlen und Modelle

Bei der Indexbehandlung standen die methodisch-statistischen Fragen im Vordergrund. Es wurde versucht, eine systematische Abfolge zu entwickeln.

Indizes sind aber nicht die einzigen Instrumente, die für „soziale Indikatoren" relevant sind. Es gibt eine ganze Reihe von methodischen Ansätzen, die sich in Eindringtiefe und Anwendungsfeld unterscheiden. Auf diese soll eingegangen werden, wobei jedoch nicht die Einzelheiten der Konstruktion, sondern die Anwendungen im Vordergrund stehen. Gleichzeitig soll dadurch ein Überblick über den erreichten Forschungsstand gegeben werden. Eine Auswahl aus den Projektergebnissen dürfte dies am ehesten ermöglichen.

Eine gewisse Ordnung soll dadurch eingehalten werden, daß die sechs Bereiche, die nachfolgend behandelt werden, im Schwierigkeitsgrad zunehmen bzw. aufeinander aufbauen. Dies kann auch zu einer *Systematik der methodischen Ansätze* beitragen, die überhaupt für „soziale Indikatoren" relevant sind.

Die Definition und Ermittlung von Indikatoren (7.1) umfaßt den „einfachsten" Bereich. Es wird darum gehen, welcher Gegenstandsbereich bisher erschlossen wurde und wie man zu neuen Indikatordefinitionen kommt.

Schwieriger ist die Ermittlung von Beziehungen zwischen Indikatoren in quantifizierter Form (Transformationsparameter, 7.2). Durch diese sollen die formalen, funktionalen Abhängigkeiten erfaßt werden. Bei der Darstellung wird hier auf Arbeiten zurückgegriffen werden müssen, die nicht unmittelbar zur Literatur über „soziale Indikatoren" gehören.

Die Indexbildung wurde in Einzelheiten bereits behandelt. Hier soll noch auf einige Details des SWIGES-Index eingegangen werden, und es sollen die Konstruktionen anderer Indizes verglichen werden (7.3).

Liegen bei der Indexkonstruktion die Schwierigkeiten in der Etablierung eines gemeinsamen Mediums, um verschiedene Phänomene zusammenzufassen, so wird bei Aggregaten und Konten ein gemeinsames Medium von vornherein postuliert. Es kann dann mit Definitionsgleichungen gearbeitet werden. Das Problem besteht darin, Phänomene, die nicht „in natürlicher Weise" in dem gemeinsamen Medium erfaßt werden können, mit Hilfe von Äquivalenten einzubeziehen (7.4).

Integrationsmodelle (7.5) und systemwissenschaftliche Modelle (7.6) wurden in ihrer formalen Struktur bereits behandelt (vgl. Kap. 3.2.1.3). Integrationsmodelle zielen auf die Verbindung der Beobachtungseinheiten ab (durch einheitliche Klassifikationen); systemwissenschaftliche Modelle schließlich auf die Verbindung von Variablen.

Abbildung 18: Funktionen und Hauptprobleme der methodischen Ansätze für „soziale Indikatoren"

Ansätze	Funktionen	Hauptprobleme
Indikatoren	Operationalisierung von Konstrukten	Ermittlung von tangiblen Phänomenen
Transformationsparameter	Ermittl. von quantif. Bez. zwischen Indik.	optimale Anpassung an Daten
Indizes	Zusammenfassung von Indikatoren	Ermittlung von Gewichten
Aggregate und Konten	Zusammenfassung auf Grund von Definitionsgleichungen	gemeinsames Medium und Äquivalente
Integrationsmodelle	Zuordnung auf Grund von Beobachtungseinheiten	stabile Klassifikationen
Systemwissenschaftliche Modelle	Theoretische Zusammenfassung von Indikatoren	Ableitung der Zusammenfassung und gemeinsames Medium

In der Abb. 18 sind die methodischen Ansätze nach ihren Funktionen und Hauptproblemen zusammengestellt. Bei der Behandlung der konkreten Projekte werden diese noch klar hervortreten.

7.1 Indikatoren

Bei der Untersuchung des Prozesses der Informationsgewinnung wurde der Charakter von Indikatoren herausgestellt; sie sind Operationalisierungen von Konstrukten und zielen auf beobachtbare Phänomene ab. Es soll hier darum gehen, den Gegenstandsbereich empirischer Indikatorlisten zu untersuchen[1] sowie die Konstruktion eines einzelnen Indikators einmal exemplarisch zu behandeln.

Der Umfang von Indikatorlisten ist schwierig zu bestimmen. In offiziellen Berichten wird oft die Gliederung des Sozialberichtes der USA (Toward a Social Report 1970) zugrunde gelegt mit den Bereichen

— Gesundheit und Krankheit,
— soziale Mobilität,
— Umwelt,
— Einkommen und Armut,
— öffentliche Ordnung und Sicherheit,
— Ausbildung, Wissenschaft und Kunst,
— Partizipation und Entfremdung.

---

[1] Eine Inhaltsanalyse von Sozialberichten bringt auch Zapf (1972 b: 256).

Für diese Bereiche wird dann umfangreiches Zahlenmaterial präsentiert.[2]

Oft ist die Intention zu erkennen, bisher wenig beachtete Bereiche wie z. B. Randgruppen, Machtbildungen durch Eliten, Zeitbudgets verschiedener Bevölkerungsgruppen mit Indikatormaterial zu belegen. Hier ist vor allem die Arbeit zu einem Soziologischen Almanach (1973) für die BRD zu nennen, die in einem ersten Entwurf bereits vorliegt. Der Gliederungsentwurf in Tab. 10 stellt einen Auszug aus einem weit umfangreicheren Gesamtprogramm dar.

Es ist die Tendenz zu erkennen, auch *kritische Bereiche* mit Daten zu belegen (Ungleichheit, Konzentration, Elitenbildung, subjektive Verhaltensmuster). Beispielsweise werden zum Punkt „Familie", der im Programm mit „Herrschaftsstruktur, Leitbilder Kindererziehung, Unehelichenquote" umschrieben ist, neben der Faktendarstellung zu Familiengröße, Heiratsalter, Scheidung usw. durchaus auch Indikatoren gebracht, die den konventionellen Rahmen übersteigen. Es sind Tabellen enthalten zu „Dominierende Leitbilder der Kindererziehung in der BRD 1951, 1957 und 1965" und zu „Innerfamiliale Vorherrschaft in der Elterngeneration und gegenwärtigen Generation 1959/60 in der BRD" (Soziologischer Almanach 1973: 37–2). Eine ähnlich gute Ausfüllung ist auch für den Bereich Bildung und berufliche Chancen festzustellen. Es werden Tabellen gebracht zu „Schulische Ausbildung der Kinder nach Merkmalen des Elternhauses 1972", „Deutsche Studienanfänger nach Hauptstudienrichtung, Geschlecht und Ausbildung des Vaters". Es wird auch der Versuch gemacht, schulische Leistungen zu erfassen, also auf den Output abzustellen (internationaler Vergleich bei Mathematikleistungen, Durchschnitt der Intelligenzleistungen bei Schülern verschiedener Schularten, vgl. Soziologischer Almanach 1973: 42–44).

In anderen Bereichen lassen sich jedoch die typischen *Reduktionen* feststellen, die bei der Operationalisierung oft auftreten; das ursprüngliche Programm wird an das vorhandene Datenmaterial (notwendig) angepaßt. Der Bereich „Arbeit und Beruf" ist z. B. umschrieben mit „Berufliche Mobilität, berufliche Konzentration, Arbeitsunfälle, Arbeitsbedingungen, Umschulung, Weiterbildung, Unzufriedenheit". Zu Weiterbildung und vor allem zu Arbeitsbedingungen sind jedoch nur wenig Aussagen zu finden. Dafür werden die „harten Fakten" über Arbeitszeit, berufliche Unfälle usw. ausgiebig diskutiert. Sicher wird sich auch bei der weiteren Ausfüllung des Almanachs daran nicht viel ändern.

---

2 Zu diesem Typ sind die Arbeiten der BRD (Gesellschaftliche Daten 1973), Großbritanniens (Social Trends 1972) und Frankreichs zu rechnen (Données Sociales 1973); vor allem kommen in allen Berichten auch subjektive Indikatoren vor.

Tabelle 10: Geplanter Stand des Soziologischen Almanachs am 31.12.1973 Aus: Ballerstedt, E./Glatzer, W.: Soziologischer Almanach. Erste Ergebnisse Frankfurt/M. 1973

I. Personelle Infrastruktur
  1. Struktur und Entwicklung der Bevölkerung*
  2. Bevölkerungsbewegung*
  3. Familien und ihre Zusammensetzung*
  4. Haushalte und ihre Zusammensetzung*
  5. Arbeitspotential und Erwerbsbevölkerung*
  6. Ausländische Arbeitskräfte*
  7. Berufs- und Qualifikationsstruktur*
  8. Gesundheit und Krankheit

II. Materielle Infrastruktur
  1. Umwelt und Umweltschutz
  2. Produktion und Produktivität*
  3. Industrielle Produktionsstruktur*
  4. Wohnungsversorgung und Wohnverhältnisse*
  5. Verkehr

III. Institutionelle Infrastruktur
  1. Bildungssystem*
  2. Gesundheitswesen
  3. Strafvollzug und Gerichtsbarkeit
  4. Gewerkschaften und ihre Mitglieder*

IV. Lebensbereiche der Individuen
  1. Familie*
  2. Arbeit und Beruf*
  3. Freizeit und Urlaub

V. Soziale Problemgruppen
  1. Kinder
  2. Frauen
  3. Alte Menschen
  4. Randgruppen
  5. Eliten

VI. Soziale Ungleichheit
  1. Soziale Schichtung
  2. Einkommensverteilung
  3. Vermögensverteilung
  4. Bildungs- und Berufschancen*
  5. Vertikale Mobilität

VII. Konflikt und Integration
  1. Wahlergebnisse und Wählerverhalten*
  2. Arbeitskämpfe – Streiks, Klagen, Verhandlungen*
  3. Massenmedien – Produktion und Konzentration*
  4. Massenmedien – Verbreitung, Nutzung und Inhalte*
  5. Kriminalität*
  6. Außenwirtschaftliche Verflechtung*

VIII. Staatsaktivitäten
  1. Staatseinnahmen
  2. Staatsausgaben
  3. Magisches Viereck*

* Abschnitt liegt vor (Stand 1. 10. 1973)

Diese Reduktionen zeigen, daß die aufgestellten Ansprüche nur bedingt erfüllt werden können. Sie spiegeln die Erfahrung wider, die jeder macht, der Daten zu bestimmten Fragestellungen sammelt, daß nämlich für viele Bereiche Daten nicht erhoben werden oder nicht zugänglich sind. Eine genaue Analyse dieser Reduktion ist erforderlich. Es könnte dann angegeben werden, wo die brennendsten Lücken sind, und eventuell auch, wie institutionelle Hemmnisse überwunden werden können.

Es ist an dieser Stelle nicht möglich, die verschiedenen Indikatorsammlungen, vor allem der OECD-Länder ausführlich zu untersuchen.[3] Es kann nur die grobe Tendenz festgestellt werden, daß zwar Bemühungen vorhanden sind, neue Felder zu erschließen, daß aber der Gesamtrahmen noch der üblichen sozialwissenschaftlichen Forschung entspricht. Die bisher vorgelegten Sammlungen haben eher ihren Wert in der Zusammenstellung des verstreuten Materials.

Wesentlich reichhaltiger wird das Bild, wenn man nicht die empirische Ausfüllung der Indikatoren verlangt, sondern es bei der bloßen *Programmebene* beläßt. Die meisten Berichte enthalten in irgendeiner Form Vorschläge für Indikatorfelder.

Hier sind vor allem die Arbeiten der OECD anzuführen.[4] Die Mitgliedsländer haben ein umfangreiches Programm aufgestellt, das schrittweise realisiert werden soll. Es werden 8 Hauptbereiche definiert (primary goal areas), denen 24 Unterbereiche (fundamental social concerns) zugeordnet werden (Tab. 11). Für diese 24 Komplexe werden dann insgesamt 74 Unterziele (subconcerns) angegeben. Z. B. heißt es in dem Hauptbereich „Verfügung über Güter und Dienstleistungen": „That the individual and households increasingly obtain insurance or other compensation for predictable and unpredictable income losses." Welche Indikatoren diesen Bereich im Detail abdecken sollen, bleibt offen.[5]

Dieses Indikatorfeld (Tab. 11) ist auf Grund seiner Allgemeinheit schwer zu beurteilen. Unverkennbar ist jedoch, daß der regierungsamtliche Problemrahmen das Leitbild abgibt. Kritische Bereiche wie Macht, Ungleichheit, Beteiligung, Deprivation u. a. werden tendenziell vernachlässigt. Ein Grund dafür liegt sicher auch darin, daß die Liste ein Kompromiß mehrerer relativ heterogener Staaten ist und von daher nur den kleinsten gemeinsamen Nenner wiedergeben kann.

---

3 An Arbeiten sind zu nennen: „Gesellschaftliche Daten" (1973), „Données Sociales" (1973), „Social Trends" (1972); für die USA ist für 1975 eine Arbeit von Tunstall zu erwarten; vgl. sein Konzept: Tunstall (1970).

4 Weitere Vorschläge zur Indikatorkonstruktion werden gemacht von Gross/Springer (1969: 5—16), die von 16 gesellschaftlichen Bereichen ausgehen; von Zapf (1972 b: 260—262), der von den 7 Bereichen des amerikanischen Sozialberichtes ausgeht; speziell für den Bereich Ausbildung/Forschung vgl. Eberlein (1971: 176—181), Koelle et al. (1969).

5 Zur weiteren Vorgehensweise der OECD vgl. Leipert (1973: 238—243).

Tabelle 11: Hauptzielbereiche und Hauptziele des OECD-Programms[6]

Hauptzielbereiche	Hauptziele
1. Gesundheit	1.1 Verringerung der Rate physischer und psychischer Erkrankung.
	1.2 Verbesserung des Niveaus der Gesundheitserhaltung.
2. Persönlichkeitsentwicklung und intellektuelle und kulturelle Entfaltung durch Lernen	2.1 Vermittlung des Grundwissens, der Fähigkeiten und der Einstellungen an alle Kinder, die für deren individuelle Entwicklung und ein erfolgreiches Leben in der Gesellschaft notwendig sind.
	2.2 Zunahme des Bevölkerungsanteils, der nach der Grundausbildung lernt und sich weiterentwickelt.
	2.3 Lernprozeß und Selbstentfaltung sollen eine befriedigende Erfahrung für das Individuum sein.
3. Arbeit und Qualität des Arbeitslebens	3.1 Befriedigende Arbeitsmöglichkeiten für alle Arbeitswilligen.
	3.2 Verbesserung der Qualität des Arbeitslebens.
	3.3 Das Arbeitsleben soll dem Individuum Freude bereiten.
4. Zeitbudget und Freizeit	4.1 Veränderungen der individuellen Zeitbudgets.
	4.2 Verbesserung der Freizeitmöglichkeiten.
5. Verfügung über Güter und Dienstleistungen	5.1 Erhöhung der persönlichen Verfügungsmöglichkeiten über Güter und Dienstleistungen.
	5.2 Verkleinerung der Zahl der Individuen, die materielle Not leiden.
	5.3 Änderung der Einkommens- und Vermögensverteilung.
	5.4 Zunahme der individuellen Zufriedenheit mit der Versorgung von Gütern und Diensten.
	5.5 Zunehmender Schutz der Individuen und Haushalte gegen Wirtschaftsrisiken.
6. Physische Umwelt	6.1 Verbesserung der Wohnverhältnisse.
	6.2 Verminderung der gefährlichen und/oder lästigen Umweltverschmutzung.
	6.3 Erhöhung des Anteils der Umweltressourcen für Erholung und angenehme Umwelt.
	6.4 Erhöhung der Zufriedenheit der Bevölkerung mit den Umweltbedingungen.
7. Persönliche Freiheitsrechte und Rechtswesen	7.1 Verringerung von Gewalttätigkeiten, Verbrechen und Raub, denen Individuen ausgesetzt sind.
	7.2 Gleichbehandlung aller durch das Rechtswesen.
8. Qualität des Lebens in der Gemeinde	8.1 Erhöhung der sozialen Mobilität und der Mobilitätschancen.
	8.2 Verringerung der sozialen Schichtung und der Isolierung von Randgruppen.
	8.3 Verbesserung der Qualität der zwischenmenschlichen Beziehungen in der Gemeinde.

---

6 Es wird die Übersetzung von Leipert (1973: 241–242) benutzt.

… Diskussionen darüber, wie ein *einzelner Indik…* … kann. Es soll deshalb als Beispiel ein Indikator … Bereich angeführt werden. Wachs/Kumagai (19… *Zugangsmöglichkeit zu städtischen Versorgun…* …ility) erfaßt und als sozialer Indikator interpret…

Z… …ne wichtige Determinante für Einkommen, Ausb… …zeit und ähnliches. Es ist nicht nur der zeitliche… …rreichen bestimmter Institutionen erforderlich … …as Milieu zu beachten, das diese Institutionen s… …ktiv wirkt.

B… …nahmen ist „Zugangsmöglichkeit" relevant. Jede … …e nicht nur von ihrer funktionalen Brauchbarke… …ıch von ihren Auswirkungen auf die Zugangs… … Bevölkerungskreise. Wachs/Kumagai fordern … …ugangsmöglichkeiten als Indikatoren für städtis… …ozialberichte aufgenommen werden.

Dies… Sozialindikator kann auf relativ einfache Weise konstruiert werden. Daten über die Verteilung der Bevölkerung und die Lage von Arbeitsstätten, Einrichtungen des Bildungswesens, der Gesundheitsvorsorge usw. sind bekannt. Von der Verkehrsplanung her können auch die Entfernungen in Zeiteinheiten berechnet werden. Der Sozialindikator kann nun erstellt werden, wenn diese beiden Merkmale – Entfernung und jeweilige Versorgungsstelle – kombiniert und nach Einkommensgruppen, Beruf, Alter u. ä. disaggregiert werden. Es lassen sich dann Profile erstellen, die für einzelne Bevölkerungsgruppen charakteristische Verläufe zeigen. Wenn diese Profile über längere Zeiträume erhoben werden, können interessante Aufschlüsse über die Entwicklung der städtischen Lebensqualität gezogen werden.

Dieses Beispiel zeigt, wie auf Grund eines Konzeptes – Zugangsmöglichkeit – aus vorhandenen Daten ein sozialer Indikator ermittelt werden kann. Bemühungen in dieser Richtung können relativ schnell zu Erfolgen führen. Allerdings ist eine umfassende Kenntnis der Aufbereitungsmöglichkeiten des vorhandenen Materials erforderlich.

7.2 Transformationsparameter

Indikatoren sind der beschreibenden Ebene zuzuordnen. Sie haben einen wichtigen Stellenwert, da sie gesellschaftliche Verhältnisse manifest und kommunizierbar machen, Entwicklungsrichtungen angeben und die Ermittlung von Schwellenwerten gestatten.

Es ist jedoch auch erforderlich, durch analytische Arbeit die (funktionalen) Zusammenhänge zwischen den Phänomenen zu ermitteln. Dies läuft auf die Ermittlung von Transformationsparametern hinaus, die in einem weiteren Schritt zu komplexen Modellen zusammengestellt werden können (vgl. das Kap. 3.2.5 über Modellbildung).

Transformationsparameter werden in der Indikatorliteratur noch wenig diskutiert. Es herrscht die univariate Betrachtungsweise vor, nicht die *multivariate*, die zu Transformationsparametern führt. Als Beispiel, das sich explizit auf Sozialindikatoren bezieht, kann nur Anderson (1973) angeführt werden, der nicht bei der Sammlung von Indikatoren auf dem Gesundheitssektor stehenbleibt, sondern eine Regressionsbeziehung für diese Indikatoren aufstellt. Sie hat den Charakter einer Einflußgrößenrechnung; der Einfluß von Indikatoren wie Anzahl der Ärzte und des Pflegepersonals, Umfang der medizinischen Ausstattung usw. auf den Gesundheitsstand wird quantifiziert ermittelt.

Zur Illustration soll deshalb ein Beispiel (berufliche Schichtung) aus der allgemeinen soziologischen Literatur gewählt werden. Duncan (1961) berechnet Transformationsparameter für einen drei Variablen (berufliches Prestige, Einkommen, Bildung) umfassenden Fall. Dazu benutzt er eine Prestigeskala für die Berufe, die vom *National Opinion Research Center* (NORC) 1947 aufgestellt wurde. Diese Skala beruht auf einer großen Umfrage und klassifiziert 45 Berufe nach subjektiven Urteilen wie „hervorragendes Prestige", „wenig Prestige" usw. Die Skala erwies sich in der Folgezeit als valides Forschungsinstrument und wurde häufig benutzt. Duncan gebraucht die Skala für seine Forschungszwecke in der Weise, daß er für jeden Beruf den Anteil derjenigen Antworten berechnet, die das Prestige „excellent" oder „good" einschätzten. Er bekommt so eine Skala mit variierenden Prozentwerten für die 45 Berufe.

Bezüglich der Variablen Einkommen und Bildung werden die Zensusdaten von 1950 herangezogen. Es wurde für jeden Beruf berechnet, wie groß der Anteil derjenigen ist, die 3500 Dollar und mehr verdienen, sowie derjenigen, die eine höhere Schulbildung besitzen (4 Jahre High School und mehr).

Es wird dann eine multiple Regressionsrechnung durchgeführt, die die Gleichung erbringt (vgl. Duncan 1961: 124):

$$\hat{X} = 0.59 X_1 + 0.55 X_2 - 6.0$$

$$R^2 = 0.83$$

$\hat{X}$: NORC-Prestige-Skala (geschätzt)
X_1: Einkommen
X_2: Bildung
R^2: multiples Bestimmtheitsmaß

Das multiple Bestimmtheitsmaß ist relativ hoch; das bedeutet, daß die Schätzwerte für Prestige ($\hat{X}$) als relativ gut zu betrachten sind.

Die Regressionskoeffizienten für Einkommen (0.59) und Bildung (0.55) zeigen an, daß der Einfluß dieser beiden Variablen als ungefähr gleich einzuschätzen ist. Sie determinieren in gleich starker Weise das Prestige, das ein Beruf besitzt. Da die unerklärte Varianz ziemlich gering ist, kann die Aussage gemacht werden, daß das Prestige von Berufen, wie es von Individuen eingeschätzt wird, größtenteils von *Einkommen* und *Bildung* bestimmt ist, wobei diese Faktoren als gleich stark einzuschätzen sind. Man könnte auch sagen, daß Einkommen und Bildung zu Prestige „transformiert" werden.

Die geschätzten Prestigewerte $\hat{X}$ können so interpretiert werden, daß sie den reinen *funktionalen Zusammenhang* wiedergeben. Die ursprünglichen subjektiven Werte weichen auf Grund von Zufallsschwankungen davon ab. Dies setzt voraus, daß die unerklärte Varianz von 17 % keine systematische Variationsquelle mehr besitzt, was durchaus wahrscheinlich ist. Dann stellen die neuen geschätzten Werte gewissermaßen objektivere Werte dar.

Die neuen Werte können auch als ein Index betrachtet werden, der auf Grund eines funktionalen Zusammenhangs ermittelt wurde. Während die Originalwerte von Zufallsschwankungen beherrscht sind, da sie von einem empirischen Indikator stammen, beruht der Index auf einem transparent gemachten, erklärten Zusammenhang.

Zu beachten ist dabei, daß die Voraussetzungen des linearen Modells[7] erfüllt sein müssen und daß die Aussage auf der Aggregatebene gewonnen wurde. Die Beobachtungseinheiten sind Berufe; dies impliziert nicht unbedingt, daß ein Individuum mit einem bestimmten Beruf ein bestimmtes Prestige besitzen muß.

In einer späteren Arbeit überprüften Blau/Duncan (1967)[8] diese Ergebnisse. Es war bekannt, daß das Prestige selber praktisch keinen Wandel mitgemacht hatte. Es stellte sich heraus, daß auch die funktionalen Beziehungen des Zeitpunktes 1950 im wesentlichen konstant geblieben waren (von 1940—1960, vgl. Blau/Duncan 1967: 120—121).

Diese Arbeit ist ein Beispiel dafür, wie auf elementarer Basis mehrere Indikatoren in einen *funktionalen, quantifizierten Zusammenhang* eingebracht werden können. Es ist dies eine Vorstufe für komplexere Modellbildung. Dann werden nicht nur drei Variablen untersucht, sondern ein ganzer Satz von Merkmalen. Außerdem können auch die unabhängi-

---

7 Das Modell setzt vor allem Unabhängigkeit der Variablen und Additivität voraus.

8 Dort ist auch die Darstellung des Verfahrens wiederholt; vgl. Blau/Duncan (1967: 119—125).

gen Variablen korrelieren, während ja bei dieser Regressionsrechnung Unabhängigkeit vorausgesetzt wurde. Das methodische Instrumentarium ist dann die *Pfadanalyse*.[9]

7.3 Indizes

Mit der Zunahme der Informationsgewinnung entsteht gleichzeitig die Notwendigkeit, die Fülle wieder zu reduzieren und zu überschaubaren Aussagen zu verdichten. Wie in Kapitel 6 dargestellt, übernehmen Indizes unter bestimmten Voraussetzungen diese Aufgabe.

Es soll hier exemplarisch auf zwei normative Indizes bei metrischem Meßniveau (vgl. Kap. 6.2.2) eingegangen werden, die verschiedene Gewichtungsschemata anwenden. Der SWIGES-Index des Zentrums Berlin für Zukunftsforschung wurde bereits unter methodischen Aspekten eingehend analysiert. Hier soll er zusammenhängend und mit inhaltlichen Details angeführt werden. Dann wird auf einen Bildungsindex von Ferris (1969) eingegangen, der in seiner Gewichtung interessant ist.

Das Zentrum Berlin für Zukunftsforschung entwickelte 1969 einen Index zum Lebensstandard, der eine Zusammenfassung von 53 Indikatoren darstellt. Dieser Index zur Strukturentwicklung von Wirtschaft und Gesellschaft (SWIGES-Index) entstand im Zusammenhang mit einem Projekt, das den Vergleich des Lebensstandards in den damaligen 6 EWG-Ländern zum Ziel hatte.

Die Studie (Zentrum Berlin f. Zukunftsf. 1969)[10] geht von einer mehrdimensionalen Struktur des Begriffs Lebensstandard aus; eine ganze Reihe von Komponenten soll nach spezifischer Gewichtung in ihrer Summe das Konstrukt wiedergeben. Unter Vergleich von Konzepten der UN und anderer internationaler Organisationen verwenden sie folgende Komponenten des sozioökonomischen Systems (vgl. Zentrum Berlin f. Zukunftsf. 1969: 19—20):

- Einkommenserwirtschaftung,
- Verbrauchsgüter,
- Soziales und Wohnung,
- Bildung,
- Kultur,
- Verkehr,
- Administration.

Die einzelnen Komponenten, die auch als Sektoren aufgefaßt werden können, werden nun durch jeweils mehrere Indikatoren operationalisiert.

---

9 Vgl. die Arbeiten von Blalock (1961, 1969, 1971).
10 Der Index wird auch dargestellt bei Zentrum Berlin f. Zukunftsf. (1970).

Es wurden 120 Indikatoren vorgeschlagen, die jedoch auf Grund mangelnder Daten auf 53 reduziert werden mußten. Die Indikatorliste ist im Anhang 9.2.1 wiedergegeben. Der verwendete Indikatorensatz umfaßt zweifellos nur einen geringen Ausschnitt des Lebensstandards. Die ökonomischen Aspekte dominieren eindeutig, sicher auf Grund der leichten Quantifizierbarkeit. Soziales wird nur durch die Gebiete Bildung, Gesundheit, Kriminalität und Kommunikationsmedien erfaßt. Weitergehende Phänomene wie Partizipation, kulturelle Aktivitäten, Umwelt, Schichtung wie überhaupt alle Verteilungsaspekte fehlen. Die Frage der Gültigkeit dieser Indikatoren bezüglich des Konstrukts Lebensstandard ist also nur in einem sehr eingeschränkten Sinne zu bejahen. Der Indikatorsatz gibt ein sehr ökonomisch ausgerichtetes, nur rudimentär Soziales umfassendes Phänomen wieder.

Die Daten wurden für den Zeitraum 1957—1967 für die BRD gesammelt (vgl. Anhang 9.2.8). Sie wurden aus amtlichen Statistiken entnommen. Sofern einzelne Jahre fehlten, wurde linear interpoliert. Auch von daher ergibt sich eine Relativierung des Index.

Die Autoren gingen davon aus, daß der Beitrag einzelner Indikatoren zum Lebensstandard unterschiedlich ist. Es wurden deshalb Experten gebeten, „jeden Indikator ... hinsichtlich seiner Eignung zur quantitativen Darstellung des Begriffs Lebensstandard zu bewerten" (Zentrum Berlin f. Zukunftsf. 1969: 28). Die Indikatoren waren auf einer Skala von 0—9 einzuordnen. Als Gewichte wurden dann die Mittelwerte der Expertenurteile benutzt.

Zur Veranschaulichung werden die sechs Indikatoren wiedergegeben, die die höchste Gewichtung erhielten (in Klammern die Gewichtungszahlen, vgl. auch Anhang 9.2.2):

Bildungsausgaben	(7.8)
Zahl der Telefone pro 1000 Einw.	(7.3)
Ärzte pro 1000 Einw.	(7.3)
PKW pro 1000 Einw.	(7.0)
Energieverbrauch	(6.9)
Zahl der Fernsehapparate	(6.8)

Die Autoren der Studie führten eine weitere Bewertung ein. Sie gingen davon aus, daß einzelne Indikatorausprägungen verschiedenen Nutzen erbringen, daß für jeden Indikator also eine spezifische Nutzenfunktion existiert. Z. B. kann ein Ansteigen der PKW-Zahlen im unteren Bereich eine stetige Zunahme des Nutzens bedeuten, beim Überschreiten einer bestimmten Dichte nimmt der Nutzenzuwachs jedoch ab und führt zu einer absoluten Verminderung. Die Originaldaten sind dann in Werte dieser Nutzenfunktion zu transformieren, bevor sie verwendet werden.

Es wurden vier *Nutzenfunktionen* entwickelt (Zentrum Berlin f. Zukunftsf. 1969: 47) und den Indikatoren zugeordnet. Dies geschah allerdings nur auf Grund von Plausibilitätsüberlegungen. Das Modell baut also auf einem *zweifach geschichteten Index* auf. Einmal werden die einzelnen Indikatoren im Hinblick auf ihren Beitrag zum Lebensstandard gewichtet. Zum anderen gehen nicht die unmittelbaren Indikatorausprägungen ein, sondern Nutzenwerte, die auf Grund einer mathematischen Funktion bestimmt werden.[11]

Im Anhang 9.2.3–9.2.8 sind der Hauptindex (9.2.3), allerdings ohne zugrunde gelegte Nutzenfunktion, sowie zahlreiche Modifikationen und Subindizes dargestellt. Auf ihre Analyse und Interpretation wurde in verschiedenen Abschnitten des Kapitels 6 eingegangen. Hier soll nur so viel festgehalten werden, daß der Versuch, 53 Indikatoren zu einem Index zu verbinden, zu einer recht charakteristischen Bewegung im Zeitverlauf führt. Allerdings scheint es so zu sein, daß verschiedene Indizes, die das Datenmaterial nach verschiedenen methodischen Prinzipien aufnehmen, zusammengestellt und verglichen werden müssen, bevor valide Aussagen gemacht werden können. Die Betrachtung eines isolierten Index dürfte nur einen begrenzten Stellenwert haben.[12]

Beim SWIGES-Index wurden die Gewichte direkt durch Befragungen ermittelt. Es soll noch ein *weiteres Beispiel* angeführt werden, das auf der indirekten Methode beruht (Ermittlung von Gewichten durch beobachtbares Verhalten, vgl. dazu Kap. 6.2.2.2).

Ferris (1969) entwickelt einen „academic production index" (API), der den Umfang des Ausbildungssystems darstellen soll. Er tut dies durch gewichtete Zusammenfassung der verschiedenen in einem Jahr erzielten Abschlußgrade. Jeder Abschluß erhält ein Gewicht, das der durchschnittlich aufgewendeten Zeit entspricht (vgl. Ferris 1969: 265):

    B 4 :1.0
    B 5 :1.5
    M   :1.6
    M.D. :2.0
    Ph.D.:3.2

Die Anzahl der Absolventen wird dann mit der jeweiligen Gewichtung multipliziert und addiert. Es ergibt sich dann ein Kurvenverlauf für die USA 1949–1967 wie in Abb. 19.

Die nach dem Krieg erteilte Studienförderung für amerikanische Soldaten ist erkennbar; ebenso die Forcierung der technologischen Entwick-

---

11 Diese Darstellung entspricht dem Modell NIM der Studie. Die anderen Modelle sind für den hier untersuchten Zusammenhang nicht relevant.

12 Einen Index zum Vergleich des Lebensstandards zwischen der BRD und Japan, der mit dem SWIGES-Index vergleichbar ist, entwickelten Hauser/Lörcher (1973). Sie führten eine gleichgewichtete, multiplikative Aggregierung von 31 Indikatoren durch. Interessant ist bei ihnen vor allem die Gegenüberstellung der so erzielten Maßzahl mit dem herkömmlichen Bruttosozialprodukt.

lung Anfang der sechziger Jahre nach dem „Sputnikschock". Besonders deutlich findet die Bildungsexpansion Mitte der sechziger Jahre ihren Niederschlag.

Abbildung 19: Academic production index; Indexwerte für 1949–1967
nach Ferris (1969: 147, 388–389)

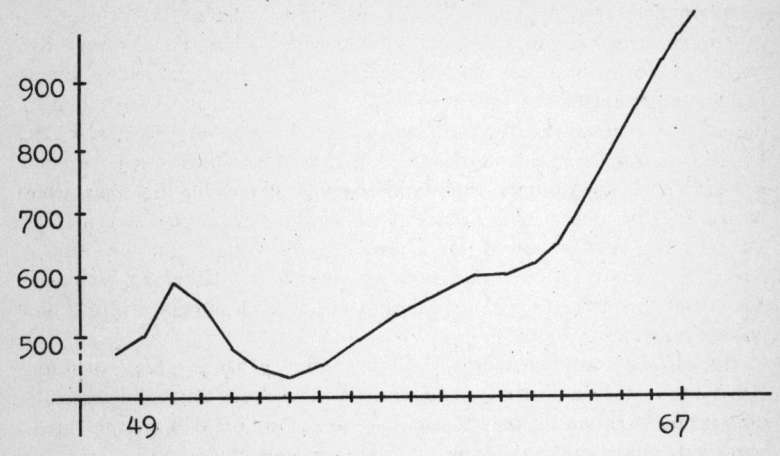

Der „academic production index" umfaßt im Gegensatz zum SWIGES-Index nur einen begrenzten, relativ homogenen Bereich. Daher können auf Grund der einzelnen Maßzahlen bereits interessante Aufschlüsse gewonnen werden. Jedoch wäre es auch beim API sinnvoll, alternative Indizes auf Grund anderer Methoden zu berechnen.

7.4 Aggregate und Konten (social accounts)

Die im vorigen Kapitel angeführten Indizes beruhen auf der Zusammenfassung verschiedenartiger Elemente. Mit Hilfe der Standardisierung und Gewichtung ist dies möglich. Solche Indizes sollen mannigfaltige Gegenstandsbereiche einheitlich wiedergeben.

Andere Bestrebungen gehen dahin, diejenigen Maßzahlen zu revidieren und auszubauen, die auf einer einheitlichen Dimension messen, in der Regel Geldeinheiten. Dies entspricht dem Verfahren des Definitionssystems von Kap. 3.2.1.3. Unter der Voraussetzung, daß die gemeinsame Einheit existiert, ist diese Vorgehensweise wesentlich problemloser, da Standardisierung und Gewichtung entfallen. Solche Maßzahlen sollen hier als Aggregate bezeichnet werden.[13] Werden mehrere Aggregate in einen Definitionszusammenhang gebracht, entsteht dadurch ein Konto.

---

13 In der Typologie der statistischen Maßzahlen (Kap. 3.2.4) entsprechen Aggregate der Summenbildung; vgl. dort bes. Abb. 9.

Das bekannteste Aggregat ist das Bruttosozialprodukt (BSP). Es beruht auf der Zusammenfassung verschiedener Phänomene (Güter, Dienstleistungen, Investitionen, Löhne, Kapitaldienste), die auf einer einheitlichen Dimension (Geld) gemessen und nach Definitionsgleichungen zusammengefaßt werden.

Wenn auf diese Aggregate die Fragestellung sozialer Indikatoren angewendet wird, bedeutet dies, daß die Summenbildung nach *anderen Kriterien* durchzuführen ist. Es werden einerseits neue Elemente hinzugefügt, andererseits aber auch viele Elemente abgezogen. Vor allem für das BSP werden solche Revisionen durchgeführt. Das Aggregat soll dann in seiner Gesamtheit nicht mehr die Summe der Produktion wiedergeben, sondern z. B. die Summe von Wohlfahrt. Es werden dann Produktionsleistungen, die nicht wohlfahrtssteigernd sind (Verteidigung, intermediäre Leistungen, Aufbringungen für Umweltschutz), abgezogen und andere wie zunehmende Freizeit und höhere Qualität der Güter zugeschlagen. Voraussetzung ist, daß alle diese Faktoren in einer gemeinsamen Einheit (Geld) gemessen werden.

Es soll hier auf zwei Aggregatbildungen eingegangen werden, die beide Revisionen am BSP darstellen. Anschließend wird ein Versuch dargestellt, ein soziales Kontenschema zu entwickeln, dergestalt, daß die verschiedenen Faktoren in Einkommensäquivalenten gemessen werden.

Aggregate

Sametz (1968) versucht, das BSP der USA zu einem Wohlstandsaggregat umzuformen. Er geht dabei historisch vor und untersucht die Zeitreihe des BSP vom Ende des Bürgerkrieges (1869) bis in die jüngste Zeit (1966). Die Tabellen geben eine nominale Steigerung um das 65fache an (von 11 Mrd. Dollar des Jahres 1869 auf 739 Mrd. des Jahres 1966, vgl. Tab. 12). Offensichtlich entspricht dies nicht den realen Verhältnissen. Sametz bringt an diesen Zahlen Korrekturen an, die schließlich zu einem realen Wachstum um das 4fache (seit 1869) führen. Auf diese Weise sollen die Faktoren gefunden werden, die das reale Wachstum ausmachen und den eigentlichen Wohlstand wiedergeben. Ziel ist ein „new set of accounts" (Sametz 1968: 79), der zur Einschätzung der heutigen Situation verwendet werden kann.

Die erste Korrektur, die Sametz anbringt, ist die Umrechnung auf *konstante Preise*. Dadurch reduziert sich die Steigerungsrate auf den Faktor 26. In den Preissteigerungen sind jedoch auch Qualitätsverbesserungen enthalten. Sametz schätzt, daß ein Viertel der Rate von 1869–1926 und die Hälfte der Raten von 1929–1966 auf Qualitätsverbesserungen beruhen. Schließlich ist auch noch die gewachsene Bevölkerung zu berücksichtigen. Sametz rechnet auf Pro-Kopf-Zahlen um und kommt dann zu einer Steigerungsrate von 7.5 (Tab. 12).

Insoweit bewegen sich die Korrekturen im üblichen Rahmen. Der Faktor 7,5 dürfte auch ein reales Bild der monetären Verhältnisse wiedergeben. Der Wohlstand ist jedoch nicht nur vom Output her zu bestimmen, sondern auch vom Input. Bei gleichem Produktionsvolumen ist eine Bevölkerung mit schlechter Produktionstechnik und hohem Arbeitsaufwand schlechter dran als eine Bevölkerung, die über effizienten Mitteleinsatz und differenzierte Arbeitsorganisation verfügt.

Diese Faktoren lassen sich schwer operationalisieren. Sametz beginnt damit, daß er die zunehmende *Freizeit* miteinbezieht. Er muß diese nun auch in Geldeinheiten ausdrücken — wie dies die Aggregatbildung erfordert — und benutzt als Äquivalent den Betrag, der erzielt worden wäre, wenn die gesamte Freizeit ebenfalls zur Produktion benutzt worden wäre. Da die Freizeit 1869—1966 um den Faktor 3.5 zugenommen hat,

Tabelle 12: Schrittweise Berechnung eines Bruttowohlfahrtsproduktes für die USA nach Sametz (1968); Angaben in US-Dollar[14]

		1869	1966	Steigerungs-faktor
I.	BSP nominal	11 Mrd.	739 Mrd.	65
II.	BSP preiskorrigiert	25 Mrd.	648 Mrd.	26
III.	BSP preiskorrigiert + Qualitätssteigerungen	25 Mrd.	850 Mrd.	34
IV.	BSP III pro Kopf	575	4310	7.5
V.	BSP doppelt korr. Qualität + Freizeit	28 Mrd.	1498 Mrd.	53
VI.	BSP V. pro Kopf	650	7500	11
VII.	Leistungen außerhalb von Märkten	28 Mrd.	315 Mrd.	
VIII.	Intermediäre Kosten: privat	−1.4 Mrd.	−599 Mrd.	
IX.	Intermediäre Kosten: staatlich	−0.6 Mrd.	−255 Mrd.	
X.	Bruttowohlfahrtsprodukt	54 Mrd.	989 Mrd.	
XI.	Bruttowohlfahrtsprodukt pro Kopf	1241	5020	4

kommt er zu sehr hohen Beträgen (Tab. 12). Hier liegt eine erhebliche Schwäche des Konzepts. Einmal ist fraglich, ob sich Freizeit tatsächlich um diesen Betrag erhöht hat; zum anderen nimmt der Wert der Freizeit bei zunehmender Produktion nicht ständig zu. Eher ist die Umkehrung

14 Vgl. Sametz (1968: 78, 84, 89)

möglich; der Freizeitwert nimmt ab, da die Erholungsbedürfnisse zunehmen.

Sametz fügt einen weiteren Betrag hinzu. In früherer Zeit gelangte ein großer Teil der Produktion nicht auf den Markt und erzielte so keinen Preis. Sametz postuliert, daß um 1870 die Leistungen auf dem Subsistenzsektor genauso hoch waren wie die im Marktsektor, daß das Verhältnis in der neueren Zeit aber nur noch 1/4 beträgt. Er kommt so zu einem Betrag von 315 Mrd. Dollar, der 1966 dem BSP zuzuschlagen ist (Tab. 12).

Die höhere Markterfassung ist jedoch auch mit Nachteilen verbunden. Sametz führt das Konzept der *intermediären Kosten* ein. Sie entstehen durch Leistungen, die vom Staate und von Privaten aufgebracht werden müssen, die aber nicht unmittelbar bedürfnisrelevant sind, sondern nur Bedürfnisbefriedigung ermöglichen. Auf privater Seite dürften hier viele Dienstleistungen darunter fallen, die mit der zunehmenden Differenzierung des sozioökonomischen Prozesses zusammenhängen (Organisation, Transport, Pflegeleistungen). Auf staatlicher Seite sind alle Kosten der Aufrechterhaltung des Ordnungsrahmens (Verteidigung, Sicherheitskräfte, Rechtsprechung, alle Funktionen der Steuerung und Umverteilung des sozioökonomischen Prozesses) anzuführen. Sametz nimmt an, daß mit Zunahme der Industrialisierung diese Kosten überproportional steigen und zieht auf Grund von Schätzungen erhebliche Beträge ab (Tab. 12).

In der volkswirtschaftlichen Gesamtrechnung wird auf der staatlichen Seite nur verbraucht. Hier fallen jedoch zweifellos ebenfalls wohlfahrtsrelevante Teile an. Sametz zählt all diejenigen dazu, die das Individuum als Endverbraucher erreichen (Bildung, Gesundheit, Einkommenszuschüsse). Ein Viertel der gesamten Staatsausgaben sollen so wohlfahrtsrelevant sein. Der überwiegende Teil ist also der bloßen Aufrechterhaltung des Systems zuzurechnen und wird abgezogen.

Sametz gelangt so zu einem Bruttowohlfahrtsprodukt pro Kopf, das gegenüber 1869 eine *4fache Steigerung* aufweist (Tab. 12). Diese besagt, „that we are, on the average, twice as well off materially as our grandparents (1914) who in turn were about twice well as their grandparents (1865)" (Sametz 1968: 88).

Wie bereits zu Anfang erwähnt, hat die Arbeit von Sametz weniger das Ziel, einen quantitativ-historischen Vergleich zu erstellen, als vielmehr die Faktoren herauszuarbeiten, die zur Bestimmung von Wohlfahrt relevant sind. Unter diesem Gesichtspunkt kann seine Arbeit zusammengefaßt werden; Sametz bringt 6 Korrekturen am herkömmlichen BSP an: Er berücksichtigt:
— Preise,
— Qualitätsverbesserungen,

- Freizeitwerte,
- Markteffekte,
- intermediäre Aufwendungen von privater Seite,
- intermediäre Aufwendungen von staatlicher Seite.

Dieser Satz von Korrekturen zeigt das Bemühen, zu einem eigentlichen Wohlfahrtsprodukt vorzustoßen. Mit Ausnahme der intermediären Kosten halten sich die Konzepte jedoch im traditionellen Rahmen. Vor allem sind alle Konzepte der Inputseite zuzurechnen; es werden keine eigentlichen Nutzenüberlegungen angestellt. Gerade aber die neuere Diskussion zeigt, daß die Konsumtion und ihre Folgen sehr wichtig sind; man denke nur an den Umweltschutz. Solche Überlegungen stellt Sametz zwar ebenfalls an; auf Grund mangelnder Daten nimmt er sie jedoch nicht auf. Es fehlen also alle Bereiche der

- eigentlichen Nutzung der Güter,
- der Umweltbelastung durch Produktion,
- der Umweltbelastung durch Konsum.

Hinzu kommt, daß auch die einbezogenen Bereiche auf Schätzungen beruhen, auch wenn diese sicher sehr sorgfältig vorgenommen wurden.

Ein *neues Aggregat*, ausgehend vom Bruttosozialprodukt, wird auch von Nordhaus/Tobin (1972) entwickelt. Sie gehen davon aus, daß das herkömmliche BSP eine relativ gute Maßzahl für die reinen Produktionsaspekte ist, daß aber die Verwendungsseite viel stärker berücksichtigt werden muß. Sie versuchen, ein Measure of Economic Welfare (MEW) zu entwickeln, das stärker um den tatsächlichen Nutzwert der Güter organisiert ist.

In ähnlicher Weise wie Sametz führen sie z. T. einschneidende Korrekturen am BSP durch. Sie berücksichtigen

- Abschreibungen,
- Humankapital (Bildungs-, Gesundheitsausgaben),
- Wachstumserfordernisse,
- intermediäre Leistungen,
- Kapitaldienste,
- Freizeit; nicht-marktgebundene Arbeit,
  Nachteile der Urbanisierung.

Sie benutzen das Jahr 1929 als Basisjahr und kommen zu einer Zeitreihe, die die Entwicklung des so berechneten MEW wiedergibt (vgl. Nordhaus/Tobin 1972: 11):

1928	1935	1945	1947	1954	1958	1965
100.0	108.0	121.4	123.2	129.1	131.4	141.8

Auf die Einzelheiten der Berechnung braucht hier nicht eingegangen zu werden. Das Verfahren entspricht dem von Sametz; sie arbeiten ebenfalls sehr viel mit Schätzungen.

Wichtig ist jedoch festzuhalten, daß Nordhaus/Tobin durch den Abzug von „Nachteilen der Urbanisierung" einen Faktor aufgenommen haben, der zu den *sozialen Kosten* zählt. Die Folgen der Urbanisierung werden als Verminderung des „environmental capital" (Nordhaus/Tobin 1972: 49) betrachtet. Die Abzüge, die sie hier vornehmen, sind beträchtlich. Sie führen dazu, daß sie in ihrer Wohlfahrtsaussage zu einem anderen Ergebnis kommen als Sametz. Während sich bei Sametz der Wohlstand von 1914 bis heute verdoppelt hat, kommen Nordhaus/Tobin nur zu einer Steigerung um die Hälfte, gerechnet von 1929 ab. Da die zugrunde gelegten Zeitpunkte nur unwesentlich differieren, kann man sagen, daß die Ergebnisse eindeutig verschieden sind.

Dies zeigt, daß diese Art von Berechnungen auf sehr schwachen Füßen steht. Hauptproblem ist die notwendige Einführung einer gemeinsamen Geldeinheit, was praktisch nur durch Schätzungen von Äquivalenten gelöst werden kann. Dadurch aber werden die Zahlen mehr unsicher. Das Problem hat natürlich eine tiefere Wurzel, dergestalt, daß jedes Definitionssystem eine eindimensionale Struktur aufweist. Offensichtlich kann aber ein so komplexes Konzept wie Wohlfahrt nicht darunter subsumiert werden, so daß eigentlich die ganze Prämisse der Vorgehensweise in Frage gestellt ist.

Hinzu kommt die Unklarheit darüber, welche Faktoren überhaupt einbezogen werden sollen. Der Vergleich von Sametz und Nordhaus/Tobin zeigt, daß von sehr verschiedenen Grundlagen ausgegangen wird. Allerdings könnte hier durch empirische Forschungen eine solidere Basis erzielt werden.

Was diese Berechnungen zeigen können, ist eine ungefähre Angabe von Größenordnungen. Das Bruttosozialprodukt ist bei weitem nicht so stark gestiegen, wie offizielle Zahlen vermuten lassen. Es wäre jedoch besser, wenn sich diese Bemühungen als bloße Revisionen verstehen würden und nicht in Anspruch nähmen, Wohlfahrt zu operationalisieren.

Konten
Auf der Voraussetzung der gemeinsamen Dimension beruhen auch die Bemühungen, soziale Kontensysteme (social accounts) zu erstellen. Die Erweiterung besteht darin, daß keine Revisionen an vorhandenen Maßzahlen gemacht, sondern daß völlig neue Maßzahlen erstellt werden. Dies kann z. B. dadurch geschehen, daß eine Reihe von Faktoren in *Einkommensäquivalenten* zusammengestellt werden.

Böhret (1970: 158–167) stellt ein Kontensystem für den „*gesellschaftlichen Schadensanfall*" dar. Erfaßt werden Verbrechen und Vergehen, aber auch Wirtschaftskriminalität. Gemeinsame Einheit sind Geldmaße. Es werden exemplarisch für sechs gesellschaftliche Bereiche, nämlich

- politische Führung,
- Bevölkerung,
- Ressourcen,
- Organisation der Bürger,
- technisch-ökonomischer Leistungsbereich,
- Umwelt

die Ströme in Konten erfaßt. Sie enthalten die Aufwendungen für die Schadensbekämpfung sowie den Nutzen, den die Gruppen daraus ziehen. Bei einzelnen Subsystemen entstehen Gewinne (mehr Aufwendungen als zugeflossene Erträge), die sich z. B. in einem erhöhten Vertrauenskapital niederschlagen können.

Das Kontensystem gibt den Gesamteffekt wieder; durch Aufstellung von Input/Output-Tabellen können Einzeleffekte erkannt werden. Es kann dann auch geprüft werden, wo Umverteilungen möglich sind, die einen höheren Nutzen versprechen.

Bei dem Komplex Schadensbekämpfung läßt sich die Überführung in Geldeinheiten noch relativ leicht und vertretbar durchführen; der Nutzen kann durch nichteingetretenen Schaden definiert werden. Jedoch kommt es hier darauf an, die sektoralen Abhängigkeiten genau anzugeben, vor allem wenn dann differenzierte Eingriffe auf Grund der Zahlen erfolgen sollen. Durch falsch angelegte Ströme kann auch das Gesamtresultat verfälscht werden.

Bayer (1972) versucht, ein Kontensystem für die *Deprivation der schwarzen Bevölkerung* in den USA zu entwickeln.[15] Er wählt drei Bereiche aus, Ausbildung, Wohnung und Kriminalität. Es werden aber nun nicht die Originaldaten (Ausbildung in Jahren, Wohnung in Quadratmetern, Kriminalität in Anzahl der Schadensfälle) genommen, sondern es werden Einkommensäquivalente als Nutzenbestimmung für Wohnung und Ausbildung bzw. Schadensbestimmung für Kriminalität herangezogen. Z. B. erbringt eine bestimmte Zahl von Ausbildungsjahren einen bestimmten Einkommenszuwachs (im Durchschnitt). Solche Zahlen werden dann eingetragen.

Das gleiche wird dann für die schwarze Bevölkerung der USA durchgeführt. Dies ergibt die andere Seite des Kontos. Dieses ist dann ausgeglichen, wenn das Defizit für die schwarze Bevölkerung eingetragen wird.

Bayer legt verschiedene Schätzungen zugrunde. Er kommt zu dem Ergebnis, daß das minimale Defizit für die schwarze Bevölkerung bezüglich dieser drei Sektoren 1580.4 Dollar pro Jahr beträgt, das maximale

---

15 Die Grundlagen der von Bayer (1972) angewandten Methode sind bei Bergmann (1969) zu finden.

2885.5 Dollar. Aus der Entwicklung dieses Defizits lassen sich dann Schlüsse ziehen.

Die Kontenmethode wird oft diskutiert.[16] Wenn es sich um relativ einfache Konstrukte wie Wohnung und Ausbildung handelt, mag es angehen, nach Einkommensäquivalenten zu suchen. Für komplexere Gebilde wie Schichtung, Gesundheit, Bildung u. ä. dürfte sie jedoch nicht anwendbar sein.

7.5 Integrationsmodelle

Bei den bisher beschriebenen Ansätzen geht es darum, verschiedene Indikatoren zusammenzufassen, um zu einer Aussage zu kommen. Bei Indizes geschieht dies dadurch, daß Phänomene standardisiert und gewichtet zusammengefaßt werden. Bei Aggregaten und Konten geht es darum, verschiedene Einheiten, die derselben Dimension angehören, zu aggregieren und zu vergleichen. Auch Transformationsparameter zielen letztlich auf Verbindungen von Indikatoren ab.

Diese Verfahren beziehen sich auf die Indikatoren; sie sind sozusagen *indikatororientiert*. Es besteht jedoch auch eine wichtige Aufgabe darin, in der anderen Dimension der Datenmatrix, nämlich den Beobachtungseinheiten, Vergleichbarkeit herzustellen. Dann wird nicht der Anspruch erhoben, Indikatoren zu aggregieren, sondern es geht darum, Beobachtungseinheiten, für die Indikatoren erhoben wurden, vergleichbar zu machen. In Kapitel 3.2.1.3 wurden solche Systeme Integrationssysteme genannt.

In der Ökonomie sind solche Systeme hoch entwickelt; es gibt Koordinierungen für geographische Einheiten, Güter, Berufe usw. Da diese Klassifikationen oft benutzt werden, können verschiedene Tabellen miteinander verbunden werden, so daß dann *mehrdimensionale Charakterisierungen* möglich sind.

An einem Beispiel kann dies klargemacht werden. Im Statistischen Jahrbuch der BRD werden Angaben über Arbeitslose und Auszubildende gemacht. Z. B. gab es Ende 1971 (= gemessen Ende Januar 1972) 375 564 Arbeitslose und 1 273 078 Auszubildende.[17] Es ist nun interessant, die beiden Indikatoren nach der Variablen „Beruf" zu disaggregieren. Wie viele Arbeitslose, wie viele Auszubildende gab es in den einzelnen Berufen? Diese Information ist im Statistischen Jahrbuch enthalten. Entscheidend ist nun, daß sowohl bei den Arbeitslosen wie auch bei den Aus-

---

16 Vgl. Zapf (1972 b); insbesondere auch das Social Accounts Project der John-Hopkins-Universität, im Aufriß dargestellt bei Rossi/Ornstein (1972).

17 Vgl. Statistisches Jahrbuch der BRD (1973: 143, 146).

18 Klassifizierung der Berufe (Ausgabe 1970).

zubildenden dieselbe Berufsklassifikation[18] benutzt wurde, so daß also die Beobachtungseinheiten vergleichbar sind und Querverbindungen hergestellt werden können. Man kann etwa entnehmen, daß der Berufsabschnitt „Techniker, technische Sonderfachkräfte" zu diesem Zeitpunkt 4.625 Arbeitslose aufwies *und* daß sich in dieser Berufsgruppe 55.588 Auszubildende befanden (Statistisches Jahrbuch der BRD 1973: 143,146). Die Beobachtungseinheit „Beruf" kann mehrdimensional charakterisiert werden, sowohl durch die Anzahl der Arbeitslosen wie durch die Anzahl der Auszubildenden, da die Untermengen identisch definiert sind. Dabei ist zu beachten, daß die Indikatoren vermutlich von verschiedenen Institutionen erhoben wurden, so daß hier also eine weitreichende Koordinationsaufgabe erfüllt wurde, zumal diese Klassifikation auch längere Zeit gültig ist. Es können Querschnitts- wie auch Längsschnittvergleiche durchgeführt werden.

In der Sozialwissenschaft ist eine solche Integration des Datenmaterials in der Regel nicht möglich. Es werden etwa die schulischen Leistungen von verschiedenen Schularten gemessen; eine andere Institution beschäftigt sich mit den Aufwendungen für den Unterhalt der Schulen, den Lehrkörper, die Lehrmittel usw. Es ist aber wahrscheinlich nicht möglich, die Variablen „schulische Leistungen" und „schulische Aufwendungen" miteinander zu verbinden, da die Einteilung nach Schularten bei der Leistungsmessung vermutlich nach pädagogischen Gesichtspunkten geschah, bei der Aufwandsmessung aber nach Budget-Gesichtspunkten. Die Beobachtungseinheit „Schulart" ist verschieden definiert und nicht ineinander überführbar, obwohl sich die Aussagen insgesamt ja auf die gleiche Grundgesamtheit beziehen.

Auch hier kann ein Beispiel angeführt werden. Im „Soziologischen Almanach" (1973) sind zwei Tabellen über „Bevölkerung mit Schulabschluß nach höchst erreichtem Abschluß 1970" und „Die Verteilung 13jähriger nach Ausbildungsarten 1961 bis 1969" enthalten.[19] Es wäre nun interessant zu überprüfen, ob die heutige Verteilung der 13jährigen immer noch den Proportionen der Gesamtbevölkerung entspricht. Dies ist aber nicht möglich, da verschiedene Einteilungen der Schularten vorgenommen werden. Dies liegt natürlich nicht an der Zusammenstellung der Tabellen durch die Autoren, sondern an der Zusammenhanglosigkeit der empirischen Forschung, für die selbst die rudimentärsten Abstimmungen fehlen.[20]

Eine wichtige Aufgabe sozialwissenschaftlicher Forschung besteht darin, allgemeingültige, optimale *Klassifikationen* zu entwickeln. Dabei sollen die Schwierigkeiten nicht geleugnet werden, die etwa bei der Aufstel-

---

19 Vgl. Soziologischer Almanach (1973: 41).
20 Girardeau (1972 a: 191) geht auf diesen Zustand ein und weist auf „extremely compartmentalized descriptions" hin.

lung eines Schichtungsindex entstehen. Jedoch könnten bei einfacheren Phänomenen wie Schularten, Bildungsausgaben, Straftaten usw. rasch Verbesserungen erreicht werden. Auf der Grundlage solcher Klassifikationen können dann Integrationssysteme erstellt werden.

Einen weitgehenden Versuch in dieser Richtung stellt das „System of Socio-Demographic Statistics" (SSDS) von Stone (1970, 1973) dar. Es sollen demographische, ökonomische und soziale Daten integriert werden. Dabei kommt es Stone auf die Verbindungsmöglichkeiten an: „It is this provision for selective ‚linkage' of data series which refer to related population characteristics that we have in mind when we refer to the collection of data files and measures as a 'system'" (Stone 1973: 662–663).

Stone geht nun so vor, daß er eine Reihe von Subsystemen definiert wie

- Bevölkerung,
- Wanderungen,
- Erziehung,
- Beschäftigung,
- Familie,
- Gesundheit,
- abweichendes Verhalten.

Jedes Subsystem umfaßt eine genau definierte Anzahl von Variablen. Z. B. gehören zum Subsystem Bevölkerung Variablen wie Alter, Geschlecht, Geburten, Todesfälle usw., zum Subsystem Erziehung Variablen wie Anzahl der Auszubildenden, Zahl der Graduierungen, der Lehrer usw.

Im Idealfall würde man nun so vorgehen, daß jede Kategorie jeder Variablen mit allen übrigen verbunden wird. Dies ist jedoch nicht möglich, da die Zahl der Kombinationen schnell wächst. Stone gibt als Beispiel an, daß bei einer Verbindung von 10 Variablen, die jeweils nur 10 Kategorien umfassen, 10^{10} = 10.000.000.000 Verbindungen hergestellt werden müssen. Es müssen Restriktionen eingeführt werden, die die Zahl der notwendigen Verbindungen einschränken. Dies kann mitunter recht einfach geschehen; z. B. ist es nicht erforderlich, Kindergartenplätze und Gesundheitszustand der Eltern auszuzählen. Oft werden jedoch auch inhaltliche Entscheidungen getroffen werden müssen.[21] Auf diese Weise kommt Stone zu einem relativ übersichtlichen Satz von Variablen und Verbindungen (Stone 1970: 28 und 1973: 670). Formal gesehen resultiert diese Vorgehensweise in einem „geschickt" verbundenen System von Datenmatrizen.

---

21 In der empirischen Sozialforschung ist das Problem in der Form bekannt, daß nicht alle Fragen eines Fragebogens ausgezählt werden können, sondern inhaltlich entschieden werden muß, was herangezogen werden soll.

Stone bleibt nun allerdings nicht auf dieser Integrationsebene stehen. Er entwickelt eine Methodologie, wie Veränderungen in Form von Übergangswahrscheinlichkeiten eingebracht werden können. Die Organisation der Matrizen geschieht in der Form, daß nach Lebenszyklen aufgeschlüsselt werden kann. Auf diese Weise können Systemzustände prognostiziert werden. Das System von Stone hat von daher den Stellenwert eines „quantifizierten Beziehungssystems" (vgl. Kap. 3.2.1.3), wenn auch sein Ausgangspunkt ein Integrationsmodell ist.

Das Problem der einheitlichen Kategorisierung wird auch von anderen Autoren angegangen. Januard (1972) führt den Terminus „satellite accounts" ein, womit Statistiken gemeint sind, die bestimmten Komplexen zugeordnet werden können. Insbesondere sollen die Kosten für staatliche Leistungen einbezogen werden.

Der formale Aufbau von Integrationssystemen wirft erhebliche Probleme auf. Es sei jedoch darauf hingewiesen, daß die erste Voraussetzung eine verbindliche Kategorisierung ist, worin die Hauptschwierigkeit liegt. Insofern stellen auch Integrationsysteme eine Forderung an sozialwissenschaftliche Theorien dar, nämlich anzugeben, wie relevante, geographisch und zeitlich stabile Kategorien gefunden werden können.

7.6 Systemwissenschaftliche Modelle

Der weitestgehende Ansatz in bezug auf eine Reformierung und Ausweitung der gesellschaftlichen Datenerfassung wird von Systemtheoretikern vertreten. Gross (1966 c) macht einen Vorschlag zu einer umfassenden sozialen Gesamtrechnung auf systemwissenschaftlicher Grundlage.[22]

Sein Ansatz wurde bereits mehrfach erwähnt und kritisiert. Gross hängt ökonomischen Analogien an und vertritt, zumindest in abgeschwächter Form, ein Bilanzierungskonzept, das für den sozialen Gegenstand nicht generell angewendet werden kann. Auch die letztlich erforderliche gemeinsame Dimension wird von ihm nicht genügend ausgeführt.

Es soll versucht werden, sein Modell zusammenhängend darzustellen. Dabei wird auf die Ausführungen in Kap. 3.2.1.3 zurückgegriffen.

Systemtheoretische Grundlegung

Um dem universalen Anspruch des Modells gerecht zu werden, setzt Gross auf einer hohen Abstraktionsebene an. Er postuliert, daß jedes System nach zwei Komponenten hin charakterisiert werden muß, nach

---

[22] Ein weiterer Vorschlag für ein (ähnliches) Systemmodell wird von Juster (1970) gemacht.

seiner Struktur und nach seiner Performanz: „The state of any social system may be expressed in terms of two types of concepts: those relating to structure and those relating to performance" (Gross 1966 c: 180).

Struktur bezieht sich auf stabile Muster und Voraussetzungen von Systemprozessen. Die Performanz hingegen ist im Hinblick auf das Funktionieren in einem bestimmten Zeitraum zu einem bestimmten Ort definiert. Gross postuliert, daß zwischen Struktur und Performanz ein wechselseitiger Zusammenhang besteht; die Struktur wirkt sich auf die Performanz aus, und langfristig besteht auch eine umgekehrte Relation.

Die beiden Konzepte entlehnt Gross der strukturell-funktionalen Theorie, gebraucht sie jedoch nur in sehr grober Weise. Struktur und Performanz beziehen sich eigentlich nur auf verschiedene Stabilitätsgrade: „The former may be regarded as 'slow processes of long duration', and the latter 'quick processes of slow duration'" (Gross 1966 c: 181). Auf dieser Grundlage werden dann Einzelelemente abgeleitet.

Strukturdefinition

Bezüglich der Struktur führt Gross als allgemeinstes Element *Subsysteme* an, die eine Differenzierung darstellen und in sich differenziert sind. Dies kommt durch *interne und externe Beziehungen* zum Ausdruck. Jedes Subsystem besitzt außerdem *Werte*, die die Integration herstellen. Auf der Ebene über den Subsystemen existiert ein zentrales *Führungselement*, das auf der Gesamtebene integrierende Funktionen hat, da die Werte der einzelnen Subsysteme konfligierend sein können. Systeme wie auch Subsysteme besitzen schließlich *menschliche und materielle Ressourcen*. Es ergeben sich also sieben Strukturelemente (vgl. Gross 1966 c: 187):

— Bevölkerung,
— Ressourcen,
— Gruppen- oder institutionelle Struktur
  (allgemein Subsysteme),
— interne Beziehungen,
— externe Beziehungen, [23]
— Werte,
— Führungsmuster.

Dies ist offensichtlich ein stark kybernetisch ausgerichteter Ansatz. Zwei Elemente beziehen sich explizit auf Steuerungsmuster (Werte; Führungsmuster). Auch interne und externe Beziehungen enthalten Regelungsweisen. Schließlich deutet auch Gruppenstruktur (beruhend auf Subsystemen) auf Probleme gegenseitiger Abstimmung hin. Lediglich bei den beiden ersten Elementen (Bevölkerung, Ressourcen) werden Bestände

---

23 Besser wäre die Bezeichnung „Kanäle" statt Beziehungen, um den statischen Aspekt, der bei der Struktur vorherrscht, zum Ausdruck zu bringen.

erfaßt, so daß hier wohl auch die Verbindung zur ökonomischen Statistik liegt. Die Ausweitung der Ökonomie wird von Gross also vor allem in der Aufnahme der Organisationsweise gesucht.

Gross unternimmt es, die sieben Strukturelemente weiter auszufüllen. Dies soll aber nun nur noch den Zweck der Illustrierung haben, wie Gross ausführt; daran wird bereits deutlich, daß auf dieser Stufe nun nicht mehr logisch oder funktional abgeleitet wird. Was unter den einzelnen Kategorien zu subsumieren ist, ist relativ willkürlich. Die Beispiele für die nationale Ebene sollen gekürzt ausgeführt werden (vgl. Gross 1966 c: 188–189):

1. Bevölkerung: *Zahlenmäßig:* Anzahl, Geschlecht, Beruf, Schichtung, Einkommen
   Eigenschaften: Ausbildung, Gesundheit, Fähigkeiten
2. Ressourcen: *Physisch:* natürlicher Reichtum, akkumulierter Reichtum
   Monetär: Geldumlauf, Devisen
   Forderungen: Ansprüche, Schulden
3. Subsysteme: *Typen:* Territoriale Einheiten, formale Organisationen
   strukturelle Formen: öffentlich, nicht öffentlich
   Differenzierungsgrad: Arbeitsteilung
4. Interne Beziehungen: *Kooperation–Konflikt:* Ausmaß
   Hierarchie: Konfliktlösungskapazität
   Hierarchie: Netzwerk der Unter-Überordnung
   Polyarchie: Märkte, Gremien, Aushandlungen
   Kommunikation: Massenmedien, informelle Struktur
5. Externe Beziehungen: *Externe Systeme:* Außenpolitik
   Externe Rollen: Kontrollmöglichkeiten
   Umweltbedingt: Zentral oder Randlage
6. Werte: *Intern-extern-Orientierung:* nationale Identität, Nationalismus
   Aktiv–passiv: instrumentell-aktiv, stabil
7. Führungsmuster: *Interne Struktur:* Rollendifferenzierung, zentrale Führungsweise; demokratische Rechte
   Verhalten zur Umwelt: Unterstützungsmuster, Aufnahmekanäle

Gross versucht, die Validität dieses Schemas dadurch unter Beweis zu stellen, daß er den Übergang vom vor- zum nachindustriellen Zeitalter durchspielt (Gross 1966 c: 214–215). Es gelingt ihm aber nur eine sehr grobe Charakterisierung. Z. B. werden für das Führungsmuster der nachindustriellen Gesellschaft „differenzierte Eliten" und „transnationale Planungssysteme" angegeben. Auch die sektorale Verschiebung zwischen Agrar- und Dienstleistungssektor gibt nur eine bekannte Tendenz wieder.

Performanzdefinition
Ähnlich wie bei der Struktur leitet Gross auch für die Performanz die Hauptelemente ab. Er geht dabei von drei Prämissen aus, die für die Performanz bestimmend sind.

— die Anforderungen von Inputs,

- die Erstellung von Outputs,
- die Investition im System.

Hier kommt nichts anderes als die Grundregel des Wirtschaftens zum Ausdruck (vgl. auch Kap. 3.2.1.3). Performanz wird als Produktionsvorgang mit Input und Output aufgefaßt. Hinzu kommt noch die Akkumulation in Form der Investition.

Bei der Strukturausformulierung geht Gross von Subsystemen als zentraler Komponente aus. Bei der Performanz ist nun *bedürfnisbefriedigende Aktivitäten* die zentrale Kategorie. Das Ergebnis dieser Aktivitäten sind diverse *Outputs*, für die die *Inputs* effektiv genutzt werden sollen. Dabei wird im System auch investiert; allerdings ist auch die Umkehrung wichtig, der Rückgriff auf die Ressourcen (acquiring inputs). Hinzu kommen noch Organisationsaspekte. Die Aktivitäten müssen nach *Verhaltensnormen* ausgerichtet werden und der *technisch-administrativen Rationalität* entsprechen. So definiert Gross sieben Performanzelemente (vgl. Gross 1966 c: 184):

- Bedürfnisbefriedigung,
- Output-Produktion,
- Investition,
- effektive Inputnutzung,
- Verbrauch von Ressourcen,
- Beachtung von Normen,
- rationales Verhalten.

Die Einzelelemente werden von Gross exemplarisch aufgeschlüsselt. Dabei werden vor allem subjektive Elemente hervorgehoben (Bedürfnisbefriedigung). Auch hier sollen die Elemente in gekürzter Form für die nationale Ebene wiedergegeben werden (vgl. Gross 1966 c: 217–218):

1. Bedürfnisbefriedigung: *Betroffene:* Bevölkerung, Gruppen, Organisationen
    Bedürfnisse: Beschäftigung, Arbeitsklima, Gesundheit, Partizipation, Wohlfahrt
    Artikulation: Meinungen, Wahlverhalten

2. Output-Produktion: *Zusammensetzung:* Arten des Outputs, nichtökonomischer Output
    Umfang: Monetär, BSP, Anzahl der Transaktionen
    Qualität: erreichte Befriedigung, Produkteigenschaften

3. Investition: *Materiell:* erschlossener natürlicher Reichtum, Gebäude
    Bevölkerung: Ausbildung, Gesundheit
    Subsysteme: Institutionenausbau
    externe Beziehungen: Konfliktregelung, Allianzen

4. Effektive Inputnutzung: *Kapazität:* hohe Nutzung
    Kosten: Kostenermittlung pro Einheit

5. Verbrauch von Ressourcen: *Monetär:* Außenhandel
    Bevölkerung: Wanderungen
    Güter: Handel, Ausbeutung

6. Beachtung von Normen: *externe Normen:* Konformität mit internationalen
   Gepflogenheiten
   interne Normen: Verfassung und Gesetz
7. Rationales Verhalten: *technisch:* Nutzung von Wissenschaft und Technik
   administrativ: Nutzung von effizienten Steuerungs-
   methoden

Die Performanz wird von Gross (1966 c: 219) an Hand kontroverser Punkte der Innenpolitik erläutert. Gerade an dieser Aufstellung wird aber klar, daß die Einzelelemente auf Grund ihrer Abstraktion nur wenig Erklärungskraft haben (Beispiel: uphold the constitution; advance modern technology). Letztlich sind die einzelnen Punkte doch nur konstruiert und geben keine eigentlichen Kontroversen wieder.

Leistungsfähigkeit und Kritik

Gross veranschlagt die analytische Stärke seines Modells relativ niedrig; sein Schwerpunkt liegt auf der Deskription: „My strategy has been to concentrate upon description and thereby prepare a foundation for explanation" (Gross 1966 c: 156).

Erst wenn die beschreibende Ebene ausgefüllt ist, können weitere Ansprüche erfüllt werden. So warnt Gross davor, sein Modell als globales Erklärungsmodell mißzuverstehen. Er weist darauf hin, daß es unsinnig sei, eine umfassende Systemanalyse nach den vorgeschlagenen Kriterien durchführen zu wollen. Vielmehr sollen ausgewählte Kombinationen von einzelnen Struktur- und Performanzelementen herausgegriffen und ausgefüllt werden. Auf diese Weise läßt sich dann in akkumulierter Weise eine gute Charakterisierung erreichen. Sein Modell soll dafür ein Deskriptionsraster sein.

Bezüglich der Leistungsfähigkeit ist vor allem die Quantifizierung relevant. Dabei bleibt Gross allerdings im postulativen Vorfeld stehen. Es werden einige Vorschläge gemacht, in welche Dimensionen die Quantifizierung getrieben werden kann. Die „pattern variables" von Parsons (vgl. Parsons/Shils 1951: 77 ff.) sollen benutzt werden. Für die Analyse des kulturellen Rahmens sollen die Dichotomien von Kluckhohn (1956: 116–132) verwendet werden. Um Partizipation zu messen, schlägt Gross ein fünfteiliges Schema,

- political democracy,
- organizational democracy,
- individual democracy,
- social democracy,
- economic democracy

vor. Nach diesem POISE-Schema können Freiheitsbestimmungen durchgeführt werden. Schließlich weist er auf eine Typologie von Esman hin, nach der Systemstrukturen global charakterisiert werden können (Gross 1966 c: 197, 205, 211). Die genannten Autoren haben sicher wertvolle Arbeit geleistet. Jedoch genügt die bloße Benennung nicht; die Aufbereitung für das Modell müßte noch geleistet werden.

So können die begrenzten *Vorteile* des Modells in drei Richtungen charakterisiert werden:

— Es wird eine Ausweitung der ökonomischen Kategorien versucht; die Grenzen dieses Versuchs sind erkennbar.
— Es können Daten deskriptiv geordnet werden.
— Es geht eine Stimulusfunktion für weitere Konzepte aus.

Die *Mängel* der Arbeit sollen ebenfalls zusammengefaßt werden:

— Ausgangspunkt ist eine anspruchsvolle Fundierung, die nicht durchgehalten wird.
— Latent eingeflossene Interessen werden verdeckt.
— Das Konzept besitzt wenig Operationalisierungschancen.

Das Abrücken von anspruchsvollen theoretischen Fundierungen wird von Gross selbst vorgenommen, vor allem im letzten Teil der Arbeit. Dann aber ist zu fragen, welchen Stellenwert die anfänglichen Begründungen haben sollen. Es wird jedenfalls der Schein erweckt, als läge ein konsistent entwickeltes Modell vor, und das ist in der Regel auch der Ausgangspunkt der Rezeption.[24] Die Sammlung der Elemente, die Gross vorschlägt, zeugt von einem breiten sozialwissenschaftlichen Fundus. Wenn es aber nur darum ginge, wäre eine pragmatische Vorgehensweise angemessener. Es würde dann z. B. nicht das Problem auftauchen, warum Rollendifferenzierung zu Führungsmuster gehört und nicht zu internen Beziehungen (vgl. Gross 1966 c: 188—189).

Durch die vorangestellte theoretische Ableitung wird aber vor allem ein Interessenzusammenhang verdeckt. Darauf wurde bereits bei der Untersuchung des Bilanzierungskonzepts eingegangen. Die Verdeckung gilt aber auch für die allgemeinere Ebene. So geht Gross davon aus, daß die Struktur nur durch die Performanz verändert werden kann: „Performance itself — generally through a series of steps — is usually the only way to bring about any changes in social structure" (Gross 1966 c: 213). Das aber bedeutet ein bloßes Ausnutzen von Redundanzen bei der Systemveränderung. Eine bewußte Veränderung der Systemstrukturen, ganz zu schweigen von revolutionären Veränderungen, ist bei ihm nicht vorgesehen. Es läuft alles über erhöhte oder verbesserte Performanz.

Der Hauptpunkt der Kritik bezieht sich auf die Operationalisierung. Es liegt m. W. nur ein Anwendungsversuch von Anderson (1970) vor, der interkulturelle Auswirkungen von Gesundheitsvorsorgemaßnahmen

---

24 So geht Schmid (1972: 250) davon aus, daß dem Modell von Gross die grundlegenden Mängel der strukturell-funktionalen Theorie anhaften. Auch hier wird also der theoretische Anspruch des Modells voll aufgenommen.

erfasssen wollte. Wie Brooks (1971: 45) berichtet, traten jedoch Operationalisierungsschwierigkeiten auf. Das Modell harrt also immer noch einer „inneren Ausfüllung". So kann aus diesen Punkten nur geschlossen werden, daß zumindest bei dem jetzigen Stand der Forschung eine exakte Ableitung von Indikatoren nicht möglich ist, sofern empirische Intentionen damit verbunden werden.

7.7 Zusammenfassung

In der Behandlung der verschiedenen Maßzahlen und Modelle wird der empirische Stand der Indikatorforschung sichtbar.

Auf der Ebene der Sammlung von *Indikatoren* ist bereits eine relativ breite Basis erreicht, besonders wenn man laufende Projekte miteinbezieht. Allerdings beschränken sich diese Sammlungen auf Sichtung und Aufarbeitung vorhandenen Materials. Wichtig wäre es, die Formulierung und Erhebung von neuen Indikatoren voranzutreiben. Auch dazu liegen Vorschläge vor, die einer Ausweitung bedürfen. Die vorhandenen Tabellenwerke sind auf ihre Restriktion und Lücken zu untersuchen. Auch die Möglichkeiten der amtlichen Statistik sind einzubeziehen.

Für *Transformationsparameter* gehen von der Ökonometrie erhebliche Impulse aus. Dieser Zweig wird vor allem von einigen Zeitschriften[25] gepflegt, ist jedoch noch mit rein methodologischen Problemen behaftet.

Die *Indexbildung* wird sehr vernachlässigt. Die Gewichtungsverfahren stehen allerdings auch noch auf einer unzuverlässigen Basis. Wenn jedoch die normative Ebene überhaupt stärker betont wird (im Zusammenhang mit einer neuen normativen Wissenschaft, auch durch Planungsverfahren), könnten normative Indizes einen sinnvollen Stellenwert erhalten, vor allem auch vor dem Hintergrund von analytischen.

Das Gebiet der *Aggregate und Konten* wird größtenteils auf ökonomischer Seite betrieben. Revisionen vorhandener Aggregate werden ausgiebig unternommen, wenn auch bisher nur mit vorklärenden Funktionen. Die Übertragung von Kontenschemata auf soziale Tatbestände kann nur für einen begrenzten Bereich gelten, ist aber sicher in seiner ganzen Tiefe noch nicht ausgelotet worden.

Die größten Fortschritte sind im Aufbau von *Integrationssystemen* zu erwarten. Dieses Feld wird auch von der amtlichen Statistik forciert angegangen. Die Abstimmung und Klassifikation der Datenproduktion kann vor allem auch durch organisatorische Verbesserungen erreicht werden.

---

25 Hier wurden die Zeitschriften *The Journal of Human Resources* und *Socio-Economic Planning Sciences* erwähnt; vgl. auch *The Annals of Economic and Social Measurement*.

Schließlich sind die *systemwissenschaftlichen Modelle* anzuführen. Auf Grund ihres hohen Anspruchs an Theorie läßt sich die weitere Entwicklung schwer absehen. Die Tatsache, daß in der letzten Zeit diese Modelle weniger diskutiert werden, zeigt, daß der notwendige kategoriale Apparat noch nicht zur Verfügung steht und daß auch Vorgriffe offensichtlich nicht sehr sinnvoll sind.

8 Zusammenfassende Beurteilung

Es wurde versucht, soziale Indikatoren auf mehreren Ebenen darzustellen und zu analysieren: als (1) Prozeß der *Informationsgewinnung*, (2) von ihren *Funktionen* her und (3) im Hinblick auf *politische Implikationen*. Anschließend wurden (4) methodologische Fragen untersucht. Diese Einteilung soll auch für die Zusammenfasssung verwendet werden.

(1) Der Begriff „sozialer Indikator" ist sehr allgemein aufzufassen. Wenn von „sozialen Indikatoren" die Rede ist, wird in der Regel auf einen mehrphasigen Prozeß der Informationsgewinnung abgestellt, der die Definition und Operationalisierung von Konstrukten, die Erhebung, Auswertung und Modellierung empirischen Materials ebenso umfaßt wie den Aufbau von Informationssystemen. Diese gesellschaftliche Informationsgewinnung soll stärker auf soziale Aspekte ausgerichtet werden; quantifizierte soziale Informationen sollen ebenso wie die ökonomischen systematisch erhoben und präsentiert werden.

Im engeren Sinne bezeichnet der Begriff die Operationalisierung von Konstrukten, die auf soziale Phänomene abstellen. Es geht darum, tangible Aspekte der sozialen Struktur und Performanz zu finden, die regelmäßige Erhebungen gestatten. Geographische und zeitliche Vergleichbarkeit ist dabei eine wichtige Voraussetzung.

Vorbild ist das ökonomische Rechnungswesen. Ebenso wie dort Prägnanz der Darstellung und Erfolge in der Systemsteuerung erzielt worden seien, soll dies nun auch auf sozialem Gebiet geschehen. Die Bewegung hat in dieser *ökonomischen Analogie* eine entscheidende Wurzel. Nicht zuletzt bezieht der Begriff sozialer Indikator seinen Glanz von seinem Pendant, dem ökonomischen Indikator.

Gleichzeitig ist diese ökonomische Analogie aber auch Anlaß zu weitreichenden *Illusionen*. Sie beziehen sich einmal auf die erreichbare *Quantifizierung* überhaupt; der soziale Faktor läßt sich nicht so leicht durch tangible Phänomene operationalisieren wie der ökonomische; es sei denn, es würden eigens Verdinglichungen durchgeführt werden. Zum anderen sind der *Steuerungsfähigkeit* Grenzen gesetzt. Sicher gibt es soziale Hebel, die weitreichende Veränderungen herbeiführen können. Der gesellschaftliche Prozeß erschöpft sich aber nicht darin und wirft ständig Problemlagen und Horizonte auf, die außerhalb von Steuerungsintentionen stehen.

Eine wichtige Aufgabe der Indikatorforschung besteht daher darin, überhaupt den Gegenstand abzugrenzen, der erfaßt werden kann, sowie die Steuerungsmöglichkeiten auf Grund von Indikatoren zu bestimmen. In dieser Arbeit wurde ein vorläufiger Ansatz versucht. Für das sozioökonomische System kann als Gegenstand nur allgemein Struktur und

Performanz angegeben werden; für das individuelle System wurden Evaluationen und Bedürfnisse eingeführt, die in ganz bestimmter Weise von anderen Komponenten abgegrenzt wurden. Es wurde auch versucht, eine politische Planungsform zu entwickeln, die von kybernetischen Grundlagen ausgeht und in nicht-autoritativer Weise Beeinflussungen ermöglicht (soziale Hebel).

(2) Die Funktionsbestimmung sozialer Indikatoren kann relativ eindeutig angegeben werden. Sie sollen für die öffentliche Diskussion und Partizipation, für wissenschaftliche Analysen und für die Erstellung politischer Handlungsstrategien die informationellen Grundlagen abgeben. Informationen als neue Produktivkräfte sollen die Selbststeuerungskapazität des Systems erhöhen. In diesem bewußten *Verwendungsanspruch* liegt auch das eigentlich Neue, das die Indikatorbewegung gebracht hat. Die Administration verspricht sich von sozialen Indikatoren eine höhere Rationalität der Entscheidungen und eine Effizienzsteigerung ihrer Maßnahmen. Für die Wissenschaft bedeuten sie eine stärkere Empirie- und Anwendungsorientierung auf makrosozialer Ebene.

Dabei ist allgemein eine Überschätzung der informationellen Ebene festzustellen. Sicher ist die Durchdringung und Vermessung gesellschaftlicher Bereiche wichtig und kann Argumente für Veränderungen liefern. Aber diese implizieren noch keine neue Ausrichtung der Praxis. Dazu bedarf es noch der eigentlichen politischen Handlungsstrategie; Entscheidungen können nicht durch Informationen ersetzt werden.

Allerdings können Daten für viele theoretische Ansätze eine empirische Füllung bzw. Konfrontation bedeuten. Hier ist allgemein eine Unterbetonung der empirisch-informationellen Ausrichtung festzustellen. Soziale Indikatoren können für Realanalysen einen wichtigen Beitrag leisten.

(3) Auf der politischen Ebene hängen „soziale Indikatoren" eng mit der neuen Programmatik *Lebensqualität* zusammen; sie sollen diese operationalisieren. Lebensqualität stellt einerseits den Versuch dar, einen komplexeren Sinngehalt zu entwickeln; andererseits weist dieses Programm aber auch auf bloße Entlastungserscheinungen hin und dient Legitimationserfordernissen des politischen Systems. Ebenso gilt daher für „soziale Indikatoren", daß sie der Durchdringung gesellschaftlicher Bereiche dienen können, aber auch der Stützung herrschender Interessen unterworfen werden.

Die Bewegung „sozialer Indikatoren" ist keine originär wissenschaftliche Bewegung. Am Anfang standen administrative Quellen, die auch heute noch mitbestimmend sind, was man an den Publikationen wie auch an dem Finanzierungseinsatz sieht. Die Wissenschaft mußte erst motiviert werden, sich mit dem Aufgabenfeld zu befassen, wenn auch fruchtbarer Boden vorhanden war. Diese spezifisch administrativ-wissenschaftliche Verbindung dürfte für die *politische Couleur* determinierend sein, die die Vertreter der Bewegung aufweisen. Sie ist als liberal-konservative zu bezeichnen, durchaus mit aufklärerischen und emanzipativen Absichten, die jedoch kaum den Zwängen des Systems werden Widerstand leisten können. Eigentlich systemkritische Intentionen fehlen. In der Praxis dürften daher technisch-technokratische Varianten vorherrschen.

Dies rührt auch daher, daß die gesamtgesellschaftliche Ebene zu wenig reflektiert und durchleuchtet wird. Kategorien der *politischen Ökonomie* werden bei der Untersuchung und Formulierung von Indikatoren kaum verwendet. Nicht zuletzt der hohe Finanzeinsatz zeigt jedoch, daß die Bewegung einem aktuellen Systembedürfnis entspricht; es kommen Stabilisierungs- und Befriedungsinteressen zum Ausdruck. Solche Intentionen müßten vom Indikatorprogramm selber her zumindest versuchsweise abgewehrt werden. Allerdings genügt eine klare Funktions- und Zielbestimmung von Indikatoren nicht. Die letztgültige Einordnung hängt wohl primär von der allgemeinen gesellschaftlichen Situation ab.

(4) Methodische Überlegungen werden in der Indikatordiskussion sehr vernachlässigt. Dabei gibt es ein ganzes Spektrum relevanter Bereiche (Aggregate, Konten, Indizes, Integrationsmodelle), die für die Formulierung und Systematisierung herangezogen werden können. In dieser Arbeit wurde auf die Indexkonstruktion besonders eingegangen. Indizes gestatten es, die Informationsfülle zu reduzieren und die Systementwicklung übersichtlich darzustellen. Sie haben in Form der Gewichtung eine normativ-subjektive Komponente, die die Anwendung relativiert. Der Ausbau von Planungsorganisationen wie auch die zunehmende futurologische Orientierung bringen es jedoch mit sich, daß die normativen Aspekte generell stärker betont werden. Wenn die empirische Urteilsforschung weiter ausgebaut wird, haben auch Indizes die Chance, auf relevanten Gewichten aufzubauen. Hier liegt ein weites Feld für interdisziplinäre Forschung, um die Erhebung des „normativen Stratums der Gesellschaft" zu fundieren. In dieser Arbeit wurde gezeigt, wie psychometrische Methoden zur Abbildung individueller Urteile benutzt werden können.

Die Indikatorbewegung ist mit einem anspruchsvollen Programm gestartet, sowohl was die quantitative Erfassung (master indicators) als auch die Steuerungsmöglichkeiten (societal monitoring) betrifft. In der Anfangsphase sind Übersteigerungen sicher unvermeidlich, nicht zuletzt auch, um der Bewegung die Durchsetzung zu ermöglichen. Diese globale Phase sollte aber überwunden werden. Für die eigentliche Förderung ist nun von vielen Seiten *Detailarbeit* erforderlich, um Indikatoren zu fundieren und zu erheben, nicht zuletzt auch auf methodischem Gebiet. Einige Publikationen der letzten Zeit deuten an, daß diese Richtung eingeschlagen wird.

Wichtig für diese Entwicklung wird sein, nicht zu sehr am Begriff „sozialer Indikator" zu hängen. Es wurde gezeigt, daß hier eine Analogie zur Ökonomie vorliegt, die nicht zu halten ist. Es darf jedenfalls nicht darum gehen, irgend etwas „spezifisch Soziales" zu suchen und zu definieren, das dann in gleichberechtigter Weise den ökonomischen Indikatoren gegenübergestellt wird. Die Aufgabe besteht vielmehr darin, die vorhandene Informationsgewinnung besser zu organisieren, vergleichbar zu machen und auszuweiten und vor allem auch komplexere Phänomene mit neuen Methoden einzubeziehen; dies soll in Integration mit ökonomischen Bestrebungen geschehen. Auf diese Weise kann man dem Anspruch des „Sozialen" am ehesten gerecht werden.

Durch diese Überlegungen wird klar, daß der Begriff „sozialer Indikator" im Schnittpunkt zahlreicher Entwicklungsrichtungen und Bestrebungen liegt. Er repräsentiert eine spezifisch *administrativ-wissenschaftliche Verbindung*, die in erhöhten Steuerungsintentionen des politischen Systems und verstärkter makrosozialer Orientierung der Wissenschaft ihre Quellen hat. In seinem eigentlichen Gehalt bringt er eine *Neuorientierung und Ausweitung der gesellschaftlichen Informationsgewinnung für Zwecke der Systemsteuerung* zum Ausdruck. Im weiteren Sinne bedeutet er eine Zusammenfassung und Forcierung der Empirie- und Anwendungsorientierung der Sozialwissenschaft. Durch das zugkräftige Etikett „sozialer Indikator" wurde diese Bewegung in Gang gebracht. Darin dürfte der eigentliche Nutzen des Begriffs liegen, der sonst außerordentlich diffus ist.

Dieser Umstand muß vor allem gesehen werden, um zu verhindern, daß sich unter dem Schlagwort „soziale Indikatoren" Problembereiche organisieren, die *anderweitig* bereits behandelt werden. Es werden dann Dinge „neu" entwickelt, die nur von anderen Wissenschaftszweigen her aufgearbeitet werden müßten. Dies gilt z. B. für das gesamte Indikatorproblem (als Operationalisierungsproblem). Bei der akademischen Tendenz, sich in Form eines neuen Wissenschaftszweiges zu profilieren, ist diese Gefahr nicht zu unterschätzen. Soziale Indikatoren bedeuten aber keinen neuen Gegenstandsbereich, sondern nur eine neue Fragestellung.

Die Bewegung selber weist auf bestimmte gesellschaftliche Bedingungen hin. Diese sind einerseits auf Grund des fortgeschrittenen Standes der Produktivkräfte durch erhöhte Selbststeuerungsmöglichkeiten geprägt, andererseits aber auch durch krisenhafte Entwicklungen, die Abwehr- und Stabilisierungsinteressen im Gefolge haben. Von daher sind Erwartungen und Chancen für soziale Indikatoren zu bestimmen. Sie können zu einer „Institution des sozialen Lernens" (Zapf 1972 a: 374) werden, was einen großen Fortschritt bedeuten würde. Wie Daniel Bell aufweist, hat bisher noch keine Gesellschaft die *Reflexionsleistung* erbracht, umfassend über sich selber Rechenschaft zu geben. Soziale Indikatoren können aber auch zur Stabilisierung der bestehenden Ordnung eingesetzt werden. Sie übernehmen dann eine Rolle in einer gesamtgesellschaftlichen Strategie. Wie die konkreten Funktionen aussehen, hängt nicht zuletzt von dem kritischen Potential ab, das den Programmen auf Grund methodischer und politisch-ökonomischer Analysen mitgegeben wird.

9 Anhang

9.1 Notationen

n: Anzahl der Beobachtungspunkte

m: Anzahl der Indikatoren

Q': nicht-standardisierte Indikatormatrix; Dimension (n,m)

q'_{ji}: Element aus Q'

Q: standardisierte Indikatormatrix; Dimension (n,m)

q_{ji}: Element aus Q

q_{ti}: i-ter Indikator zum Beobachtungspunkt t

$|q_t$: Zeilenvektor t aus Q

$|q_c$: (definierter) Basis-Zeilen-Vektor zur Matrix Q

q_{ci}: Basis-Ausprägung des Indikators i

$|p$: Spaltenvektor der Gewichte; m Elemente, normiert

p_i: Gewicht des Indikators i

$|l$: Index-Spalten-Vektor; n Elemente

l_t: Index zum Beobachtungspunkt t

$|l^P$: Index-Spalten-Vektor; nach der Partialformel berechnet

$|l^A$: Index-Spalten-Vektor; nach der Aggregatformel berechnet

$\overline{q_i}$: arithmetisches Mittel des i-ten Indikators

s_{q_i}: Standardabweichung des i-ten Indikators

$z_{q_{ti}}$: standardisierter Wert des i-ten Indikators zum Beobachtungspunkt t nach

$$z_{q'ti} = \frac{q'_{ti} - \overline{q'_i}}{s_{q'i}}$$

Anmerkungen: Soweit beim Summationszeichen die Summationsvorschrift weggelassen wurde, ist über alle m Indikatoren zu summieren.

Ein Vektor wird zur Unterscheidung von einem Skalar durch einen vorangestellten, senkrechten Strich gekennzeichnet. Nicht-standardisierte oder nicht-normierte Werte sind allgemein durch ' gekennzeichnet.

9.2 Materialien und Berechnungen zur SWIGES-Studie[1]

9.2.1 Verzeichnis der verwendeten Indikatoren[2]

Nummer[3]   Bezeichnung und Maßeinheit

(1) *Bruttosozialprodukt* zu Marktpreisen in jeweiligen Preisen pro Einwohner (in DM pro Einwohner)

---

1 Vgl. Zentrum Berlin f. Zukunftsf. (1969).
2 Vgl. Maier (1972: 14—17).

(2) *Bruttoanlageinvestition* in % des Bruttosozialproduktes zu Marktpreisen (in %)
(3) Durchschnittlicher *Bruttostundenverdienst* der Arbeiter im verarbeitenden Gewerbe (in DM)
(4) *Lohnquote* = Anteil der Einkommen aus unselbständiger Arbeit am Volkseinkommen (in %)
(5)" *Arbeitslosenquote* = Anteil der Arbeitslosen an den Gesamterwerbspersonen (in %)
(6) Durchschnitt der *offenen Stellen* pro Erwerbspersonen (in %)
(7) Anteil der *Erwerbspersonen* an der Gesamtbevölkerung (in %)
(8)" Durchschnittlich *wöchentlich* geleistete *Arbeitszeit* je Arbeiter in der verarbeitenden Industrie (in Stunden)
(9)" *Streikquote* = Anteil der an Streiks und Aussperrungen beteiligten Arbeitnehmer an den Beschäftigten der verarbeitenden Industrie (in %)
(10)" Durchschnittliche Zahl der durch *Betriebsunfälle* in der Eisen- und Stahlindustrie verlorenen Kalendertage je eingeschriebenen Arbeiter (in Tagen)
(11) *Sparquote* = Anteil der Ersparnisse des privaten Haushalts (in %)
(12) *Spareinlagen* pro Einwohner (in DM pro Einwohner)
(13) Aufwendungen für *Erholung* und Unterhaltung (in % des privaten Verbrauchs)
(14) Aufwendungen für *Verkehr* und Nachrichtenübermittlung
(15) Aufwendungen für Körper- und *Gesundheitspflege* (in % des privaten Verbrauchs)
(16) Aufwendungen für die *Haushaltsführung* (in % des privaten Verbrauchs)
(17) Aufwendungen für *Haushaltsgüter* (in % des privaten Verbrauchs)
(18) Aufwendungen für *Heizung* und Beleuchtung (in % des privaten Verbrauchs)
(19) Aufwendungen für *Wohnungsnutzung* (in % des privaten Verbrauchs)
(20) Aufwendungen für *Bekleidung* und sonstige persönliche Ausstattung (in % des privaten Verbrauchs)
(21) Aufwendungen für *Tabak* (in % des privaten Verbrauchs)
(22) Aufwendungen für *alkoholische Getränke* (in % des privaten Verbrauchs)
(23)" Aufwendungen für *Nahrungsmittel* (in % des privaten Verbrauchs)
(24) *Privater Verbrauch* in DM pro Einwohner
(25) Zahl der angemeldeten *Telefone* pro 1000 Einwohner
(26) Zahl der angemeldeten *Fernsehgeräte* pro 1000 Einwohner
(27) Zahl der angemeldeten *Radiogeräte* pro 1000 Einwohner
(28) *Gesamtenergieverbrauch* in Steinkohleneinheiten pro Kopf
(29) Anzahl der *Ärzte* pro 100 000 Einwohner
(30) Anzahl der *Krankenbetten* pro 10 000 Einwohner
(31)" *Säuglingssterblichkeit* = Gestorbene im ersten Lebensjahr von 1000 Lebendgeborenen
(32) Öffentliche Ausgaben für *soziale Sicherheit* in % des Bruttosozialprodukts zu Marktpreisen (in %)
(33) Anteil der *Wohnungen mit Wasser* an der Gesamtzahl der Wohnungen (in %)
(34) Anteil der *Wohnungen mit Bad* an der Gesamtzahl der Wohnungen

---

3 Bei den mit einem " versehenen Indikatoren bedeutet ein Zunehmen der Maßzahlen eine Verschlechterung des Lebensstandards. Für die Berechnung des Partialindex wurden diese deshalb nach $q_{ti} = 2 - q'_{ti}/q'_{ci}$ transformiert. Nimmt q_{ti} den Wert 1 an, ist die Höhe des Basiswertes erreicht. Bei einem Sinken der Originalwerte (Verbesserung des Lebensstandards) steigt der transformierte Wert q_{ti}. Die Werte dieser Indikatoren wurden auf diese Weise „gleichsinnig" gemacht.

(35) Öffentliche *Ausgaben für Bildung* in % des Nationaleinkommens
(36) Zahl der *Studenten* pro 1000 Einwohner
(37) Anteil der *14jährigen Schüler* unter den 14jährigen (in %)
(38) Anteil der *16jährigen Schüler* unter den 16jährigen (in %)
(39) Anteil der *18jährigen Schüler* unter den 18jährigen (in %)
(40) Gesamtauflage an *Zeitungen* pro Tag und 100 Einwohner
(41) Anzahl der *Zeitungstitel* auf 10 000 Einwohner
(42) *Buchproduktion* = Anzahl der Titel pro 10 000 Einwohner
(43) *Übersetzungen* = Anzahl der übersetzten Titel pro 10 000 Einwohner
(44) *Verbrauch* an Druck- und Schreib*papier*
(45) *Kinobesuche* (Anzahl pro Einwohner)
(46) *Museen* (Anzahl pro 10 000 Einwohner)
(47) *Bibliotheken* (Anzahl pro 10 000 Einwohner)
(48) Briefsendungen und *Briefe* im Inlandverkehr (Zahl pro Einwohner)
(49) Bestand an *PKW* pro 1000 Einwohner
(50)" *Verkehrstote* (in % der Einwohner)
(51)" *Verteidigungsausgaben* in % des Bruttosozialprodukts zu Marktpreisen
(52)" *Auswanderungen* (in % der Einwohner)
(53) *Einwanderungen* (in % der Einwohner)

9.2.2 Gewichte, Faktorenladungen, Normen und Zugehörigkeit zu Subindizes der Indikatoren

	1	2	3	4	5	6	7	8
Nr. Indikator :or- Kurzbezeichnung	Gew.	Faktorenlad.	Norm					
1 BSP	6.3	.98	17000	x				
2 Bruttoanl. Inv.	4.8	.68	28	x				
3 Br. St. Verdien.	5.8	.98	10		x			
4 Lohnquote	4.6	.96	80	x				
5 Arbeitslose	5.8	−.72	1.0	x				
6 Stellen/Erwerb.	5.3	−.00	2	x				
7 Erwerbspersonen	3.9	−.94						
8 Wochenarbeitsz.	4.2	−.88	36		x			
9 Streikquote	2.4	.54						
10 Betr. Unfalltage	2.4	−.87	3.0	x				
11 Sparquote	6.4	−.54	16		x			
12 Spareinlagen	5.8	.35	4000		x			
13 Erholung	6.7	.87						
14 Verkehr/Nachr.	6.1	.90						
15 Körper/Gesundh.	6.5	.87						
16 Haushaltsführ.	6.1	.39						
17 Haushaltsgüter	5.7	.60						
18 Heizung	3.6	.56						
19 Wohnnutzung	5.7	.97	14		x			
20 Kleidung	6.5	.97	13.5		x			
21 Tabak	2.7	−.01						
22 Alkohol	3.0	.80						
23 Nahrung	5.8	−.95	19		x			
24 Priv. Verbr.	5.1	.98	10000		x			
25 Telefon	7.3	.99	300			x		
26 Fernseher.	6.8	.99	330			x		
27 Radio	6.3	.73	600			x		
28 Gesamtenergie STE	6.9	.99	9000	x				
29 Ärzte	7.3	.73	180				x	
30 Krankenbetten	6.7	.47	125				x	
31 Säuglingssterb.	6.1	−.98	10				x	
32 Soziale Sicherh.	6.2	.57						
33 Wohnungen mit Was.	6.1	.93	100		x			
34 Wohnungen mit Bad	3.3	.94	90		x			
35 Bildungsausgaben	7.8	.95	8					x
36 Studenten	6.6	.98	10					x
37 Schulbesuch 14j.	2.2	.99	100					x
38 Schulbesuch 16j.	2.2	.98	100					x
39 Schulbesuch 18j.	2.2	.99	30					x
40 Zeitungsaufl.	4.8	.69	50			x		
41 Zeitungstitel	5.2	−.98	0.1			x		
42 Buchproduktion	5.8	.64	7			x		
43 Übersetzungen	4.6	.79	1			x		
44 Papierverbrauch	4.2	.96	35			x		
45 Kinobesuche	3.9	−.99						
46 Museenanzahl	4.8	−.27						
47 Bibliotheken	6.1	−.97	4.2			x		
48 Briefe Inl.	3.2	.68	175			x		
49 PKW	7.0	.97	500		x			
50 Verkehrstote	3.2	.94	0.01	x				
51 Verteid. Ausg.	3.5	.80						
52 Auswanderungen	4.9	−.09						
53 Einwanderungen	5.3	−.85						

Fortsetzung nächste Seite

Spalte 1: Gewichte der Indikatoren, ermittelt durch Befragung von 30 Experten; vgl. Zentrum Berlin f. Zukunftsf. (1969: 22—24)
Spalte 2: Faktorenladungen des I. Faktors, unrotiert; vgl. Maier (1972: 28—29)
Spalte 3: Normen für 37 Indikatoren (zu beachten sind die Maßeinheiten, auf die sie sich beziehen, vgl 9.2.1). Zugleich Kennzeichnung des 37-Indikatoren-Sets, der im nachfolgenden öfter verwendet wird; vgl. Zentrum Berlin f. Zukunftsf. (1969: 57).
Spalte 4: Zugehörigkeit des Indikators zum Subindex „Ökonomische Makrogrößen"
Spalte 5: Zugehörigkeit des Indikators zum Subindex „Ökonomische Mikrogrößen"
Spalte 6: Zugehörigkeit des Indikators zum Subindex „Kommunikationsmittel"
Spalte 7: Zugehörigkeit des Indikators zum Subindex „Gesundheit"
Spalte 8: Zugehörigkeit des Indikators zum Subindex „Bildung"

9.2.3 SWIGES-Index für die BRD: Basis 1967[4] (zu Kap. 6.2.2.1)

a) 53 Indikatoren[5]
b) berechnet nach Partialformel 6.22 (mit Transformierung der nicht-gleichgerichteten Indikatoren, vgl. Fußnote[3])
c) Gewichtung durch Experten (9.2.2, Spalte 1)
d) Standardisierung durch Verhältnisbildung zum Basisjahr 1967

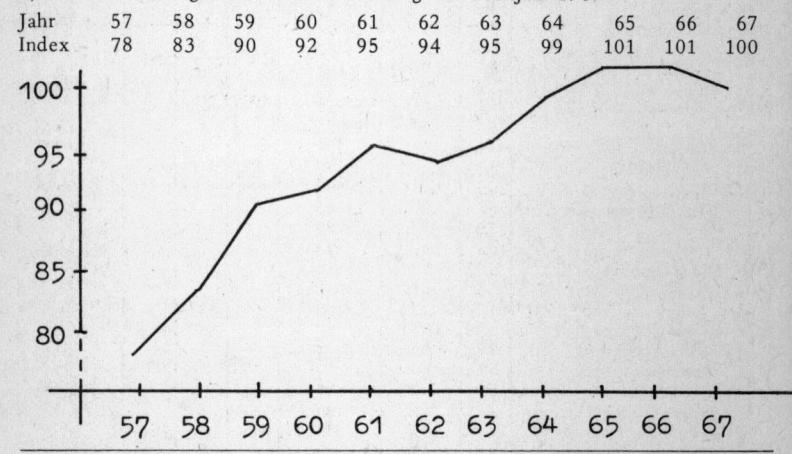

Jahr	57	58	59	60	61	62	63	64	65	66	67
Index	78	83	90	92	95	94	95	99	101	101	100

---

4 Vgl. auch den Kurvenverlauf des Modells LIM im Originalbericht (Zentrum Berlin f. Zukunftsf. 1969: 75).

5 Bei der Indexbeschreibung wird folgendes Schema verwendet:
a) Anzahl der Indikatoren,
b) Berechnungsweise,
c) Art der Gewichtung,
d) Art der Standardisierung.

Die Berechnungen wurden vom Verfasser auf der Anlage IBM 1130 des Instituts für Quantitative Ökonomik und Statistik der Freien Universität Berlin durchgeführt. — Für die Überlassung des Materials bin ich den Autoren der SWIGES-Studie zu Dank verpflichtet.

9.2.4 SWIGES-Index für die BRD: Normendefinition (zu Kap. 6.2.2.1)

a) 37 Indikatoren (9.2.2, Spalte 3)
b) berechnet nach Partialformel 6.23 (mit Transformierung der nicht-gleichgerichteten Indikatoren, vgl. Fußnote[3])
c) Gewichtung durch Experten (9.2.2, Spalte 1)
d) Standardisierung durch Verhältnisbildung zu den Normen

Jahr	57	58	59	60	61	62	63	64	65	66	67
Index	36	40	43	49	53	54	56	59	61	61	61

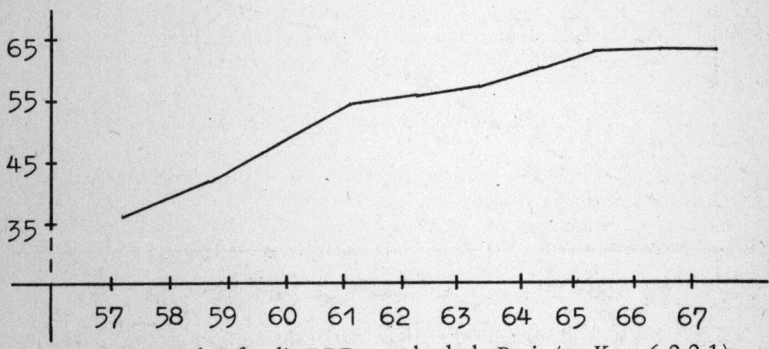

9.2.5 SWIGES-Index für die BRD: wechselnde Basis (zu Kap. 6.2.2.1)

a) 37 Indikatoren (9.2.2, Spalte 3)
b) berechnet nach Partialformel 6.24 (mit Transformation der nicht-gleichgerichteten Indikatoren, vgl. Anmerkung 3)
c) Gewichtung durch Experten (9.2.2, Spalte 1)
d) Standardisierung durch Verhältnisbildung zu dem jeweils vorhergehenden Jahr

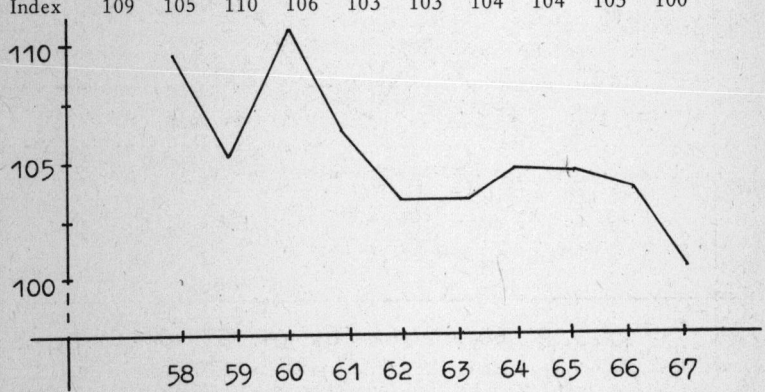

Jahr	58	59	60	61	62	63	64	65	66	67
Index	109	105	110	106	103	103	104	104	103	100

9.2.6 SWIGES-Index für die BRD: Faktorenladungen (zu Kap. 6.3.1)

a) 53 Indikatoren
b) berechnet nach Formel (6.27)
c) Gewichtung durch Faktorenladungen des I. Faktors (vgl. 9.2.2, Spalte 2)
d) standardisierte Daten (z-Transformation)[6]

Jahr	57	58	59	60	61	62	63	64	65	66	67
Index	39	42	43	46	48	50	53	55	57	58	60

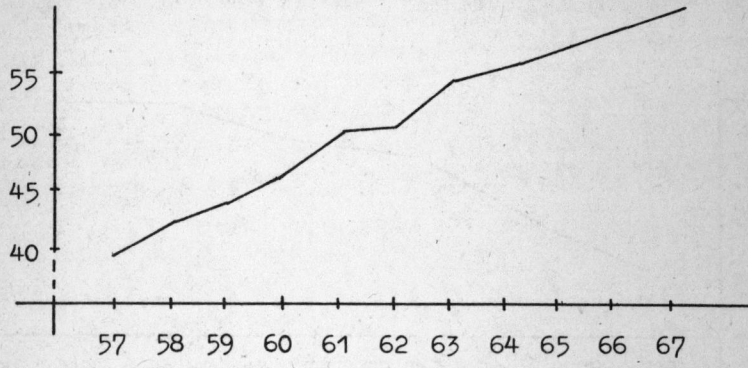

9.2.7 SWIGES-Index für die BRD: 5 Faktoren (zu Kap. 6.3.2)

a) 21 Indikatoren
b) gewichtete Aggregierung der ersten fünf Faktoren
c) Faktorenladungen
d) standardisierte Daten (z-Transformation)[6]

Jahr	57	58	59	60	61	62	63	64	65	66	67
Index	30	36	47	49	55	47	49	56	59	63	63

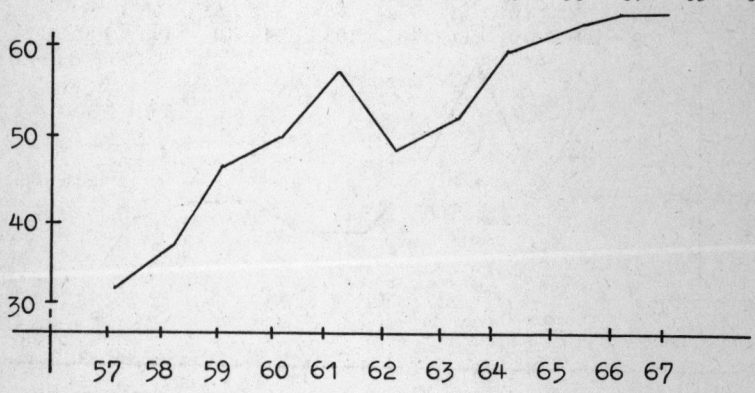

---

[6] Die Werte wurden zur besseren Darstellung auf den Mittelwert 50 und die Standardabweichung 10 gebracht.

9.2.8 Daten der SWIGES-Indikatoren[7]

Indikator-Bezeichnung		1957	1958	1959	1960	1961	1962
01 BSP Jew.	DM/EW	4286.000	4528.000	4754.000	5528.000	6039.000	6226.000
02 Bruttoanl.	*BSP	20.500	21.800	23.100	23.800	24.700	25.400
03 Br. St. Verd.	DM	2.120	2.270	2.410	2.690	2.960	3.300
04 Lohnquote	*	60.620	61.440	60.720	63.710	62.470	63.940
05 Arbeitslose	*	3.900	3.000	2.100	1.000	0.700	0.600
06 Stellen/Erwerb.	*	1.851	1.833	1.815	1.817	2.131	2.145
07 Erwerbspers/Ge.	*	48.180	48.560	48.020	48.080	47.970	47.000
08 Wochenarbeit	ST	46.500	45.700	45.800	42.000	40.800	40.800
09 Streikquote	*	0.758	0.320	0.324	0.242	0.284	1.057
10 Betr. Unfall	Tage	4.000	3.967	3.933	3.900	3.800	3.500
11 Sparquote	*	13.530	14.010	13.690	13.460	12.270	11.220
12 Spareinlag.	DM/EW	538.300	706.100	853.400	997.800	1111.900	1122.400
13 Erholung	*	8.000	8.000	8.000	8.000	8.000	8.000
14 Verkehr/Nachr.	*	8.000	8.020	8.040	8.060	8.080	8.100
15 Körper/Ges.	*	3.600	3.600	3.600	3.600	3.600	3.600
16 Haushalt	*	4.000	3.860	4.000	4.000	4.000	4.000
17 Haushaltsgüter	*	8.000	8.000	8.000	8.000	8.000	8.000
18 Heizung	*	4.400	4.420	4.400	4.460	4.480	4.500
19 Wohnnutzung	*	7.000	7.220	7.440	7.660	7.880	8.100
20 Kleidung	*	10.000	10.400	10.800	11.200	11.600	12.000
21 Tabak	*	2.500	2.500	2.500	2.500	2.500	2.200
22 Alkohol	*	4.500	4.500	4.500	4.500	4.500	4.500
23 Nahrung	*	31.000	30.800	30.600	30.400	30.400	30.000
24 Priv. Verbr.	DM/EW	2492.000	2639.000	2729.000	3190.000	3457.000	3579.000
25 Telefon	1/1000EW	85.000	91.200	97.400	103.600	109.800	116.000
26 Fernseh.	1/1000EW	24.020	41.620	63.959	87.070	109.000	126.700
27 Radio	1/1000EW	285.300	293.600	301.300	298.500	301.200	293.200
28 Ste. Einheit.	Kg/EW	2884.000	3108.000	3367.000	3367.000	3626.000	3884.000
29 Arzt	1/1000EW	135.000	136.000	137.000	138.500	140.000	143.000
30 Krankbet.	1/10000E	105.500	106.200	106.900	105.300	103.700	107.100
31 Säugl.	1/1000EW	36.000	35.270	34.530	33.800	31.900	29.500
32 Soz. Sich. *BSP	*	13.500	14.100	14.100	13.500	13.500	13.600
33 Wohnung Wasser	*	87.300	89.850	92.000	94.350	98.700	97.350
34 Wohnung m. Bad	*	42.300	44.070	45.830	47.600	51.900	53.200
35 Bildungsausg/V. Eink.	*	3.500	3.600	3.700	3.500	3.900	3.900
36 Student.	1/1000EW	3.547	3.834	4.017	4.264	4.499	4.707
37 Schulbes. 14j.	*	65.000	66.800	68.600	70.630	72.670	74.700
38 Schulbes. 16j.	*	24.000	24.750	25.500	25.850	26.200	26.550
39 Schulbes. 18j.	*	10.600	11.100	11.600	11.930	12.270	12.600
40 Zeitgsauflage	EW	30.560	32.140	31.130	32.020	31.730	30.610
41 Zeitgstitel.	EW	0.097	0.093	0.090	0.089	0.088	0.076
42 Buchproduktion	E	3.113	3.837	2.280	3.964	4.050	3.773
43 Übersetzungen	*	0.404	0.491	0.392	0.556	0.612	0.543
44 Papierverbr.	Kg E	10.000	12.030	14.070	16.100	16.770	17.430
45 Kinobesuche	EW	15.370	14.660	24.200	11.450	9.590	7.956
46 Museen	Zahl/EW	0.077	0.074	0.074	0.075	0.077	0.075
47 Bibliotheken	EW	2.053	2.027	1.986	1.997	1.986	1.985
48 Briefe Inl.	EW	129.500	136.000	135.000	145.400	153.100	148.600
49 PKW	1/1000EW	40.000	51.000	62.000	73.000	84.000	95.000
50 Verkehrstote	*	0.022	0.023	0.023	0.024	0.025	0.024
51 Verteid. * BSP		2.501	2.609	3.101	3.170	3.513	4.214
52 Auswanderungen	*	0.156	0.109	0.106	0.106	0.076	0.093
53 Einwanderungen	*	0.135	0.133	0.129	0.128	0.127	0.120

---

7 Vgl. Maier (1972: 127—128); zur genauen Beschreibung der Indikatoren vgl. 9.2.1.

Indikator-Bezeichnung		1963	1964	1965	1966	1967
01	BSP Jew. DM/EW	6526.000	7099.000	7671.000	8055.000	8367.000
02	Bruttoanl. *BSP	25.200	26.400	26.300	25.400	22.700
03	Br. St. Verd. DM	3.550	3.890	4.230	4.470	4.690
04	Lohnquote *	64.770	64 570	65.370	66.670	66.490
05	Arbeitslose *	0.700	0.600	0.500	0.600	0.700
06	Stellen/Erwerb. *	2,089	2.245	2.390	1.982	1.090
07	Erwerbspers/Ge. *	45.920	46.570	46.020	45.650	45.630
08	Wochenarbeit. ST	40.200	40.100	40.200	40.450	40.150
09	Streikquote *	4.084	0.073	0.079	3.751	2.660
10	Betr. Unfall Tage	3.300	3.600	3.700	3.400	3.350
11	Sparquote *	11.340	12.770	13.180	12.710	12.290
12	Spareinlag. DM/EW	1140.900	1181.600	1187.600	2130.000	2205.000
13	Erholung *	9.000	10.000	10.000	10.000	10.000
14	Verkehr/Nachr. *	8.300	8.500	8.667	8.833	9.000
15	Körper/Ges. *	3.700	3.700	3.700	3.700	3.700
16	Haushalt *	4.000	4.000	4.000	4.000	4.000
17	Haushaltsgüter *	8.000	8.000	8.000	8.100	8.200
18	Heizung *	4.700	4.500	4.500	4.500	4.500
19	Wohnnutzung *	9.100	9.100	9.167	9.233	9.300
20	Kleidung *	12.000	12.600	12.600	12.600	12.600
21	Tabak *	2.500	2.500	2.500	2.500	2.500
22	Alkohol *	4.500	5.000	5.000	5.000	5.000
23	Nahrung *	29.000	28.100	28.070	28.030	28.000
24	Priv. Verbr. DM/EW	3732.000	3996.000	4322.000	4606.000	4745.000
25	Telefon 1/1000EW	123.000	131.000	139.000	145.000	151.900
26	Fernseh. 1/1000EW	147.600	172.000	192.800	200.100	204.600
27	Radio 1/1000EW	295.500	300.100	303.000	306.200	305.500
28	Ste. Einheit Kg/EW	4115.000	4347.000	4422.000	4675.000	4874.000
29	Arzt 1/100000EW	144.000	144.000	144.700	145.300	146.000
30	Krankbet. 1/10000E	106.400	106.000	106.500	107.000	108.000
31	Säugl. 1/1000EW	27.100	25.300	23.800	23.600	23.000
32	Soz. Sich. *BSP *	13.980	13.900	14.100	14.300	14.500
33	Wohnung Wasser *	98.000	98.000	98.200	98.600	99.000
34	Wohnung m. Bad *	54.500	54.500	64.300	68.150	72.000
35	Bildungsausg./V. Eink. *	4.000	4.200	4.267	4.333	4.400
36	Student. 1/1000EW	4.873	4.992	4.999	5.111	5.200
37	Schulbes. 14j *	76.730	78.770	80.800	81.400	82.000
38	Schulbes. 16j *	26.900	27.250	27.600	27.800	28.000
39	Schulbes. 18j *	12.930	13.270	13.600	14.100	14.600
40	Zeitgsauflage EW	31.410	32.250	32.640	33.220	35.140
41	Zeitgstitel EW	0.074	0.072	0.070	0.070	0.065
42	Buchproduktion E	4.193	4.324	4.405	3.887	4.249
43	Übersetzungen E	0.641	0.600	0.550	0.611	0.620
44	Papierverbr. Kg E	18.100	19.000	19.800	19.900	20.000
45	Kinobesuche EW	6.515	5.747	5.423	4.692	3.280
46	Museen Zahl/EW	0.076	0.075	0.075	0.074	0.073
47	Bibliotheken EW	1.895	1.882	1.859	1.838	1.795
48	Briefe Inl. EW	141.810	142.500	146.100	148.000	147.900
49	PKW 1/1000EW	109.500	124.000	146.000	159.000	184.000
50	Verkehrstote *	0.025	0.026	0.027	0.027	0.027
51	Verteid. * BSP	4.390	3.862	3.978	3.682	3.954
52	Auswanderungen *	0.102	0.118	0.117	0.123	0.122
53	Einwanderungen *	0.122	0.127	0.125	0.120	0.121

Über den Verfasser

Rudolf Werner: Geboren 1944 in Bad Neustadt/Saale. 1966—1971 Studium der Soziologie, Ökonomie und Politikwissenschaft in Würzburg, Münster und Berlin (FU). 1971 Diplomexamen Soziologie. Seit 1971 wissenschaftlicher Assistent am Fachbereich Politische Wissenschaft der Freien Universität Berlin. 1972 Forschungsaufenthalt am Institute for Social Research, Ann Arbor/Mich., USA. 1974 Promotion zum Dr. rer. pol. an der Freien Universität. Teilnahme an Projekten über politische Planung, Bildungsökonomie, empirische Sozialforschung u. a. Seit 1975 wissenschaftlicher Mitarbeiter am Bundesinstitut für Berufsbildungsforschung/Berlin.

Wichtige Veröffentlichungen:

Zur Problematik subjektiver Indikatoren — Methodische Ansätze zur Konstruktion sozialer Indikatoren, in: Wolfgang Zapf (Hg.), Soziale Indikatoren. Konzepte und Forschungsansätze I und II, Frankfurt 1974 / Statistik, System, Artikel in: Gert von Eynern (Hg.), Wörterbuch zur politischen Ökonomie, Opladen 1973 / Angst und gesellschaftlicher Druck. Eine Faktorenanalyse zum Autoritarismussyndrom (= Arbeitspapiere zur politischen Soziologie, Heft 7), München 1973 / Zur Konstruktion normativer und analytischer Indizes (= Bericht des Zentrums Berlin für Zukunftsforschung), Berlin 1975 / (zus. mit Prof. Böhret) Systematische qualitative Prognose: Die FAR-Methode, in: Analysen und Prognosen über die Welt von Morgen, Heft 38, März 1975 / (zus. mit U. Degen und G. Schmid) Planung im entwickelten Kapitalismus. Ein Arbeitsbuch zu ausgewählten historischen, theoretischen und methodisch-praktischen Problemen, Berlin, FB Politische Wissenschaft 1975.

Literaturverzeichnis

Abell, Peter: Measurement in Sociology: I. Measurement Systems. Sociology, Vol. 2, Nr. 1, Jan. 1968, 1–20.

—: Measurement in Sociology: II. Measurement, Structure and Sociological Theory. Sociology, Vol. 3, Nr. 3, Sept. 1969, 397–411.

Aderhold, Dieter: Kybernetische Regierungstechnik in der Demokratie. München: Olzog 1973.

Adorno, Th. W./Dahrendorf,R./Pilot, H./Albert, H./Habermas, J./Popper, K. R.: Der Positivismusstreit in der deutschen Soziologie. Neuwied/Berlin: Luchterhand 1969.

Agocs, Carol: Social Indicators: Selected Readings 1970, in: Gross/Springer (1970: 27–32).

Albert, Hans: Traktat über kritische Vernunft. Tübingen: Mohr 1968.

Albert, H./Topitsch, E. (Hg.): Werturteilsstreit. Darmstadt: Wissenschaftl. Buchgesellschaft 1971.

Albrecht, G./Daheim, H./Sack, F. (Hg.): Sprache – Bezug zur Praxis – Verhältnis zu anderen Wissenschaften. Festschrift René König. Köln/Opladen: Westdeutscher Vlg. 1973.

Altvater, Elmar: Gesellschaftliche Produktion und ökonomische Rationalität. Frankfurt a. M./Wien: Europ. Verlagsanst. 1969.

Amara, Roy C.: Toward a Framework for National Goals and Policy Research. Policy Sciences, Vol. 3, 1972, 59–69.

American Academy of Arts and Sciences: Records of the Academy 1962–1963, August 1963.

—: Records of the Academy 1971, Boston 1971.

Anderson, James G.: Social Indicators and second-order Consequences: Measuring the impact of intercultural health Programs. Las Cruces, New Mexico: 1970 (mimeo).

—: Causal Models and Social Indicators: Toward the Development of Social Systems Models. American Sociological Review, Vol. 38, Nr. 3, June 1973.

Anderson, Oskar: Probleme der statistischen Methodenlehre in den Sozialwissenschaften. Würzburg: Physica 1957.

Anderson, T. W.: The Use of Factor Analysis in the statistical Analysis of Multiple Time Series. Psychometrica, Vol. 28. 1963, 1–25.

Apel, Erich/Mittag, Günter: Planmäßige Wirtschaftsführung und ökonomische Hebel. Berlin: Dietz 1964.

Arendt, Walter: (Eröffnungsansprachen) 1973, in: IG-Metall (1973: Band 1, 21–23).

Ashby, Ross W.: An Introduction to Cybernetics. London: Chapman and Hall 1956 ff.

Badura, Bernhard: Ein neuer Primat der Interpretation? Zum Problem der Emanzipation bei Jürgen Habermas. Soziale Welt, Jg. 21/22, H. 3, 1970/71.

Bahr, Hans-Eckehard (Hg.): Politisierung des Alltags. Neuwied: Luchterhand 1972.

Baird, John C.: Theoretical Note: Application of Information Theory to Man-Environment Systems. Journal of the American Institute of Planners, Vol. 38, Nr. 4, July 1972, 254–257.

Bartholomäi, Reinhart C.: Soziale Indikatoren. Die Neue Gesellschaft, Jg. 12, 1972, 943–947

—: Gesellschaftsbezogenes betriebliches Rechnungswesen. Die Neue Gesellschaft, Jg. 20, H. 4, April 1973.

Barton, Allen H.: The Concept of Property-Space in Social Research, 1955, in: Lazarsfeld/Rosenberg (1955: 40—53).
Bauer, Raymond A. (Ed): Social Indicators. Cambridge, Mass./London, England: MIT Press 1966.
—: Detection and Anticipation of Impact: The Nature of the Task, 1966a in: Bauer (1966: 1—67).
—: Social Indicators and Sample Surveys. Public Opinion Quarterly, Vol. 30, Nr. 3, 1966b.
—: Societal Feedback, 1969, in: Gross (1969: 63—77).
—: Second-Order Consequences. Cambridge, Mass.: MIT Press 1969a.
Bayer, K. B.: A Social Indicator of the Cost of being Black. Ph. Diss., Ann Arbor, Mich: University Microfilms 1972.
Beebe-Center, John G.: The Psychology of Pleasantness and Unpleasantness. New York: Russell Sage 1965.
Bell, Daniel (Ed.): Toward the Year 2000. Work in Progress (= Daedalus Summer 1967). Boston: Houghton Mifflin 1967.
—: Notes on the Post-Industrial Society I/II. The Public Interest, Vol. 6, 24—35, und Vol. 7, 102—118, 1967a.
—: The Measurement of Knowledge and Technology, 1968, in: Sheldon/Moore (1968: 145—246).
—: The Idea of a Social Report. The Public Interest, Vol. 15, 1969.
Belshaw, Cyril S.: The Conditions of Social Performance. New York: Schocken Books 1970.
Benn, Anthony: Die Qualität des Lebens. 1973, in: IG-Metall (1973: Band 1, 27—52).
Bennis, W. G./Benne, K. D./Chin, R. (Eds.): The Planning of Change. New York etc.: Holt, Rinehart and Winston 1969 (zweite Aufl.).
Berger, Peter L./Luckmann, Th.: Die gesellschaftliche Konstruktion der Wirklichkeit. Frankfurt a. M.: S. Fischer 1970.
Bergmann, Barbara: The Urban Economy and the Urban Crisis. American Economic Review, Vol. 59, Nr. 4, Sept. 1969.
Bevölkerung und Wirtschaft 1872—1972. Hg: Statistisches Bundesamt Wiesbaden. Stuttgart/Mainz: Kohlhammer 1972.
Biderman, Albert D.: Social Indicators and Goals. 1966a, in Bauer (1966: 68—153).
—: Anticipatory Studies and Stand-by Research Capabilities 1966b, in Bauer (1966: 272—301).
Bize, P.: The Role of Needs of Indicators in Forecasting. Analysen und Prognosen, H. 7, 1970.
Blackman, A. W./Seligman, E. J./Sogliero, G. C.: An Innovation Index Based on Factor Analysis. Technological Forecasting and Social Change, Vol. 4, 1973, 301—316.
Blalock, Hubert M.: Causal Inferences in Nonexperimental Research. Chapel Hill: Univ. of North Carolina Press 1961.
—: Theory Construction. From Verbal to Mathematical Foundations. Englewood Cliffs, N. J.: Prentice-Hall 1969.
—: (Ed.): Causal Models in the Social Sciences. Chicago, New York: Aldine, Atherton 1971.
Blau, Peter M./Duncan, Otis D.: The American Occupational Structure. New York/London/Sidney: John Wiley 1967.
Böckenförde, Ernst W.: Qualität des Lebens — Aufgabe und Verantwortung des Staates? Die Neue Gesellschaft, H. 4, 1973.
Böhret, Carl: Probleme politischer Entscheidung am Beispiel der Auseinanderset-

zungen um ein Mitbestimmungsgesetz in Württemberg/Baden 1945/1949. Politische Vierteljahresschrift, Jg. 8, H. 4, 1967.
—: Das Planning-Programming-Budgeting-System als zukunftsorientierte Entscheidungshilfe für die Regierung. Futurum, Bd. 2, H. 1, 1969, 102 ff.
—: Entscheidungshilfen für die Regierung. Modelle, Instrumente, Probleme. Opladen: Westdeutscher Vlg. 1970.
—: Hat die Zukunftsforschung eine Zukunft? Analysen und Prognosen, H. 22, Juli 1972.
—: (Hg.): Simulation innenpolitischer Konflikte. Opladen: Westdeutscher Vlg. 1972a.
Böhret, Carl/Nagel, Albrecht: Politisches Entscheidungshilfsmittel Systemanalye. Politische Vierteljahresschrift, Jg. 8, H. 4, 1967.
Böhret, Carl/Wordelmann, Peter: Zur Bedeutung von Simulationen/Planspielen für die öffentliche Verwaltung. Die Verwaltung, 6. Bd., H. 3, 1973.
Boettcher, Erik: Beiträge zum Vergleich der Wirtschaftssysteme (= Schriften des Vereins für Sozialpolitik NF. 57). Berlin: Duncker & Humblot 1970.
Bolte, Karl M.: Deutsche Gesellschaft im Wandel. Opladen: Leske 1967 (2. überarb. Aufl.).
—: Deutsche Gesellschaft im Wandel, Band 2. Opladen: Leske 1970.
Bombach, Gottfried: Konsum oder Investition für die Zukunft, 1973, in: IG-Metall (1973: Band 7, 38—73).
Bonjean, Ch./Hill, R. J./McLemone, S. D.: Sociological Measurement: An Inventory of Scales and Indices. San Francisco, Calif.: Chandler 1967.
Bradburn, Norman M.: The Structure of Psychological Well-Being. Chicago: Aldine 1969.
Bradburn, Norman M./Caplowitz, David: Reports on Happiness. A Pilot Study on Behavior related to Mental Health. Chicago: Aldine 1965.
Brandt, Willy: Die Qualität des Lebens. Die Neue Gesellschaft, H. 10, 1972, 741—742.
Braybrooke, David/Lindblom, Charles E.: A Strategy of Decision. Policy Evaluation as a Social Process. New York/London: 1963.
Brentano, L.: Versuch einer Theorie der Bedürfnisse. München 1908.
Brooks, Ralph H.: Social Indicators for Community Development: Theoretical and Methodological Considerations. Ph. Diss., Iowa State University, Ann Arbor: Univ. Microfilms 1972.
Bunge, Mario: Scientific Research I. Berlin/Heidelberg/New York: Springer 1967.
Campbell, Angus: Aspiration, Satisfaction and Fulfillment, 1972, in: Campbell/Converse (1972: 441—466).
Campbell, Angus/Converse, Philip E.: The Human Meaning of Social Change. New York: Russell Sage 1972.
Cantril, Hadley: The Patterns of Human Concern. New Brunswick: Rutgers Univ. Press 1965.
Caro, Francis G. (Ed.): Readings in Evaluation Research. New York: Russell Sage 1971.
Carson, Rachel L.: The Silent Spring. Boston 1962.
Cassirer, Ernst: Das Erkenntnisproblem in der Philosophie und Wissenschaft der neueren Zeit, 3 Bände. Berlin: 1911 ff.
Chadwick, Richard W./Deutsch, Karl W.: Doubling Time and Half Life. Two Suggested Conventions for Describing Rates of Change in Social Science Data. Behavioral Science, 1968, 139—145.
Churchman, C. W./Ratoosh, P. (Eds.): Measurement: Definitions and Theories. New York 1959.

Cicourel, Aaron V.: Methode und Messung in der Soziologie. Frankfurt a. M.: Suhrkamp 1970 (1964).

Claessens, D./Klönne, A./Tschoepe, A.: Sozialkunde der Bundesrepublik. Düsseldorf/Köln: Diederichs 1973.

Cohen, Wilbur J.: Social Indicators: Statistics for Public Policy. The American Statistician, Vol. 22, Nr. 4, Oct. 1968.

—: Education and Learning, 1969, in: Gross (1969: 186—219).

Dähne, E./Jung, H., et al.: Klassen- und Sozialstruktur der BRD 1950—1970. Teil II: Sozialstatistische Analyse. Frankfurt a. M.: Institut für Marxistische Studien und Forschungen 1973.

Dahl, Robert: Modern Political Analysis. Englewood Cliffs, N. J.: Prentice Hall 1964.

Dahl, Robert/Lindblom, Charles E.: Politics, Economics and Welfare. New York 1963.

Dahrendorf, Ralf: Markt und Plan: Zwei Typen der Rationalität. Tübingen: Mohr 1966.

Delors, Jecques: Les Indicateurs Sociaux. Paris: Sedeis 1971.

Denison, E. F.: Why Growth Rates Differ. Washington: The Brookings Institution 1967.

Deutschland 1971. Bericht und Materialien zur Lage der Nation. Hg. Bundesministerium für innerdeutsche Beziehungen, Bonn 1971.

Dienel, Peter C.: Wie können Bürger an Planungsprozessen beteiligt werden? Der Bürger im Staat, H. 3, 1971, 151—156.

Dierkes, Meinolf: Qualität des Lebens und unternehmerische Entscheidung. Information 17, Batelle Institut, Frankfurt a. M. 1973.

Dierkes, Meinolf/Bauer, Raymond A. (Eds.): Corporate Social Auditing. New York: Praeger 1973.

Dörge, Friedrich W.: Qualität des Lebens. Ziele und Konflikte sozialer Reformpolitik — didaktisch aufbereitet. Opladen: Leske 1973.

Dollinger, Hans: Die totale Autogesellschaft. München: Hanser 1972.

Donda, A./Herrde, E./Kuhn, O./Struck, R.: Allgemeine Statistik. Lehrbuch. Berlin: Vlg. Die Wirtschaft 1970.

Données Sociales. Première Édition 1973. Ed.: Institut National de la Statistique et des Études Économiques, Paris 1973.

Downs, Anthony: Ökonomische Theorie der Demokratie. Tübingen: Mohr 1968.

Dreitzel, Hans-Peter: Sozialer Wandel. Zivilisation und Fortschritt als Kategorien der soziologischen Theorie. Neuwied/Berlin: Luchterhand 1967.

Drewnowski, Jan: Social and Economic Factors in Development. U. N. Research Institute for Social Development, Report Nr. 3, Geneva, Switzerland: Feb. 1966.

Dror, Yehezkel: The Planning Process: A Facet Design, 1967, in: Lyden/Miller (1967: 93—111).

Duncan, Otis D.: A Socioeconomic Index for All Occupations, in: Reiss, Albert J., et al.: Occupations and Social Status, New York: The Free Press 1961.

—: Social Stratification and Mobility: Problems in the Measuring of Trend, 1968, in: Sheldon/Moore (1968: 675—719).

—: Toward Social Reporting: Next Steps. (= Social Science Frontiers No. 2). New York: Russell Sage 1969.

—: Inheritance of Poverty or Inheritance of Race? 1969 a, in: Moynihan, Daniel P. (Ed.): On Understanding Poverty. New York: Basic Books 1969.

Eberlein, Gerald: Theoretische Soziologie heute. Von allgemeiner soziologischer Theorie zum soziologischen Kontextmodell. Stuttgart: Enke 1971.

—: Wissenschaftstheoretische Probleme eines Systems sozialer Indikatoren. Soziale Welt, Jg. 23, H. 4, 1972.

Economic Council of Canada: Design for Decision Making. An Application to Human Resources Policies (= Eighth Annual Review). Ottawa: Sept. 1971.

Ehlert, H.: Kritische Untersuchungen der neueren Welfare Economics. Göttingen: Schwartz 1968.

Elias, Norbert: Sociology of Knowledge: New Perspectives I. Sociology, Vol. 5, Nr. 2. May 1971.

Ellwein, Thomas: Politik und Planung. Stuttgart: Kohlhammer 1968.

—: Planen und Entscheiden, 1971, in: Ronge/Schmieg (1971: 26—34).

Eppler, Erhard: Die Qualität des Lebens, 1973, in: IG-Metall (1973: Band 1, 86—101).

Esenwein-Rothe, Ingeborg: Theorie der Wirtschaftsstatistik, in: Kompendium der Volkswirtschaftslehre. Göttingen: Vandenhoeck & Ruprecht 1969 (2. Aufl.).

Esser, J./Naschold, F./Väth, W. (Hg.): Gesellschaftsplanung in kapitalistischen und sozialistischen Systemen. Gütersloh: Bertelsmann 1972.

Etzioni, Amitai: The Moon-Doggle. Domestic and International Implications of the Space Race. New York: Doubleday 1964.

—: The Active Society. A Theory of Societal and Political Processes. London/New York: Collier-Macmillan, Free Press 1968.

Etzioni, Amitai/Lehmann, Edward W.: Some Dangers in ‚valid' Social Measurement, 1969, in: Gross (1969: 45—62).

Eynern, Gert von (Hg.): Wörterbuch zur politischen Ökonomie. Opladen: Westdeutscher Vlg. 1973.

Fehl, Gerhard: Informations-Systeme in der Stadt und Regional-Planung. Stuttgart/ Bern: (in Kommission) Krämer Vlg. 1970.

—: Information ist alles . . . Anmerkungen zu staatlich-kommunalen Informations-Verbund-Systemen in der BRD, 1972, in: Fehl/Fester/Kuhnert (1972: 264—314).

Fehl, Gerhard/Fester, M./Kuhnert, N. (Hg.): Planung und Information. Materialien zur Planungsforschung. Gütersloh: Bertelsmann 1972.

Ferris, Abbott L.: Indicators of Trends in American Education. New York: Russell Sage 1969.

—: Indicators of Change in the American Family. New York: Russell Sage 1970.

—: Indicators of Trends in the Status of American Women. New York: Russel Sage 1971.

—: Indicators of Change in Health Status. New York: Russell Sage 1972.

Fester, Marc: Vorstudien zu einer Theorie kommunikativer Planung. Arch-Plus, 12, 1970, 42—72.

Firestone, Joseph M.: The Development of Social Indicators from Content Analysis of Social Documents. Policy Sciences, Vol. 3, Nr. 2, 1972, 249—263.

Fisher, Irving: The Making of Index Numbers. A Study of their Varieties, Tests and Reliabilities. Boston/New York: 1922; Reprint Kelley 1967.

Flaskämper, Paul: Theorie der Indexzahlen. Beitrag zur Logik des statistischen Vergleichs (= Sozialwissenschaftliche Forschung H. 7). Berlin/Leipzig: de Gruyter 1928.

—: Indexzahlen. Handwörterbuch der Sozialwissenschaften, Göttingen 1956.

—: Allgemeine Statistik. Theorie, Technik und Geschichte sozialwissenschaftlicher Statistik. Hamburg: Meiner 1959.

Forrester, J. W.: World Dynamics. Cambridge, Mass.: Wright Allan 1971.

Fox, Ursula: Ökonomische Hebel als Instrument der Planung und Leistungsmobilisierung im polnischen Industriebetrieb. Berichte des Bundesinstituts f. ost-

wissenschaftliche und internationale Studien, Köln, Nr. 6. 1973.
Frank, Jürgen/Roloff, Otto: Sozialberichterstattung: Administratives Steuerungsinstrument oder wissenschaftliche Analyse. Univ. Regensburg 1972 (mimeo).
Freyer, Hans: Herrschaft und Planung. Zwei Begriffe der politischen Ethik. Hamburg 1933.
Friedrichs, Jürgen: Methoden empirischer Sozialforschung. Reinbek bei Hamburg: Rowohlt 1973.
Fuchs, Peter: Konjunkturreport 1963—1967. Berlin: Netz Vlg. 1972 a
—: Konjunkturreport 67—72. Berlin: Netz Vlg.1972 b.
Fürstenberg, Friedrich: Die Sozialstruktur der Bundesrepublik Deutschland. Opladen: Westdeutscher Vlg. (UTB) 1972.

Gabor, Dennis: Open-Ended Planning, 1969, in: Jantsch (1969).
Galbraith, John K.: Die moderne Industriegesellschaft. Frankfurt/Wien/Zürich: Droemer/Knaur 1968.
Galnoor, Itzhak (Ed.): Social Information for Developing Countries. The Annals of the American Academy of Political and Social Science, Vol. 393, Jan. 1971.
—: Social Information for What? 1971 a, in: Galnoor (1971: 1—19).

Galtung, Johan: Theory and Methods of Social Research. Oslo/New York: Universitetsforlaget, Columbia Univ. Press 1969.
Gastil, Raymond D.: Social Indicators and Quality of Life. Public Administration Review, 6, 30, Nov.—Dec. 1970.
Gehlen, Arnold: Der Mensch. Bonn: Athenäum 1950.
Gendell, Murray/Zetterberg, Hans L. (Eds.): A Sociological Almanach for the United States. Totowa, N. J.: 1961.
Gesellschaftliche Daten 1973 in der Bundesrepublik Deutschland. Hg.: Presse- und Informationsamt der Bundesregierung. Bonn 1973.

Girardeau, Catherine: Social Indicators. Social Science Information Vol. 11, Nr. 3/4, 1972.
—: Towards a System of Social Statistics. Social Science Information Vol. 11, Nr. 3/4, 1972 a.
Gitter, Georg A.: Factor Analytical Approach to Indexing. Boston: Boston Univ. 1970 (mimeo).
Gleitze, Bruno (Hg.): Wirtschafts- und sozialstatistisches Handbuch. Köln: Bund Vlg. 1960.
Goldberger, Arthur S./Duncan, Otis D. (Eds.): Structural Equation Models in the Social Sciences. New York/London: Seminar Press 1973.

Goldsmith, R. W./Lipsey, R. E./Mendelson, M.: Studies in the National Balance Sheet of the United States. 2 Bände. Princeton, N. J.: Princeton Univ. Press 1962.
Gottschalch, Wilfried: Bedingungen und Chancen politischer Sozialisation. Frankfurt a. M.: Fischer 1972.
Gouldner, Alvin W.: Reziprozität und Autonomie in der funktionalen Theorie, 1967, in: Hartmann (1967: 293—309).
Grauhan, Rolf-Richard (Hg.): Großstadtpolitik. Texte zur Analyse und Kritik lokaler Demokratie. Gütersloh: Bertelsmann 1972.
Graybill, F. A.: An Introduction to Linear Statistical Models. Vol. I, New York/Toronto/London: McGraw Hill 1961.
Green, Bert F.: Attitude Measurement, 1954, in: Lindzey, G. (Ed.): Handbook of Social Psychology, Vol. 1, Cambridge, Mass.: Addison/Wesley 1954, 335—404.
Gross, Bertram M.: The Social State of the Union. Trans-action, Vol. 3, No. 1, Nov.—Dec. 1965, 14—17.

—: Planning: Let's not leave it to the Economists. Challenge, 14, Sept.—Oct. 1965 a.
—: A Historical Note on Social Indicators, 1966 a, in: Bauer (1966: IX—XVIII).
—: Let's have a Real State of the Union Message. Challenge, 14, May—June 1966 b.
—: The State of the Nation: Social Systems Accounting, 1966 c, in: Bauer (1966: 154—271).
—: (Ed.): Social Intelligence for America's Future. Explorations in Societal Problems. Boston: Allyn and Bacon 1969.
Gross, Bertram M./Springer, Michael: Developing Social Intelligence, 1969, in: Gross (1969: 3—44).
Gross, Bertram M./Springer, Michael (Eds.): Political Intelligence for America's Future. The Annals of the American Academy of Political and Social Science, Vol. 388, March 1970., New York:
Gurin, G./Veroff, J./Feld, S.: Americans view their Mental Health. New York: Basic Books 1960.
Guttman, Louis: Social Problem Indicators, 1971, in: Galnoor (1971: 40—46).

Habermas, Jürgen: Strukturwandel der Öffentlichkeit. Untersuchungen zu einer Kategorie der bürgerlichen Gesellschaft. Neuwied/Berlin: Luchterhand 1962 ff.
—: Verwissenschaftlichte Politik in demokratischer Gesellschaft, 1966, in: Krauch/Kunz/Rittel (1966).
—: Technik und Wissenschaft als „Ideologie". Frankfurt a. M.: Suhrkamp 1968.
—: Erkenntnis und Interesse. Frankfurt a. M.: Suhrkamp 1968 a.
—: Gegen einen positivistisch halbierten Rationalismus, 1969, a, in: Adorno et al. (1969: 235—266).
—: Analytische Wissenschaftstheorie und Dialektik, 1969 b, in: Adorno et al. (1969: 155—192).
—: Arbeit, Erkenntnis, Fortschritt. Aufsätze 1954—1970. Amsterdam: de Munter 1970.
—: Theorie und Praxis. Sozialphilosophische Studien. Frankfurt a. M.: Suhrkamp 1971 a.
—: Theorie der Gesellschaft oder Sozialtechnologie? Eine Auseinandersetzung mit Niklas Luhmann, 1971 b, in: Habermas/Luhmann (1971: 142—290).
—: Vorbereitende Bemerkungen zu einer Theorie der kommunikativen Kompetenz, 1971 c, in: Habermas/Luhmann (1971: 101—141).
—: Legitimationsprobleme im Spätkapitalismus. Frankfurt a. M.: Suhrkamp 1973.
Habermas, Jürgen/Luhmann, Niklas: Theorie der Gesellschaft oder Sozialtechnologie. Was leistet die Systemforschung? Frankfurt a. M.: Suhrkamp 1971.
Hahn, Erich: Historischer Materialismus und marxistische Soziologie. Berlin: Dietz 1968.
Halbwachs, Maurice: L'évaluation des besoins des classes ouvrières. Paris 1933.
Halsey, A. H. (Ed.): Trends in British Society since 1900. London/Basingstoke: MacMillan Press 1972.
Harder, Theodor: Dynamische Modelle in der empirischen Sozialforschung. Stuttgart: Teubner 1973.
Harman, Harry H.: Modern Factor Analysis. Chicago, Ill.: Univ. of Chicago Press 1967 (2. Aufl.).
Harnischfeger, Horst: Planung in der sozialstaatlichen Demokratie. Neuwied/Berlin: Luchterhand 1969.
Harris, Chester W.: Problems in Measuring Change. Madison/Milwaukee/London: Univ. of Wisconsin Press 1963.
Hartmann, Heinz (Hg.): Moderne Amerikanische Soziologie. Neuere Beiträge zur soziologischen Theorie. Stuttgart: Enke 1967.

Hauser, Philip: Testimony before the Senate Subcommittee on Governmental Research of the Committee on Governmental Operations. American Psychologist, Vol. 22, No. 11, Nov. 1967.

Hauser, Siegfried/Lörcher, Siegfried: „Lebensstandard" und „Sozialprodukt". Ein Vergleich BRD — Japan. Konjunkturpolitik, 19. Jg., H. 2, 1973, 81—116.

Havelock, Ronald G.: Planning for Innovation through dissemination and utilization of Knowledge. Institute for Social Research, Ann Arbor, Mich. 1969.

Heilbronner, Robert L.: Hat der Kapitalismus eine Zukunft? 1973, in: IG-Metall (1973: Band 1, 146—168).

Henriot, Peter J.: Political Questions about Social Indicators. The Western Political Science Quarterly, Vol. 23, June 1970, 235—255.

—: Political Implications of Social Indicators. Chicago, Ill.: 1971 (mimeo).

—: Political Aspects of Social Indicators: Implications for Research (= Social Science Frontiers 4). New York: Russell Sage 1972.

Henry, Nicholas: The Future as Information. Futures, Vol. 5, Nr. 4, August 1973.

Hensel, Paul K.: Das Verhältnis von Allokation und Wirtschaftssystemen, 1970, in: Boettcher (1970).

Herder-Dorneich, Philipp: Zur Theorie der sozialen Steuerung. Köln: Kohlhammer 1965.

Hirsch, Joachim: Wissenschaftlich-technischer Fortschritt und politisches System. Organisation und Grundlagen administrativer Wissenschaftsförderung in der BRD. Frankfurt a. M.: Suhrkamp 1970.

Hofmann, Werner: Gesellschaftslehre als Ordnungsmacht. Die Werturteilsfrage heute. Berlin: Duncker & Humblot 1961.

—: Das Wachstum der deutschen Wirtschaft seit der Mitte des 19. Jahrhunderts. Berlin/Heidelberg/New York 1965.

Hofstätter, Peter R. (Hg.): Psychologie. Das Fischer Lexikon. Frankfurt a. M.: Fischer 1957 ff.

Holm, Kurt: Zuverlässigkeit von Skalen und Indizes. Gültigkeit von Skalen und Indizes. Kölner Zeitschrift für Soziologie und Sozialpsychologie, 22. Jg., 1970, 353—386, 693—714.

Homans, George C: Soziales Verhalten als Austausch, 1967, in: Hartmann (1967: 173—185).

Hondrich, Karl O.: Systemtheorie als Instrument der Gesellschaftsanalyse. Forschungsbezogene Kritik eines Theorieansatzes. Soziale Welt, Jg. 23, H. 1, 1972.

—: Theorie der Herrschaft. Frankfurt a. M.: Suhrkamp 1973 a.

—: Bedürfnisorientierung und soziale Konflikte. Zur theoretischen Begründung eines Forschungsprogramms. Zeitschrift für Soziologie, Jg. 2, H. 3, Juli 1973 b.

Horkheimer, Max: Kritische Theorie. Eine Dokumentation. Herausgegeben von Alfred Schmidt. 2 Bände. Frankfurt a. M.: S. Fischer Vlg. 1968.

Horowitz, Irving Louis: Philosophy Science and the Sociology of Knowledge. Springfield 1961.

—: The Use and Abuse of Social Sciences. New Brunswick, N. J.: Transaction Books 1971.

Iblher, Peter/Jansen, Georg-Dietrich: Die Bewertung städtischer Entwicklungsalternativen mit Hilfe sozialer Indikatoren. Dargestellt am Beispiel der Stadt Zürich. (= Wirtschaftspolitische Studien 29). Göttingen: Vandenhoeck & Ruprecht 1972.

Industriegewerkschaft Metall: Aufgabe Zukunft. Qualität des Lebens. Beiträge zur vierten internationalen Arbeitstagung der IG-Metall für die BRD, 10 Bände. Frankfurt a. M.: Europäische Verlagsanstalt 1973.

Janowitz, Morris: Professionalization of Sociology. American Journal of Sociology, Vol. 78, Nr. 1, July 1972.

Jantsch, Erich (Ed.): Perspectives of Planning. OECD, Paris 1969.
Januard, Jean-Pierre: Satellite Accounts. Social Science Information, Vol. 11, No. 3/4, 1972.
Jensen, Stefan: Der Begriff der Planung im Rahmen der Theorie sozialer Systeme. Kommunikation, Jg. VI, H. 3, 1970.
Jochimsen, Reimut: Zum Aufbau und Ausbau eines integrierten Aufgabenplanungssystems und Koordinationssytems der Bundesregierung, 1971, in: Ronge/Schmieg (1971: 184—206).
Jochimsen, Reimut/Simonis, Udo (Hg.): Theorie und Praxis der Infrastrukturpolitik, Berlin 1970.
Johnston, J.: Econometric Methods. Kogakusha etc.: McGraw-Hill 1972 (2. Aufl.).
Jones, Lyle V./Fiske, Donald W.: Models for Testing the Significance of combined Results. Psychological Bulletin, 50, Sept. 1953, 375—382.
Juster, Thomas: On the Measurement of Economic and Social Performance (= 50th Annual Report). New York: National Bureau of Economic Research, Sept. 1970.

Kaiser, H. F.: Computer Programs for Varimax Rotation in Factor Analysis. Educational and Psychological Measurement, 19, 1959, 413 ff.
Kaiser, Joseph H.: Planung I, Recht und Politik der Planung in Wirtschaft und Gesellschaft. Baden-Baden 1965.
—: Planung II, Begriff und Institut des Plans. Baden-Baden 1966.
—: Planung III, Mittel und Methoden planender Verwaltung. Baden-Baden: 1968.
—: Planung IV, neue integrierte Systeme der Planung, Budgetierung und Steuerung. Baden-Baden: 1971.
Kamrany, Nake M./Christakis, Alexander N.: Social Indicators in Perspective. Socioeconomic Planning Sciences 4, 1970.
Kantzenbach, Erhard: Die Funktionsfähigkeit des Wettbewerbs. Göttingen 1966.
Kellerer, Hans: Statistik im modernen Wirtschafts- und Sozialleben. Reinbek bei Hamburg: Rowohlt 1960 ff.
Kennan, Erlend A./Harvey, Edmund H.: A Critical Examination of NASA and the Space Program. New York: Morrow 1969.
Kerlinger, Fred N.: Foundations of Behavioral Research. Educational and Psychological Inquiry. New York etc.: Holt, Rinehart and Winston 1964.
Kern, Horst/Schumann, Michael: Industriearbeit und Arbeiterbewußtsein. 2 Bände, Frankfurt/a. M.: Europäische Vlg. Anstalt 1970.
Klages, Helmut: Soziologie zwischen Wirklichkeit und Möglichkeit. Köln/Opladen: Westdeutscher Vlg. 1968.
—: Planungspolitik. Probleme und Perspektiven der umfassenden Zukunftsgestaltung. Stuttgart: Kohlhammer 1971.
—: Assessment of an Attempt at a System of Social Indicators. Policy Sciences, 4, Nr. 3, 1973, 249—261.
Klaus, Georg: Die Macht des Wortes. Ein erkenntnistheoretisch-pragmatisches Traktat. Berlin: Dt. Verlag der Wissenschaften 1964 ff.
—: (Hg.): Wörterbuch der Kybernetik. 2 Bände. Frankfurt a. M.: S. Fischer 1969.
Kluckhohn, Clyde: Toward a Comparison of Value Emphasis in Different Cultures, in: White, Leonard (Ed.): The State of the Social Sciences, Chicago, Ill., 1956.
Knowledge into Action. Improving the Nation's Use of the Social Sciences, Ed.: Special Commission on the Social Sciences of the National Science Board. Washington: Government Printing Office 1969.
Koch, Claus/Senghaas, Dieter (Hg.): Texte zur Technokratiediskussion. Frankfurt a. M.: Europäische Verlagsanstalt 1970.
Koelle, H. H.: Ein Zielfindungsexperiment über die Qualität des Lebens, 1. Zwi-

schenbericht. Analysen und Prognosen, H. 24, Nov. 1972.

König, René (Hg.): Handbuch der empirischen Sozialforschung. Band 1. Stuttgart: Enke 1967.

Kofler, L.: Das Prinzip der Arbeit in der Marxschen und Gehlenschen Anthropologie. Schmollers Jahrbuch 1958.

Kohlmey, Gunther: Planen als Regeln und Steuern, in: Probleme der politischen Ökonomie (= Jahrbuch des Instituts für Wirtschaftswissenschaften, Band 11). Deutsche Akademie der Wissenschaften, Berlin: Akademieverlag 1968.

Kraft, Victor: Grundlagen einer wissenschaftlichen Wertlehre. Wien: Springer 1951 (2. Aufl.).

Krauch, Helmut: Computer-Demokratie. Düsseldorf: Vlg. des Vereins Deutscher Ingenieure 1972.

Krauch, Helmut/Kunz, W./Rittel, H. (Hg.): Forschungsplanung. München/Wien: Oldenbourg 1966.

Krengel, R.: Anlagevermögen, Produktion und Beschäftigung im Gebiet der Bundesrepublik von 1924–1956 (=Deutsches Institut für Wirtschaftsforschung, Sonderhefte N. F. 42). Berlin 1958.

Krieger, Martin H.: Planning for an Affect Based Society: Prediction, Indicators and Structure, Institute for Urban and Regional Development, Univ. of California. Berkeley, Calif.: 1971 (mimeo).

—: Social Indicators and the Life Cycle. Socio-Economic Planning Sciences, Vol. 6, 1972, 305–317.

Kuhnert, Nikolaus: Regelkreis und Planung oder „Law and Order" in der Planungstheorie, 1972, in: Fehl/Fester/Kuhnert (1972: 120–126).

Land, Kenneth C.: On the Definition of Social Indicators. The American Sociologist, Vol. 6, Nov. 1971, 322–325.

Land, Kenneth C./Spilerman, L. (Eds.): Social Indicator Models. New York: Russell Sage 1975.

Lazarsfeld, Paul F.: Problems in Methodology, 1959, in: Merton/Broom/Cottrell (1959: 39–78).

Lazarsfeld, Paul F./Rosenberg, Morris: The Language of Social Research. New York/London: The Free Press, Collier/McMillan 1955.

Lazarsfeld, Paul F./Sewell, William H./Wilensky, Harold L. (Eds.): The Uses of Sociology. New York: Basic Books 1967.

Leipert, Christian: Soziale Indikatoren. Ein Überblick über den Stand der Diskussion. Konjunkturpolitik, 14, 1973, 204 ff.

Lindblom, Charles: The Intelligence of Democracy. Decision Making through Mutual Adjustment. New York 1965.

Lompe, Klaus: Wissenschaftliche Beratung der Politik. Ein Beitrag zur Theorie anwendender Sozialwissenschaften. Göttingen: Schwartz 1966.

—: Gesellschaftspolitik und Planung. Probleme politischer Planung in der sozialstaatlichen Demokratie. Freiburg i. Br.: Rombach 1971.

Loschelder, W./Klüber, H.: Die Wahrung der öffentlichen Sicherheit und Ordnung in ihrem Verhältnis zur Leistungsverwaltung. Deutsches Verwaltungsblatt, 72, 1956, 819 ff.

Luhmann, Niklas: Soziologische Aufklärung. Aufsätze zur Theorie sozialer Systeme. Köln/Opladen: Westdeutscher Vlg. 1970.

—: Politische Planung. Aufsätze zur Soziologie von Politik und Verwaltung. Opladen: Westdeutscher Vlg. 1971.

—: Komplexität und Demokratie, 1971 a, in: Luhmann (1971: 35–45).

Lyden, Fremont/Miller, Ernest G. (Eds.): Planning–Programming–Budgeting — A Systems Approach to Management. Chicago 1967.

Lyons, Gene M. (Ed.): Social Science and the Federal Government. The Annals of the American Academy of Political and Social Science, Vol. 394, March 1971.

—: Social Science and the Federal Government: An Introductory Note, 1971 a, in: Lyons (1971: 1—3).

Machlup, Fritz: The Production and Distribution of Knowledge in the United States. Princeton, N. J.: Princeton Univ. Press 1962.

Mackensen, Rainer: Attraktivität der Großstadt — ein Sozialindikator. Analysen und Prognosen, H. 16, Juli, 1971, 17—20.

Mackensen, Rainer/ Eckert, Wolfram: Zur Messung der Attraktivität von Großstädten. Analysen und Prognosen, H. 11, 1970, 10—14.

Maier, Helmut: Eine statistische Analyse zum Thema Lebensstandard in sechs EWG-Ländern mit planungstheoretischen Konsequenzen. Diss. Freie Universität Berlin, FB Politische Wissenschaft, Berlin 1972.

Maiminas, E. S.: Planungsprozesse. Informationsaspekt. Berlin: Vlg. Die Wirtschaft 1972.

Malizia, Emil E.: Measurement Tests for Evaluation of Social Indicators. Socio-Economic Planning Sciences, Vol. 6, 1972, 421—429.

Mandel, Ernest: Einführung in die marxistische Wirtschaftstheorie. Frankfurt a. M.: Vlg. Neue Kritik 1967.

—: Marxistische Wirtschaftstheorie. 2 Bände. Frankfurt a. M.: Suhrkamp 1972 (1968).

Mannheim, Karl: Freedom, Power and Democratic Planning. London: Routledge/ Kegan Paul 1951.

—: Wissenssoziologie. Auswahl aus dem Werk. Berlin/Neuwied: Luchterhand 1964.

—: Mensch und Gesellschaft im Zeitalter des Umbaus. Bad Homburg/Berlin/Zürich 1967 (1935). Akadem. Verlagsges. Athenaion.

Markley, O. W.: Alternative Futures: Contexts in which Social Indicators must Work. Standford Research, Institute, Educational Policy Research Center. Menlo Park, Calif., 1970 (mimeo).

Marx, Karl: Das Kapital. Kritik der politischen Ökonomie. 3 Bände (MEW Bd. 23, 24, 25). Berlin: Dietz 1971.

Maslow, A. H.: Motivation and Personality. New York: Harper 1953.

Matho, Fred: Planung und ökonomische Stimulierung. Einheit, 28. Jg, Nr. 3, 1973, 293—298.

Mayntz, R./Holm, K./Hübner, P.: Einführung in die Methoden der empirischen Soziologie. Köln/Opladen: Westdeutscher Vlg. 1969.

Mazlish, Bruce (Ed.): The Railroad and the Space Program. An Exploration in Historical Analogy. Cambridge, Mass./London: MIT Press 1966.

McKennell, Aubrey: Monitoring the Quality of National Life: A Commentary, Nov. 1970 (mimeo).

Meadows, D./Meadows, D. L./Randers, J. Behrens III, W. W.: The Limits of Growth. New York: Universe Books 1972.

Menges, Günter/Skala, Heinz J.: Statistik II: Daten. Opladen: Westdeutscher Vlg. 1973.

Merriam, Ida C.: Welfare and its Measurement, 1968, in: Sheldon/Moore (1968: 721—804).

Merton, R./Broom L./Cottrell, L. S. jr.: Sociology Today. New York: Basic Books 1959.

Mesarović, M./Pestel, E.: Menschheit am Wendepunkt. 2. Bericht an den Club of Rome zur Weltlage. Stuttgart: Deutsche Verlags-Anstalt 1974.

Meyer-Eppler, W.: Grundlagen und Anwendungen der Informationstheorie. Berlin/ Göttingen/Heidelberg: Springer 1959 ff.

Miller, G. A./Galanter, E./Pribram K. H.: Plans and the Structure of Behavior. New York 1960.

Mishan, E. J.: The Costs of Economic Growth. London 1967.

Mohr, Hans: Wissenschaft und menschliche Existenz. Freiburg: Rombach 1967.

Mondale, Walter F.: Some Thoughts on „Stumbling into the Future". American Psychologist, Vol. 22, Nr. 11, Nov. 1967, 970—973.

—: Senate Bill 5. Introduction of Bill — Full Opportunity Act of 1969. Congressional Record, Senate, Jan. 15, 1969, 780—786.

Moornitz, Maurice/Littleton, Ananias (Eds.): Significant Accounting Essays. Englewood Cliffs, N. J.: Prentice Hall 1965.

Moss, Milton: New Directions in the federal Information System. The American Statistician, Vol. 23, April 1969, 25—29.

Moynihan, Daniel P.: News Briefing on the Function of the Staff. July 12, 1969. Weekly Compilation of Presidential Documents, July 21, 1969, 985—988.

—: The Urban Environment: General, 1969 a, in: Gross (1969: 495—520).

—: Maximum feasable Misunderstanding: Community Action in the War on Poverty. New York 1969 b.

Münch, Richard: Soziologische Theorie und historische Erklärung. Zeitschrift für Soziologie, H. 2, Jg. 2, April 1973.

Münke, Stephanie: Die mobile Gesellschaft. Einführung in die Sozialstruktur der BRD. Stuttgart: Kohlhammer 1967.

Musgrave, R. A.: Fiscal Systems. New Haven: Yale Univ. Press 1969.

Myrdal, Gunnar: An American Dilemma. New York: Harper and Brothers 1944.

Nagel, Ernest: The Structure of Science. Problems in the Logic of Scientific Explanation. New York/Burlingame 1961.

Narr, Wolf-Dieter: Theoriebegriffe und Systemtheorie (= Narr/Naschold, Einführung in die moderne politische Theorie I). Stuttgart: Kohlhammer 1971.

—: Soziale Indikatoren — Kommentar aus der Sicht des Politikwissenschaftlers, 1972, in: Zapf (1972: 148—158).

Narr, Wolf-Dieter/Naschold, Frieder: Theorie der Demokratie (= Einführung in die moderne politische Theorie III). Stuttgart: Kohlhammer 1971.

Naschold, Frieder: Organisation und Demokratie. Stuttgart: Kohlhammer 1969.

—: Demokratie und Komplexität, 1970, in: Koch/Senghaas (1970: 246—280).

—: Anpassungsplanung oder politische Gestaltungsplanung? Zur politischen Planung in der BRD am Beispiel der mehrjährigen Finanzplanung, in: Steffani, W.: Pluralismus ohne Transparenz. Opladen 1971, 69 ff.

—: Zur Politik und Ökonomie von Planungssystemen, 1972, in Fehl/Fester/Kuhnert (1972: 69—119).

—: Gesellschaftsreform und politische Planung, 1973, in: Naschold/Väth (1973: 59—98).

Naschold, Frieder/Väth, Werner (Hg.): Politische Planungssysteme. Opladen: Westdeutscher Vgl. 1973.

Naville, Pierre: Die Zunkunft der Industriegesellschaft, 1973, in: IG-Metall (1973: Band 1, 200—217).

Negt, Oskar/Kluge, Alexander: Öffentlichkeit und Erfahrung. Zur Organisationsanalyse von bürgerlicher und proletarischer Öffentlichkeit. Frankfurt a. M.: Suhrkamp 1972.

Neurath, Paul: Statistik für Sozialwissenschaftler. Stuttgart: Enke 1966.

Nie, Norman/Bent, Dale H./Hull, C. Hadlai: SPSS — Statistical Package for the Social Sciences. New York: Mc Graw-Hill 1970.

Noelle, E./Neumann, E. P.: Jahrbuch der öffentlichen Meinung 1958—1964. Allensbach/Bonn 1965.

—: Jahrbuch der öffentlichen Meinung 1965—1967. Allensbach/Bonn 1967.
Nordhaus, William/Tobin, James: Economic Growth (= National Bureau of Economic Research, Fiftieth Anniversary Colloquium V). New York: Columbia Univ. Press 1972.
Norris, Eleanor L: What are we Learning from the National Assessment. American Education, Vol.7, Nr. 6, July 1971.
Nowak, Stefan: Correlational, Definitional and Inferential Indicators in Social Theory and Research. The Polish Sociological Bulletin, Nr. 1, 1964, 31—46.
Offe, Claus: Strukturprobleme des kapitalistischen Staates. Aufsätze zur politischen Soziologie. Frankfurt a. M.: Suhrkamp 1972
Olson, Mancur: Zur Logik des kollektiven Verhaltens. Tübingen: J. C. B. Mohr (Siebeck) 1968.
—: Economics, Sociology, and the best of all possible Worlds. The Public Interest, Vol. 12, 1968 a, 96—118.
—: Social Indicators and Social Accounts. Socio-Economic Planning Sciences, Vol. 2, 1969 a, 335—346.
—: The Plan and Purpose of a Social Report. The Public Interest, Vol. 15, 1969 b, 85—99.
—: New Problems for Social Policy: The Rationale of Social Indicators and Social Reporting. International Institute for Labor Studies, Bulletin No. 7, June 1970.
Opp, Karl-Dieter: Methologie der Sozialwissenschaften. Einführung in Probleme ihrer Theorienbildung. Reinbek bei Hamburg: Rowohlt 1970.
Organisation for Economic Co-operation and Development: Social Indicators. Recommended List. Paris 1972 (mimeo).
Osterland, M./Deppe, W./Gerlach, F./Mergner, U./Pelte, K./Schlösser, M.: Materialien zur Lebens- und Arbeitssituation der Industriearbeiter in der BRD. Frankfurt a. M.: Europäische Verlagsanstalt 1973.
Ozbekhan, H.: Toward a General Theory of Planning, 1969, in: Jantsch (1969: 111—159).

Pappi, Franz-Urban: Bedeutung von Umfragearchiven und Umfragedaten für die Konstruktion sozialer Indikatoren, 1972, in: Zapf (1974 a: 124—129).
Parsons, Talcott: The Present Position and Prospects of systematic Theory in Sociology, in: Essays in Sociological Theory, Glencoe, Ill.: The Free Press 1954 (2. veränderte Aufl.).
—: General Theory in Sociology, 1959, in: Merton et al. (1959: 3—38).
—: Societies, Evolutionary and Comparative Perspectives. Englewood Cliffs 1966.
Parsons, Talcott/Shils, Edward A. (Eds.): Toward a General Theory of Action. New York: Harper and Row etc. 1951 ff.
Perloff, Harvey S.: The Future of the US Government. 1971 (mimeo).
Pfanzagl, Johann: Allgemeine Methodenlehre der Statistik. Berlin: de Gruyter 1965.
—: Theory of Measurement. Würzburg/Wien: Physica 1968.
Phillips, Derek: Social Participation and Happiness. American Journal of Sociology, Vol. 72, No. 5, March 1967.
Plessas, Demetrius J./Fein, Ricca: An Evaluation of Social Indicators. Journal of the American Institute of Planners, Vol. 38, No. 1, Jan. 1972.
Popper, Karl R.: Das Elend des Historizismus. Tübingen: J. C. B. Mohr (Siebeck) 1965.
—: Logik der Forschung. Tübingen: J. C. B. Mohr (Siebeck) 1971 (4. verb. Aufl.).
Rauball, R.: Umweltschutz. Berlin: de Gruyter 1972.
Recktenwald, Horst (Hg.): Finanztheorie. Köln/Berlin: Kiepenheuer & Witsch 1969.

Reigrotzki, Erich: Soziale Verflechtungen in der Bundesrepublik. Elemente sozialer Teilnahme in Kirche, Politik, Organisation und Freizeit. Tübingen: Mohr 1956.
Rice, Stuart A.: Social Accounting and Statistics for the Great Society. Public Administration Review, 27, 1967, 169 ff.
Richard, Robert: Subjective Social Indicators. Chicago: National Opinion Research Center 1969 (mimeo).
Richta, Radovan (Hg.): Politische Ökonomie des 20. Jahrhunderts. Frankfurt a. M.: Makol Vlg. 1971.
Rieger, Hans Ch.: Begriff und Logik der Planung. Wiesbaden: Harrassowitz 1967.
Ritsert, Jürgen/Becker, Egon: Grundzüge sozialwissenschaftlich-statistischer Argumentation. Opladen: Westdeutscher Vlg. 1971.
Robinson, J. P./Rusk, J. G./Head, K. B.: Measures of Political Attitudes. Institute for Social Research, Ann Arbor, Mich., 1971.
Robinson, J. P./Shaver, Ph. R.: Measures of Social Psychological Attitudes. Institute for Social Research, Ann Arbor, Mich., 1971.
Romney, A. K./Shepard, R. N./Nerlove, S. B. (Eds.): Multidimensional Scaling, Vol. 1: Theory, Vol. 2. Applications. University of California 1972.
Ronge, Volker: Politökonomische Planungsforschung, 1971, in: Ronge/Schmieg (1971: 137—157).
Ronge, Volker/Schmieg, Günter (Hg.): Politische Planung in Theorie und Praxis. München: Piper 1971.
—: Restriktionen politischer Planung. Frankfurt a. M.: Athenäum/Fischer 1973.
Rose, Richard: The Market for Policy Indicators, 1972, in: Shonfield/Shaw (1972: 119—141).
Rosenthal, R. A./Weiss, R. S.: Problems of Organizational Feedback Processes, 1966, in: Bauer (1966: 302—340).
Rossi, Peter H./Ornstein, Michael D.: The Impact of Labor Market Entry Factors: Illustrations from the Hopkins Social Accounts Project. Social Science Information, Vol. XI, No. 5, Oct. 1972.
Rummel, R. J.: Applied Factor Analysis. Evanston: Northwestern Univ. Press 1970.
Sachs, Lothar: Statistische Methoden. Berlin/Heidelberg/New York: Springer 1972 (3. Aufl.).
Sachverständigenrat zur Begutachtung der wirtschaftlichen Entwicklung: Konjunktur im Umbruch. Risiken und Chancen (= Jahresgutachten 1970/71). Stuttgart/Mainz: Kohlhammer 1970.
Sametz, A. W.: Production of Goods and Services: The Measurement of Economic Growth, 1968, in: Sheldon/Moore (1968: 77—96).
Samuelson, Paul A.: Volkswirtschaftslehre. Band II. Köln: Bund Vlg. 1964.
Samuelson, Robert J.: Council of Social Advisers: New Approach to Welfare Priorities? Science, Vol. 157, 1967, 49—50.
Sawhill, Isabel V.: The Role of Social Indicators and Social Reporting in Public Expenditure Decision, in: The Analysis and Evaluation of Public Expenditures Vol. 1. Washington D. C.: 1969, 473 ff.
Scharpf, Fritz W.: Planung als politischer Prozeß. Aufsätze zur Theorie der planenden Demokratie. Frankfurt a. M.: 1973.
Schelsky, Helmut: Auf der Suche nach Wirklichkeit. Düsseldorf: Diederichs 1965.
—: Über die Abstraktheit des Planungsbegriffs in den Sozialwissenschaften, 1967, in: Schlachta, 1967.
Schlachta, Karl (Hg.): Der Mensch und seine Zukunft (= Darmstädter Gespräche). Darmstadt 1967. Neue Darmstädter.
Schmid, Günther: Kritische Bemerkungen zur „Indikatorenbewegung". 1972, in: Zapf (1974 b: 243—261).

—: Funktionsanalyse und politische Theorie. Funktionalismustheorie, politisch-ökonomische Faktorenanalyse und Elemente einer genetisch-funktionalen Systemtheorie. Düsseldorf: Bertelsmann Univ. Vlg. 1974.

Schneider, Erich: Einführung in die Wirtschaftstheorie. 3 Bände. Tübingen: 1948 ff. Mohr.

Schneider, Hans G.: Die Zukunft wartet nicht. Stuttgart: Deutsche Verlags-Anstalt 1971.

Schon, Donald A.: The Diffusion of Innovation. Innovation, Vol. 6, 1969, 42—53.

—: Die lernende Gesellschaft. Neuwied/Berlin: Luchterhand 1973 (1971).

Schrader, Achim: Einführung in die empirische Sozialforschung. Stuttgart: Kohlhammer 1971.

Schultz, T. W.: Investment in Human Capital. The American Economic Review, Vol. 51, 1961, 1—17.

Schuon, Karl-Theodor: Wissenschaft, Politik und wissenschaftliche Politik. Köln: Pahl-Rugenstein 1972.

Seely, John R. et al.: Space, Society and Social Sciences. American Academy of Arts and Sciences 1962 (mimeo).

Sheldon, Eleanor B./Freeman, Howard E.: Notes on Social Indicators: Promises and Potential. Policy Sciences, 1, 1970, 97 ff.

Sheldon, Eleanor/Land, Kenneth: Social Reporting for 1970 in: Policy Sciences, Vol. 3, 1972, 137—153.

Sheldon, Eleanor/Moore, Wilbert E. (Eds.): Indicators of Social Change. Concepts and Measurements. New York: Russell Sage Foundation 1968.

Shonfield, A.: Geplanter Kapitalismus. Köln/Berlin: Kiepenheuer & Witsch 1968.

Shonfield, A./Shaw, Stella (Eds.): Social Indicators and Social Policy. London: Heinemann Educational 1972.

Sixtl, Friedrich: Meßmethoden in der Psychologie. Theoretische Grundlagen und Probleme. Weinheim: Beltz 1967.

Social Trends No. 1, 1970 ff. Ed: Central Statistical Office (Muriel Nissel). London: Her Majesty's Stationery Office 1970 ff.

Sozialbericht 1972. Hg.: Der Bundesminister für Arbeit und Sozialordnung. Bonn 1972 a.

Sozialbericht 1972. Maßnahmen und Vorhaben der Gesellschafts- und Sozialpolitik. Sozialbudget (Auszug). Hg.: Der Bundesminister für Arbeit und Sozialordnung. Bonn 1972 b.

Soziologischer Almanach. Erste Ergebnisse, von Ballerstedt, Eike/Glatzer, Wolfgang. Frankfurt 1973 (mimeo).

Sprague, Charles E.: The Philosophy of Accounts. New York: Ronald Press 1922 (1907).

Springer, Michael: Social Indicators, Reports, and Accounts: Toward the Management of Society, 1970, in Gross/Springer (1970: 1—13).

Stachowiak, Herbert: Denken und Erkennen im kybernetischen Modell. Wien/New York: Springer 1969 (2. Aufl.).

—: Grundriß einer Planungstheorie. Kommunikation, H. 1. Jg. VI, 1970.

Stagner, Ross: Perceptions, Aspirations, Frustrations, and Satisfactions: an Approach to Urban Indicators, 1970, in: Gross/Springer (1970: 59—68).

Stanford Research Institute, Educational Policy Research Center: Toward Master Social Indicators. Menlo Park, Calif., 1969 (mimeo).

Statistisches Bundesamt: Das Arbeitsgebiet der Bundesstatistik. Stuttgart/Mainz: Kohlhammer 1971.

Steinbuch, Karl: Die informierte Gesellschaft. Stuttgart: Deutsche Verlags-Anstalt 1966.

Stöppler, Siegmar: Mathematik für Wirtschaftswissenschaftler. Lineare Algebra und ökonomische Anwendung. Opladen: Westdeutscher VLg. (UTB) 1972.

Stone, Leroy O. (Ed.): An Integrated System of Demographic, Manpower and Social Statistics and its Links with the System of National Economic Accounts. UN Economic and Social Council, Statistical Commission, E/CN. 3/394, 1970.

—: Demographic Input-Output: An Extension of Social Accounting, in: Carter, A. P./Brody A. (Eds.): Input-Output Analysis, Amsterdam/London: 1970 a.

—: Some Principles for a System of Socio-demographic Statistics. Socio-Economic Planning Sciences, Vol. 7, 1973, 661–680.

Stouffer, S. A. et al.: Measurement and Prediction. Princeton, N. J. 1950.

Strümpel, Burkhard: Soziale Indikatoren. Fieberkurve der Nation. Wirtschaftsdienst, H. 6, 1971, 301–305.

Suppes, Patrick/Zinnes, Joseph L.: Basic Measurement Theory, 1963, in: Handbook of Mathematical Psychology, Eds: Luce, R. D./Bush, R. R./Galanter, E., New York/London 1963.

Svoboda, Helmut: Die Qualität des Lebens. Vom Wohlstand zum Wohlbefinden. Stuttgart: Dt. Verlags-Anstalt 1973.

Taeuber, Karl E.: Toward a Social Report: A Review Article. The Journal of Human Resources, Vol. 5, Summer 1970, 345 ff.

Taylor, Rattrey G.: Das Selbstmordprogramm. Zukunft oder Untergang der Menschheit. Frankfurt a. M. Fischer 1971.

Tenbruck, Friedrich H.: Zu einer Theorie der Planung, 1971, in: Ronge/Schmieg (1971: 91–117).

—: Zur Kritik der planenden Vernunft. Freiburg/München: Alber 1972.

Thurstone, L. L.: A Law of Comparative Judgement. Psychological Review, 34, 1927, 273–286.

—: Multiple Factor Analysis. Chicago 1961 (6. Aufl.).

Timm, Herbert: Das Gesetz der wachsenden Staatsausgaben, 1969, in: Recktenwald (1969: 248–263).

Torgerson, Warren S.: Theory and Method of Scaling. New York 1958 ff.

Toward a Social Report. Ed.: The U. S. Department of Health, Education and Welfare. Ann Arbor, Mich.: The Univ. of Michigan Press 1970 (1969).

Toward Balanced Growth, Ed.: National Goals Research Staff. Washington D. C.: US Government Printing Office 1970.

Tunstall, Daniel: Developing a Social Statistics Publication. American Statistical Association, Annual Meeting, Detroit 1970, 107–113.

Udall, Stuart L.: Population, Parenthood, and the Quality of Life, 1968, in: Udall, Stuart (Ed.): 1976, Agenda for Tomorrow. New York 1968.

Überla, Karl: Faktorenanalyse. Eine systematische Einführung für Psychologen, Mediziner, Wirtschafts- und Sozialwissenschaftler. Berlin/Heidelberg/New York: Springer 1971 (2. Aufl.).

Umpleby, Stuart: Citizen Sampling Simulation. A Method for Involving the Public in Social Planning. Policy Sciences, Vol. 1, Nr. 3, 1970, 361–375.

US Department of Health, Education and Welfare: Health, Education and Welfare Indicators, Sept. 1960–Febr. 1967. Washington D. C.: U S Government Printing Office 1960 ff.

US National Academy of Sciences/Social Sciences Research Council: Behavioral and Social Sciences: Outlook and Needs. Englewood Cliffs, N. J.: Prentice Hall 1969.

US National Commission on Technology, Automation, and Economic Progress: Technology and the American Economy. Washington D. C.: US Government Printing Office 1966.

US National Science Board/National Science Foundation: Knowledge into Action: Improving the Nation's Use of the Social Sciences. Report of the Special Commission on the Social Sciences 1969.

US President Research Committee on Social Trends. Recent Social Trends. New York: McGraw Hill 1933.

US President Commission on National Goals. Goals for Americans. New York: Prentice Hall 1960.

US President Science Advisory Committee, Life Science Panel: Strengthening the Behavioral Sciences. Washington D. C.: Government Printing Office 1962.

US President: Message to Congress, March 1, 1966. Weekly Compilation of Presidential Documents, Monday, March 7, 1966.

US President: Statement by the President upon the Announcing the Establishment of the Staff within the White House, July 12, 1969. National Goals Research Staff Announcement, Weekly Compilation of Presidential Documents July 21, 1969.

US Senate Bill S. 836: Testimony before the Senate Subcommittee on Government Research. American Psychologist, Vol. 22, Nr. 11, Nov. 1967.

US Senate Bill S. 843: Testimony before the Senate Subcommittee on Governmental Research. American Psychologist, Vol. 22, No. 11, Nov. 1967.

Vajna, Thomas: Wie der „Gesamtindikator" verbessert werden könnte. Wirtschaftswoche, 16. 4. 1971, 60 ff.

Veldman, Donald J.: Fortran Programming for the Behavioral Sciences. New York: Holt, Rinehart and Winston 1967.

Wachs, Martin/Kumagai, T. Gordon: Physical Accessibility as a Social Indicator. Socio-Economic Planning Sciences, Vol. 7, 1973, 437 ff.

Wagenführ, Rolf: Statistik leicht gemacht. Band I: Einführung in die deskriptive Statistik. Köln: Bund Vlg. 1971 (6. Aufl.).

Wagenführ, Rolf/Tiede, M./Voss, W.: Statistik leicht gemacht. Band II. Köln: Bund Vlg. 1971.

Weber, Max: Soziologie, weltgeschichtliche Analysen, Politik. Hg.: Winckelmann, Johannes. Stuttgart: Kröner 1964.

Weber, A./Albert, H./Kade, G.: Werte. Artikel in: Handwörterbuch der Sozialwissenschaften 11. Band. Stuttgart/Tübingen/Göttingen 1961.

Werner, Rudolf: Zur Problematik subjektiver Indikatoren, 1973 a, in: Zapf (1973: 127—138).

—: Statistik, System, 1973 b, Artikel in: Eynern, Gert von (1973: 383—389, 400—405).

—: Angst und gesellschaftlicher Druck. Eine Faktorenanalyse zum Autoritarismussyndrom (= Arbeitspapiere zur politischen Soziologie Heft 7). 1973 c, München: Olzog 1973.

Wersig, Gernot: Information — Kommunikation — Dokumentation. München-Pullach/Berlin: Verl. Dokumentation 1971.

—: Informationssoziologie. Hinweise zu einem informationswissenschaftlichen Teilbereich. Frankfurt a. M.: Athenäum/Fischer 1973.

Wetzel, Wolfgang: Skript zur Statistischen Grundausbildung für Wirtschaftswissenschaftler und Soziologen. Teil I. Berlin 1969 (mimeo).

Wetzel, Wolfgang/Skarabis, H./Naeve, P.: Mathematische Propädeutik für Wirtschaftswissenschaftler. I. Lineare Algebra. Berlin: de Gruyter 1968.

Wilcox, L. D./Brooks, R. M./Beal, G. M./Klonglan, G. E.: Social Indicators and Societal Monitoring. An Annotated Bibliography. Amsterdam/London/New York: Elsevier Scientific Publishing Company 1972.

—: Social Indicators: Recent Trends and Selected Bibliography. Sociological Inquiry, Vol. 42, Nr. 1, 1972 a.

Wilensky, Harold L.: Organizational Knowledge: Knowledge and Policy in Government and Industry. New York: Basic Books 1967.

Wille, Eberhard: Planung und Information. Berlin: Duncker & Humblot 1970.

Wilson, John O.: Quality of Life in the United States: An Excursion into the new Frontiers of Socio-Economic Indicators. Kansas City: Midwest Research Institute 1969.

Winer, Ben James: Statistical Principles in Experimental Design. New York: McGraw Hill 1962.

Zangemeister, Christof: Nutzwertanalyse in der Systemtechnik. Eine Methodik zur multidimensionalen Bewertung und Auswahl von Projektalternativen. München: Wittemannsche Buchhandlung 1970.

Zapf, Wolfgang (Hg.): Theorien des sozialen Wandels. Köln/Berlin: 1971 (3. Aufl.).

—: Soziale Indikatoren. 1971 a (mimeo).

—: Zur Messung der Lebensqualität. 1972 a, Zeitschrift für Soziologie Jg. 1, H. 4, 1972, 353 ff.

—: Social Indicators: Prospects of Social Accounting Systems, 1972 b, Social Science Information, 11, 3/4, 1972.

—: Work on Social Indicators in the German Federal Republic: Report on a Conference, 1972 c, Social Science Information, 11, 3/4, 1972.

—: Measuring the Quality of Life, 1972 d, Frankfurt a. M. (mimeo).

—: Soziale Indikatoren, 1973 a, in: Albrecht et al. (1973).

—: (Hg.): Soziale Indikatoren. Konzepte und Forschungsansätze (= Sektion Soziale Indikatoren in der Deutschen Gesellschaft für Soziologie. Berichte und Diskussionen 1972). 1974 a, Frankfurt/New York: Vlg. Herder & Herder 1974.

—: (Hg.): Soziale Indikatoren. Konzepte und Forschungsansätze (= Sektion Soziale Indikatoren in der Deutschen Gesellschaft für Soziologie. Berichte und Diskussionen 1973). 1974 b, Frankfurt/New York: Vlg. Herder & Herder 1974.

Zapf, Wolfgang/Flora, Peter: Zeitreihen als Indikatoren der Modernisierung. Politische Vierteljahresschrift, 12, 1971.

Zeisel, Hans: Say it with Figures. New York: Harper and Row 1968 (5. veränd. Aufl.).

Zemanek, H.: Elementare Informationstheorie. München 1959.

Zentrum Berlin für Zukunftsforschung: Strukturentwicklung der Wirtschaft und Gesellschaft von Einzelstaaten und Staatengruppen am Beispiel des Lebensstandards in den EWG-Ländern (SWIGES) Berlin 1969.

—: Strukturentwicklung der Wirtschaft und Gesellschaft von Einzelstaaten und Staatengruppen am Beispiel des Lebensstandards in den EWG-Ländern (SWIGES). Eine Methodenstudie. Analysen und Prognosen, H. 8, März 1970, 11—19.

Zetterberg, Hans L.: Theorie, Forschung und Praxis in der Soziologie, 1967, in: König (1967: 65—104).

Verzeichnis der Abbildungen

Abb. 1:	Typen der Planung	20
Abb. 2:	Prozeßsteuerung	24
Abb. 3:	Steuerung durch Planung	25
Abb. 4:	Historische Phasen und ihre Schwerpunkte	30
Abb. 5:	Phasen der wissenschaftlichen Informationsgewinnung	57
Abb. 6:	Zweidimensionale Datenmatrix	77
Abb. 7:	Ordnung zweier Datenfiles zu einem Indikatorsystem nach Beobachtungseinheiten	77
Abb. 8:	Indikatormatrix für den Indikator „Berufliche Mobilität"	96
Abb. 9:	Typologie statistischer Maßzahlen (deskriptiv)	101
Abb. 10:	Bezugsrahmen für soziale Indikatoren	107
Abb. 11:	Reduktionen infolge Überbetonung des Meßvorgangs	134
Abb. 12:	Indexbildung durch Standardisierung und Gewichtung	159
Abb. 13:	Indexgrundelement $q_{ti} P_i$	160
Abb. 14:	Austauschbarkeit von Indikatorausprägungen für einen Indexwert	163
Abb. 15:	Verlauf der fiktiven Indizes der Gesamtkriminalität	182
Abb. 16:	Verschränkung von Indikatoren als Einflußfaktoren zu mehreren Indizes	197
Abb. 17:	SWIGES-Index: normativ SWIGES-Index: analytisch durch Faktorenwerte	208
Abb. 18:	Funktionen und Hauptprobleme der methodischen Ansätze für „soziale Indikatoren"	222
Abb. 19:	Academic production index nach Ferris; Indexwerte für 1949–1967	233

Verzeichnis der Tabellen

Tab. 1:	Typen und Hauptwerke der Indikatorliteratur (größeren Umfangs)	47
Tab. 2:	Mengentheoretische Interpretation von Verhältniszahlen	102
Tab. 3:	Fiktive Matrix für nominale Indikatoren	176
Tab. 4:	Fiktive Indikatormatrix für 3 Deliktarten und 5 Beobachtungsjahre	179
Tab. 5:	Transformation einer Rangordnung in Einheiten der Normalverteilung	191
Tab. 6:	Eigenwerte und Prozentanteile der Eigenwerte der ersten 10 Faktoren der SWIGES-Studie	204
Tab. 7:	Rotierte Fakorenladungen der ersten fünf Faktoren der SWIGES-Studie mit Hauptladungen	205
Tab. 8:	Faktorenwerte der SWIGES-Studie für fünf Faktoren; gewichtete Aggregierung der Faktorenwerte	207
Tab. 9:	Die Entwicklung der drei Faktoren im Zeitverlauf; internationale Daten	214
Tab. 10:	Geplanter Stand des „Soziologischen Almanachs"	225
Tab. 11:	Hauptzielbereiche und Hauptziele des OECD-Programms	226
Tab. 12:	Schrittweise Berechnung eines Bruttowohlfahrtsproduktes nach Sametz	235

Abkürzungen

AAAS	American Academy of Arts and Sciences
AAPSS	American Academy of Political and Social Science
DHEW	(US)-Department of Health, Education and Welfare
DoL	(US)-Department of Labor
NAS	National Academy of Sciences
NASA	National Aeronautics and Space Administration
NCTAEP	National Commission on Technology, Automation and Economic Progress
OECD	Organisation for Economic Co-operation and Development
BSP	Bruttosozialprodukt
PPBS	Planning-Programming-Budgeting-System
SWIGES	Strukturentwicklung der Wirtschaft und Gesellschaft von Einzelstaaten und Staatengruppen am Beispiel des Lebensstandards in den EWG-Ländern (Projekt des Zentrums Berlin für Zukunftsforschung)

Sachregister

Abwehrmechanismen 89
Äquifinalität 114
Aggregat(e) 233
— formel 171
Akkumulation 81
— soz. wiss. Form der, 85, 114f
Allokation 23
Analogien, ökonomische 79
— Fehlschlagen der, 251
Aushandeln (bargaining) 14f
Austausch
— als Interaktion 114
— Konflikt als, 120
— Tauschtheorien 85f

Bedürfnis
— erfüllung 144
— indikatoren 119ff
Befriedungsinteressen 148
Begriffsumfang 60
Bewußtheit
— der ökonomischen Fakten 41
— durch Sichtbarmachung (visibility) 129
Beziehungszahlen 102
Bilanzierung(s) 80f
— konzept 83
Bruttosozialprodukt
— Revision des, 74f, 234f, 237

Daten
— im Prozeß der wiss. Informationsgewinnung 57
— banken 99, 122, 135
Definitionsgleichung 78
Designatum 59, 94

Entscheidung(s) 26
— vorbereitung 124
— modelle 125
Erziehungssystem 73
Evaluation(s) 88
— Indikatoren über, 117
— forschung (Beurteilungsforschung) 88f
Extensionale Größen 100ff

Faktorenanalyse 198
— und Faktorenladungen 199
— und Faktorenwerte 207
— zur Indexkonstruktion 199
— und Verbindung von Quer/Längsschnitten 211

Funktion(s)
— begriff 84f
— und funktionale Theoriebildung 138
— als Performanz 80, 244

Generalisiertes Medium 82, 159
— Geld als, 164, 175, 233
— Integration als, 82
Gesamtrechnung, soziale
(social systems accounting)
48, 84, 79, 243ff
Gesetz
— vom kategorialen Urteil 192
— vom vergleichenden Urteil 192
Gewichtung 103
— analytisch und normativ 160
— von Indizes 153
— durch psychometrische Verfahren 188ff
Gewinn- und Verlustrechnung 81
Gliederungszahlen 102
Gross'sche Modell
— Beschreibung des, 243
— als Bilanzierungsschema 80ff
— ideologische Prämissen des, 82

Hebelprinzip 37
— soziale Hebel 37, 44, 252

Index
— analytischer und normativer 175ff
— Definition 103, 156
— der Informiertheit 178
— methodologie 151 ff
— nicht-additiver 153
— nominaler 175
— Standardisierung und Normierung 155, 164f
— Spezifikation für, 157
— Wahl der Basis 183ff
Indikation, soziale 55
Indikator(en)
— Abgrenzung des Begriffs 61
— definitorische 94f
— Eigenschaften von, 95ff
— als feedback-Mechanismen 39
— matrix 96
— korrelative 94
— im Prozeß der Informationsgewinnung 57
— schlußfolgernde 95
— technisch-ökonomische 113, 115

Indikatoren, soziale
— und Aufklärung 66
— Bezugsrahmen für, 106
— über Bedürfnisse 119
— Definition von, 125f
— Funktionsbestimmung von, 122
— Integration mit ökonomischen Indikatoren 39, 45
— listen 222
— und der normative Ansatz 64
— Performanzindikatoren 110ff
— Korrekturen durch, 116
— und Lebensqualität 146
— und Problemorientierung 92
— und Sichtbarmachung (visibility) 66
— und Sozialberichterstattung 69
— Strukturindikatoren 109ff
— subjektive (der indiv. Ebene) 87ff, 115ff
— der subjektiven Ebene 50, 52f, 117
— Systeme von, 76ff
— und der systemwiss. Ansatz 76ff
— theoretische Klassifikation von, 106ff
— als Wertindikatoren 71
— Zielindikatoren
Indikatorbewegung
— und gesellschaftliche Bedingungen 142
— und Illusionen 126
— internationale 38, 52ff
— und Lebensqualität 143
— und Legitimationserfordernisse 149
— und manpower-Erfordernisse 38ff
— Publikationen der, 46ff
— Quellen der, 38ff
— und soziale Unruhe 46
Individuum
— als aktiv bewertende Instanz 88, 118, 121
— und Problemlösungsverhalten 118
Information(s)
— ambivalenz 33
— begriff 29
— und Determination 36
— fraktionaler Charakter von, 34
— gesellschaftliche 28
— gewinnung, Prozeß der, 56ff
— und Kontingenz 36
— system 99ff, 122
— system, sozialpolitisches 79
— verarbeitungskapazität 24
Institutionen
— der empirischen Erhebung 97

— der Planung 25f
Integration(s)
— als Maßeinheit 133
— modelle 240
— von sozialen und ökonomischen Indikatoren 76, 111, 113
Intensionale Größen 100ff
Intervallskalierung
— direkte 189ff
— indirekte 191ff

Klassifikationen
— Ableitung von, 76
— sozialwissenschaftliche 241
Konstrukt
— und Indikator 57
— theoretisches 57
— und Verdinglichung 132
Konten (accounts)
— für Bevölkerungsgruppen 239
— Darstellung von, 233ff
— system 78
Kontextbereich 122
Kybernetik 28
— zweite 148

Lebensqualität
— als Entlastungserscheinung 142
— als Entsprechung für soziale Indikatoren 146
— und Erhaltung der Massenloyalität 144
— als neue politische Programmatik 139
— und qualitatives Wachstum 140
— und Verbesserung der Strukturen 141
Legitimierung(s)
— erfordernisse 149
— Zwang zur stärkeren 142
Logik
— der Indexbildung 158
— des Planungsbegriffs 14ff

Makrosoziologie 38
— als Basis für soz. Indikatoren 147
— Erneuerung der, 138
— als policy science 136
— und Sozialwissenschaft 11, 254
— und Steuerungsbedürfnisse 138
Massenloyalität
— Erhaltung der, 144
Maßzahlen, statistische 58, 101ff
Mehrebenenansatz 209
Meßeigenschaften 35
Meßvorgang 56, 57
— für das Bildungswesen 73

– als nicht-neutrales Faktum 134
– und Skala 158
Meßzahlen 102
Mittelwerte 101
Modellbildung 58, 104f
Multifunktionalität 114

Normen 64
– Erstellung durch Regierung 66f
– und Fluktuation 68
– normativer Ansatz für soz. Indikatoren 64ff
– und Technokratie 68
Normierung
– der Gewichte 164ff
– für Indizes 155

OECD-Indikatoren 225
– und normativer Ansatz 66
Öffentlichkeit
– Struktur der, 31, 123
Ökonomisierung
– der gesellschaftlichen Datenerfassung 82f
Operationales Denken 16
Operationalisierung 57, 60, 92, 95ff, 132

Partialformel 168ff
Partizipation(s) 22, 36, 88, 123
– potential 130
– in der Planung 141
– durch subjektive Indikatoren 91
Performanz 70
– von Betrieben 74
– definition 245
– als Kultur 110
– von kapitalistischen Industrie-Staaten 114
Planning-Programming-Budgeting Systems 42, 44, 72, 135
Planung(s)
– in Abhängigkeitsverhältnissen 18
– und Allokation 26
– als anthropologisches Handlungsmuster 15ff
– als Antizipation 17
– und Disposition 16
– und Entscheidung 16
– incrementale 72
– individuelle 19, 25
– als Investition 18
– und Normen 218
– objekt 18f
– politische 18ff, 21, 27, 34, 147f

– als Steuerung 22
– subjekt 19
– und Ziele 18ff
Politik
– und Programmatiken 142
– Verwissenschaftlichung der, 134
Postindustrielle Gesellschaft 30, 141
– und Lebensqualität 141
– im Systemmodell 245
Pragmatismus 26, 29
– pragmatische Aspekte 36
– pragmatische Modelle 124
Praxis
– als Anwendung der Sozialwissenschaft 136
– orientierung der Sozialwissenschaft 137
– und Schwerpunkte der Informationserhebung 134
Problemdefinition 65
Problemlösungsverhalten
– des Individuums 118
– als Involviertheit 118
Produktion(s)
– funktion, soziale 105
– weise, Folgen der, 113
– kapitalistische 82, 142, 144f
Professionalisierung
– der Sozialwissenschaft 136f
Programmatik, politische 139
Prozeßsteuerung 23

Quantifizierung 132
– von Systemmodellen 247

Rangskalen zur Indexgewichtung 188f, 191f
Rechnungswesen, gesellschaftsbezogenes 75
Reduktion
– des Datenmaterials 223
– durch Meßvorgänge 134
– der statistischen Komplexität 130
– als Verdinglichung 133
Regierungsprogramme
– Bewertung von, 52, 69, 71
Regression(s)
– für den Gesundheitssektor 104
– koeffizienten 78
– rechnung 161
Rückkoppelung(s) 28, 32
– mechanismen 106

Saldorechnung 80
Satisfaktionsforschung 89

Selektionskriterien 64
— regierungsamtliche 66
Selbststeuerungskapazität 106, 122
Sinngehalt 145
Skala 57
Sozialbericht
— erstattung 41
— und Normen 69
— und städtische Indikatoren 227
— der USA 50ff
Sozialbudget der BRD 72
Soziale Indikatoren s. Indikatoren, soziale
Spezifikationsproblem 73
Stabilisierungsinteressen 149
Standardisierung 103
— für Indizes 155, 164ff
Statistik, amtliche 240f, 149
Steuerung 37
— der Produktion 35
Streuung 101
Struktur 109
— bruch 215
— definition 244
Struktur/Performanz
— modelle 48, 80
— Unterscheidung von 109, 114
SWIGES-Studie
— als Anwendungsbeispiel 200
— Beschreibung der 230
— Datenmaterial der 263f
— Gewichte der 190ff
Symbolisierung
— des gesellschaftlichen Prozesses 31
System
— beeinflussung 104, 113ff, 124ff
— von Indikatoren 76
— Integrationssystem 77
— Ordnungssystem 78
— quantifiziertes Beziehungssystem 78
— sozioökonomisches System 113
— subjektiv-individuelles 108, 115
— wissenschaftlicher Ansatz 75ff

Tausch s. Austausch
Technokratie
— problem 125, 137
— Tendenzen der, 68f
Transformationsparameter 104, 227

Urteilsforschung 88f
US-Gesetz Full Opportunity 43, 112

Verdinglichung 83
— durch gesellschaftliche Informationsgewinnung 132f
Vergesellschaftung 27
Verhältniszahlen 101
Verwertungsinteressen 40, 46

Wachstum
— gleichwertiges als Programmatik 12, 139
— qualitatives 140
Wandel, sozialer 97
— Planung des, 147
Wert
— freiheit 69
— system 141
Wissenschaftliche Analyse
— Aufgabenfelder der, 123
Wissenssoziologie 29, 48

Ziel(e)
— gruppen 70, 73
— indikatoren 124, 131
— konsens 67
— orientierung von Indikatoren 65
— und Planung 18, 23